内容提要

为全面推进营销业务应用系统深化应用，规范营销业务应用系统操作，持续提升营销运营效率，国网宁夏电力公司组织营销业务应用系统典型操作案例编写，形成了新装增容与变更用电业务操作典型案例、抄表核算收费操作典型案例、用电检查操作典型案例、计量及用电信息采集业务操作典型案例等成果。

典型案例依托营销真实业务操作，阐明各业务环节具体业务要求，明确各业务环节系统具体操作内容，并从系统操作、业务管理两个方面对业务操作需要注意的事项进行说明，让业务与系统无缝衔接，便于业务操作人员在操作过程中熟悉业务，从而快速提升营销人员的业务知识与操作技能水平。

本书可供国网宁夏电力公司系统内营销人员提供操作指导与业务参考。

《国网宁夏电力公司营销业务应用系统典型操作案例》
编辑委员会

编委会

编写组

国网宁夏电力公司营销部　编

国网宁夏电力公司营销业务应用系统典型操作案例

新装、增容及变更用电

（Ⅰ）

黄河出版传媒集团
宁夏人民出版社

图书在版编目（CIP）数据

国网宁夏电力公司营销业务应用系统典型操作案例. 新装、增容及变更用电. Ⅰ / 国网宁夏电力公司营销部编. —银川：宁夏人民出版社，2016. 4
ISBN 978-7-227-06313-1

Ⅰ. ①国… Ⅱ. 国… Ⅲ. ①电力工业—工业企业管理—营销服务—研究—宁夏 Ⅳ. ①F426. 61

中国版本图书馆CIP数据核定（2016）第077518号

国网宁夏电力公司营销业务应用系统典型操作案例·新装、增容及变更用电（Ⅰ）
国网宁夏电力公司营销部 编

责任编辑 贺飞雁
封面设计 齐玉成
责任印制 肖 艳

黄河出版传媒集团
宁夏人民出版社 出版发行

出版人 王杨宝
地址 宁夏银川市北京东路 139 号出版大厦（750001）
网址 http://www.nxpph.com http://www.yrpubm.com
网上书店 http://shop126547358.taobao.com http://www.hh-book.com
电子信箱 nxrmcbs@126.com renminshe@yrpubm.com
邮购电话 0951-5019391 5052104
经销 全国新华书店
印刷装订 银川星海湖印刷广告有限公司
印刷委托书号（宁）0000762

开本 787mm×1092mm 1/16
印张 19.5 字数 420 千字
版次 2016 年 4 月第 1 版
印次 2016 年 4 月第 1 次印刷
书号 ISBN 978-7-227-06313-1/F·448
定价 58.00 元

序

营销业务应用系统作为公司营销业务平台，覆盖城乡公司所有营业网点，在国网公司率先实现营销城乡一体化运作模式，实现公司营销业务工作标准、业务流程的高度统一，营销业务的全过程管控和协同运作，有力地支撑了公司营销体系的高效运转。

随着“大营销”体系建设完成，营销业务在乡镇供电所的覆盖应用，系统操作人员水平与系统发展不相适应的情况相继出现，个别操作人员的技能水平已不能满足营销业务应用系统深化要求，给营销业务应用系统的建设与应用带来了一定阻力。加强营销业务应用系统规范化运作、标准化应用是提高营销管理水平、强化供电服务体系、实现营销信息化管理的重要手段，对提升供电企业形象、提高供电企业规范化管理水平、实现企业可持续发展具有重要意义。在总结和提升公司营销业务应用系统广泛化运作的基础上，国网宁夏电力公司组织编辑了《国网宁夏电力公司营销业务应用系统典型操作案例》（以下简称《案例》）。

《案例》是一套面向公司各级营销管理人员、业务应用人员的综合性丛书，是公司规范化建设的重要成果，为指导公司系统全面学习、掌握营销业务应用系统标准化操作提供了有效工具，有利于进一步深化营销业务应用系统标准化建设，有效提高营销业务应用系统利用效率，切实提高公司营销管理水平。本书的出版将为加快公司信息化系统标准化建设应用，构建数字化电网和信息化企业，促进公司发展再上新台阶发挥重要作用。

编者

2015年9月

目录

第四部分　低压非居民客户增容业务操作典型案例

第五部分　高压客户新装业务操作典型案例

第六部分　高压客户增容业务操作典型案例

第七部分　低压批量客户新装业务操作典型案例

第一部分

低压居民客户新装业务操作典型案例

◎业务描述

◎场景描述

◎业务流程图

◎流程环节处理

第一部分
低压居民客户新装业务操作典型案例

1　业务描述

本业务适用于电压等级为220V/380V低压单户居民用户的新装用电。供电企业依据《供电营业规则》有关用电报装的条款规定、国网公司统一发布的服务承诺及服务规范，在规定的时限内，采用流程化方式实现居民用电报装的业务受理、现场勘查、审批、答复供电方案、确定费用、业务收费、合同签订、装表接电、客户回访、归档的全过程管理，满足客户用电需求。

2　场景描述

用户姓名：刘冰；用电地址：石嘴山市大武口区新世纪花园1号楼2单元401；用电行业为：城镇居民用电；电力用途：城镇居民生活用电，受电点电压为220V。

3 业务流程图

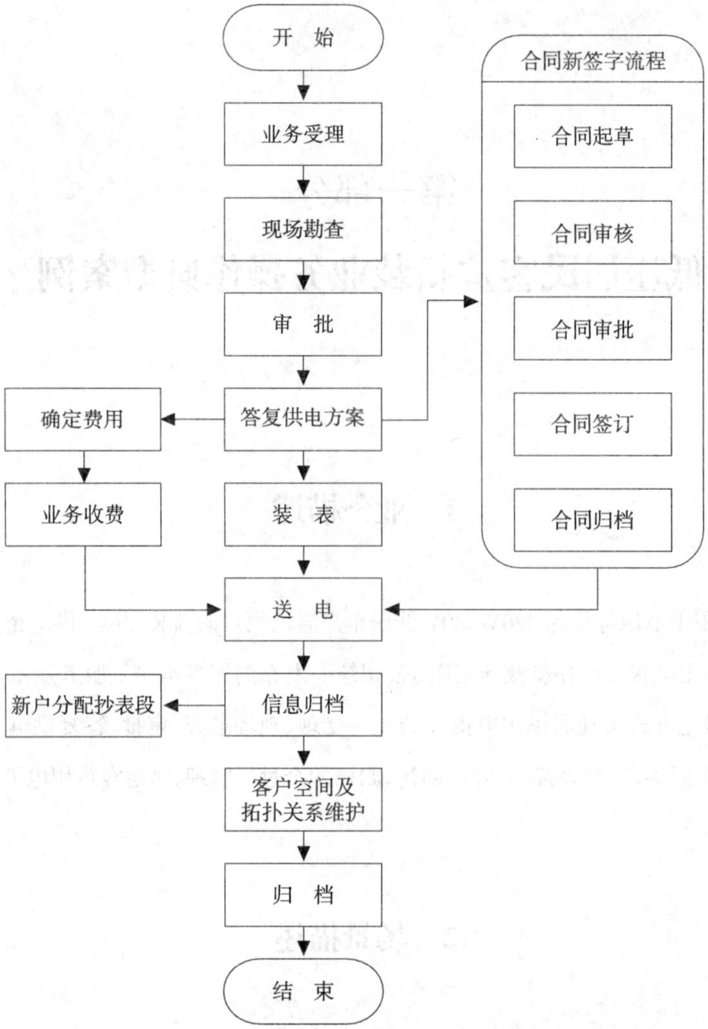

4 流程环节处理

4.1 业务受理【业务受理员】

进入营销业务应用 SG186 系统（以下简称“营销系统”），按顺序点击【新装增容及用电变更】—【新装增容】—【低压居民新装】，如图所示：

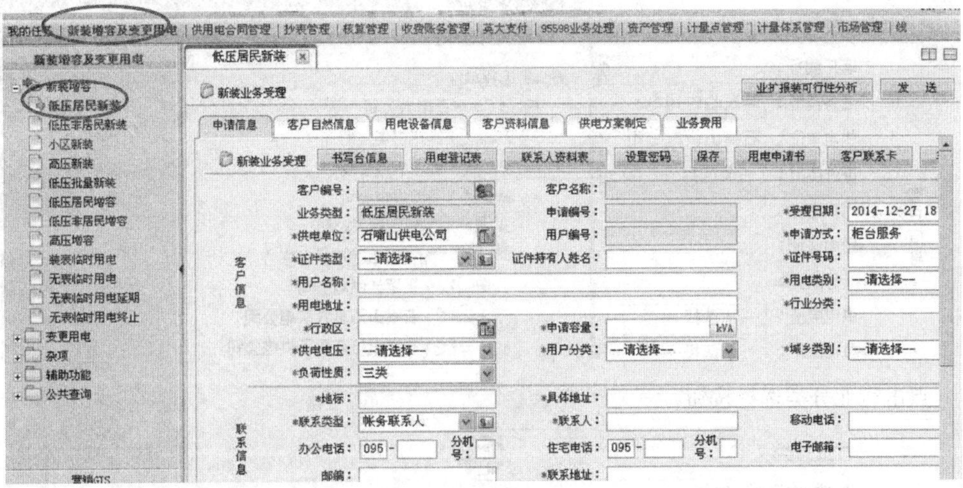

4.1.1 申请信息

点击【申请信息】标签页，进入客户申请信息填写页面。

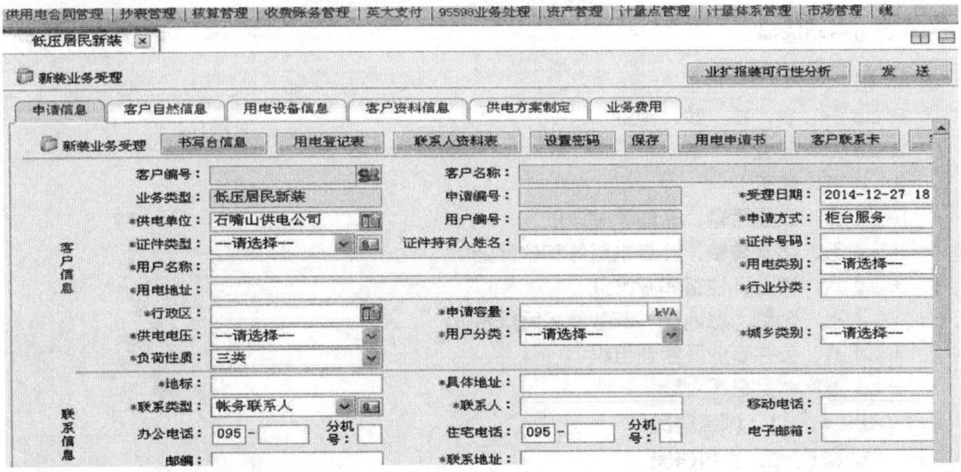

点击【供电单位】

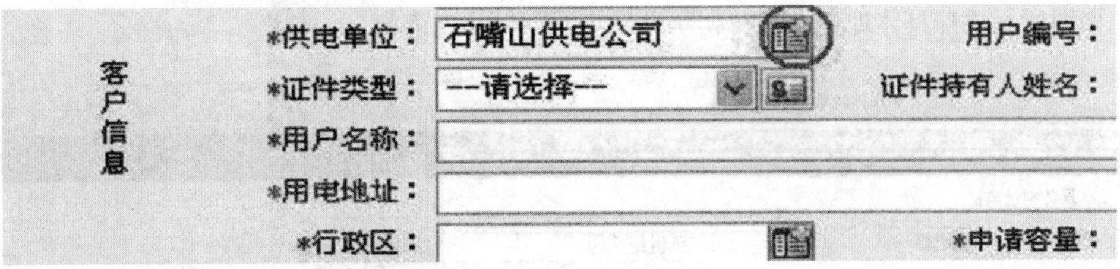

选择对应的供电单位，点击【确定】。

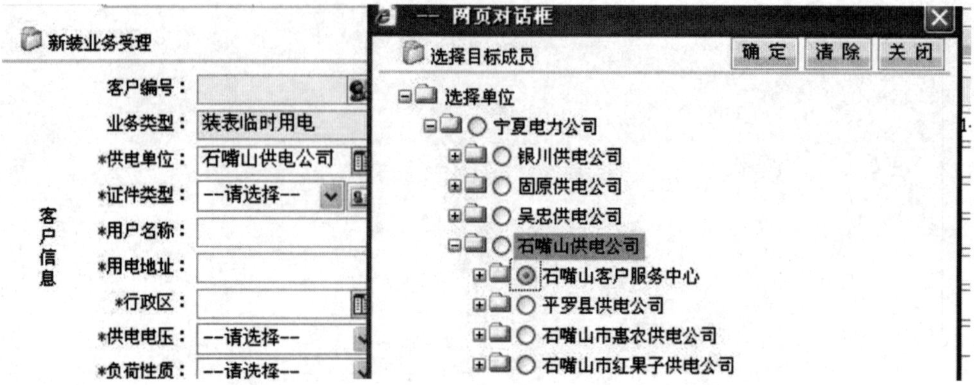

点击行业分类选择按钮

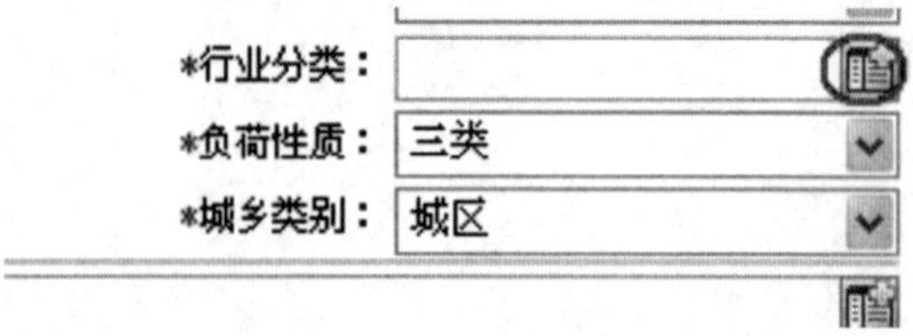

选择相应的行业，本案例选择城镇居民。

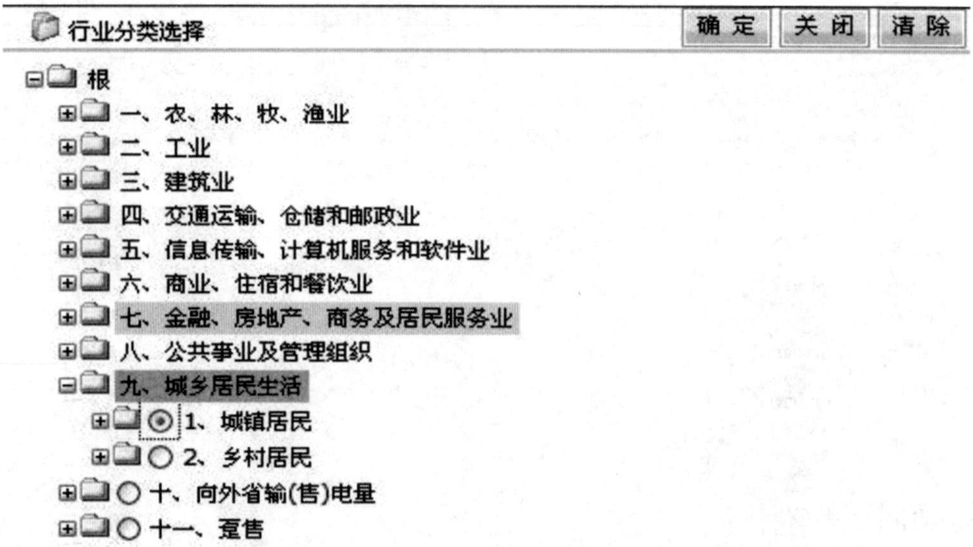

如图所示选择具体地址，输入“朝新世纪花园”点击【查询】。

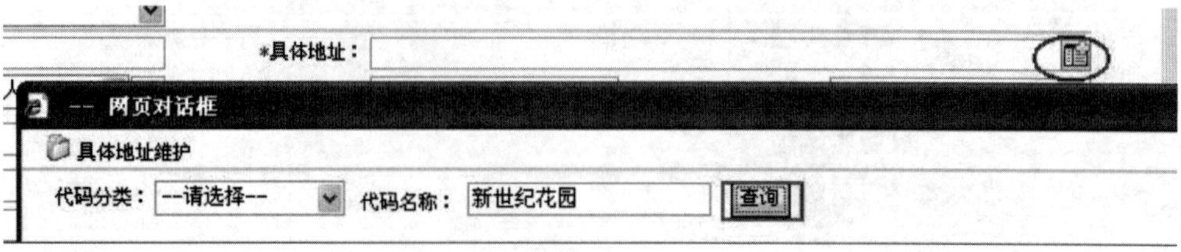

选择树状图最末级，点击单选键后确定。

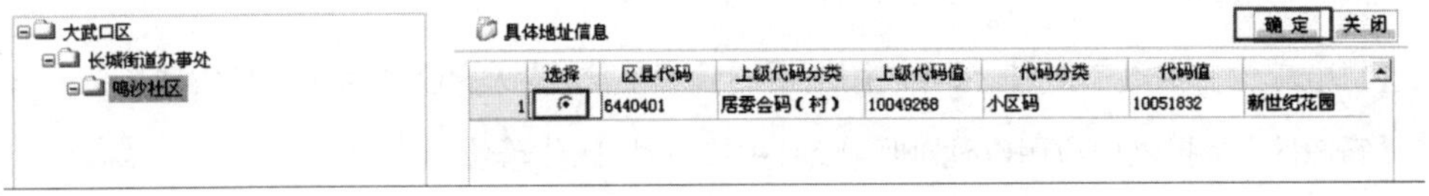

在下拉框中将缴费方式选为【电力机构卡表购电】

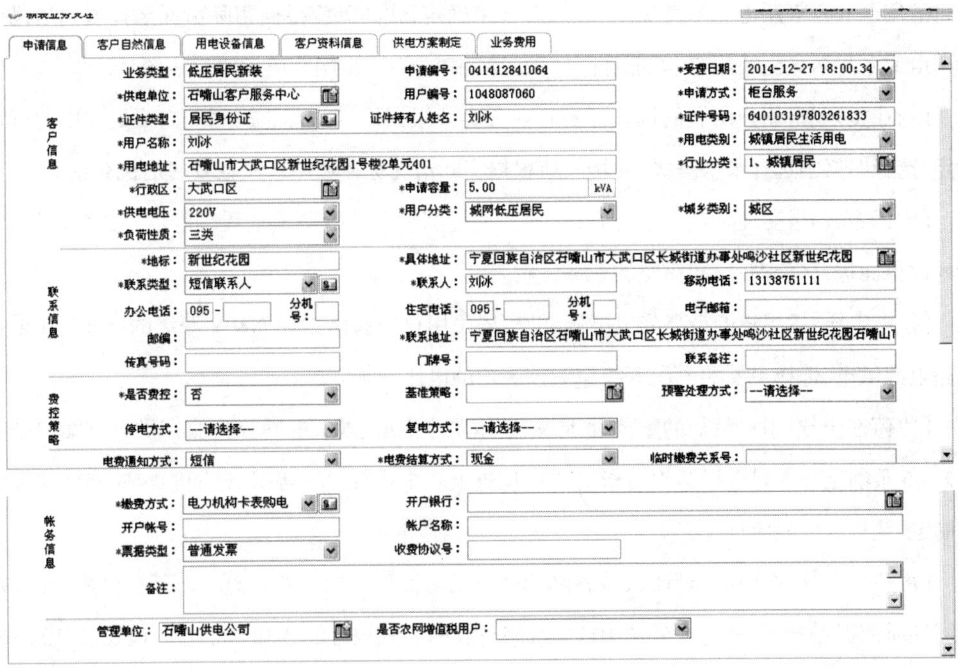

要项信息：

【申请编号】由系统自动生成，用来记录系统流程的唯一性编号，便于在办工单及历史工单的查询。

【客户编号】由系统自动生成，用来记录客户的唯一性编号。类似于居民的身份证号。生成规则：区域代码 + 序列，例如银川供电公司为 101+ 序列、201+ 序列，固原供电公司为 102+ 序列，吴忠供电公司为 103+ 序列，石嘴山供电公司为 104+ 序列，中卫供电公司为 105+ 序列，宁东供电公司为 106+ 序列。

【用户名称】用户申请用电登记立户的房产证、身份证等有效证件上的个人姓名，需要将相关的证照复印存档。

【供电单位】“供电单位”是指客户用电后的管理单位,默认为业务操作人员所属单位。

【行政区】是指该用户用电地址所在地,主要以县、区位单位。

【管理单位】客户管理单位为所在地为地市级供电公司。例如:该用户供电单位为石嘴山客户服务中心,实际管理单位应为石嘴山供电公司。

【受理日期】受理日期取系统当前日期(不允许修改),客户填单日期与受理日期必须要保持一致。

【证件类型】个人必须是居民身份证号码,有校验规则,必须正确填写证件号码。

【用电类别】用电类别指用户用电的分类。按现行电价类别分为八大类,即居民生活用电、非居民照明用电、商业用电、非工业用电、普通工业用电、大工业用电、农业生产用电、贫困县农业排灌用电和趸售用电。参考用电性质、容量来确定,此场景应根据实际情况选择城镇居民生活用电或乡村居民生活用电,不能选择居民生活用电,否则影响相应营销报表统计。

【行业类别】指用户所属的国民经济行业分类。根据用户的营业执照及立项批文中的行业确定,选择时必须选择最末一级,此场景应根据实际情况选择城镇居民或乡村居民生活。

【申请方式】指受理客户申请的方式。对于通过网站、95598 等渠道受理的信息,将通过系统带入此界面进行修改并发起完整的业务流程。

【供电电压】指用户的最高受电电压,低压居民用户应选择 220V/380V 等级的电压。如果是多路电源供电,选择主要的电压等级作为该客户的电压等级。

【负荷性质】指用户负荷的重要性等级,具体划分依据《国家电网公司业扩供电方案编制导则》第 6 条确定。如果选择错误将影响用电检查模块中重要用户等级,进而影响周期性检查计划制定,此场景一般应选择三类。

【用户分类】指按照电压等级、城农网标志及用电性质对用户的划分。对于公网用户的城、农网性质依据《关于宁夏电力公司 10 kV 城网与农网界限划分的通知》(宁电运检发〔2012〕869 号)来确定。若选择错误,将影响城农网相关报表统计及电价的选择。如果是算费用户,不能选择所有考核项。如果用户分类选为考核,各项相关报表的行业类中将不统计该户电量、电费。用户分类选择农网高压,在电价方案中必须选择农网电价,如果选择城网高压,则电价方案必须选择城网电价。

【用电地址】实际用电地址,具体按公安部门规定的标准街(路)、巷、号或楼号、单元、住房号以及乡(镇)村等。

【申请容量】所有受电设备的容量之和。建筑面积在 50 平方米及以下的住宅用电每户容量宜不小于 4kW;大于 50 平方米的住宅用电每户容量宜不小于 8kW。在业务受理环节准确填写,若在现场勘查环节发现错误，则必须退单到业务受理环节修改。

【电话】移动电话、办公电话、住宅电话必须填写其中一项，号码位数限制为 11 位数字。必须是企业负责人及企业电气联系人的手机号码，为今后短信通知业务做好准备。

【缴费方式】坐收、走收、卡表购电。每个用户只能选择一种缴费方式。

【是否费控】营销远程实时费控应用业务，针对电费回收进行实时控制。如果用户更改为远程费控用户，请务必将用户缴费方式更改为坐收。

【电费通知方式】指电费的具体通知方式。包括短信、通知单（人工送达）、通知单（邮寄）等多种方式，根据具体情况选择。

【电费结算方式】指电费的具体结算方式，包括现金等 11 种结算方式。默认为现金结算方式。

【临时缴费关系号】指集团户主户的客户编号，生成后建立集团户缴费关系。如果在受理界面选择了集团客户，相关信息将直接带入此处。若此处不维护，需要在收费账务管理—缴费方式管理—缴费委托关系中维护。

【缴费方式】指客户的电费缴纳方式。

【开户银行】客户开户行的营业网点名称。依据客户提供的开户银行许可证内容填写。

【账户名称】客户的开户账户名称。依据客户提供的开户银行许可证内容填写。

【票据类型】指用户缴纳费用后向客户出具的凭证。包括普通发票、增值税发票、收据及其他 4 类。默认为普通发票，若客户为一般纳税人，则选择增值税发票。同时，依据一般纳税人资格证书，填写增值税号、增值税名、增值税账号、增值税银行、注册地址。

【是否农网增值税用户】用于农网维管费相关电量电费统计的标示，在信息归档前必须要正确维护，如果未维护，需要在【客户档案资料管理】—【档案信息管理】中，先在农网用户信息维护中设置后，再在增【值税用户信息】的维护中进行维护。

4.1.2 客户自然信息

点击【客户自然信息】标签页，进入客户自然信息填写页面。

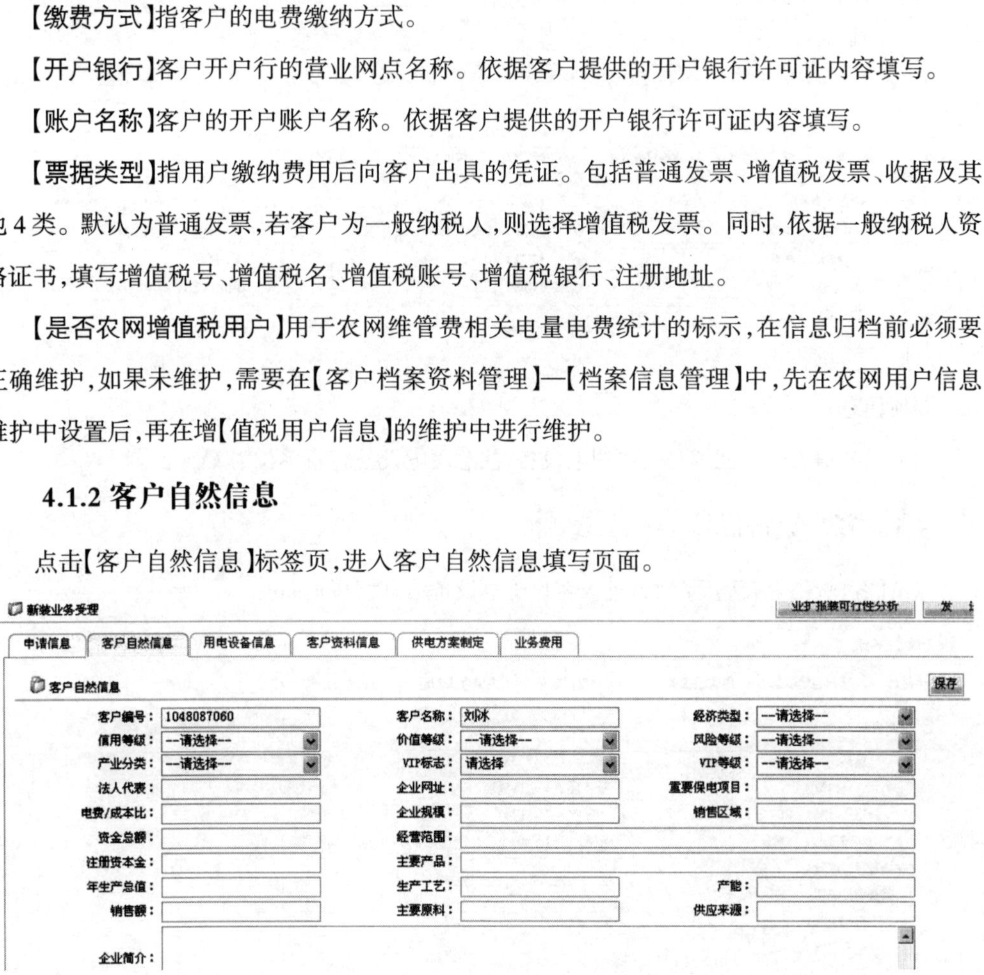

要项信息：

本界面相关内容依据实际情况填写，注意产业分类项中居民客户不属于第一、第二、第三产业。

4.1.3 用电设备信息

点击【用电设备信息】标签页，进入客户用电设备信息填写页面。

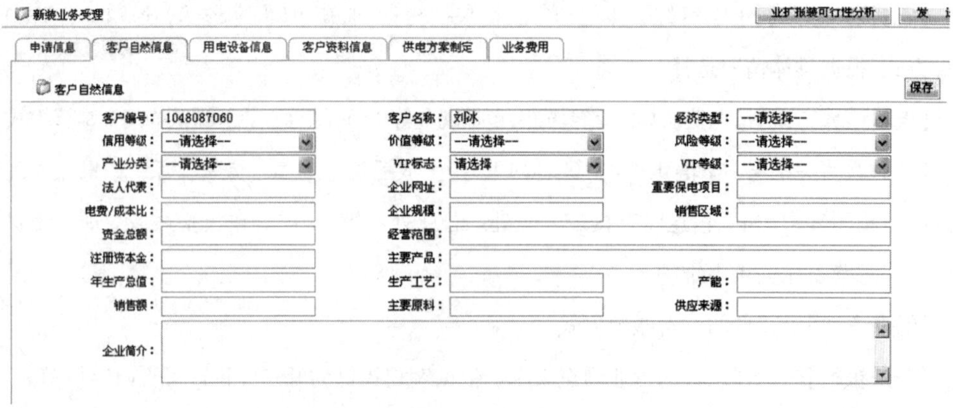

要项信息：

用电设备信息中只能填写主要用电设备，注意用电设备容量单位为 kVA。

4.1.4 客户资料信息

点击【客户资料信息】标签页，进入客户受电设备信息填写页面。

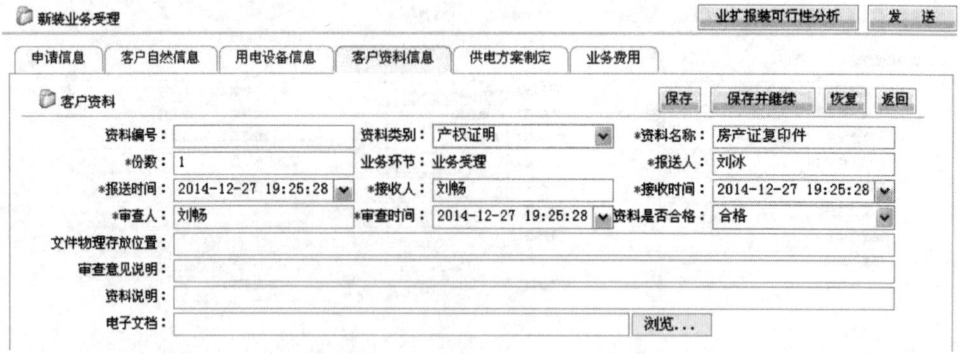

要项信息：

该页面主要对客户提供的报装资料进行登记，并将扫描件进行上传。

【资料类别】指客户提供的资料类型。主要包括申请报告、产权证明等。

输入资料编号、资料名称、份数、接收人员、接收日期、报送人、报送时间、审查人、审查时间等信息并指向该电子文件，点击【保存】，保存该资料信息，可以点击【修改】，对资料信息的提供人员等进行修改，也可以删除资料信息。【保存继续】当增加完一条记录后，点击【保存继续】后可以在此页面上可以继续添加。【返回】返回到上层页面。

【修改】对资料信息的等进行修改，然后保存返回主页面。

【删除】选择一条记录点击【删除】，删除该记录。

注意事项：

低压居民客户应提供的资料如下：

1.证明客户主体身份的证件：自然人提供身份证；法人提供其营业执照、企业代码证、税务登记证及法人身份证等。

2.住宅房、商业房应提供房产证，由房主提出用电申请，原则上不与租赁人签定供用电合同。若用户由于某些原因无法提供房产证，则需提供购房合同。

原件与复印件核实无误后，将复印件留存，原件退还用户，并在复印件上加盖"原件与复印件核对无误"章。

点击【用电申请表】可直接打印用电申请表。

信息输入完毕后，点击【业扩可行性分析】

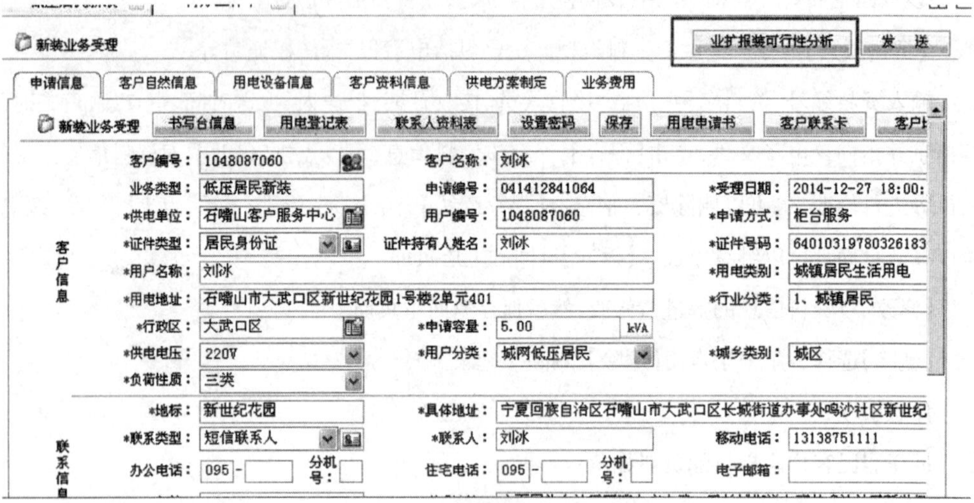

要项信息：

【业扩可行性分析】本组件根据用户业扩报装类型、用户类别、用电容量等申请信息，在 GIS 地图中自动或手工定位报装地址，分析报装地址周边供电电源设备（变电站、线路、配变）可开放负荷，为受理用户的业扩报装申请提出可行性的建议。

注意事项：

系统升级后增加营销 GIS 应用功能，该功能主要为营销业务深入开展提供支撑。营销 GIS 控件及操作手册下载位置：帮助—帮助手册下载—“营销 GIS 营销改造功能说明及控件”。

【业扩可行性分析】完毕后，点击【发送】，流程发送至下一环节，出现下图：

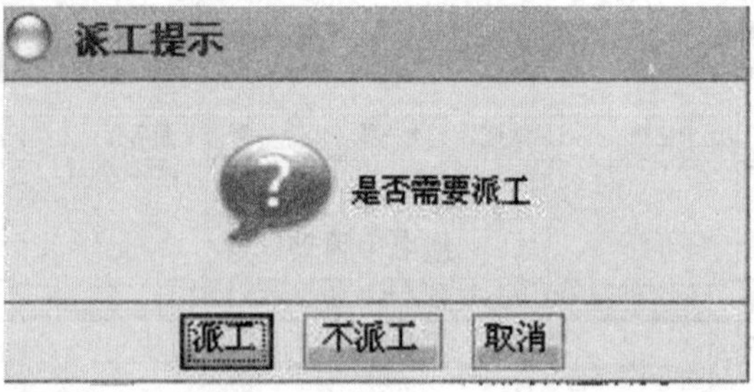

选择【派工】工单发送到【派工】环节，选择【不派工】工单发送到【现场勘查】环节，所有有权限处理【现场勘查】环节工作的人员都能签收处理此工单。

4.2 勘查派工【用电检查班班长】

在【待办工单】中找到工单签收处理。

点击【派工人员】,勾选相应人员。

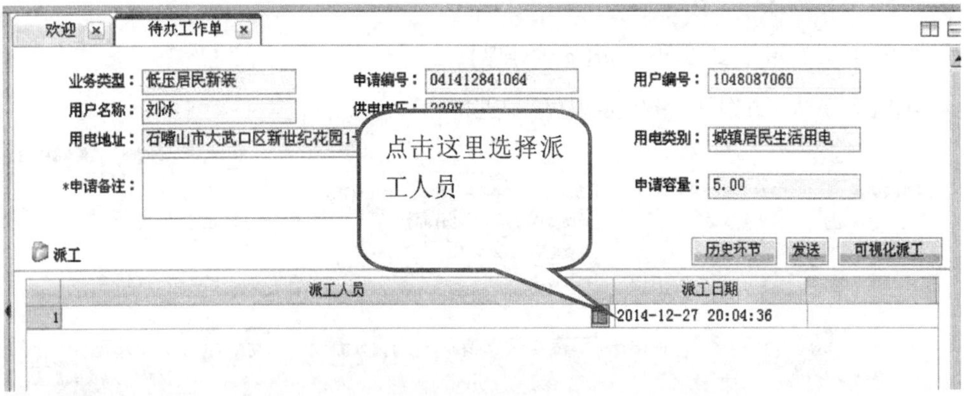

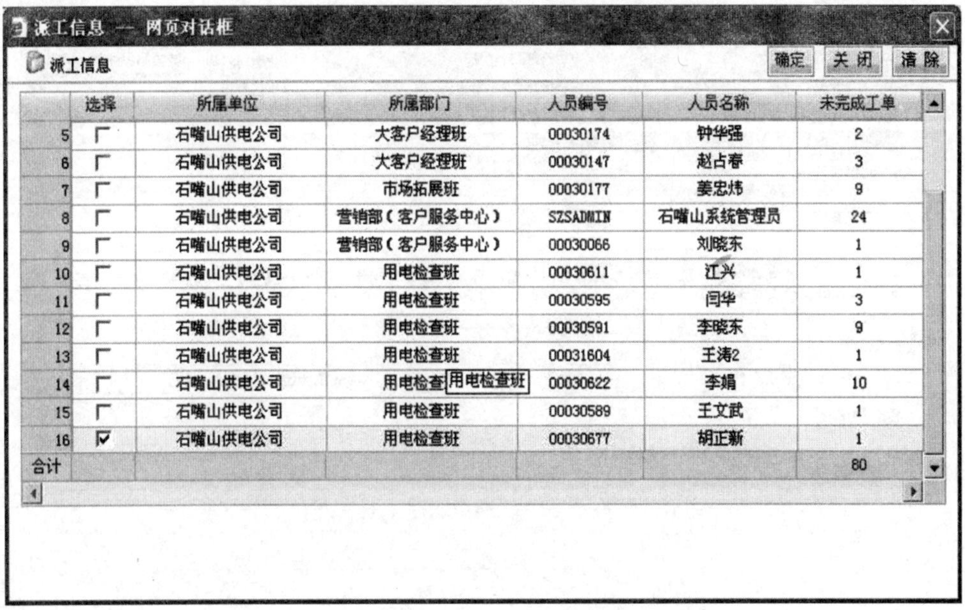

在【派工人员】列表框中选择接收员,点击【确定】返回到主页面,点击【发送】,提示流程发送成功到下一个环节。

4.3 现场勘查【用电检查人员】

打印【现场勘查工作单(低压)】,预先了解和获取所要勘查地点的供电条件,提前和客户预约现场勘查的时间,确认勘查地点,准备好相应作业资料,在规定的期限内准时到达现场进行勘查。核实用电容量、用电类别等客户申请信息,根据客户的用电类别、用电规模以及现场供电条件,对供电可能性和合理性进行调查,完整、翔实、准确填写【现场勘查工作单(低压)】,初步提出供电、计量和计费方案。如发现客户现场情况不具备供电条件时,应列入勘查意见并向客户做好解释、提出合理的整改措施或建议，取得客户的理解。

4.3.1 现场勘查方案

在“待办工单”中找到工单，点击【签收处理】

点击【现场勘查方案】标签页，填写相关信息。

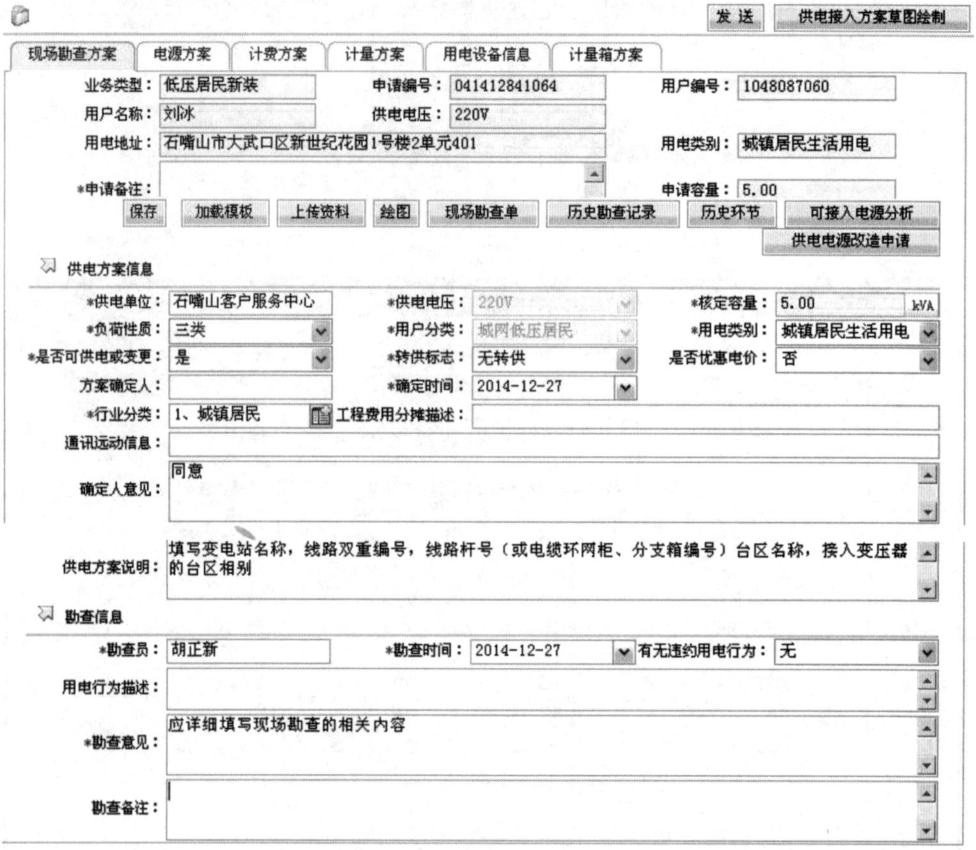

要项信息：

【是否可供电或变更】工作人员在现场勘查中发现不具备供电条件或转为低压供电，此处选择【否】，点击【保存】发送，审批完成以后直接跳到信息归档环节，结束此工单。

【供电方案说明】必须填写变电站名称、线路双重编号、线路杆号（或电缆环网柜、分支箱编号）。

【转供标志】如果该户与其他用户存在转供或者被转供关系则选择此项，否则选择【无转供】。如果存在转供关系需在计量方案中添加计费关系。

此页面重点核实 * 标内容与现场实际是否相符。

点击【上传资料】，将现场勘查工作单等资料扫描上传。

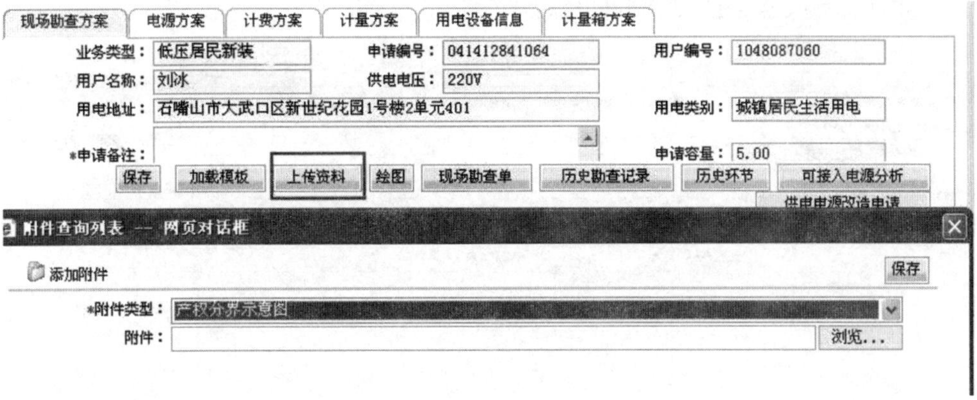

4.3.2 电源方案

点击【电源方案】标签页，进入客户电源信息填写页面。

点击【用户】右键弹出【受电点方案】

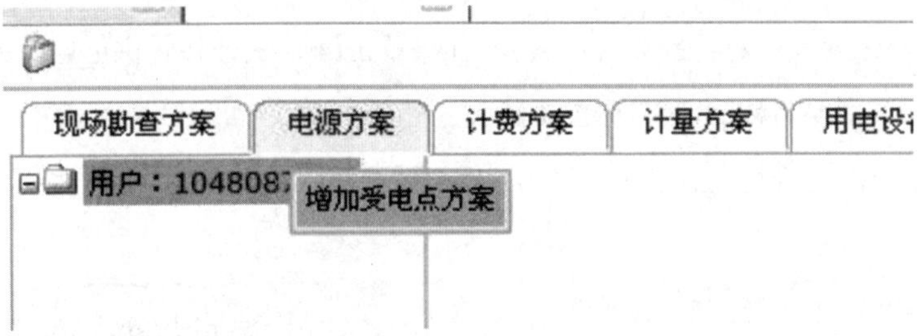

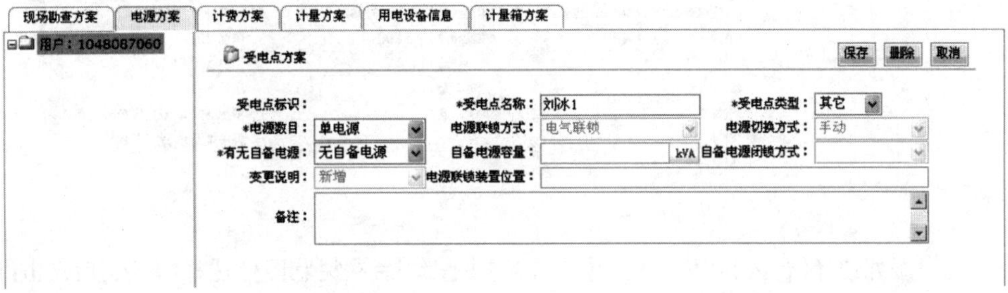

要项信息：

【受电点】用户接入电网的受电装置的所在位置，受电装置主要有变压器、高压电动机等，一个受电点可以有多个变压器、高压电机等；双电源供电用户通过母联接入时该受电点为一个受电点，对于厂区内多个电源供电且受电装置不同的电力用户一条供电线路视为一个受电点。

【受电点名称】一般为以受电点＋序号组合命名，例如：本处规定为居民用户名称＋序号。

【受电点类型】指用户受电装置的类型，一般分为变电站、配电室、箱式变、柱式变、地埋变、开关站及其他类型，本场景选择其他。

点击【(新增)受点点】右键弹出【电源点方案】

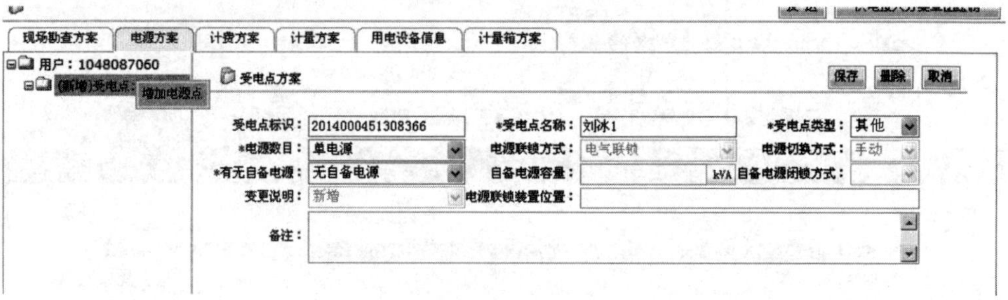

对专线客户在变电站树状图中确定变电站，从线路列表中只选择相应的线路，单击【确认】，回到【供电电源方案】窗口，对应线路的变电站、线路名称自动显示；对专变客户在变电站树状图中确定变电站和线路，从台区列表中只选择相应的专变台区，单击【确认】，回到【供电电源方案】窗口，对应线路的变电站、线路名称、台区名称自动显示；对公变客户在变电站树状图中确定变电站和线路，从台区列表中只选择相应的公变台区，单击【确认】，回到【供电电源方案】窗口，对应线路的变电站、线路名称、台区名称自动显示。

本场景电源类型选择公变，经现场勘查确定台区为597新世纪花园四期1#变，操作如下：

在类型处选择【台区】名称处输入【597】点击【查询】后在树状图处选择【台区】后点击【确认】。

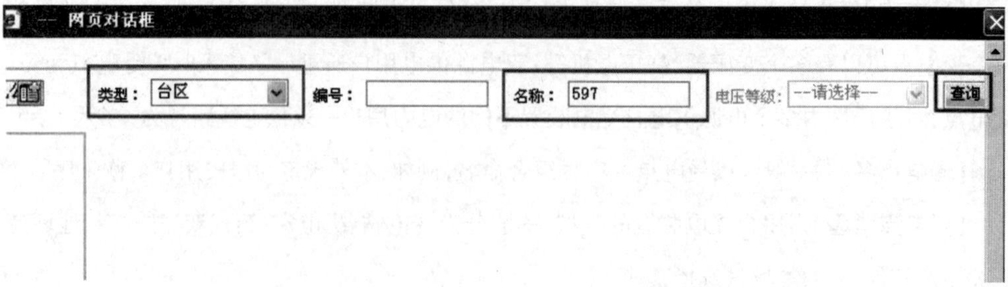

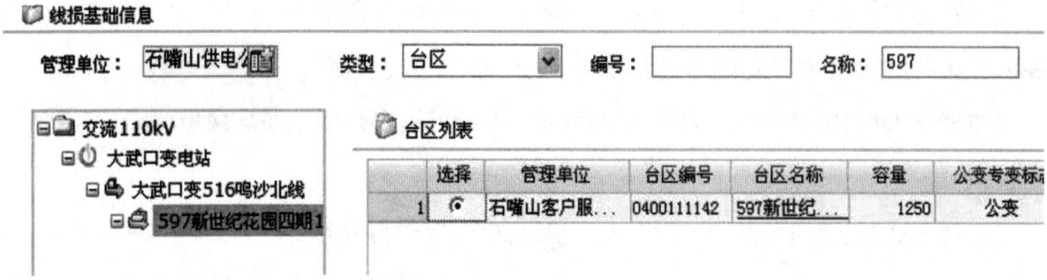

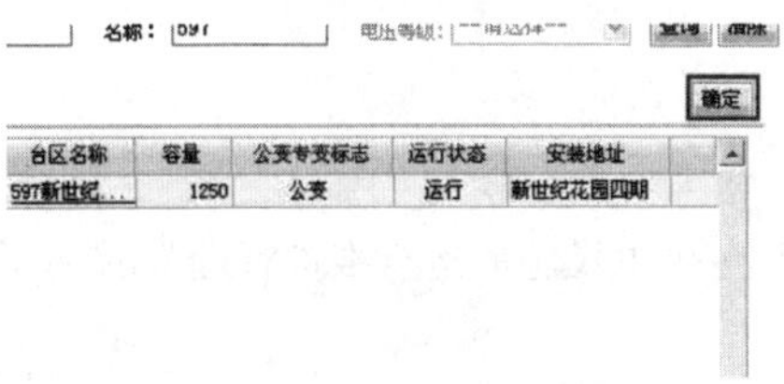

出现结果如下图：

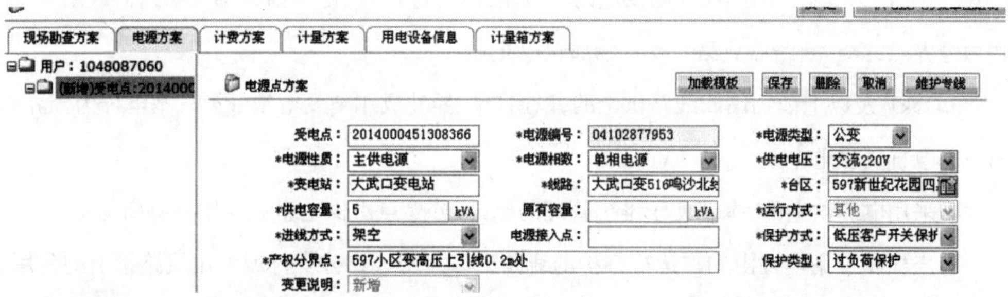

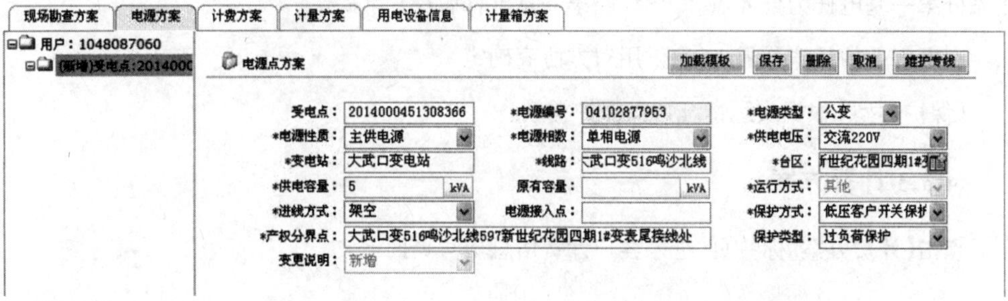

要项信息：

【电源类型】提供电能的装置，根据本业务场景选择公变（如果所带此用户的公变台区已建立，直接选择该台区；否则在线损管理—线损基础管理中建立新的公变台区）。

【电源性质】如果只有一个电源点，只能选择主供电源，如果是双电源或多电源的情况至少有一个电源点为主供电源。

【电源相数】根据场景此用户选择单相电源，如采用380V供电的，请注意选择为三相电源。

【供电容量】本电源提供的可供本用户使用的容量，即电源点容量，专变用户填写该变压器的铭牌容量，专线用户填写该专线变电所供出的容量，公网用户填写用户的合同约定容量。

【运行方式】运行方式只针对受电点方案中电源数目为双电源或多电源的情况选择冷备、热备、互为备用,如果只是单电源,默认为其他,此场景选择【其他】。

【电源接入点】填写变电站名称、线路双重编号、线路杆号(或电缆环网柜、分支箱编号)台区名称。

【进线方式】根据现场勘查的供电方案填写,该参数作为业务受理人员确定双电源用户收取高可靠性费用或临时用电收取临时接电费标准的依据(电缆进线按照架空进线的1.5倍收取)。

【保护方式】根据电压等级及现场实际勘查情况选择。

【产权分界点】根据《供电营业规则》第四十七条规定:供电设施的运行维护管理范围,按产权权归属确定。责任分界点按下列各项确定:

1. 公用低压线路供电的,以供电接户线用户端最后支持物为分界点,支持物属供电企业。

2. 10kV及以下公用高压线路供电的,以用户厂界外或配电室前的第一断路器或第一支持物为分界点,第一断路器或第一支持物属供电企业。

3. 35kV及以上公用高压线路供电的,以用户厂界外或用户变电站外第一基电杆为分界点,第一基电杆属供电企业。

4. 采用电缆供电的,本着便于维护管理的原则,分界点由供电企业与用户协商确定。

5. 产权属于用户且由用户运行维护的线路,以公用线路分支杆或专用线路接引的公用变电站外第一基电杆为分界点,专用线路第一基电杆属用户。

在电气上的具体分界点,由供用双方协商确定。

【保护类型】根据实际情况选择保护类型。

4.3.3 计费方案

点击【计费方案】标签页,进入客户计费信息填写页面。

要项信息：

【定价策略类型】根据用电类别是非大工业用电选择单一制。

【基本电费计算方式】定价策略类型若选择单一制，则选择【不计算】。

【功率因数考核方式】核定容量100kVA以下所有用户选择不考核，核定容量100kVA及以上所有用户选择标准考核。具体考核标准执行〔83〕水电财字215号文件《功率因数调整电费办法》、宁电营销〔2012〕168号文件《关于下发部分政策执行的相关意见通知》、宁夏电力公司2013年下发的《关于规范功率因数调整电费计算的通知》。

点击【（新增）定价策略】右键弹出【增加电价方案】

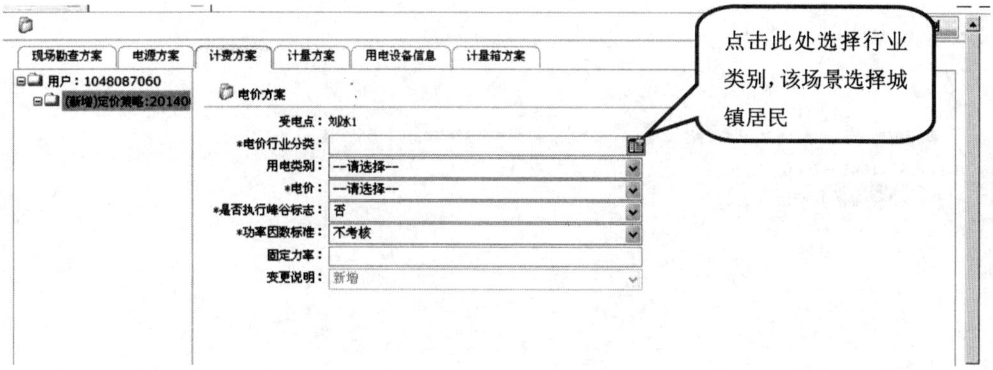

本场景应选择行业分类：城镇居民、用电类别：城镇居民生活用电，电价执行一表一户阶梯，不执行峰谷不考核功率因数。

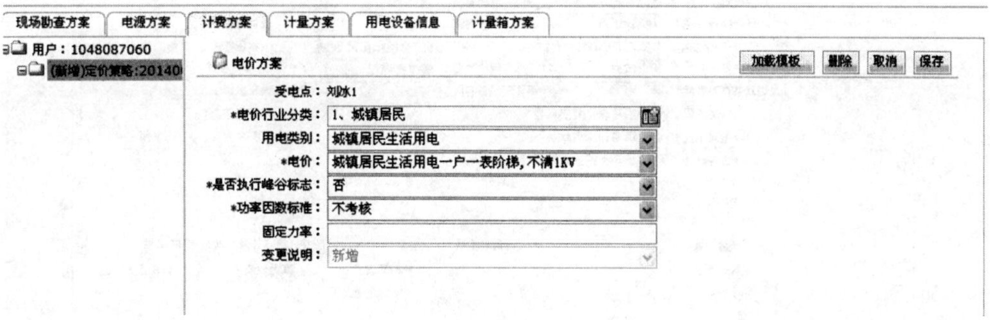

要项信息：

【电价行业分类】应与业务受理环节申请信息中的行业分类一致，如有多个电价方案，至少有一个电价行业分类与业务受理环节申请信息中的行业分类一致。

【用电类别】应与业务受理环节申请信息中的用电类别一致，如有多个电价方案，至少有一个用电类别与业务受理环节申请信息中的用电类别一致，不能选择居民生活用电。

【电价】根据用电类别、电压等级、用户分类确定相应的电价，注意区分城镇居民与农村居民电价。

【是否执行峰谷标志】根据宁价重发〔1995〕92号文件《关于转发国家计委、电力工业部关于西北电网峰谷分时电价实施办法的批复的通知》执行，此场景应选择【否】。除城乡居民用电、农业排灌用电及党政机关、学校（不含生产企业）、部队（不含生产企业）、医院、无轨电车、自来水、煤气用电及个别特殊用户暂不实行峰谷电价外，其他所有用户均执行峰谷电价，居民生活用电暂不执行峰谷分时电价。

4.3.4 计量方案

点击【计量方案】标签页，展开计量方案配置界面，点击【（新增）受电点】右键弹出【增加计量点方案】标签页。如下图所示：

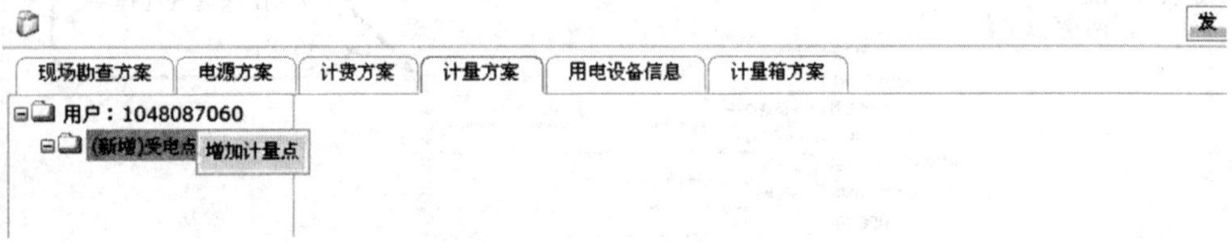

点击【计量方案】

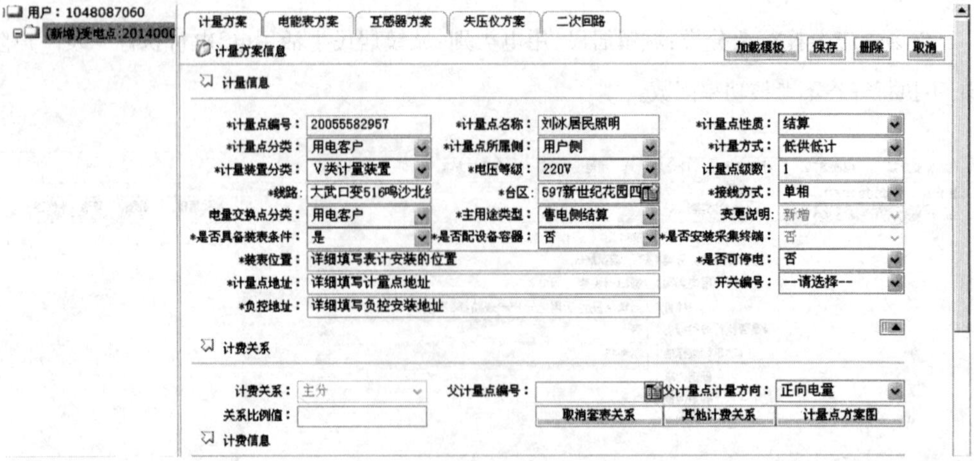

要项信息：

【计量点名称】能够清楚的描述出该计量点所对应的电价及其他信息，如：居民照明。

【计量点性质】如果计量点是计费的计量点则选择【结算】，如果用于考核的计量点则选择【考核】。

【计量点分类】根据计量点性质若选择【结算】，则选择【用电客户】，计量点性质若选择【考核】，则选择【关口】，此场景选择【结算】。

【计量点所属侧】根据计量方式进行选择，若是高供高计则选择电网侧，若是高供低计或低供低计则选择【用户侧】，若是专线用户则选择【变电站内】，此场景选择【用户侧】。

【计量方式】根据电能计量的不同对象，此场景一般选择低供低计。

【计量装置分类】按下表进行选择，此场景 220V 电压等级选择 V 类计量装置，380V 电压等级选择Ⅳ类计量装置。

表 1　电能表、互感器准确度等级

容量范围	电能计量装置类别	准确度等级			
		有功电能表	无功电能表	电压互感器	电流互感器
S≥10000kVA	Ⅰ	0.2S 或 0.5S	2.0	0.2	0.2S 或 0.2*）
10000kVA＞S≥2000kVA	Ⅱ	0.5S 或 0.5	2.0	0.2	0.2S 或 0.2*）
2000kVA＞S≥315kVA	Ⅲ	1.0	2.0	0.5	0.5S
S＜315kVA	Ⅳ	2.0	3.0	0.5	0.5S
单相供电（P＜10kW）	Ⅴ	2.0	—	—	0.5S

● 0.2*）级电流互感器仅指发电机出口电能计量装置中配用。

【电压等级】默认为供电电压。

【台区】若只有一个台区选择必须与电源方案保持一致，若有多个台区则根据现场勘查实际情况填写。

【线路】若只有一个线路选择必须与电源方案保持一致，若有多个线路则根据现场勘查实际情况填写。

【接线方式】根据现场勘查实际情况进行选择，220V 电压等级选择单相，380V 电压等级选择三相四线。

【电量交换点分类】计量点主用途类型为售电侧结算则选用电客户。计量点主用途类型为考核，根据现场勘查实际情况进行选择。

【主用途类型】根据现场勘查实际情况进行选择 。

【是否具备装表条件】电量计算方式是实抄则选择【是】，电量计算方式是定量、定比、按日协定则选择【否】。

【是否安装采集终端】居民客户营销系统默认为【否】。

【是否可停电】根据具体情况，可以停电选择【是】，不可停电选择【否】。

【装表位置】详细填写表计安装的位置

【计量点地址】详细填写计量点地址。

点击【电能表方案】，配置相应电能表

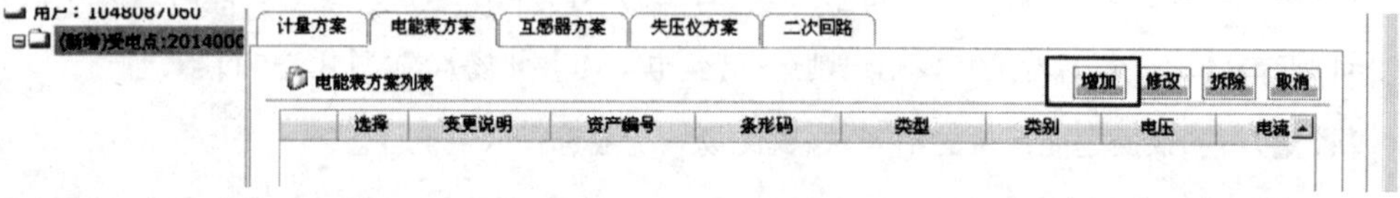

要项信息：

【接线方式】与计量方案中的接线方案一致。

【准确度等级】各类电能计量装置配置的电能表、互感器的准确度等级应不低于下表所示值。

表 2　电能表、互感器准确度等级

容量范围	电能计量装置类别	准确度等级			
		有功电能表	无功电能表	电压互感器	电流互感器
S≥10000kVA	Ⅰ	0.2S 或 0.5S	2.0	0.2	0.2S 或 0.2*)
10000kVA＞S≥2000kVA	Ⅱ	0.5S 或 0.5	2.0	0.2	0.2S 或 0.2*)
2000kVA＞S≥315kVA	Ⅲ	1.0	2.0	0.5	0.5S
S＜315kVA	Ⅳ	2.0	3.0	0.5	0.5S
单相供电（P＜10kW）	Ⅴ	2.0	—	—	0.5S

● 0.2*）级电流互感器仅指发电机出口电能计量装置中配用。

【示数模板】根据电费计算需要选择，但需要注意接线方式为单相时，不能选择需量、无功示数。

现场勘查人员，对用户计量方案进行核对无误后，点击【供电接入方案草图绘制】，绘制接入方案草图。具体操作方法参见"营销 GIS 应用功能操作手册 v1.1.doc"营销 GIS 控件及操作手册下载位置：【帮助】—【帮助手册下载】—【"营销 GIS 营销改造功能说明及控件"】。

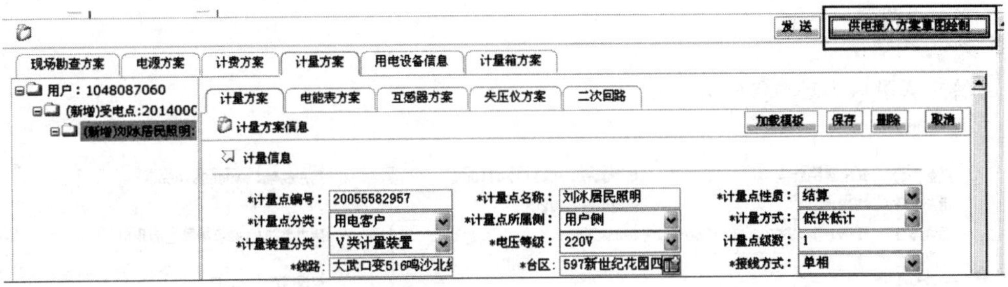

点击【发送】发送至下一环节，进行审批。

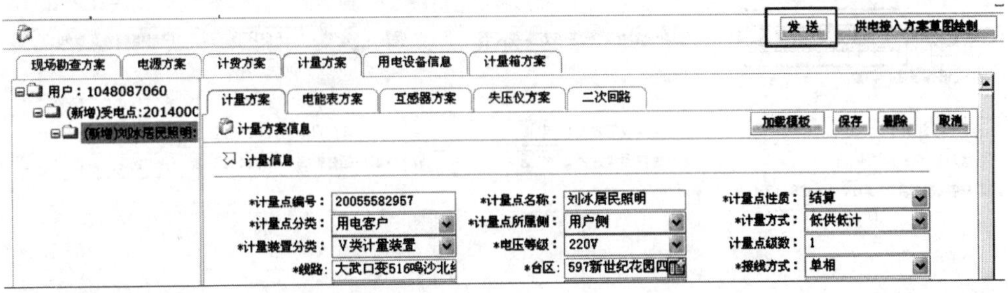

4.4 审批【客户服务中心主任】

方案拟订后，根据审批条件(按电压等级、变压器容量大小等)提交相关级别部门审批，签署审批意见。在规定的时限内完成对接入系统方案、受电系统方案、计量方案、计费方案的审批。对于审批不通过的，重新拟定供电方案，并重新审批。

审批通过则发送到下一环节，不通过则退到现场勘查。

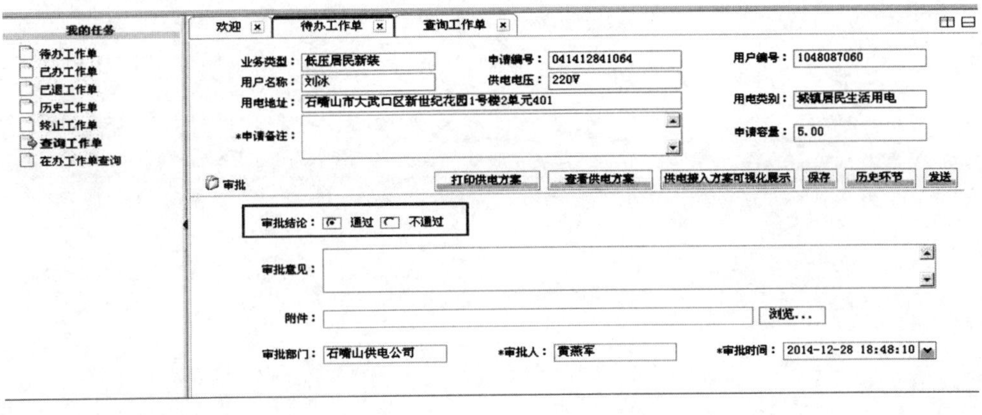

要项信息：

【审批结论】不通过，返回到【现场勘查】。

4.5 答复供电方案【业务受理员】

根据审批确认后的供电方案，书面答复客户，在规定的时限内提供【供电方案答复单】供客户签字确认，登记通知客户及客户确认反馈的时间点。若不能如期确定供电方案时，应主动向客户说明原因。

答复人默认为环节签收人

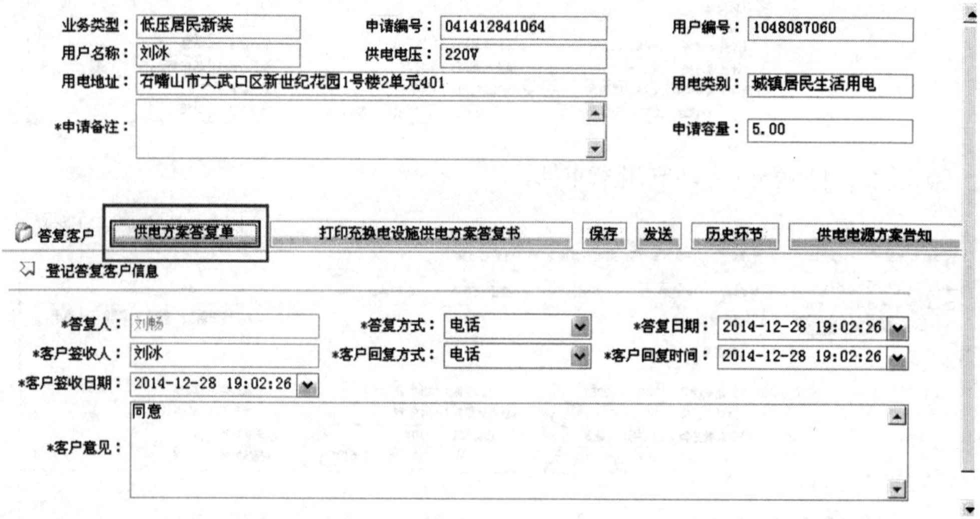

要项信息：

答复人默认为环节签收人。

答复方式和客户回复方式的下拉选项有【短信】、【通知单】、【电话】、【传真】、【E-MALL】、【公告】，按照相应的答复方式填写。

点击【供电方案答复单】可直接保存、打印供电方案答复单。

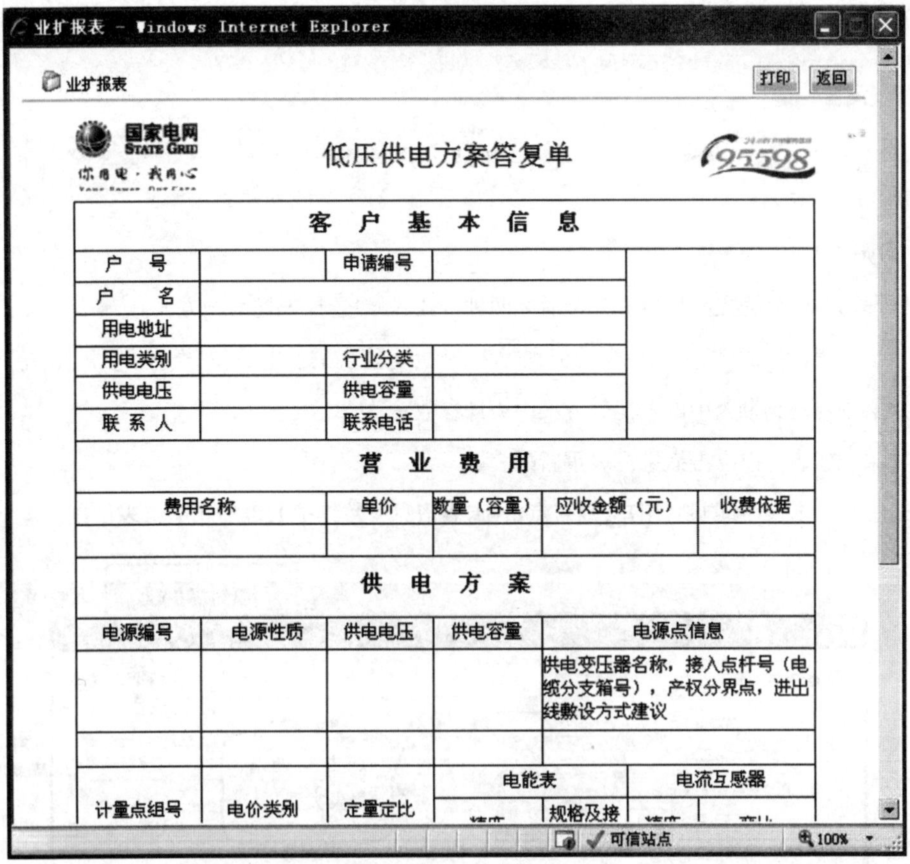

为全面贯彻落实《国家电网公司关于进一步简化业扩报装手续优化流程的意见》的要求，系统升级后将穿行改为并行，在点击【发送】后将触发【配表】、【合同起草】及【确定费用】三个环节。

4.6配表【资产管理员】

点击【电能表方案】标签页，选择出厂编号，输入表号后键入回车键。

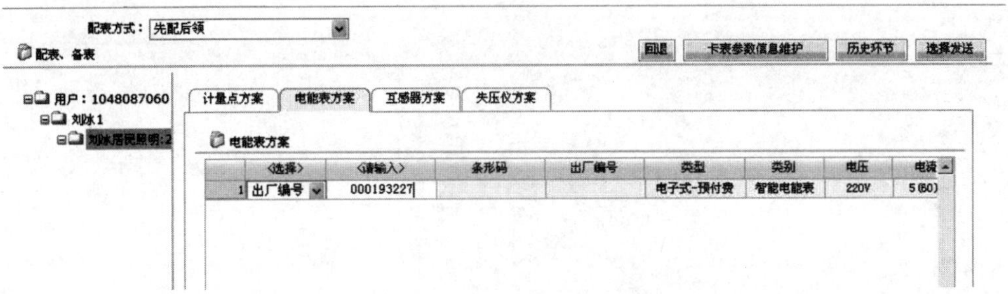

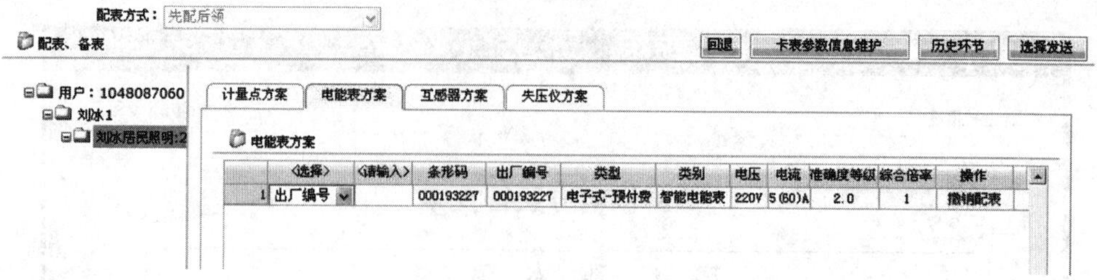

要项信息：

【配表方式】分为先配后领和先领后配两种方式，一般选择先配后领方式。

依据装表派工通知单，完成系统流程配表，所配电能表的供电单位、类型、电压、电流、准确度等级必须与现场勘查中的电能表方案中表计参数一致。

如果配错表可以点击撤销配表重新配表。

若客户为卡表（预购制）用户，则需点击【卡表信息参数维护】，维护相关卡表信息。

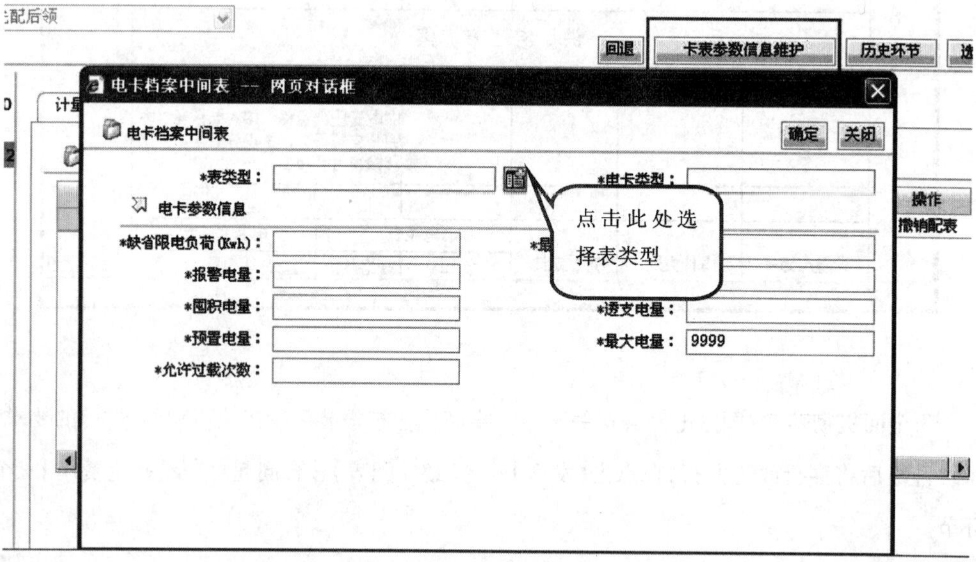

点击【表型号】后输入表型号，点击【查询】选择相应型号后点击【确定】。

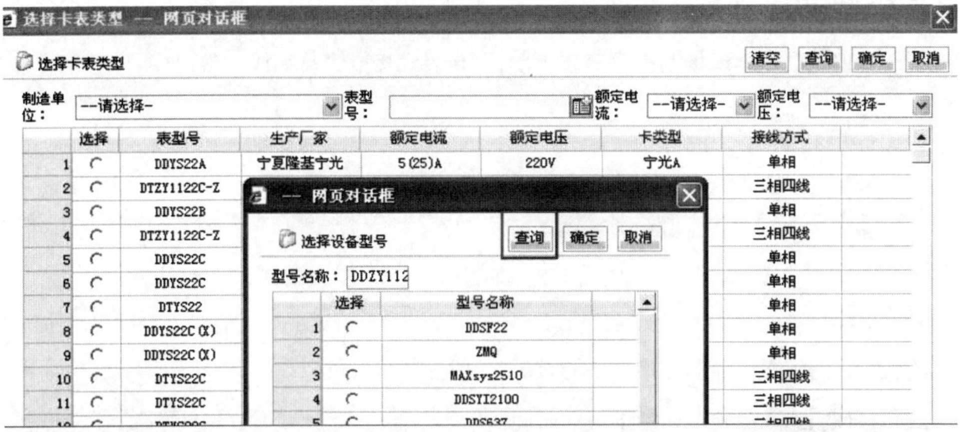

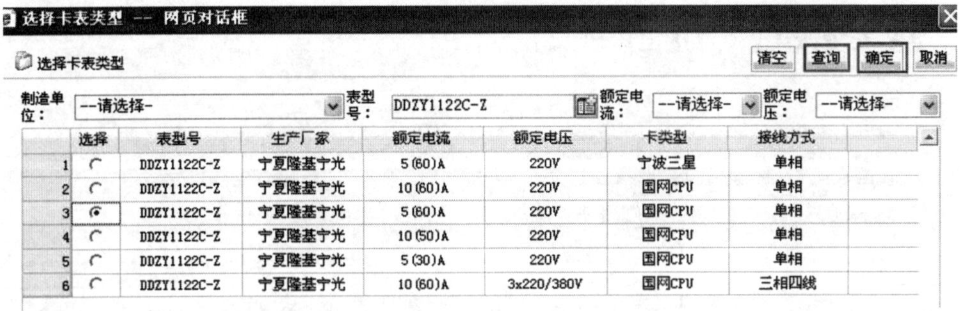

在返回的界面中再次点击【查询】,选择正确的信息点击【确定】。

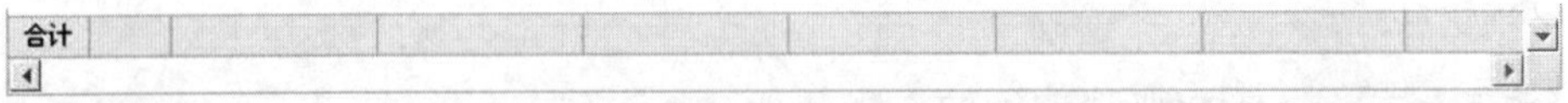

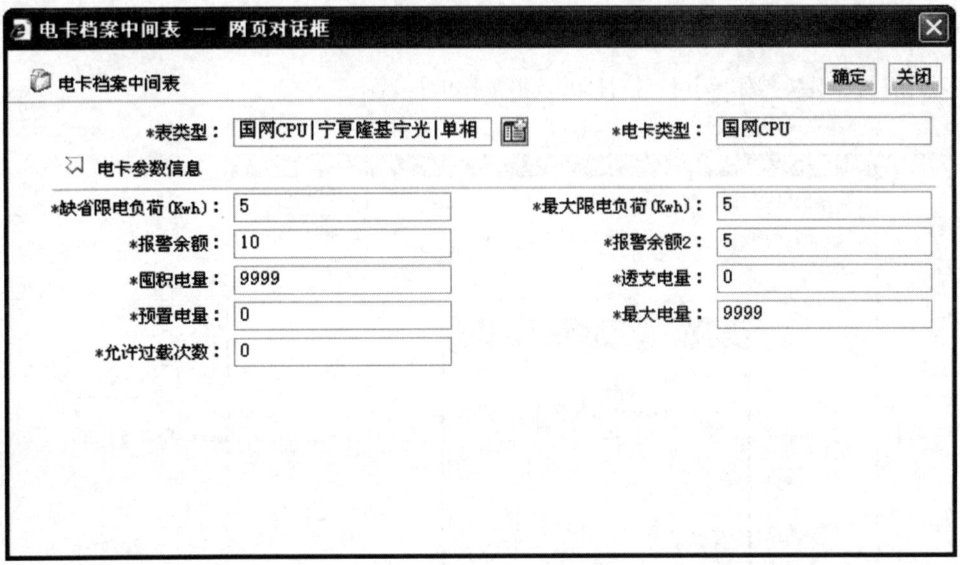

随后发送至下一环节。

4.7 设备出库【资产管理员】

资产管理人员依据现场勘查环节派工单，配合装表接电人员完成设备出库。

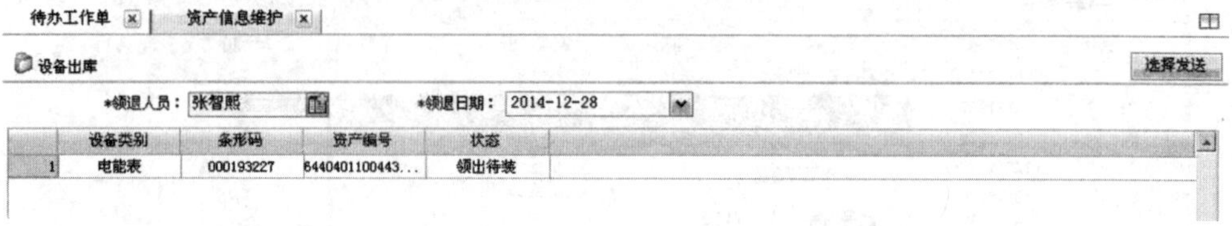

要项信息：

【领退人员】到库房领取计量设备的人员，一般为装表人员。

【领退日期】到库房领取计量设备的时间。

4.8 安装派工【装表接电班班长】

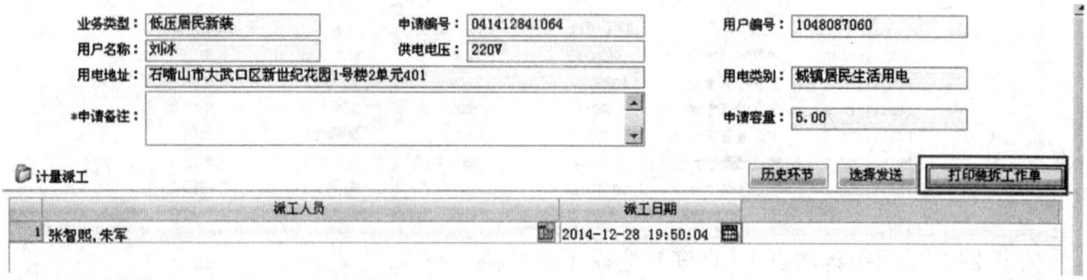

要项信息：

【派工人员】选择具体到现场装表的人员，一般至少选择2人。

【派工日期】装拆工单派发的时间，系统默认为流程环节处理时间。

点击【打印装拆工作单】可直接打印【装拆工作单】。

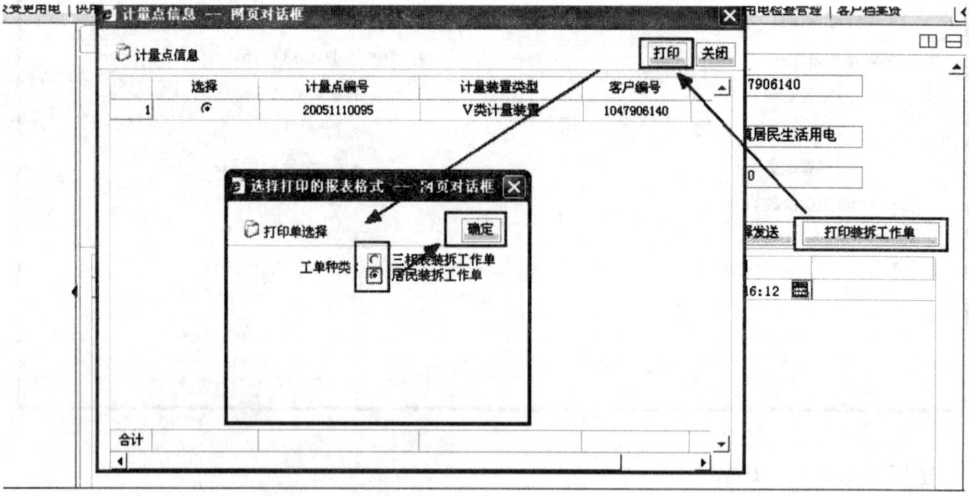

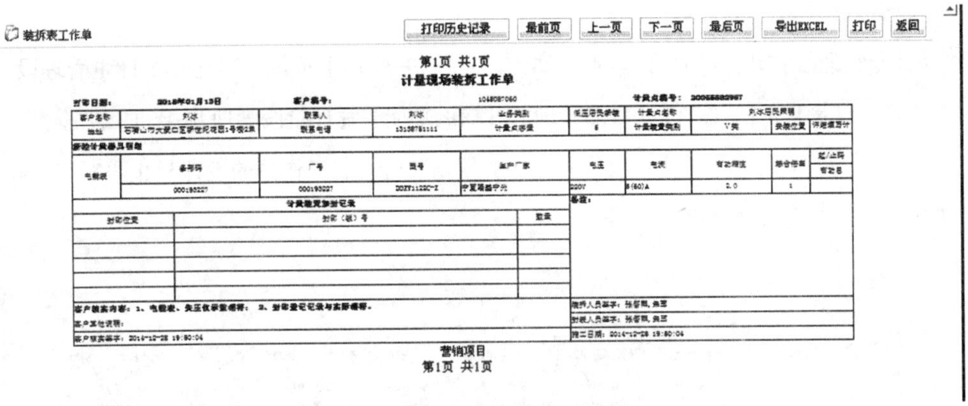

选择对应的派工人员，点击【选择发送】流程流转至下一环节。

4.9 装表【装表接电工】

点击【计量点】页面里【刘冰 1】，展开【计量点信息】标签页，选择计量管理段。

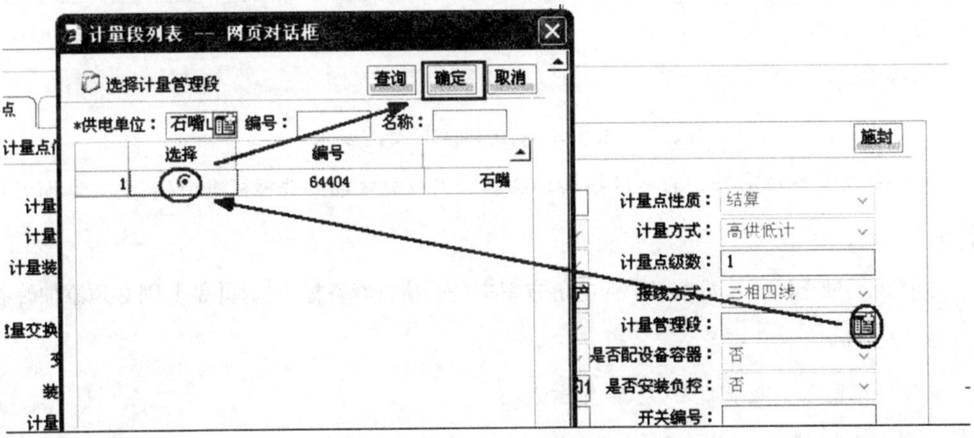

结果如下：

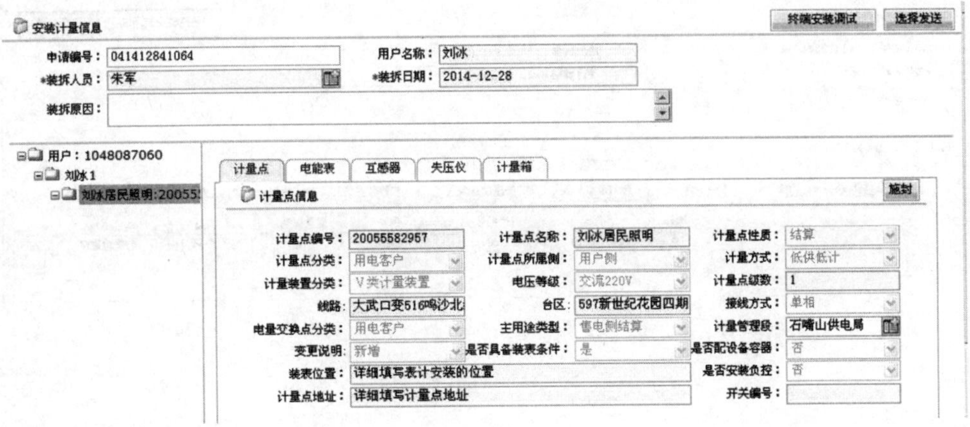

要项信息：

【计量管理段】指管理用户计量点所属的计量段，一般每个单位只建立一个计量管理段，如果需要增加计量管理段，需在【计量点管理】—【辅助功能】—【计量段管理】中维护增加。

在【电能表】页面里，点击【示数信息录入】，依据装(拆)表工作单的表计起止码对客户新表计表码进行系统录入并保存。

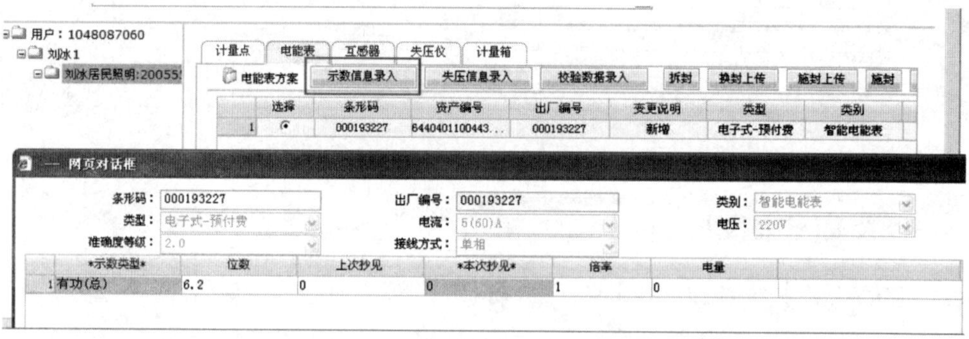

注意事项：

1.可以在本环节进行示数的添加修改，满足抄表算费的要求。

2.在现场勘查环节计费方案的执行功率因数考核方式如果选择标准考核，必须增加无功示数。

3.在现场勘查环节计费方案中的电价方案中是否执行峰谷标志选择【是】，则必须添加峰谷平总示数类型。

4.单相电能表不能添加无功及需量示数。

点击【终端安装调试】后，点击【选择发送】，发送至下一环节。

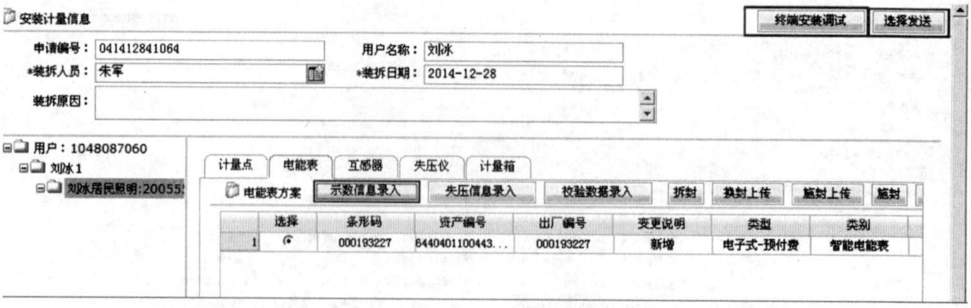

4.10 合同新签【合同管理人员】

4.10.1 合同起草

要项信息：

【起草说明】签订合同原因及相关信息

【合同类型】、【合同类型】根据客户供电电压及用电性质进行选择，现国家电网公司合同类型主要包括以下几种：

高压供用电合同：适用于高压正式用电客户；

低压供用电合同：适用于低压正式用电客户；

临时供用电合同：适用于临时用电客户；

委托转供电合同：适用于具有转供电关系的用电客户；

居民供用电合同：适用于居民客户；

4.10.2 合同审核

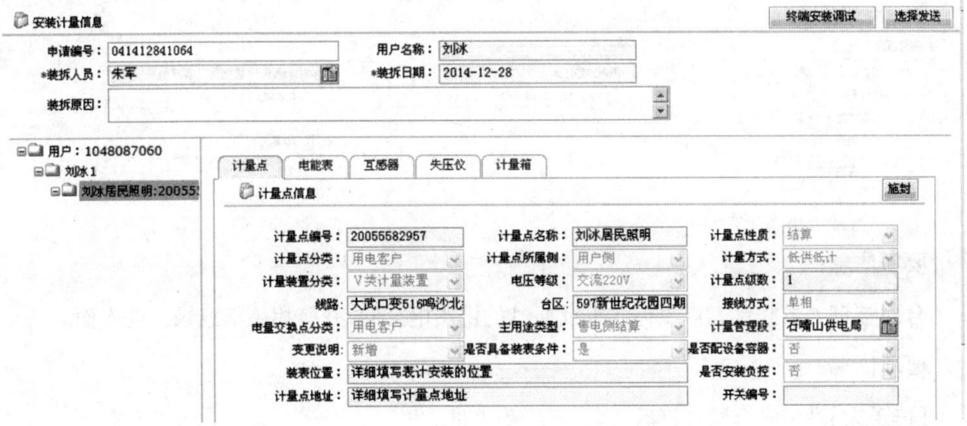

该环节主要针对合同起草人员起草的合同草本、合同附件及相关资料，进行审核。审核通过后，跳转至下环节，选择【不通过】，并填写审核意见，流程退回至合同起草环节，由合同起草人员按照审核意见对合同内容进行修改、补充、完善。

4.10.3 合同审批

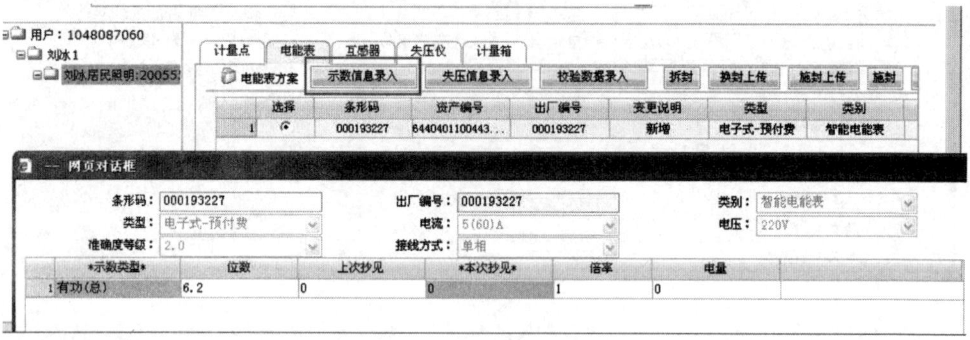

对通过合同审核的环节，由供用电合同审批人员进行审批，审批选择【不通过】后，流程退回合同起草环节，需要合同起草人员按照审批意见修改相关内容。

注意事项：

供用电合同起草人员、审核人员及审批人员不能为同一人。

4.10.4 合同签订

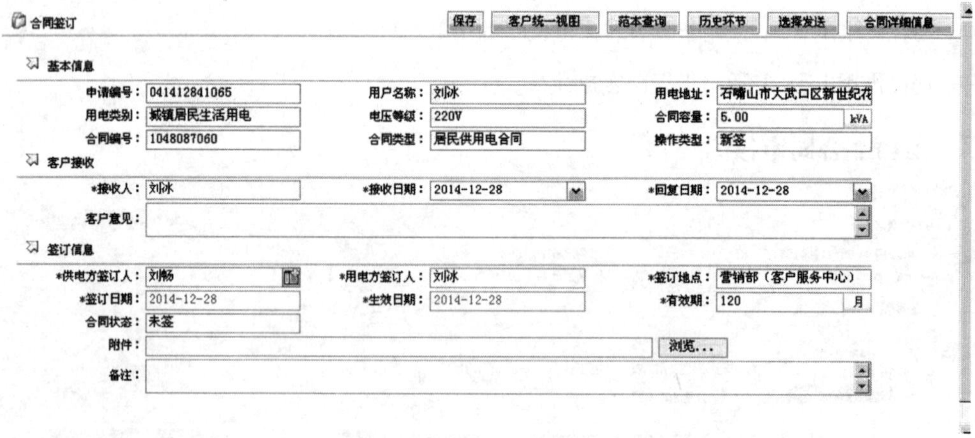

要项信息：

合同签订人员联系客户签订已审批通过的供用电合同，并将相关信息录入此界面。

要项信息：

【接受人】供用电合同签订后，客户方接受人员。

【接受日期】指客户接受供用电合同的日期。

【回复日期】指客户对待签订供用电合同意见的反馈日期。

【客户意见】指客户对合同起草人员起草的供用电合同审核后的反馈的意见。

【供电方签订人】指供电企业供用电合同签订人员。一般是供电企业法人代表或负责人,其他人员签订供用电合同必须得到供电企业法人代表或负责人授权。

【用电方签订人】指用电人合同签订人员,用电人为自然人签订人为本人,用电人为法人,签订人员应为法人代表或企业负责人，其他人员签订供用电合同必须得到供电企业法人代表或负责人授权。

【签订地点】指合同双方当事人签字或者盖章的地点,涉及法院管辖权的问题,一般的合同纠纷如果双方没有明确约定签订地点的,按被告所在地的法院来管辖的。

【签订日期】取供用电合同双方签订的最大日期,如果合同中没有明确约定,这个日期也就是合同的生效日期。

【生效日期】指供用电合同实际生效的日期。若合同没有明确生效日期,则取双方签订的最大日期。

【有效期】指供用电合同的有效期限,宁夏电力公司对合同有效期规定如下：

1.居民客户一般签订为5~10年;

2.非居民客户、中小商户一般签订为3~5年;

3.其他客户一般签订为1~3年。其中对承包、租赁经营的企业、濒临破产的企业一般签订为1年;临时《供用电合同》有效期不超过6个月。

4.10.5 合同归档

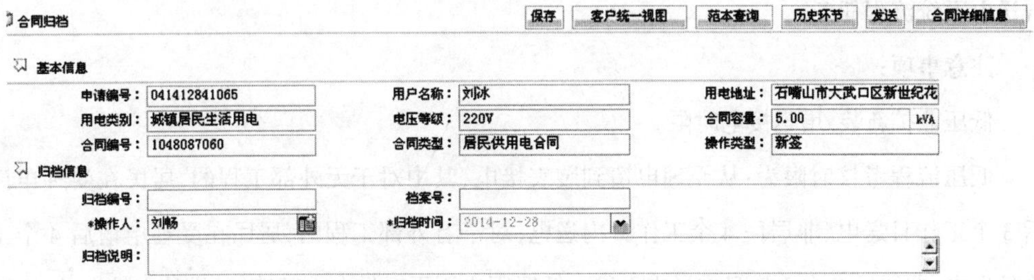

4.11 确定费用【业务受理员】

对于低压居民新装用户,由于缴费方式为卡表购电,无需收取预收电费,因而可以不录确定费用直接发送。

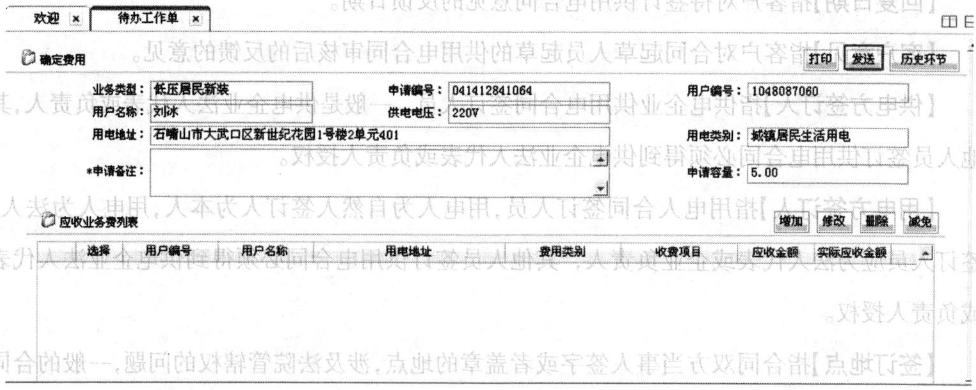

4.12 送电【装表接电员】

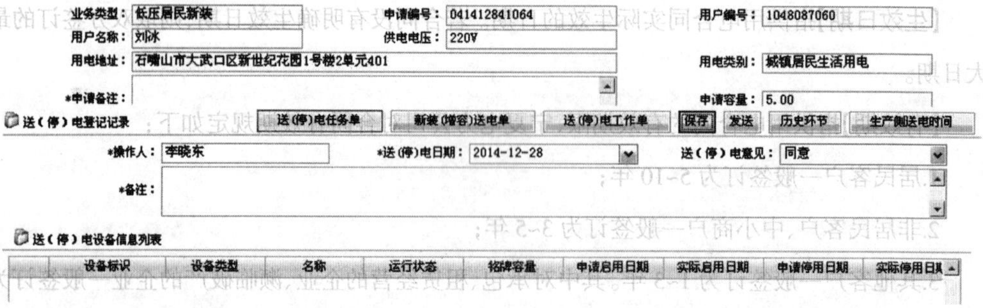

在完成业务收费、竣工检验及签订供用电合同后，进入送电环节，送电人员在送电前分别打印【送电任务单】和【送电工作单】，前往现场开展送电工作，送电后，完成此界面数据保存，完成送电系统流程任务。

注意事项：

低压业扩新装、增容接电时限。

低压流程考核时限为：从受理申请到装表接电，其中对于无外部工程的，居民在受理申请后3个工作日送电，非居民4个工作日内送电；对于有外部工程的，居民在受理申请后4个工作日送电，非居民8个工作日内送电。（注：低压用户不再对供电方案答复、设计文件审核、中间检查、竣工检验复时限进行考核）。

4.13 信息归档【业务受理员】

要项信息：

【申请备注】按照宁夏电力公司统一要求填写格式为受理时间 + 受理 + 业务类别。例如：2014-12-27 受理低压居民新装业务。

点击【数据审核】,对客户档案资料完整性和正确性进行审核,确认无误后,点击【保存】发送至下一环节。

注意事项：

信息归档后，此流程在系统内已完成，不能通过退单或调度工单修改进行相关数据的修改,此客户可在客户档案中查询。

系统升级后,信息归档环节结束自动触发【客户空间位置及拓扑关系维护】及【新户分配抄表段】两个环节。

4.14 客户空间位置及拓扑关系维护

点击【客户图形数据管理】可以对客户图形数据管理,点击【发送】发送至下一环节

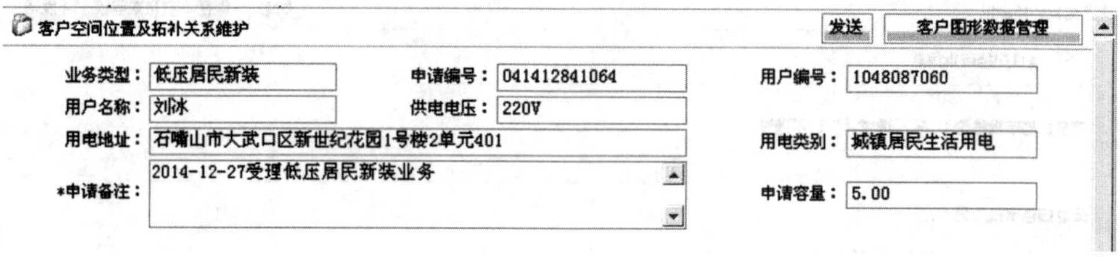
客户空间位置及拓扑关系维护　发送　客户图形数据管理

业务类型：低压居民新装　申请编号：041412841064　用户编号：1048087060
用户名称：刘冰　供电电压：220V
用电地址：石嘴山市大武口区新世纪花园1号楼2单元401　用电类别：城镇居民生活用电
*申请备注：2014-12-27受理低压居民新装业务　申请容量：5.00

4.15 归档【业务受理员】

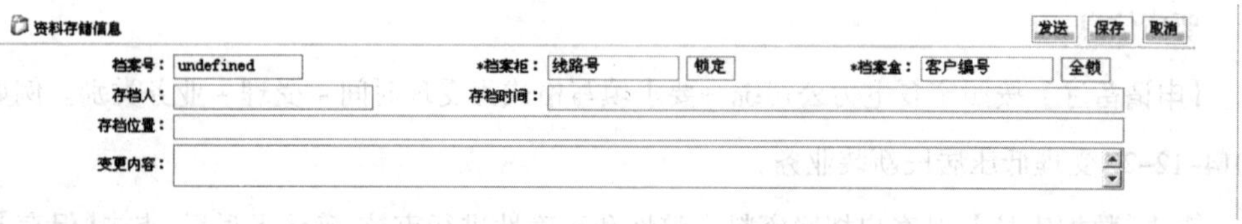
资料存储信息　发送　保存　取消

档案号：undefined　*档案柜：线路号　锁定　*档案盒：客户编号　全锁
存档人：　存档时间：
存档位置：
变更内容：

要项信息:

【档案柜】存放客户档案资料的档案柜号,填写线路编号。

【档案盒】客户档案资料盒编号,填写用户编号。

注意事项:

系统升级后,【新户分配抄表段】作为子流程不再影响归档。

4.16 新户分配抄表段【抄表班班长】

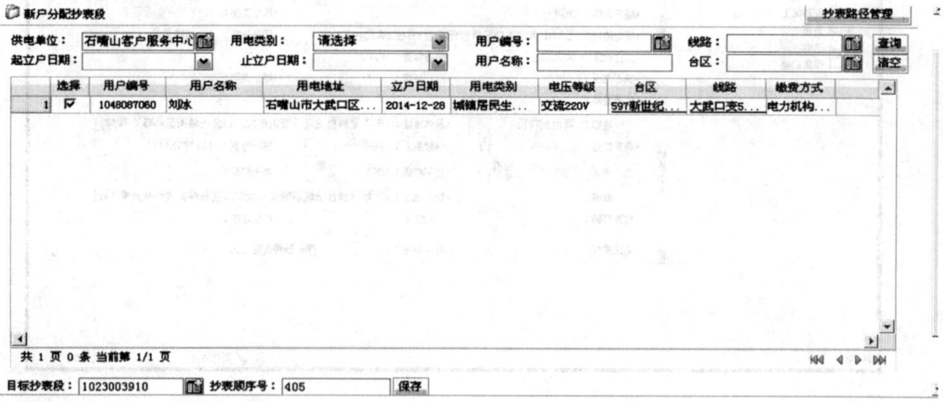
新户分配抄表段　抄表路径管理

供电单位：石嘴山客户服务中心　用电类别：请选择　用户编号：　线路：　查询
起立户日期：　止立户日期：　用户名称：　台区：　清空

	选择	用户编号	用户名称	用电地址	立户日期	用电类别	电压等级	台区	线路	缴费方式
1	☑	1048087060	刘冰	石嘴山市大武口区...	2014-12-28	城镇居民生...	交流220V	597新世纪...	大武口变5...	电力机构...

共 1 页 0 条 当前第 1/1 页

目标抄表段：1023003910　抄表顺序号：405　保存

要项信息:

【目标抄表段】必须选择此用户的相同的线路,相同单位的抄表段。

【抄表顺序号】必须放在本抄表段的最后。

第二部分

低压居民客户增容业务操作典型案例

◎业务描述

◎场景描述

◎业务流程图

◎流程环节处理

第二部分
低压居民客户增容业务操作典型案例

1 业务描述

本业务适用于电压等级为220V/380V低压居民用户的增容用电。

供电企业依据《供电营业规则》有关用电报装的条款规定、国网公司统一发布的服务承诺及服务规范，在规定的时限内，流程化完成【业务受理】、【现场勘查】、【审批】、【确定费用】、【业务收费】、【装表接电】、【客户回访】、【归档】的全过程，满足居民客户的用电增容需求。

2 场景描述

用户名称：刘延河；用电地址：大武口区建设西街93栋4号；行业分类：城镇居民生活用的，供电电压为220V，原有容量5kVA，现增加3kVA。

3　业务流程图

低压居民增容流程如下图：

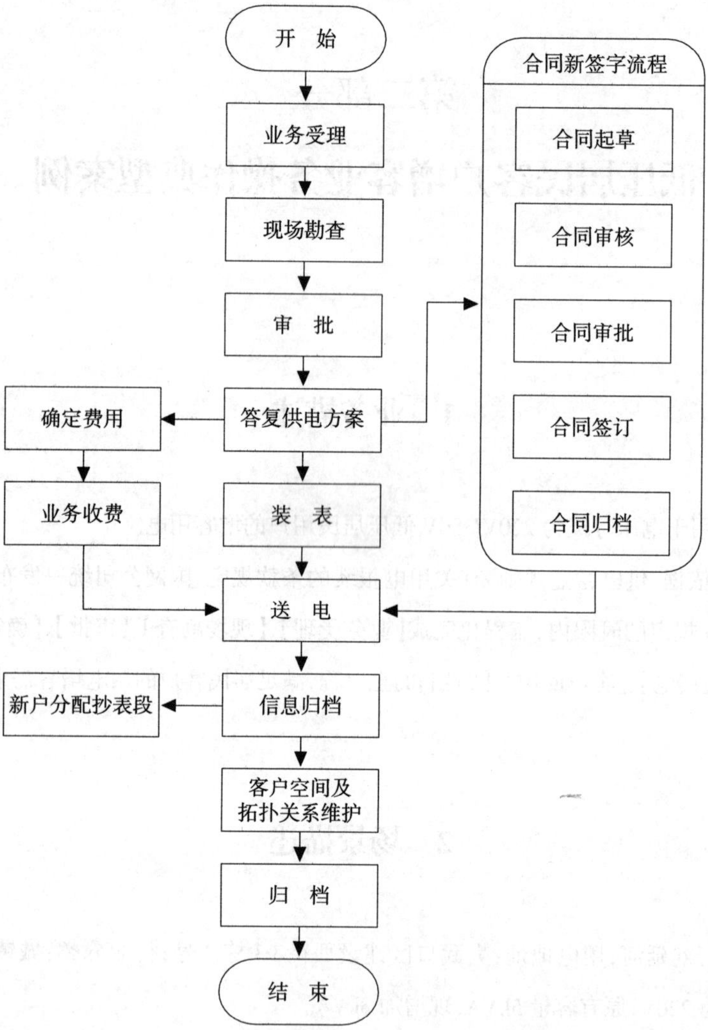

4　环节处理

4.1 业务受理【业务受理员】

进入营销业务应用SG186系统(以下简称“营销系统”),按顺序点击【新装及变更用电】—【新装增容】—【低压居民增容】打开业务受理页面。如图：

4.1.1 申请信息

点击【申请信息】标签页，进入客户申请信息填写页面。

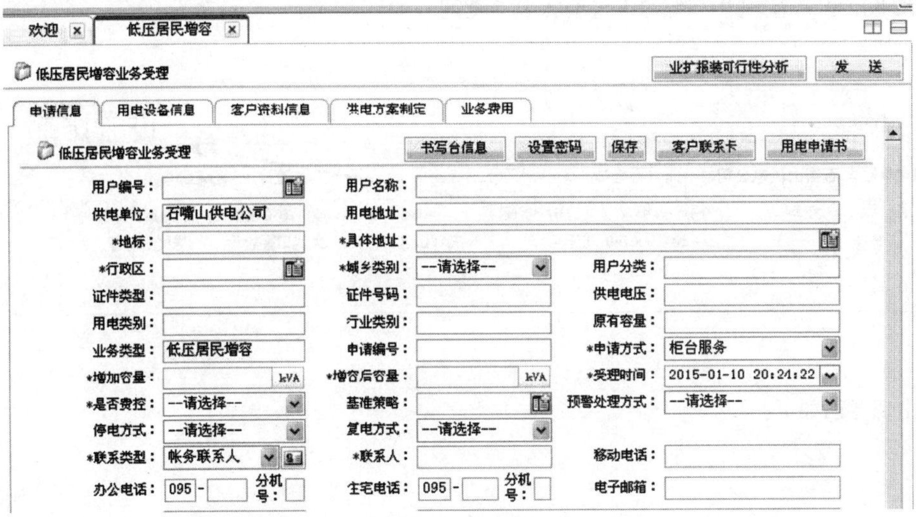

点击【用户编号】。

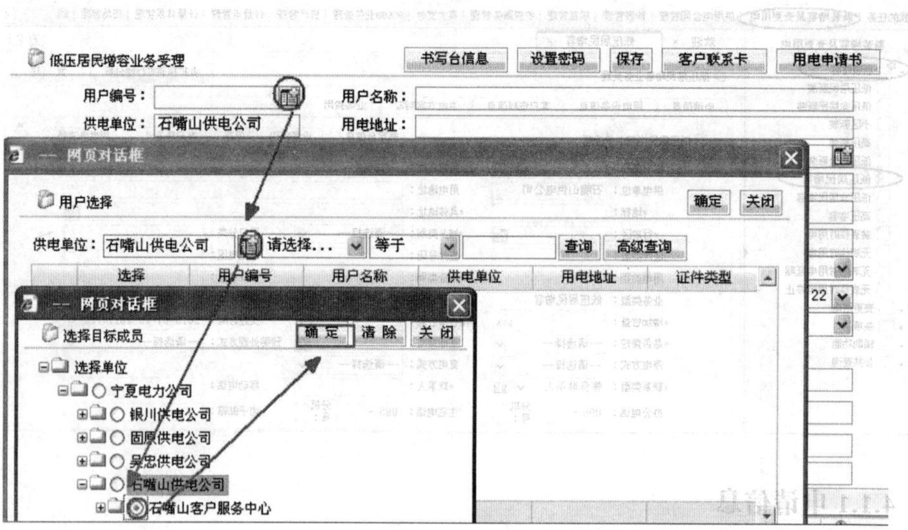

在下拉框中选择【用户编号】—【输入】—【查询】。

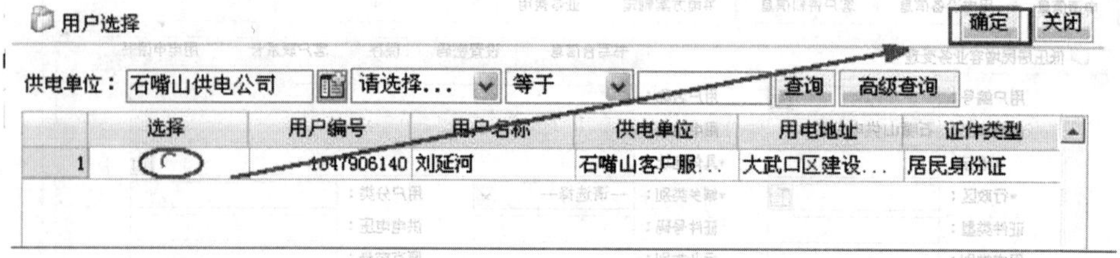

出现界面如下：

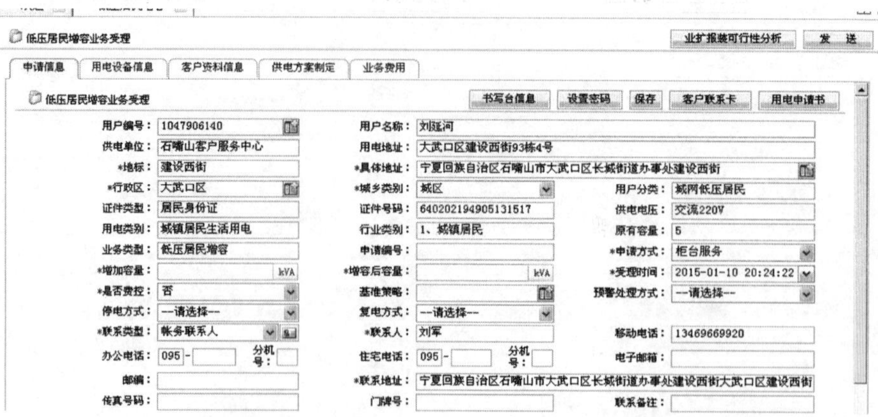

录入【增加容量】后点【保存】。

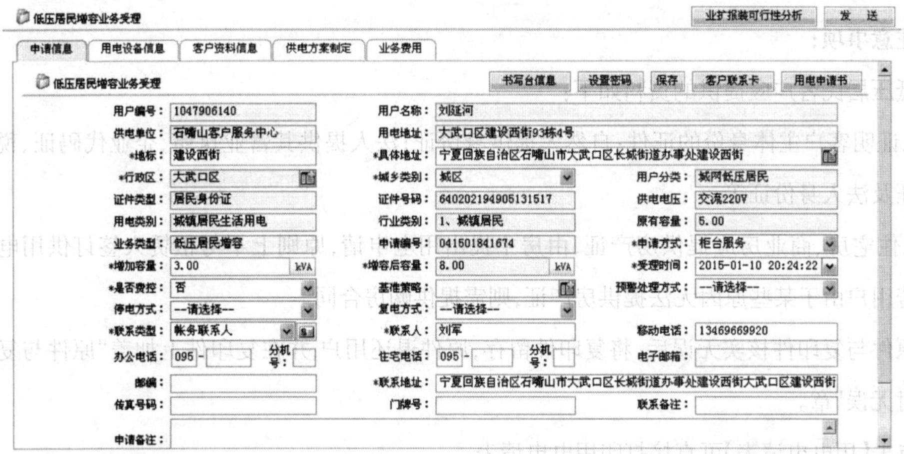

要项信息：

【增加容量】客户本次申请增加的用电容量。

4.1.2 用电设备信息

点击【用电设备信息】标签页，进入客户用电设备信息填写页面。

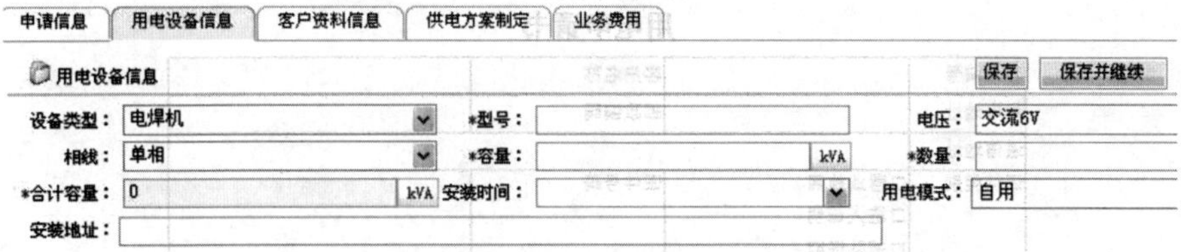

按照客户申请时提供的用电设备清单填写。设备类型主要包括电焊机、电动机、家电及其他等类，没有可不填写。

4.1.3 客户资料信息

点击【客户资料信息】标签页，进入客户受电设备信息填写页面。

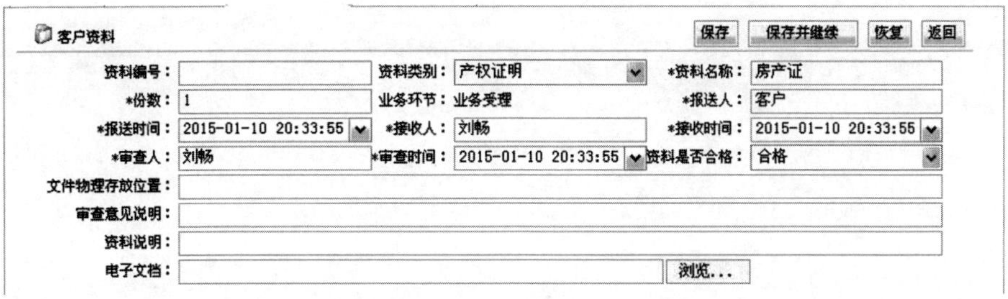

本界面相关内容依据营业执照或政府批复的相关文件填写，如果信息归档前没有填写，可在客户关系管理中发起相关流程维护。

注意事项：

低压居民客户应提供的资料如下：

1.证明客户主体身份的证件：自然人提供身份证；法人提供其营业执照、企业代码证、税务登记证及法人身份证等。

2.住宅房、商业房应提供房产证，由房主提出用电申请，原则上不与租赁人签订供用电合同。若用户由于某些原因无法提供房产证，则需提供购房合同。

原件与复印件核实无误后，将复印件留存，原件退还用户，并在复印件上加盖“原件与复印件核对无误”章。

点击【用电申请表】可直接打印用电申请表。

信息输入完毕后，点击【业扩可行性分析】

要项信息：

【业扩可行性分析】本组件根据用户业扩报装类型、用户类别、用电容量等申请信息，在GIS地图中自动或手工定位报装地址，分析报装地址周边供电电源设备（变电站、线路、配变）可开放负荷，为受理用户的业扩报装申请提出可行性的建议。

注意事项：

系统升级后增加营销GIS应用功能，该功能主要为营销业务深入开展提供支撑。营销GIS控件及操作手册下载位置：【帮助】—【帮助手册下载】—【“营销GIS营销改造功能说明及控件”】。

【业扩可行性分析】完毕后，点击【发送】，流程发送至下一环节。

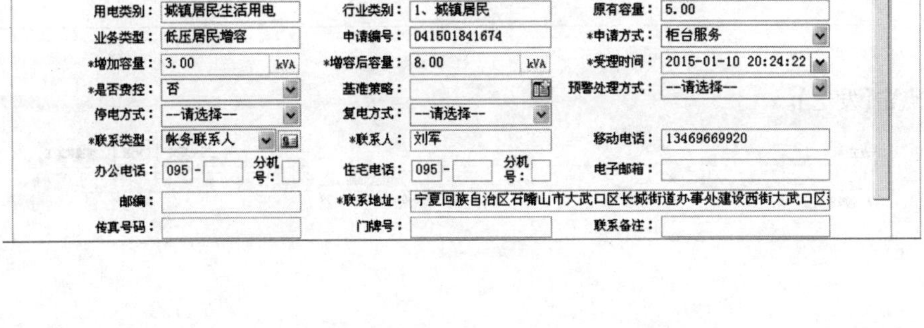

出现下图：

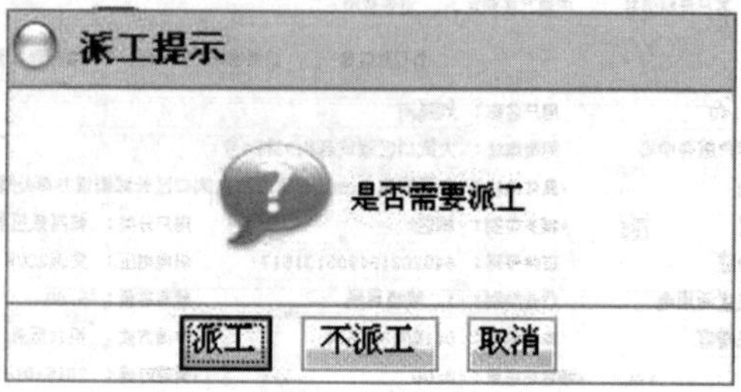

选择【派工】工单发送到【派工】环节，选择【不派工】工单发送到【现场勘查】环节，所有有权限处理【现场勘查】环节工作的人员都能签收处理此工单。

4.2 勘查派工【用电检查班班长】

接收到客户用电申请信息后，如需进行现场勘查派工的进行现场勘查工作派工，将等待分配的勘查工作任务单个或批量指派给相应勘查人员。

具体操作如下图：

点击【派工人员】，勾选【相应人员】—【确定】

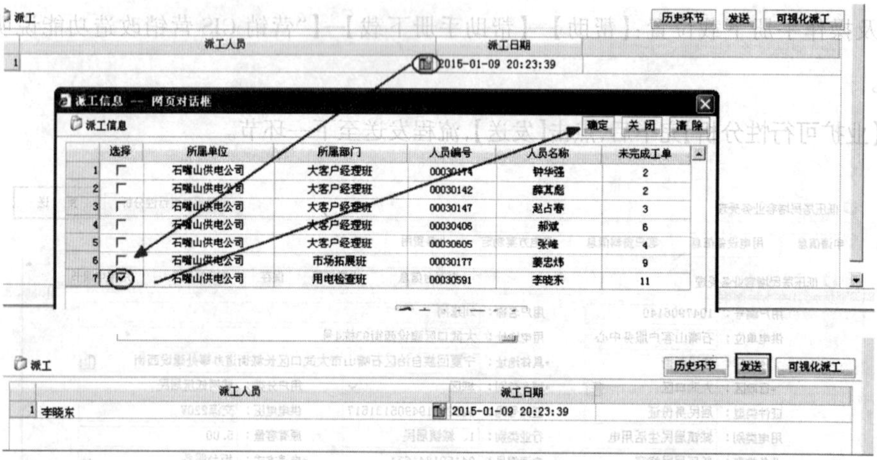

点击【发送】。

4.3 现场勘查【用电检查员】

4.3.1 现场勘查方案

打印【现场勘查工作单(低压)】,预先了解和获取所要勘查地点的供电条件,提前和客户预约现场勘查的时间,确认勘查地点,准备好相应作业资料,在规定的期限内准时到达现场进行勘查,具体勘查内容如下:

核实用电容量、用电类别等客户申请信息,根据客户的用电类别、用电规模以及现场供电条件,对供电可能性和合理性进行调查,完整翔实准确填写【现场勘查工作单(低压)】,与其他部门协商沟通后初步提出供电、计量和计费方案。如发现客户现场情况不具备供电条件时,应列入勘查意见并向客户做好解释、提出合理的整改措施或建议,取得客户的理解,具体见下图:

在【待办工作单】里,点击【现场勘查】

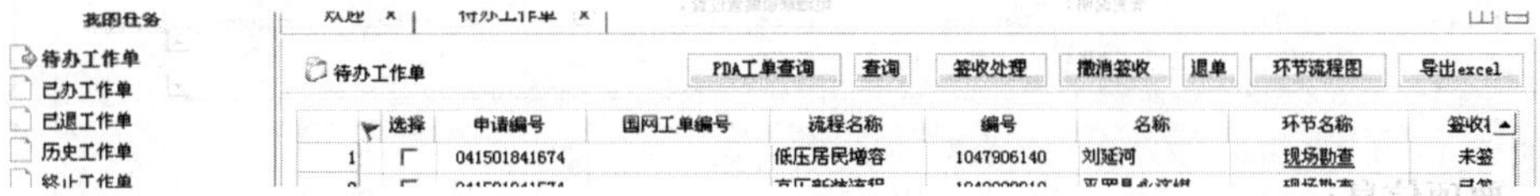

录入相关信息,点击【保存】。

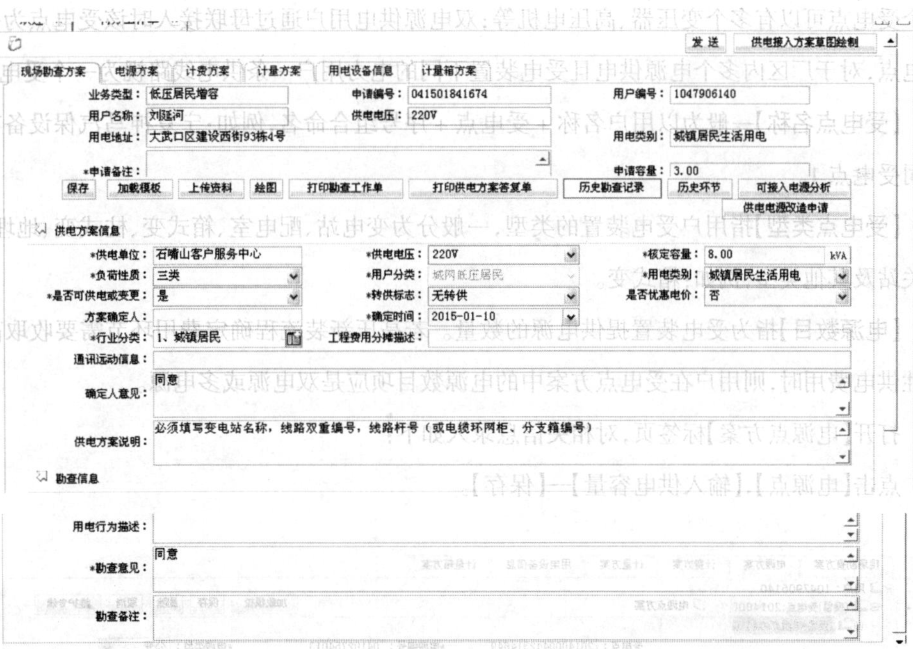

要项信息:

【是否可供电或变更】工作人员在现场勘查中发现不具备供电条件或转为低压供电,此处选择否,点击【保存】发送,审批完成以后直接跳到信息归档环节,结束此工单。

【供电方案说明】必须填写变电站名称、线路双重编号、线路杆号(或电缆环网柜、分支箱编号),如:由盐池变 516 新区线主干线 56# 杆“T”接供电。

【转供标志】如果该户与其他用户存在转供或者被转供关系则选择此项,否则选择【无转供】。如果存在转供关系需在计量方案中添加计费关系。

4.3.2 电源方案

打开【电源方案】标签页,对相关信息进行录入,步骤如下:

点击【受电点】

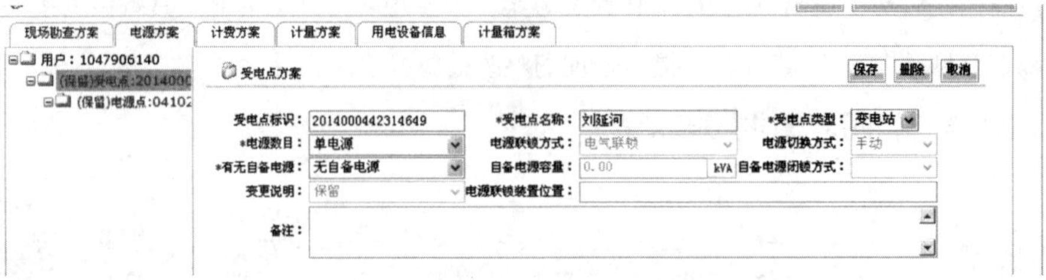

要项信息:

【受电点】用户接入电网的受电装置的所在位置,受电装置主要有变压器、高压电动机等,一个受电点可以有多个变压器、高压电机等;双电源供电用户通过母联接入时该受电点为一个受电点,对于厂区内多个电源供电且受电装置不同的电力用户一条供电线路视为一个受电点。

【受电点名称】一般为以用户名称 + 受电点 + 序号组合命名,例如:宁夏神马汽保设备有限公司受电点 1。

【受电点类型】指用户受电装置的类型,一般分为变电站、配电室、箱式变、柱式变、地埋变、开关站及其他类型,例如:箱式变。

【电源数目】指为受电装置提供电源的数量。若高压新装流程确定费用环节需要收取高可靠性供电费用时,则用户在受电点方案中的电源数目项应是双电源或多电源。

打开【电源点方案】标签页,对相关信息录入如下:

点击【电源点】,【输入供电容量】—【保存】。

要项信息：

【供电容量】本电网向用户提供的最大供电容量，对增容业务为原供电容量和本次申请增加的供电容量之和。

4.3.3 计费方案：

点击【定价策略】检查是否需要更改。

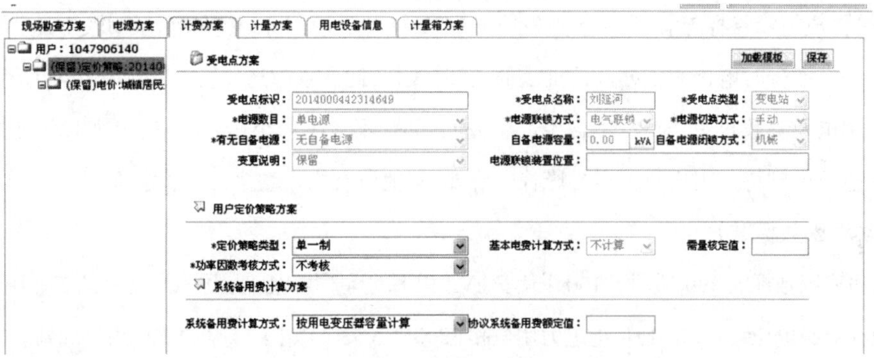

要项信息：

【定价策略类型】定价策略分为两部制和单一制。执行基本电费用户应选择两部制，否则选择单一制。

【基本电费计算方式】按照用户实际需求进行选择。（备注：此处因涉及基本电费计算，尽量与用户沟通后选择）。

【功率因数考核方式】核定容量100kVA以下所有用户选择不考核，核定容量100kVA及以上所有用户选择标准考核。具体考核标准执行〔83〕水电财字215号文件《功率因数调整电费办法》、宁电营销〔2012〕168号文件《关于下发部分政策执行的相关意见通知》、宁夏电力公司2013年下发的《关于规范功率因数调整电费计算的通知》。

选择目录最后一级，检查电价是否需要更改。

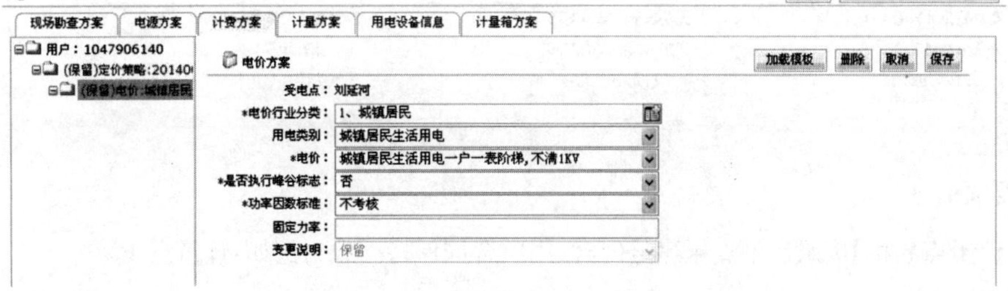

点击【保存】。

要项信息：

【电价行业分类】应与业务受理环节申请信息中的行业分类一致，如有多个电价方案，至少有一个电价行业分类与业务受理环节申请信息中的行业分类一致。

【用电类别】应与业务受理环节申请信息中的用电类别一致，如有多个电价方案，至少有一个用电类别与业务受理环节申请信息中的用电类别一致。

【电价】根据用电类别、电压等级、用户分类确定相应的电价。

【是否执行峰谷标志】根据宁价重发〔1995〕92号文件《关于转发国家计委、电力工业部关于西北电网峰谷分时电价实施办法的批复的通知》执行，此场景应选择【否】。除城乡居民用电、农业排灌用电及党政机关、学校（不含生产企业）、部队（不含生产企业）、医院、无轨电车、自来水、煤气用电及个别特殊用户暂不实行峰谷电价外，其他所有用户均执行峰谷电价。

【功率因数标准】

1.功率因数标准0.90，适用于160千伏安kVA以上的高压供电工业用户（包括社队工业用户）、装有带负荷调整电压装置的高压供电电力用户和3200kVA安及以上的高压供电电力排灌站。

2.功率因数标准0.85，适用于100kVA（kW）及以上的其他工业用户（包括社队工业用户）100kVA（kW）及以上的非工业用户和100kVA（kW）及以上的电力排灌站。

3.功率因数标准0.80，适用于100千伏安（kW）及以上的农业用户和趸售用户，但大工业用户未划由电业直接管理的趸售用户功率因数标准为0.85。

4.3.4 计量方案

选择树状目录最后一级，将计量点容量改为8，点击【保存】。

要项信息：

【计量点名称】按照计量点+序号（与供用电合同保持一致），例如：计量点1。

【计量点性质】如果计量点是计费的计量点，则选择【结算】；如果用于考核的计量点，则选择【考核】。本案例为【结算】。

【计量点分类】根据计量点性质若选择【结算】，则选择【用电客户】；计量点性质若选择【考核】，则选择【关口】。

【计量点所属侧】根据计量点位置和产权分界点的位置确定，若计量点在产权分界点的电源侧，则为电网侧；若计量点在产权分界点的负荷侧，则为用户侧。

【计量方式】根据电能计量的不同对象，以及确定的客户供电方式和国家电价政策要求，确定电能计量点和电能计量装置配置原则。高压供电的客户，宜在高压侧计量，但对 10kV 供电且容量在 315kVA 及以下，35kV 供电且容量在 500kVA 及以下的，高压侧计量确有困难时，可在低压侧计量，即采用高供低计方式（高供低计需加收变损电量电费）。

【计量点级数】表示该计量点层级，例如：1 代表主计量点；2 代表子计量点；3 代表子计量点下的子计量点。

【父计量点编号】如果该计量点为 1 级计量点且存在转供关系，选择被转供计量点所对应的计量点信息。1 级以下的计量点该选择系统自动会默认为上级计量点编号。

【计量装置分类】按下表进行选择。

表 1　电能表、互感器准确度等级

容量范围	电能计量装置类别	准确度等级			
		有功电能表	无功电能表	电压互感器	电流互感器
S≥10000kVA	Ⅰ	0.2S 或 0.5S	2.0	0.2	0.2S 或 0.2*）
10000kVA＞S≥2000kVA	Ⅱ	0.5S 或 0.5	2.0	0.2	0.2S 或 0.2*）
2000kVA＞S≥315kVA	Ⅲ	1.0	2.0	0.5	0.5S
S＜315kVA	Ⅳ	2.0	3.0	0.5	0.5S
单相供电（P＜10kW）	Ⅴ	2.0	—	—	0.5S

● 0.2*）级电流互感器仅指发电机出口电能计量装置中配用。

【电压等级】一般默认用户的供电电压，可以根据实际情况进行选择。

【台区】计量点上的台区必须与该电源方案中的台区保持一致。

【线路】对于单电源供电的，计量点上的线路必须与该受电点方案中的线路保持一致；对于同一受电点由双电源或多电源供电的，计量点上的线路至少有一条与该受电点方案中的线路保持一致，但计量点上的线路必须与电源方案中的线路保持一一对应。

【接线方式】根据计量方案确定计量接线方式。

【电量交换点分类】计量点主用途类型为售电侧结算则选【用电客户】；计量点主用途类型为【考核】，根据现场勘查实际情况进行选择。

【主用途类型】指计量点的用途分类,对于正常用电客户应选择【售电侧结算】,对于关口考核计量点应根据实际情况选择【线路供电考核】或【台区供电考核】等 。

【是否具备装表条件】电量计算方式是实抄则选择【是】,电量计算方式是定量、定比、按日协定则选择【否】。

【是否安装采集终端】若选择【是】则自动触发新装采集终端子流程,若不安装采集终端则选择【否】。

【装表位置】详细填写表计安装的位置,具体到计量箱柜及表箱内该表的位置。如:高压配电室 1 号计量柜,或盐池变 516 新区线主干线 56# 杆高压用户高压计量箱。

【计量点地址】详细填写计量点地址。如客户高压配电室,或双盐池变 516 新区线主干线 56# 杆高压 T 接点。

【负控地址】填写安装负控设备的地址。如:客户高压配电室 1 号计量柜,或盐池变 516 新区线主干线 56# 杆 T 接点高压计量箱。

电能表方案:

在【电能表方案】标签页中,原表计为 2.5(10)A,不满足计量需求,需更换为 5(60)A 智能电能表。点击拆除。

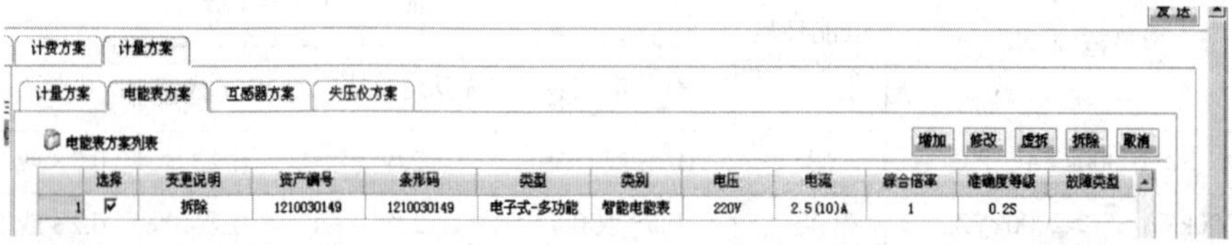

在【电能表方案】页面里,点击【增加】,添加新装表计信息,信息录入完毕后保存。其中,【电能表类型】、【电能表类别】、【电压】、【电流】、【接线方式】、【准确度等级】、【故障类型】、【示数信息模板】等信息依据现场勘查确定的表计相关参数进行录入。操作如下:

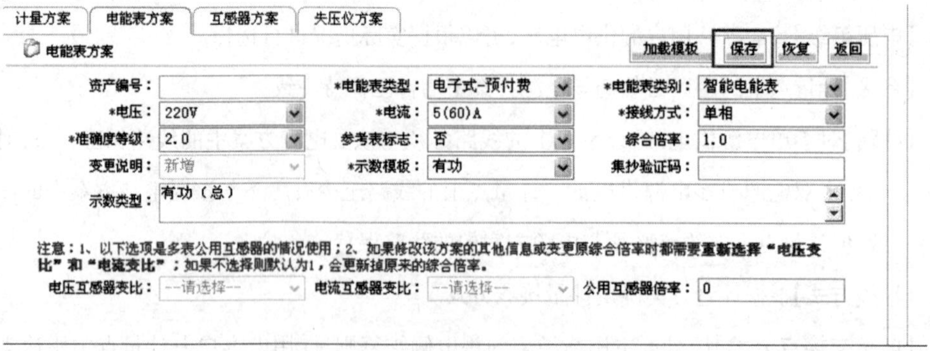

所得页面如下：

电能表方案列表

	选择	变更说明	资产编号	条形码	类
1	☐	拆除	6430019012300...	6430019012300...	电子式-
2	☐	新增			电子式-

在【现场勘查环节】可打印【现场勘查单】。

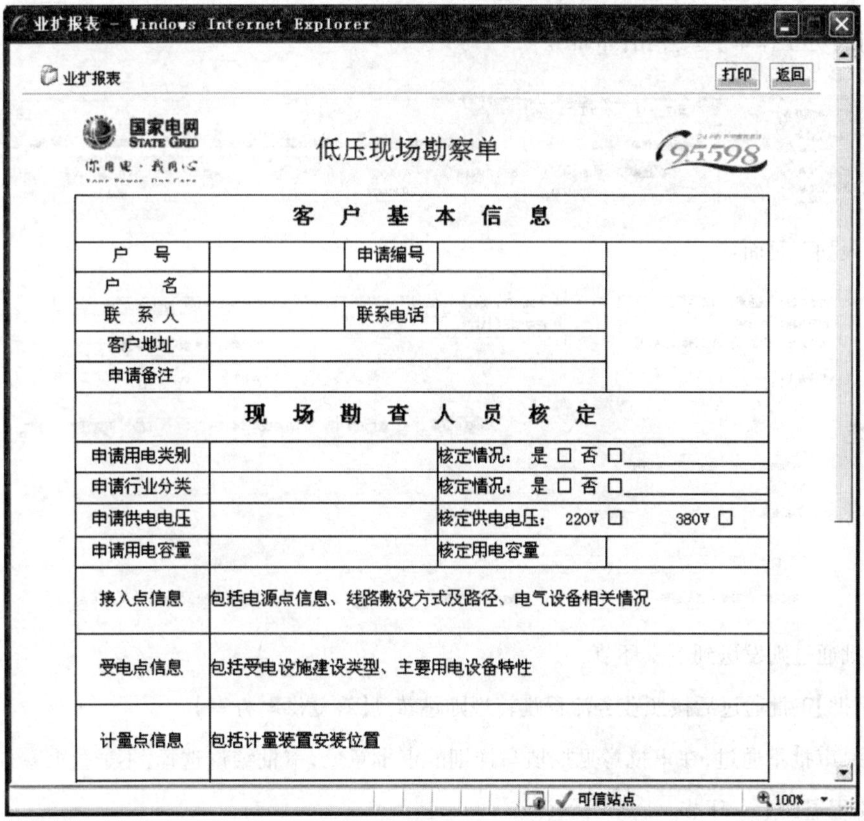

低压现场勘察单

客户基本信息			
户　号		申请编号	
户　名			
联系人		联系电话	
客户地址			
申请备注			

现场勘查人员核定			
申请用电类别		核定情况：是 ☐ 否 ☐	
申请行业分类		核定情况：是 ☐ 否 ☐	
申请供电电压		核定供电电压：220V ☐　380V ☐	
申请用电容量		核定用电容量	
接入点信息	包括电源点信息、线路敷设方式及路径、电气设备相关情况		
受电点信息	包括受电设施建设类型、主要用电设备特性		
计量点信息	包括计量装置安装位置		

点击【发送】,至下一环节

4.4 审批【客户服务中心主任】

方案拟订后,根据审批条件(按电压等级、变压器容量大小等)提交相关级别部门审批,签署审批意见。在规定的时限内完成对接入系统方案、受电系统方案、计量方案、计费方案的审批。对于审批不通过的,重新拟定现场勘查方案,并重新审批。

在【待办工作单】里,点击【审批】。

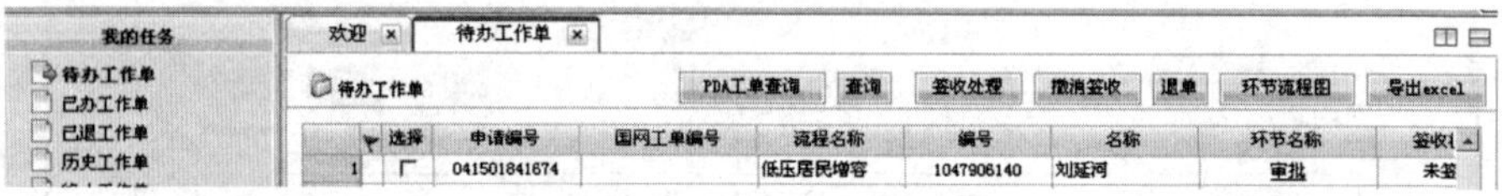

进入如下页面:

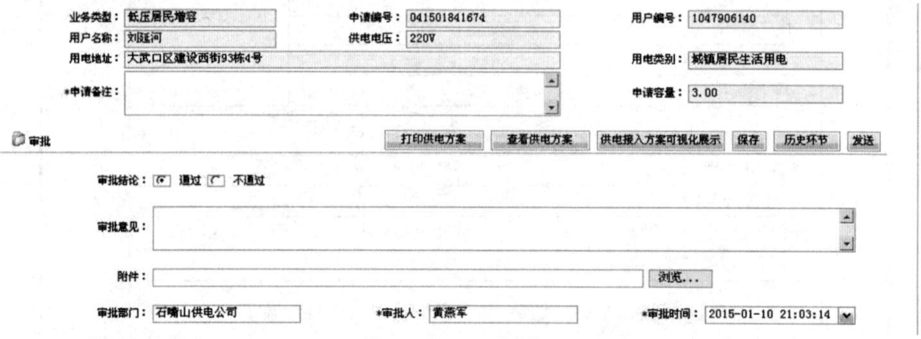

审批通过则发送到下一环节。

【审批】审批通过后按照业务流程跳转规则跳转到【答复供电方案】。

如果审批不通过,在审批意见栏填写详细的审批意见,审批结论选择【不通过】,然后保存发送,流程退回上一环节。

4.5 答复供电方案【业务受理员】

在【待办工作单】里,点击【供电方案答复】

点击进入主页面，如下图：

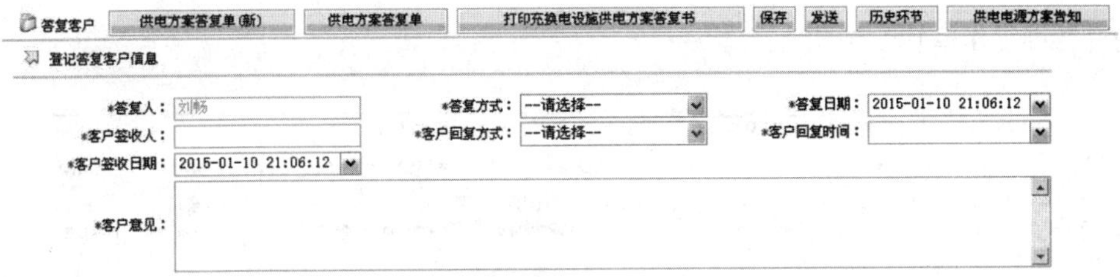

填写后如图：

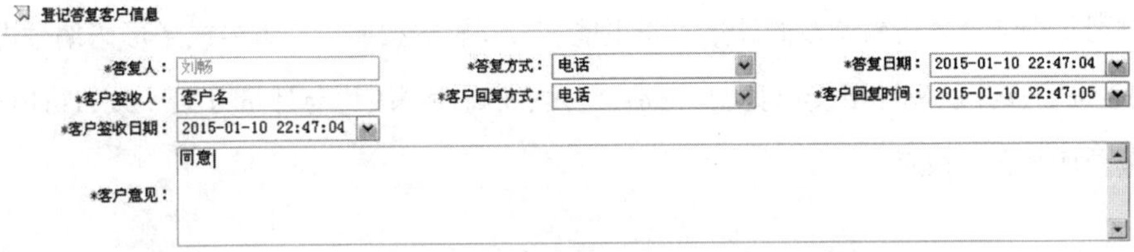

根据审批确认后的供电方案，书面答复客户，在规定的时限内提供【供电方案答复单】供客户签字确认，登记通知客户及客户确认反馈的时间点。

答复方式和客户回复方式的下拉选项有【短信】、【通知单】、【电话】、【传真】、【E-MALL】、【公告】，按照相应的答复方式填写。

点击【供电方案答复单】可直接保存、打印【供电方案答复单】。如下图：

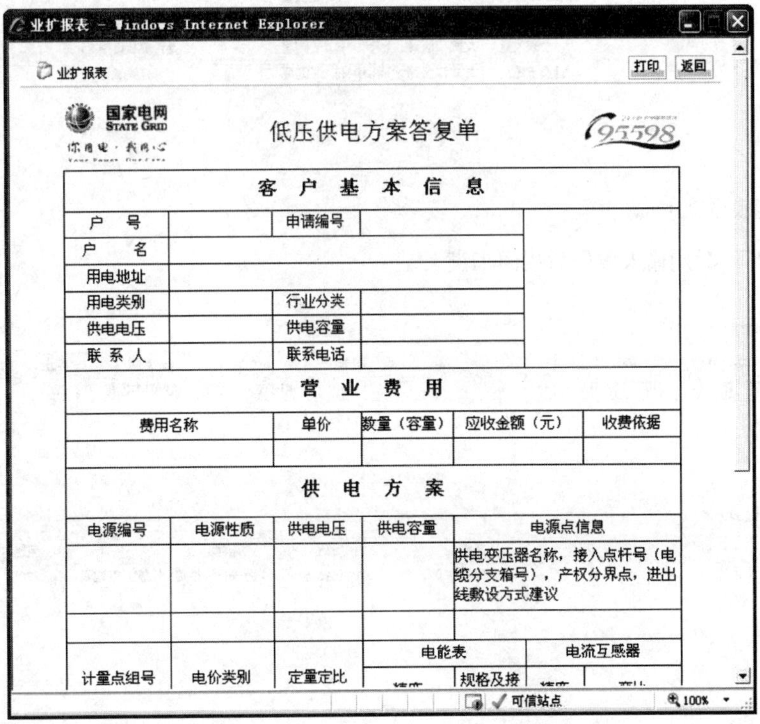

客户基本信息			
户　号		申请编号	
户　名			
用电地址			
用电类别		行业分类	
供电电压		供电容量	
联 系 人		联系电话	

营业费用				
费用名称	单价	数量（容量）	应收金额（元）	收费依据

供电方案				
电源编号	电源性质	供电电压	供电容量	电源点信息
				供电变压器名称，接入点杆号（电缆分支箱号），产权分界点，进出线敷设方式建议
计量点组号	电价类别	定量定比	电能表	电流互感器
			精度　规格及接	精度　变比

4.6 配表【资产管理员】

在【待办工作单】里，点击【配表】

进入配表页面。

分别对每个结算方式为实抄的计量点将电能表、互感器按照出厂编号或条形码编号进行配表，配表前需保证所配计量资产类型、类别、变比、准确性等级均与计量方案一致，且计量资产在本单位库房合格在库。

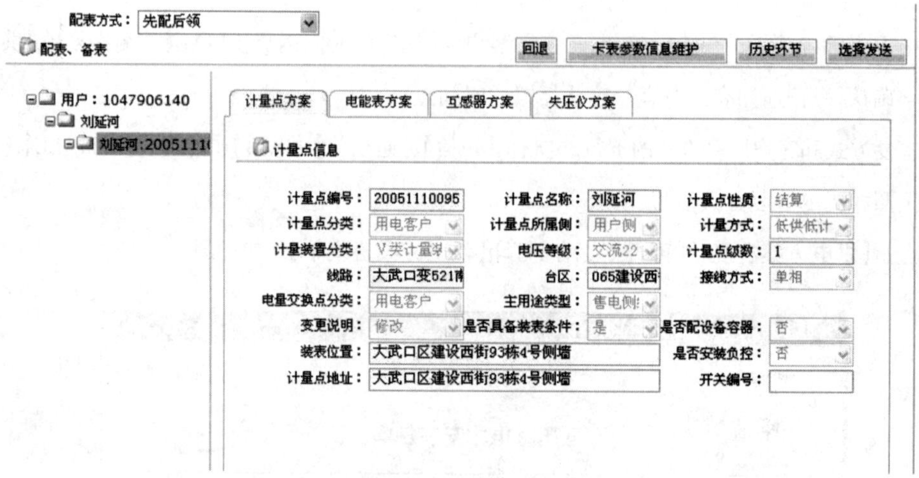

在【电能表方案】标签页

选择【出厂编号】输入表号后按回车键

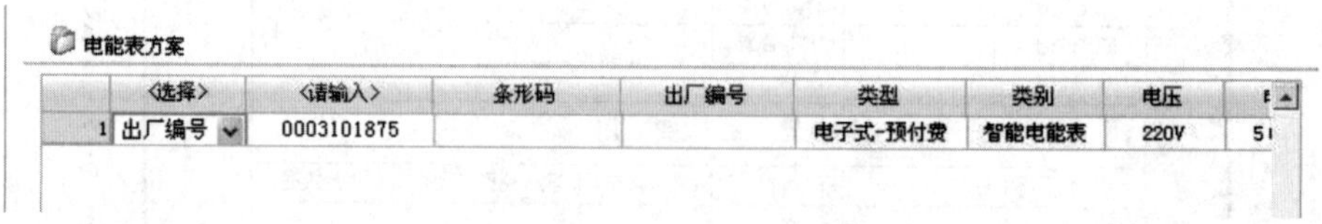

若客户为卡表(预购制)用户,则需点击【卡表信息参数维护】,维护相关卡表信息。

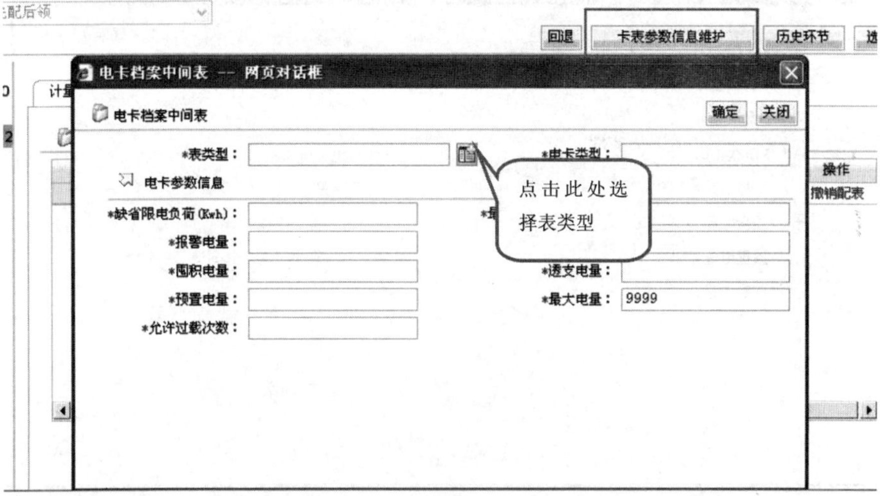

点击【表型号】后输入表型号;点击【查询】,选择相应型号后点击【确定】。

在返回的界面中再次点击【查询】,选择正确的信息点击【确定】。

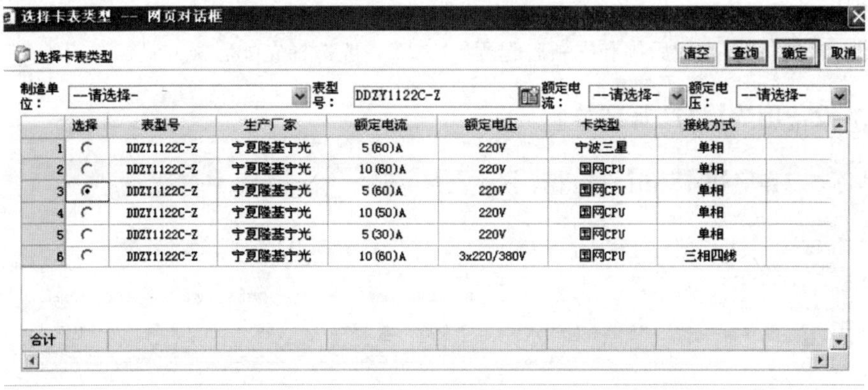

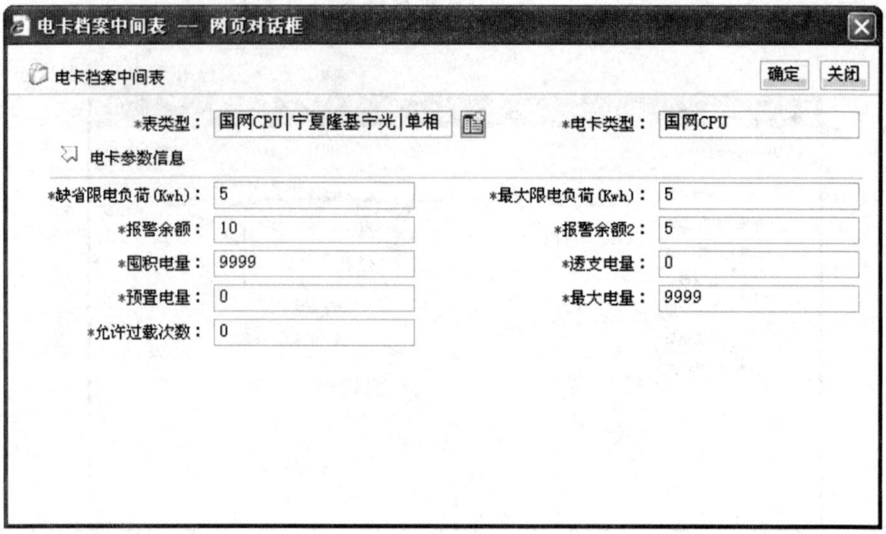

随后发送至下一环节。

配表完毕后，点击【选择】发送至下一个环节。

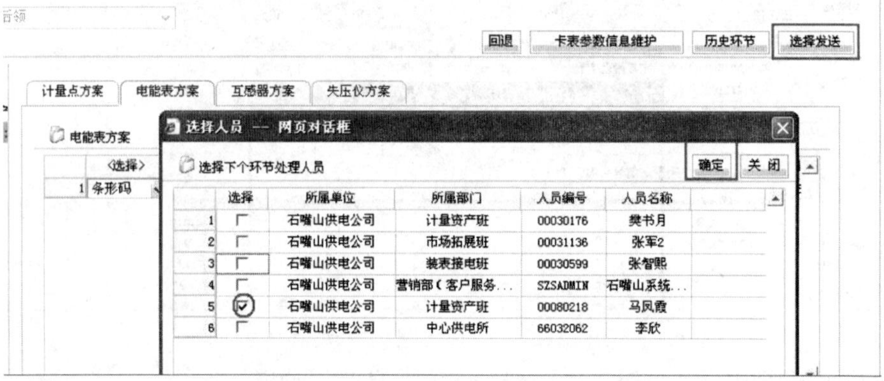

要项信息：

【配表方式】分为先配后领和先领后配两种方式，一般选择先配后领方式。

4.7 设备出库【资产管理员】

在【待办工作单】里，点击【设备出库】

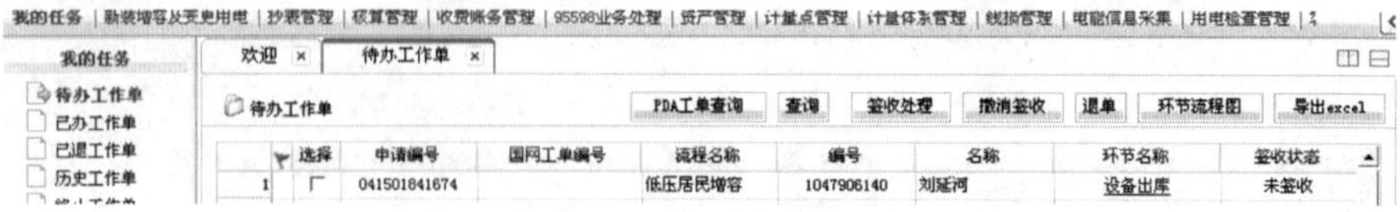

进入设备出库页面如下：

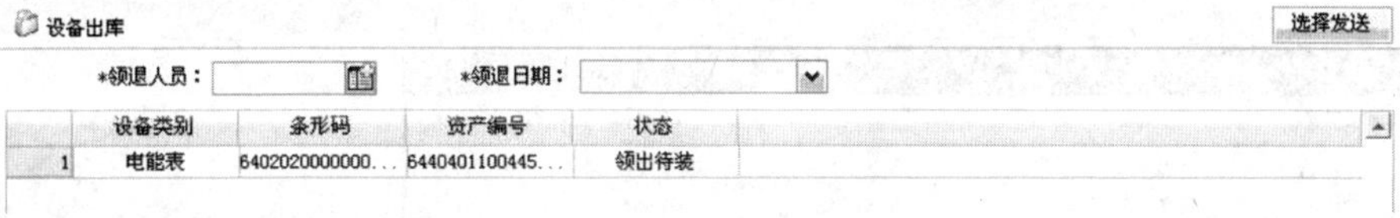

选择对应的【领退人员】，并选择【领退日期】。

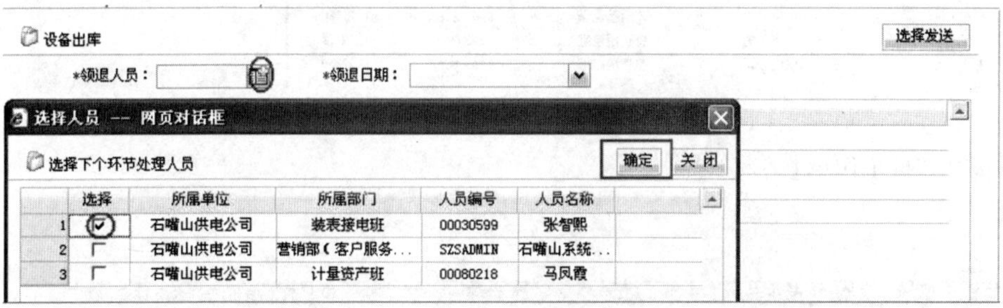

点击【选择发送】至下一环节。

要项信息：

【领退人员】到库房领取计量设备的人员，一般为装表人员。

【领退日期】到库房领取计量设备的时间。

4.8 安装派工【装表接电班班长】

在【待办工作单】里，点击【安装派工】

进入装表派工页面选择【派工人员】，如下：

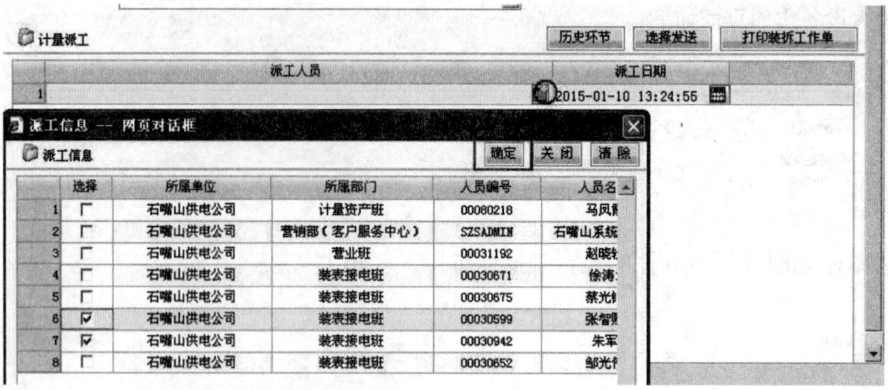

打印【装拆工作单】。

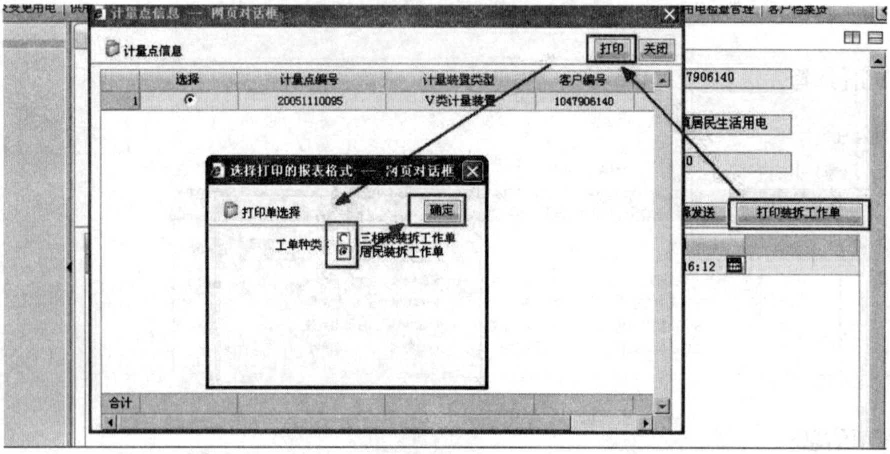

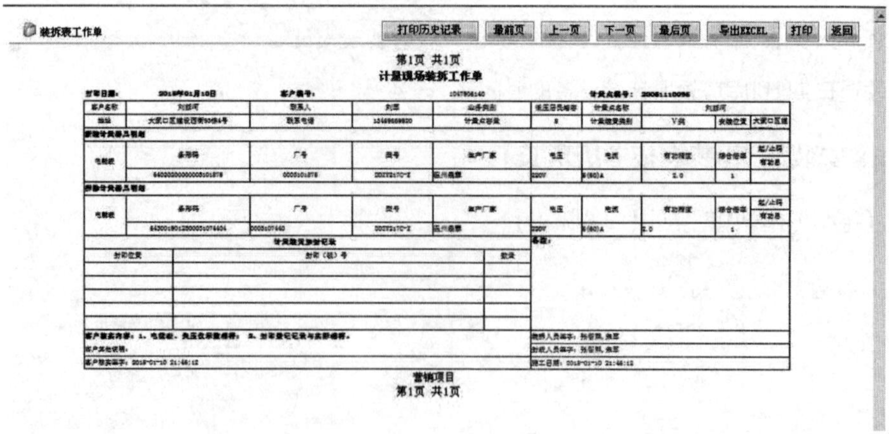

选择【发送】至下一环节

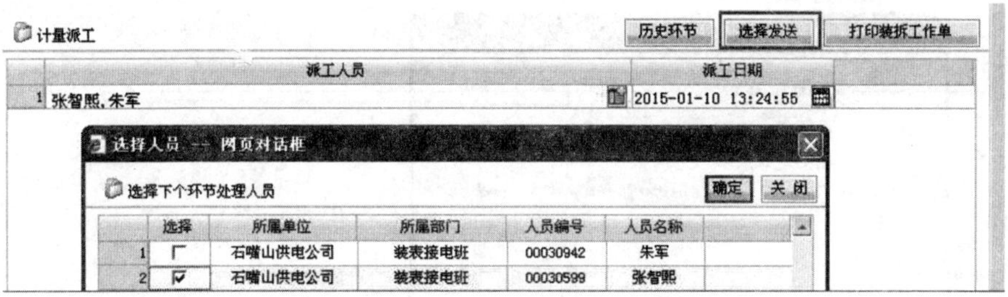

要项信息：

【派工人员】选择具体到现场装表的人员，一般至少选择 2 人。

【派工日期】装拆工单派发的时间，系统默认为流程环节处理时间。

4.9 装表【装表接电工】

在【待办工作单】里，点击【装表】。

选择用【用户】最后一级目录，在【计量点】标签页添加【计量管理段】。

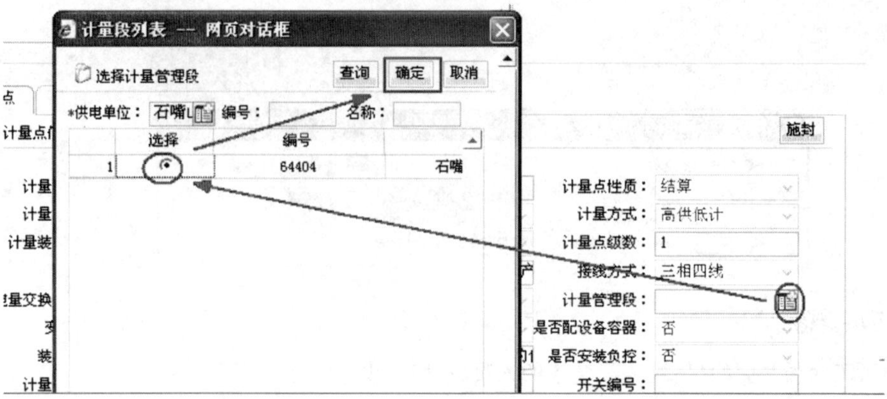

在【电能表】页面里，点击【示数信息录入】，依据装(拆)表工作单的表计起止码对客户新、旧表计表码进行系统录入，发行余量电费。本次录入的旧表止码参与新表首次算费。

旧表

新表

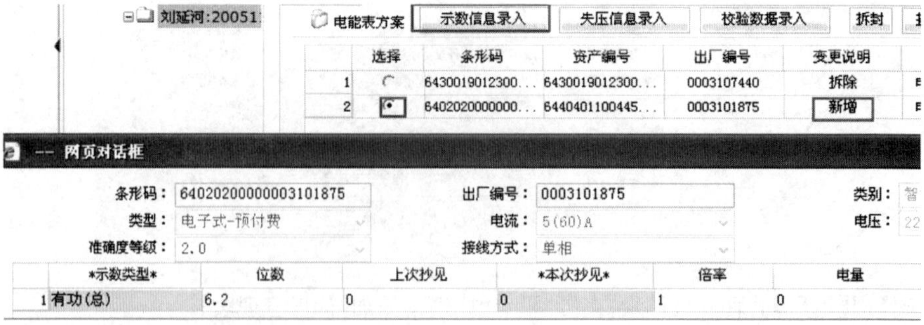

要项信息：

【计量管理段】指管理用户计量点所属的计量段，一般每个单位只建立一个计量管理段，如果需要增加计量管理段，需在【计量点管理】—【辅助功能】—【计量段管理】中维护增加。

【示数类型】指电能表抄表示数所需的类型，此处显示示数类型来源于该工单现场勘查环节，计量点方案—电能表方案中的示数类型选择，如果现场电能表的示数类型与上述类型不一致，可以通过增加和删除功能进行维护。

【本次抄见】指电能表装表时的当前示数，在新装业务流程中，本次抄见示数必须为零。

【综合倍率】指该计量点安装互感器后的倍率，如果计量点上未安装互感器，综合倍率为电能表的自身倍率。综合倍率值 = 电能表自身倍率 × 电流互感器变比 × 电压互感器变比。

点击【终端安装调试】、【选择发送】至下一环节。

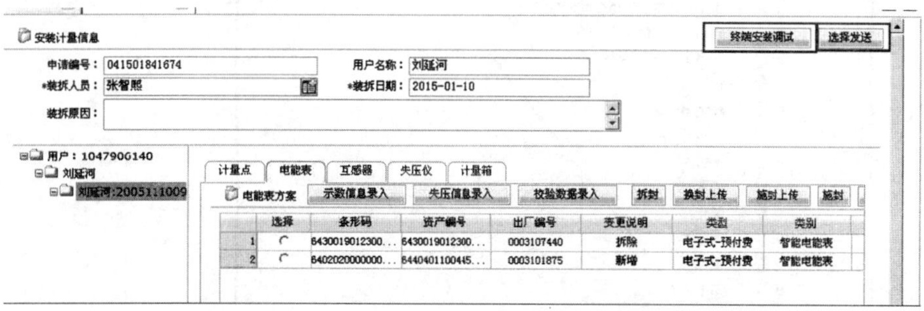

注意事项：

1.对于电子表自带失压功能，因而在此处不需要录入失压仪信息。

2.计量中心现有的封印采用非数码封印（普通封印），无封印编号，因而在此处不需维护施封、施封上传、拆封和拆封上传信息。

3.对于新装业务流程，现场校验信息不需要录入，但对于变更业务，需要更换电能表的，必须将更换下来的电能表的现场校验数据进行录入。

4.对于新装业务流程，现场校验信息不需要录入，但对于变更业务，需要更换互感器的，必须将更换下来的互感器的现场校验数据进行录入。

4.10 设备入库【资产管理员】

在【待办工作单】里，点击【设备入库】

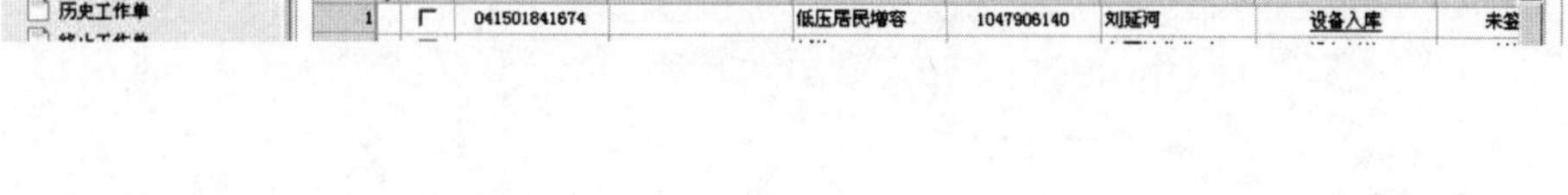

进入页面如下：

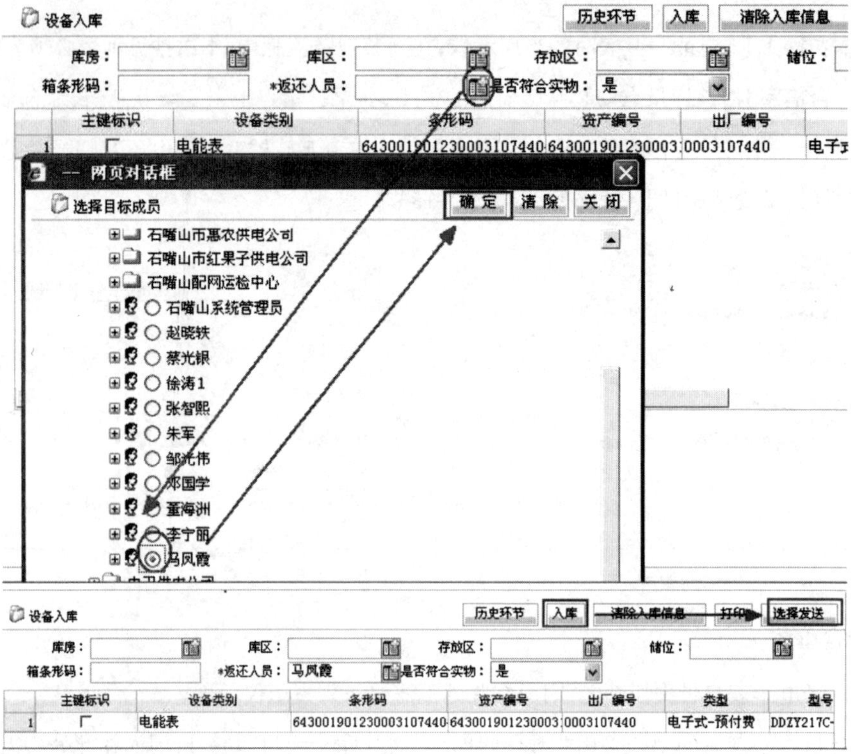

计量人员对现场拆回的计量装置根据实物存储位置选择对应的【库房】、【库区】、【存放区】、【储位】进行分类入库操作。

4.11 合同新签【合同管理员】

业务环节描述：业扩流程设计文件受理时，系统自动发起合同新签子流程，由合同签订人员签收后，按照客户用电性质及公司供用电合同管理要求选择相应的合同类型，并按照合同范本及客户现场用电情况与客户进行协商，确定供用电合同具体内容，完成合同草本，并上传至营销系统。

4.11.1 合同起草

在【待办工作单】里，点击【合同起草】。

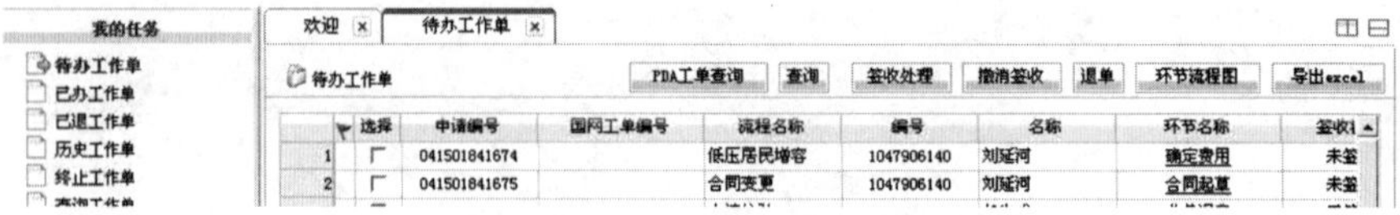

进入合同起草页面如下：

点击【浏览】环节，选择对应的电子合同点击【上传】完毕后保存。

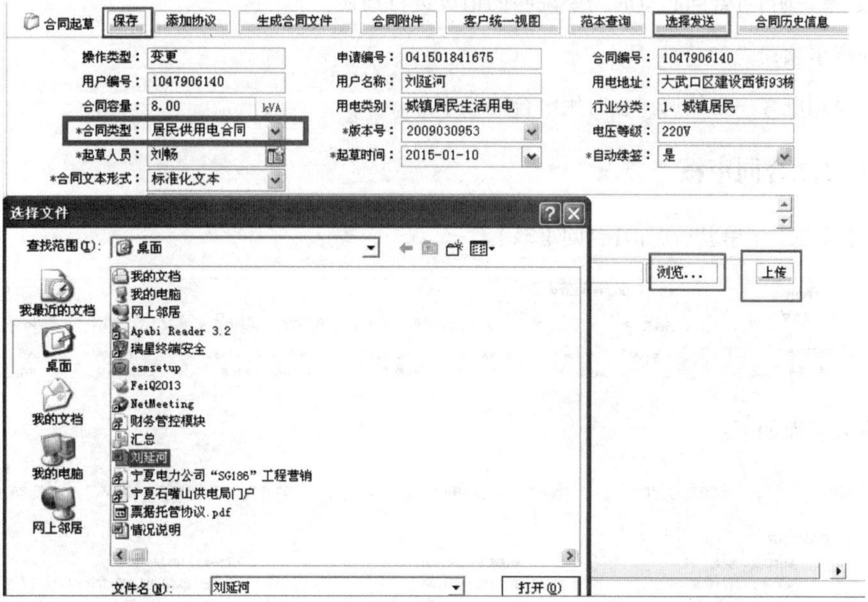

选择【发送】至下一环节

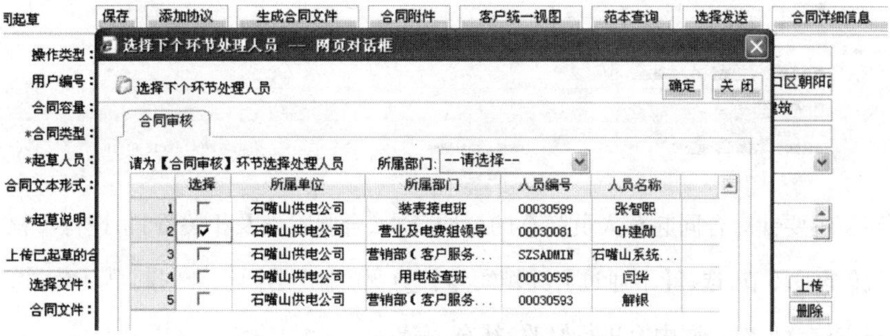

要项信息：

【操作类型】此字段系统按照业扩流程自动生成，如业扩流程为高压新装，操作类型自动显示为新签；

【合同类型】根据客户供电电压及用电性质进行选择，现国家电网公司合同类型主要包括高压供用电合同、低压供用电合同、临时供用电合同等5中，本合同属于高压供用电合同。

【起草人员】系统默认为有合同管理权限的流程签收人员；

【合同起草时间】系统默认为合同子流程签收时间，实际业务中，可根据实际对此时间进行设置；

【自动续签】若选择【是】，当该合同到期时，系统内会自动续签，合同不会过期；若选择【否】，当合同到期时，系统自动该客户终止合同；

【起草说明】对合同起草时需要说明的情况进行描述。

注意事项：

临时用电客户必须选择临时用电合同版本。

4.11.2 合同审核

在【待办工作单】里，点击【合同审核】。

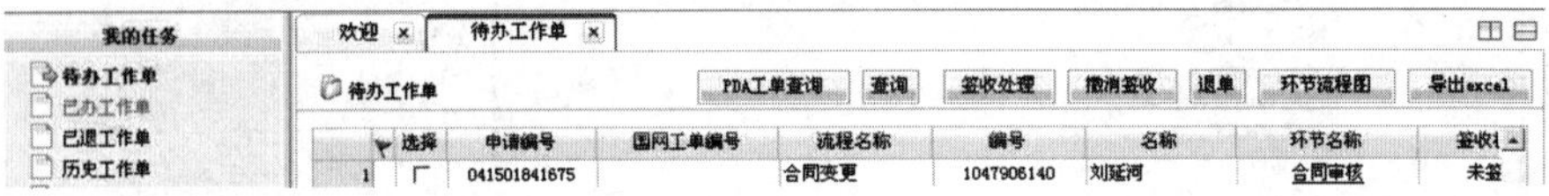

进入页面如下：

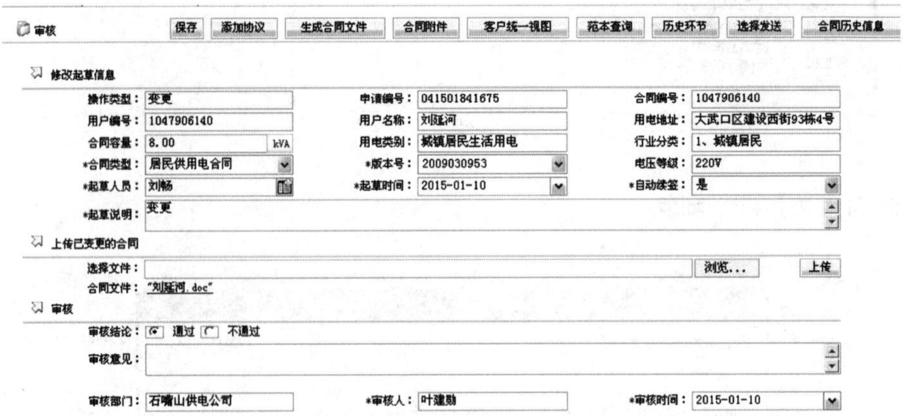

此环节主要针对合同起草人员起草的合同草本、合同附件及相关资料，进行审核。审核通过后，跳转至下环节，选择【不通过】，并填写审核意见，流程退回至合同起草环节，由合同起草人员按照审核意见对合同内容进行修改、补充、完善。

4.11.3 合同审批

在【待办工作单】里，点击【合同审批】。

进入页面如下：

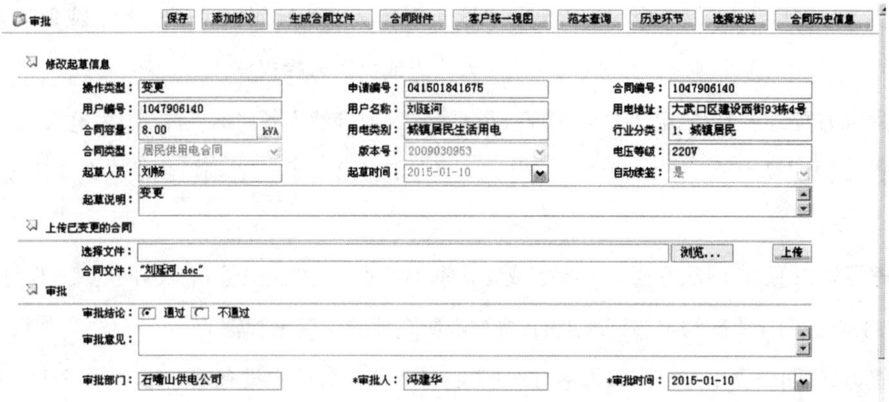

对通过合同审核的环节，由供用电合同审批人员进行审批，审批选择【不通过】后，流程退回合同起草环节，需要合同起草人员按照审批意见修改相关内容。

注意事项：

供用电合同起草人员、审核人员及审批人员不能为同一人。

4.11.4 合同签订

在【待办工作单】里，点击【合同签订】。

进入页面如下：

要项信息：

【合同签订人】联系客户签订已审批通过的供用电合同，并将相关信息录入此界面。

【接受人】供用电合同签订后，客户方接受人员。

【接受日期】指客户接受供用电合同的日期。

【回复日期】指客户对待签订供用电合同意见的反馈日期。

【客户意见】指客户对合同起草人员起草的供用电合同审核后的反馈的意见。

【供电方签订人】指供电企业供用电合同签订人员。一般是供电企业法人代表或负责人，其他人员签订供用电合同必须得到供电企业法人代表或负责人授权。

【用电方签订人】指用电人合同签订人员，用电人为自然人签订人为本人，用电人为法人，签订人员应为法人代表或企业负责人，其他人员签订供用电合同必须得到供电企业法人代表或负责人授权。

【签订地点】指合同双方当事人签字或者盖章的地点，涉及法院管辖权的问题，一般的合同纠纷如果双方没有明确约定签订地点的，按被告所在地的法院来管辖的。

【签订日期】取供用电合同双方签订的最大日期，如果合同中没有明确约定，这个日期也就是合同的生效日期。

【生效日期】指供用电合同实际生效的日期。若合同没有明确生效日期，则取双方签订的最大日期。

【有效期】指供用电合同的有效期限，宁夏电力公司对合同有效期规定如下：

1.居民客户一般签订为5~10年。

2.非居民客户、中小商户一般签订为3~5年。

3.其他客户一般签订为1~3年。其中对承包、租赁经营的企业、濒临破产的企业一般签订为1年；临时《供用电合同》有效期不超过6个月。

4.11.5 合同归档

在【待办工作单】里，点击【合同归档】

进入页面如下：

点击【保存】、【发送】，合同归档人员对已签订的供用电合同进行归档。

4.12 业务费收取【业务受理员】

4.12.1 确定费用

按照现行各项业务费及预收电费收取范围和标准，需要收取相应费用时，点击【增加】进行增加，若无相关费用，则点击【发送】至下一环节。本案例为费控居民用户不收取预交电费、临时接电费和高可靠性供电费。

在【待办工作单】里，点击【确定费用】。

进入页面如下，点击【发送】。

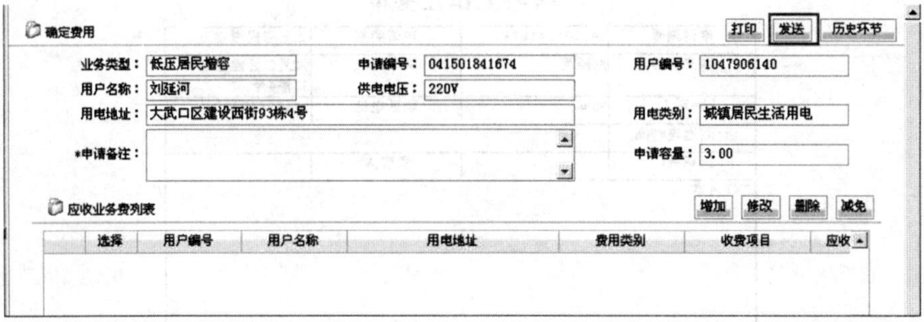

4.13 送电【装表接电工】

在【待办工作单】里，点击【送电】。

出现如下页面：

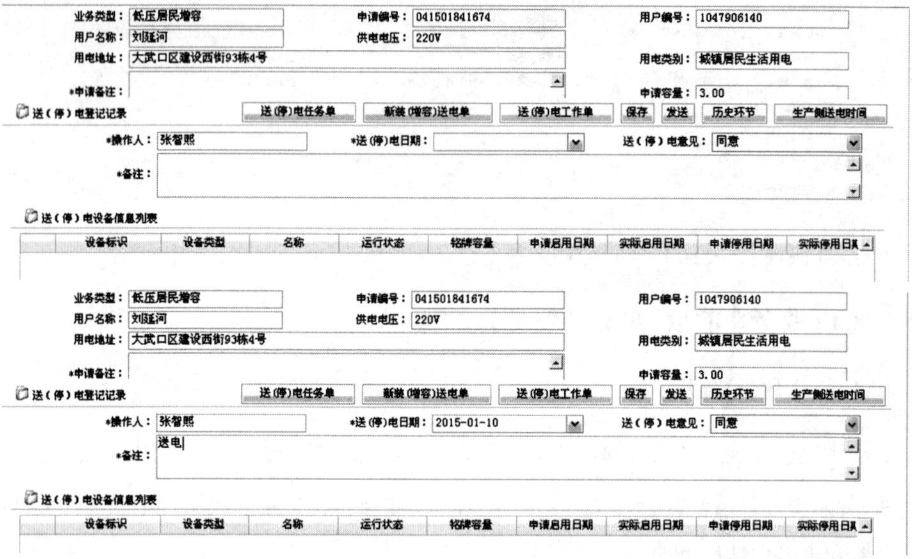

在完成业务收费、竣工检验及签订供用电合同后，进入送电环节，送电人员在送电前分别打印【送电任务单】和【送电工作单】，前往现场开展送电工作，送电后，完成此界面数据保存，完成送电系统流程任务。

第1页 共1页

送电工作任务单

申请编号	041501841674	申请类别	低压居民增容
客户名称	刘延河	用电地址	大武口区建设西街93栋4号
联系人	刘军	联系电话	13469669920
计划送电时间			
组织部门		负责人	
工作内容：			
组织单位盖章： 发放日期：		签收单位盖章： 签收日期：	

营销项目
第1页 共1页

业扩报表　打印　返回

国家电网 STATE GRID 你用电·我用心 Your Power Our Care　95598

新装（增容）送电单

户　号			申请编号					
户　名								
用电地址								
联系人			联系电话					
申请容量			合计容量					
电源编号	电源性质	电源类型	供电电压	变电站	线路	杆号	变压器台数	变压器容量

送电结果和意见：

送(停)电任务现场工作单　打印历史记录　最前页　上一页　下一页　最后页　导出EXCEL　打印

第1页 共1页

送电任务现场工作单

申请编号	041501841674		申请类别	低压居民增容				申请日期	2015-01-10
客户名称	刘延河							联系人	刘军
用电地址	大武口区建设西街93栋4号							联系电话	13469669920
申请容量	3			原有容量	5		合计容量	8	
电源编号	电源性质	电源类型	供电电压	变电站	线路	杆号	变压器台数	变压器容量	供电容量

送电结果：

客户意见：

客户签字

日期

送电人签字：

日期：

注意事项：

低压流程考核时限为：从受理申请到装表接电，其中对于无外部工程的，居民在受理申请后3个工作日送电，非居民4个工作日内送电；对于有外部工程的，居民在受理申请后4个工作日送电，非居民8个工作日内送电。（注：低压用户不再对供电方案答复、设计文件审核、中间检查、竣工检验复时限进行考核）。

时限要求：居民客户不超过3个工作日；非居民客户不超过5个工作日。

4.14 信息归档【业务受理员】

在【待办工作单】里，点击【信息归档】。

进入页面如下：

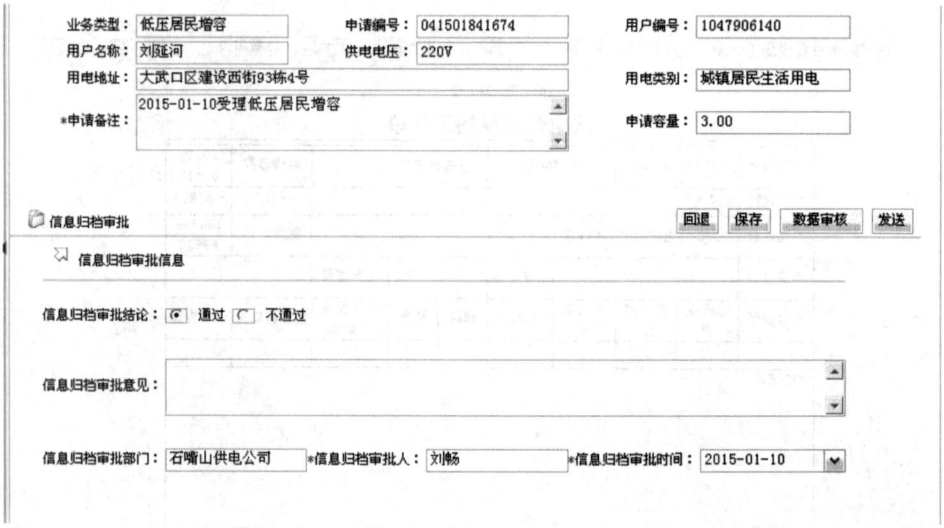

注意录入备注信息，点击【数据审核】对用户进行数据审核核查无误后进行信息归档。

【申请备注】格式为受理时间+受理+业务类别。例如：2014-01-21受理分户业务。

点击【数据审核】，对客户档案资料完整性和正确性进行审核，确认无误后，点击【保存】发送至下一环节。

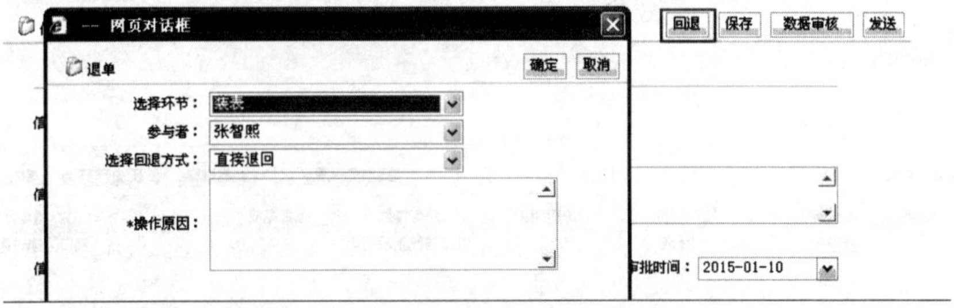

该环节是对各业务环节录入信息的全面检查，无误后，对信息进行归档，若发现个别环节存在错误或不符合逻辑数据，可退单或工单调度至相应环节，修正后，再进行信息归档。

注意事项：

信息归档后，此流程在系统内已完成，不能通过退单或调度工单修改进行相关数据的修改，此客户可在客户档案中查询。

4.15 客户空间及拓扑关系维护【用电检查员】

在【待办工作单】里，点击【客户空间及拓扑关系维护】

进入如下页面：

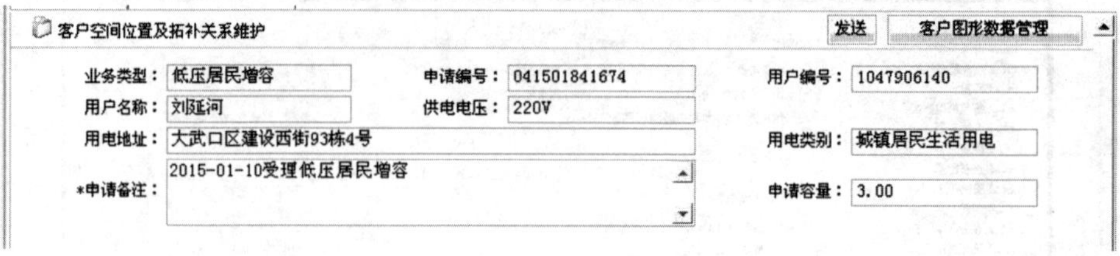

点击发送

4.16 归档【业务受理员】

在【待办工作单】里，点击【归档】。

进入如下页面：

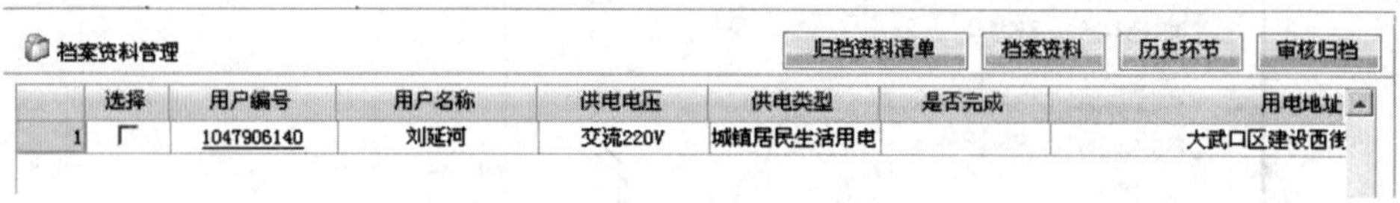

点击【用户编号】(蓝色字段)在【待办工作单】里，点击页面里对用户信息进行审核，核对无误后，点击【审核归档】，输入对应的档案柜与档案盒号，【保存】后发送。

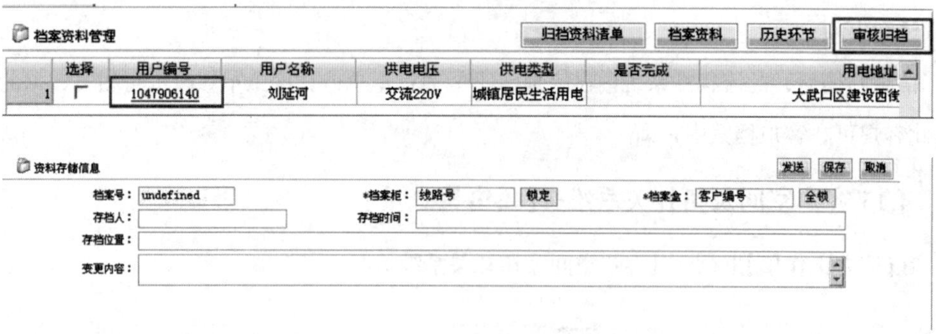

要项信息：

【档案柜】存放客户档案资料的档案柜号，填写线路编号。

【档案盒】客户档案资料盒编号，填写用户编号。

第三部分

低压非居民客户新装业务操作典型案例

◎业务描述

◎场景描述

◎业务流程图

◎流程环节处理

第三部分

低压非居民客户新装业务操作典型案例

1　业务描述

本业务适用于电压等级为220V/380V低压单户非居民用户的新装用电。供电企业依据《供电营业规则》有关用电报装的条款规定、国网公司统一发布的服务承诺及服务规范，在规定的时限内，采用流程化方式实现居民用电报装的业务受理、现场勘查、审批、答复供电方案、确定费用、业务收费、合同签订、装表接电、客户回访、归档的全过程管理，满足客户用电需求。

2　场景描述

用户姓名：梅利餐厅；用电地址：石嘴山市大武口区胜利西街111号；行业分类为：正餐服务；用电类别：商业用电，受电点电压为380V。

3 业务流程图

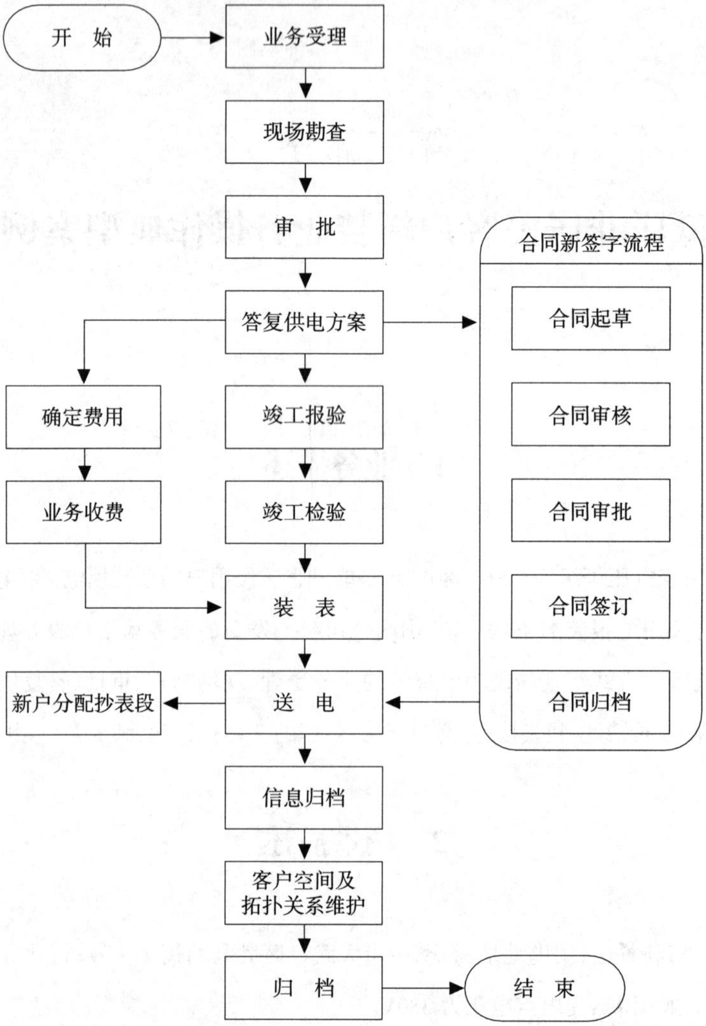

4 流程环节处理

4.1 业务受理【业务受理员】

进入营销业务应用SG186系统(以下简称“营销系统”),按顺序点击【新装增容及用电变更】—【新装增容】—【低压非居民新装】,如图示:

4.1.1 申请信息

点击【申请信息】标签页，进入客户申请信息填写页面。

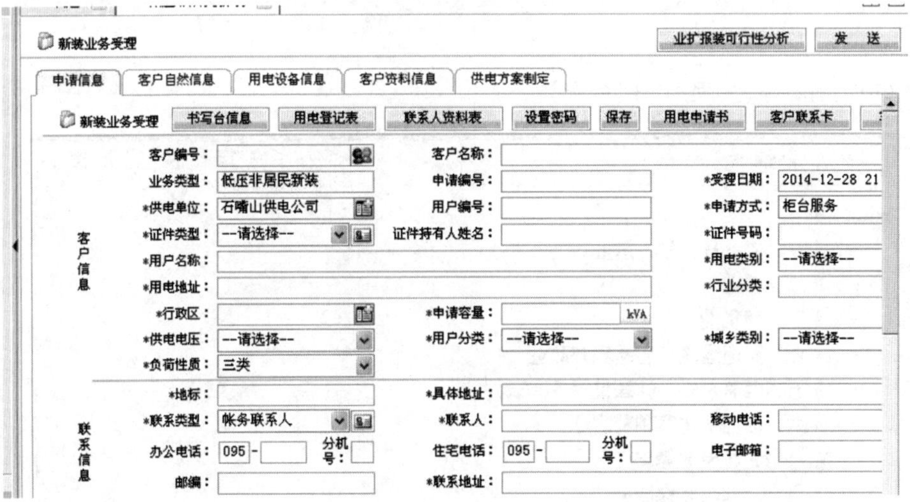

点击【供电单位】，如下图：

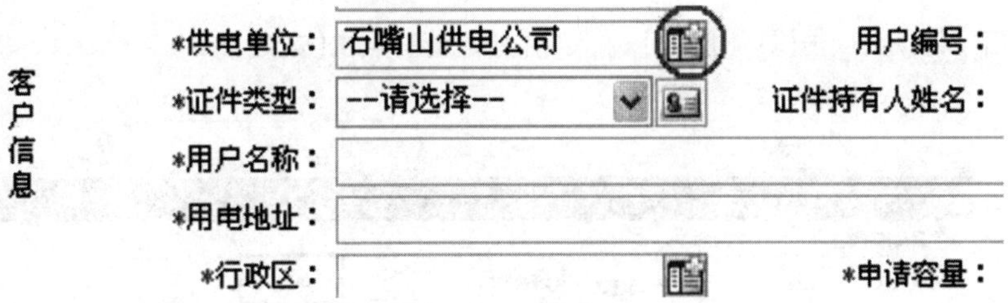

选择对应的供电单位，并点击【确定】，如下图：

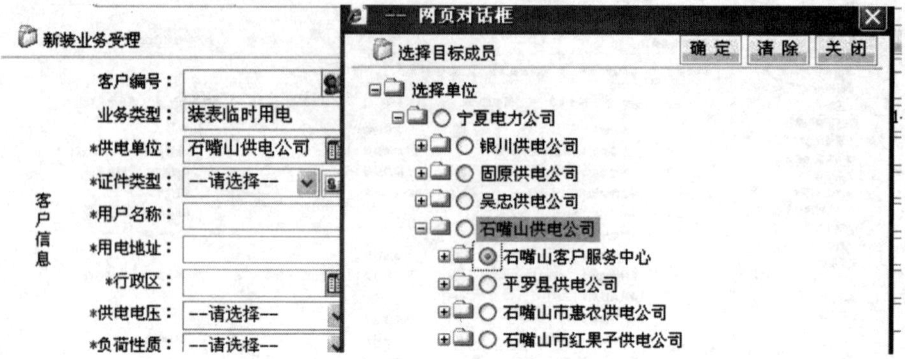

点击【行业分类】，如下图：

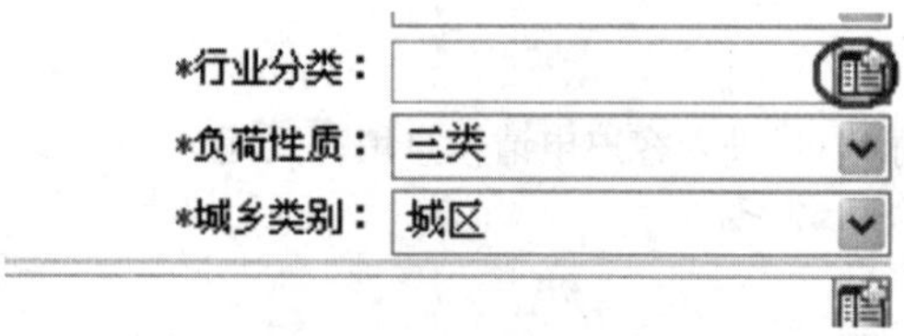

选择正确的行业分类，点击【确定】

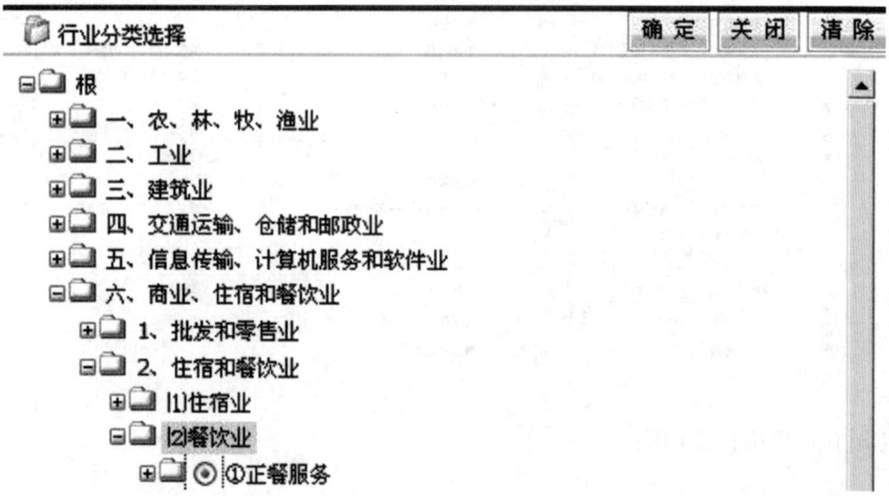

如下图所示，点击【具体地址】，输入“胜利西街”，点击【查询】

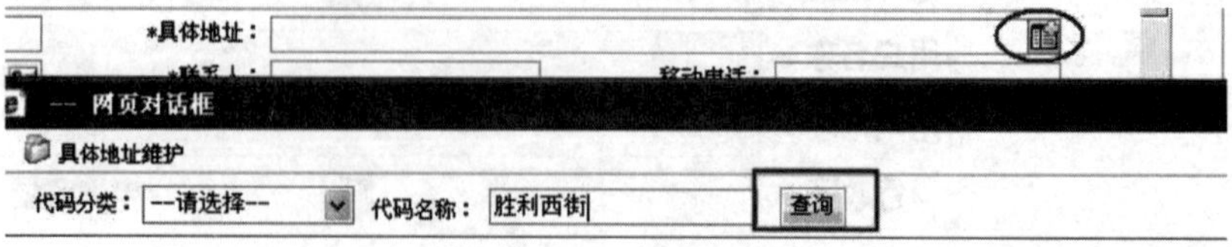

选择树状图最末级，点击单选键后确定

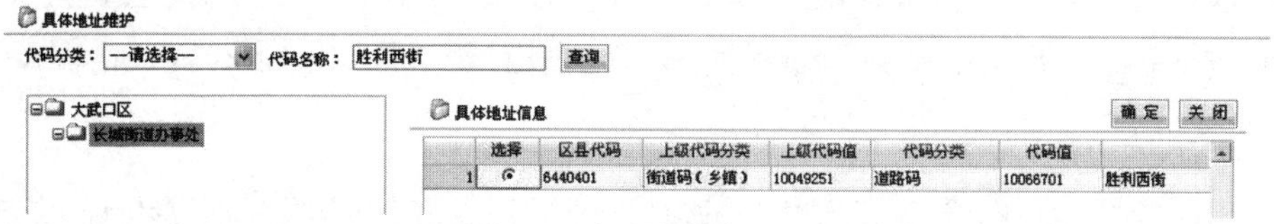

点击【缴费方式】下拉框，选择【电力机构卡表购电】

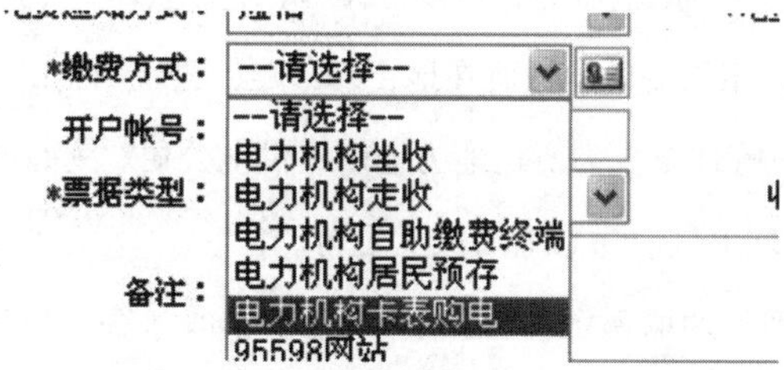

录入相关信息后点【保存】

要项信息：

【申请编号】由系统自动生成，用来记录系统流程的唯一性编号，便于在办工单及历史工单的查询。

【客户编号】由系统自动生成，用来记录客户的唯一性编号。类似于居民的身份证号。生成规则：区域代码＋序列，例如银川供电公司为101+序列、201+序列，固原供电公司为102+序列，吴忠供电公司为103+序列，石嘴山供电公司为104+序列，中卫供电公司为105+序列，宁东供电公司为106+序列。

【用户名称】用户申请用电登记立户的包括营业执照或组织机构代码证、身份证、房产证等客户有效身份证明，需要将相关的证照复印存档。

【供电单位】是指客户用电后的管理单位，默认为业务操作人员所属单位。

【行政区】是指该用户用电地址所在地，主要以县、区位单位。

【管理单位】客户管理单位为所在地为地市级供电公司。例如：该用户供电单位为石嘴山客户服务中心，实际管理单位应为石嘴山供电公司。

【受理日期】受理日期取系统当前日期(不允许修改)，客户填单日期与受理日期必须要保持一致。

【证件类型】根据实际情况选择，有校验规则，必须正确填写证件号码。

【用电类别】用电类别指用户用电的分类。按现行电价类别分为八大类，即居民生活用电、非居民照明用电、商业用电、非工业用电、普通工业用电、大工业用电、农业生产用电、贫困县农业排灌用电和趸售用电。参考用电性质、容量来确定，此场景应根据实际情况选择商业用电。

【行业类别】指用户所属的国民经济行业分类。根据用户的营业执照及立项批文中的行业确定，选择时必须选择最末一级，此场景应根据实际情况选择正餐服务。

【申请方式】指受理客户申请的方式。对于通过网站、95598等渠道受理的信息，将通过系统带入此界面进行修改并发起完整的业务流程。

【供电电压】指用户的最高受电电压，低压居民用户应选择220V/380V等级的电压。如果是多路电源供电，选择主要的电压等级作为该客户的电压等级。

【负荷性质】指用户负荷的重要性等级，具体划分依据《国家电网公司业扩供电方案编制导则》第6条确定。如果选择错误将影响用电检查模块中重要用户等级，进而影响周期性检查计划制定，此场景一般应选择三类。

【用户分类】指按照电压等级、城农网标志及用电性质对用户的划分。对于公网用户的城、农网性质依据《关于宁夏电力公司10 kV城网与农网界限划分的通知》(宁电运检发〔2012〕869号)来确定。若选择错误，将影响城农网相关报表统计及电价的选择。如果是算费用户，不能选择所有考核项。如果用户分类选为考核，各项相关报表的行业类中将不统计该户电量、电费。用户分类选择农网高压，在电价方案中必须选择农网电价，如果选择城网高压，则电价方案必须选择城网电价。

【用电地址】实际用电地址，具体按公安部门规定的标准街（路）、巷、号或楼号、单元、住房号以及乡（镇）村等。

【申请容量】所有受电设备的容量之和。在业务受理环节准确填写，若在现场勘查环节发现错误，则必须退单到业务受理环节修改。

【电话】移动电话、办公电话、住宅电话必须填写其中一项，号码位数限制为11位数字。必须是企业负责人及企业电气联系人的手机号码，为今后短信通知业务做好准备。

【缴费方式】坐收、走收、卡表购电。每个用户只能选择一种缴费方式。

【是否费控】营销远程实时费控应用业务，针对电费回收进行实时控制。如果用户更改为远程费控用户，请务必将用户缴费方式更改为坐收。

【电费通知方式】指电费的具体通知方式。包括短信、通知单（人工送达）、通知单（邮寄）等多种方式，根据具体情况选择。

【电费结算方式】指电费的具体结算方式，包括现金等11种结算方式。默认为现金结算方式。

【临时缴费关系号】指集团户主户的客户编号，生成后建立集团户缴费关系。如果在受理界面选择了集团客户，相关信息将直接带入此处。若此处不维护，需要在收费账务管理—缴费方式管理—缴费委托关系中维护。

【缴费方式】指客户的电费缴纳方式。

【开户银行】客户开户行的营业网点名称。依据客户提供的开户银行许可证内容填写。

【账户名称】客户的开户账户名称。依据客户提供的开户银行许可证内容填写。

【票据类型】指用户缴纳费用后向客户出具的凭证。包括普通发票、增值税发票、收据及其他4类。默认为普通发票，若客户为一般纳税人，则选择增值税发票，同时，依据一般纳税人资格证书、填写增值税号、增值税名、增值税账号、增值税银行、注册地址。

【是否农网增值税用户】用于农网维管费相关电量电费统计的标示，在信息归档前必须要正确维护，如果未维护，需要在客户档案资料管理—档案信息管理中，先在农网用户信息维护中设置后，再在增值税用户信息的维护中进行维护。

注意事项：

低压非居民客户提交的申请资料：①报装申请单；②客户有效身份证明（包括营业执照或组织机构代码证）；③房屋产权证明（复印件）或其他证明文书。

原件与复印件核实无误后，将复印件留存，原件退还用户，并在复印件上加盖“原件与复印件核对无误”章。

4.1.2 客户自然信息

点击【客户自然信息】标签页，进入【客户自然信息】填写页面。

要项信息：

本界面相关内容依据实际情况填写，注意产业分类项中居民客户不属于第一、第二、第三产业。

4.1.3 用电设备信息

点击【用电设备信息】标签页，进入【客户受电设备信息】填写页面。

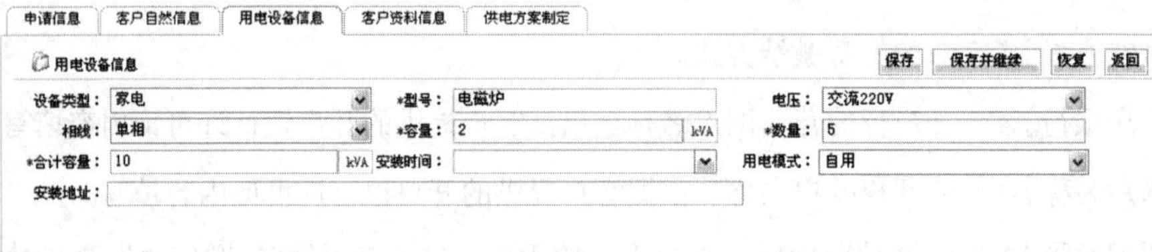

要项信息：

用电设备信息中只能填写主要用电设备，注意用电设备容量单位为kVA。

4.1.4 客户资料信息

点击【客户资料信息】标签页，进入客户受电设备信息填写页面。

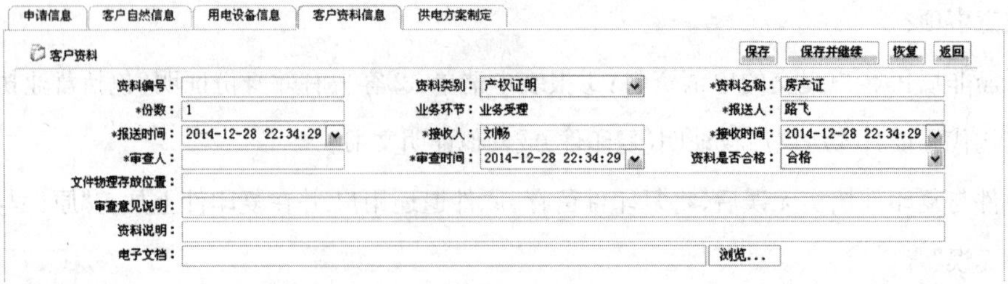

要项信息：

该页面主要对客户提供的报装资料进行登记，并将扫描件进行上传。

【资料类别】指客户提供的资料类型。主要包括申请报告、产权证明等。

输入资料编号、资料名称、份数、接收人员、接收日期、报送人、报送时间、审查人、审查时间等信息并指向该电子文件，点击【保存】，保存该资料信息，可以点击【修改】，对资料信息的提供人员等进行修改，也可以删除资料信息。当增加完一条记录后，点击【保存继续】后可以在此页面上可以继续添加。【返回】返回到上层页面。

【修改】对资料信息的等进行修改，保存后返回主页面。

【删除】选择一条记录点击【删除】，删除该记录。

点击【用电申请表】可直接打印【用电申请表】。

信息输入完毕后，点击【业扩可行性分析】

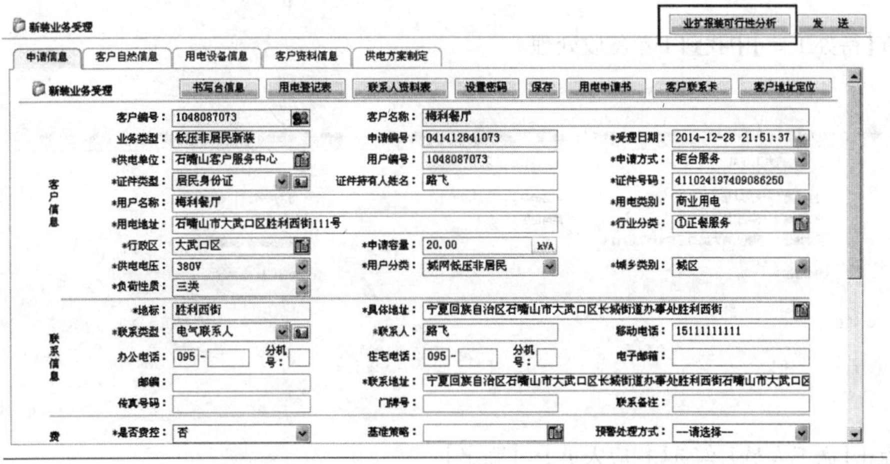

要项信息：

【业扩可行性分析】本组件根据用户业扩报装类型、用户类别、用电容量等申请信息，在 GIS 地图中自动或手工定位报装地址，分析报装地址周边供电电源设备（变电站、线路、配变）可开放负荷，为受理用户的业扩报装申请提出可行性的建议。

注意事项：

系统升级后增加营销 GIS 应用功能，该功能主要为营销业务深入开展提供支撑。营销 GIS 控件及操作手册下载位置：【帮助】—【帮助手册下载】—【营销 GIS 营销改造功能说明及控件】。

【业扩可行性分析】完毕后，点击【发送】，流程发送至下一环节。如图示：

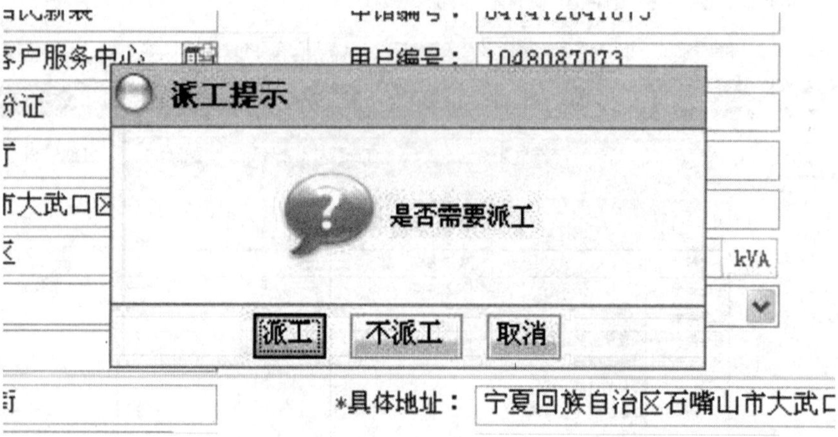

选择【派工】工单发送到【派工】环节，选择【不派工】工单发送到【现场勘查】环节，所有有权限处理【现场勘查】环节工作的人员都能签收处理此工单。

4.2 勘查派工【用电检查班班长】

在【待办工单】中找到工单签收处理。

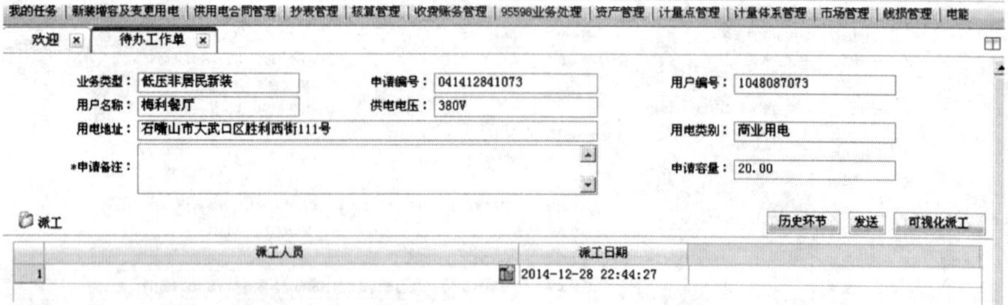

点击【派工人员】，勾选【相应人员】—【确定】

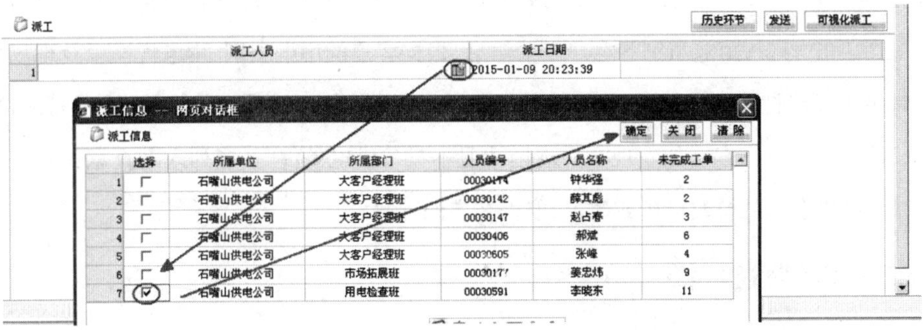

点击【发送】

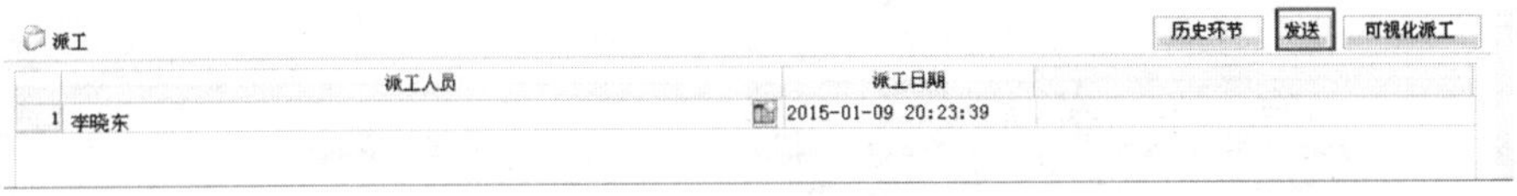

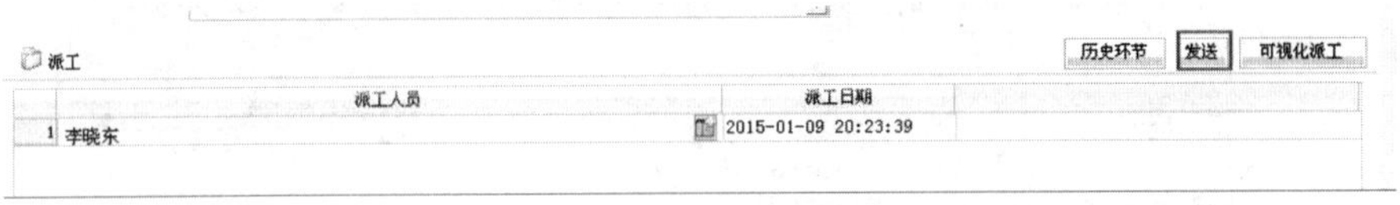

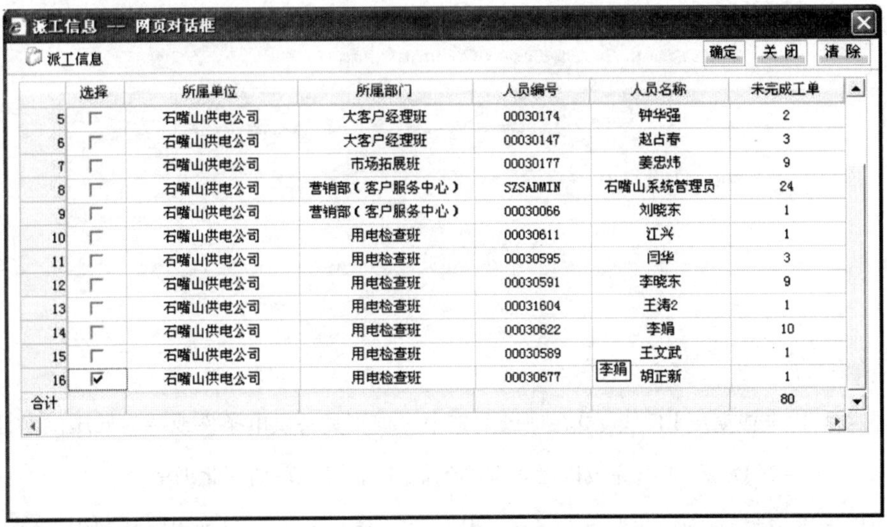

在【派工人员】列表框中选择接收员，点击【确定】返回到主页面，点击【发送】，提示流程发送成功到下一个环节。

4.3 现场勘查【用电检查人员】

打印【现场勘查工作单(低压)】，预先了解和获取所要勘查地点的供电条件，提前和客户预约现场勘查的时间，确认勘查地点，准备好相应作业资料，在规定的期限内准时到达现场进行勘查。核实用电容量、用电类别等客户申请信息，根据客户的用电类别、用电规模以及现场供电条件，对供电可能性和合理性进行调查，完整翔实准确填写【现场勘查工作单（低压）】，初步提出供电、计量和计费方案。如发现客户现场情况不具备供电条件时，应列入勘查意见并向客户做好解释、提出合理的整改措施或建议，取得客户的理解。

4.3.1 现场勘查方案

在【待办工单】中找到工单，点击【签收处理】

点击【现场勘查方案】标签页，填写相关信息。

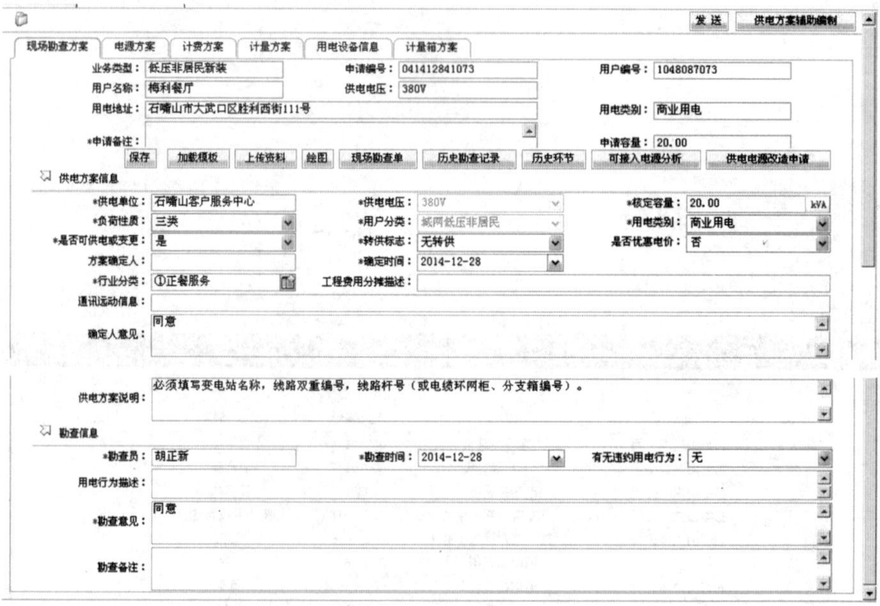

要项信息：

【是否可供电或变更】工作人员在现场勘查中发现不具备供电条件或转为低压供电，此处选择否，点击【保存】发送，审批完成以后直接跳到信息归档环节，结束此工单。

【供电方案说明】必须填写变电站名称、线路双重编号、线路杆号（或电缆环网柜、分支箱编号）。

【转供标志】如果该户与其他用户存在转供或者被转供关系则选择此项，否则选择无转供。如果存在转供关系需在计量方案中添加计费关系。

此页面重点核实 * 标内容与现场实际是否相符。

点击【上传资料】，将现场勘查工作单等资料扫描上传。

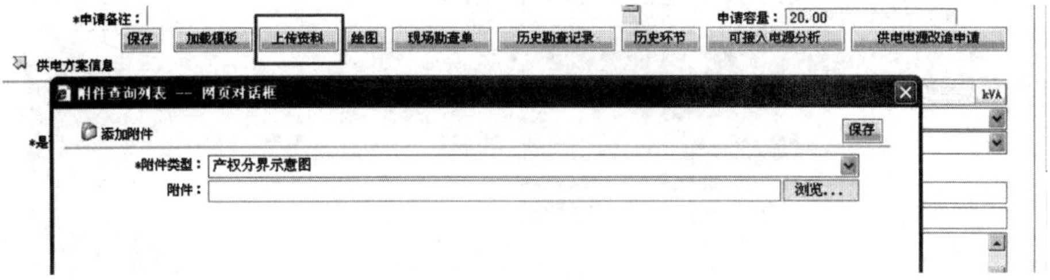

可按 **打印勘查工作单** 打印工作单

业扩现场勘查工作单（低压）

申请编号	041412841073	申请类别	低压非居民新装	客户编号	1048087073
客户名称	梅利餐厅			联系人	路飞
用电地址	石嘴山市大武口区胜利西街111号			联系电话	15111111111
行业类别	①正餐服务			申请日期	2014-12-28
原有容量	0	申请容量	20	用电类别	商业用电
申请备注	2014-12-28受理低压非居民新装业务				

以下由勘查人员现场填写

线路	配变名称	供电电压（kV）	原有容量（kW）	新增容量（kW）	受电容量（kW）

新装或变更后总容量（kW）		产权分界点	

计量计费方式	计量组号	计量点电压	电价类别	电能表：电表类型	电能表：定量定比	电能表：电流	电能表：产权	电流互感器：变比	电流互感器：产权

4.3.2 电源方案

点击【电源方案】标签页，进入客户电源信息填写页面。

点击【用户】右键弹出【受电点方案】

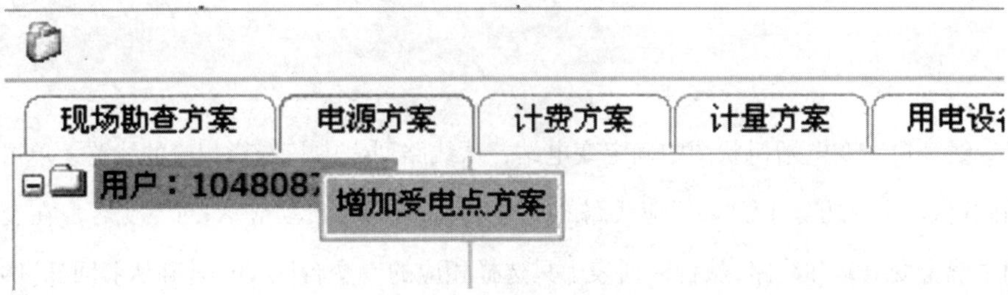

点击【增加受电点方案】录入相关信息点击【保存】

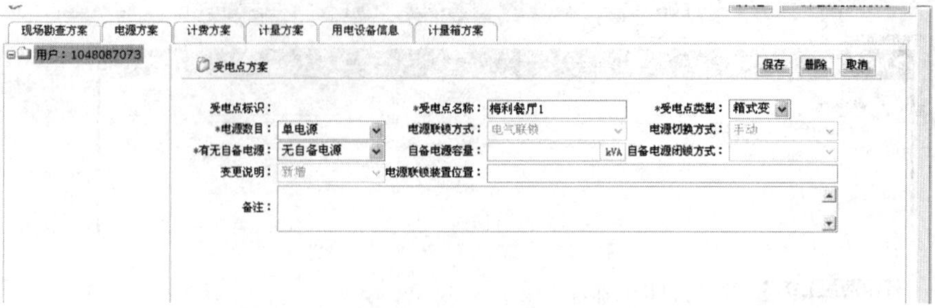

点击【确定】。

要项信息：

【受电点】用户接入电网的受电装置的所在位置，受电装置主要有变压器、高压电动机等，一个受电点可以有多个变压器、高压电机等；双电源供电用户通过母联接入时该受电点为一个受电点，对于厂区内多个电源供电且受电装置不同的电力用户一条供电线路视为一个受电点。

【受电点名称】一般为以受电点＋序号组合命名，例如：本处命名为用户名称＋序号。

【受电点类型】指用户受电装置的类型，一般分为变电站、配电室、箱式变、柱式变、地埋变、开关站及其他类型。

点击【（新增）受电点】右键弹出【电源点方案】

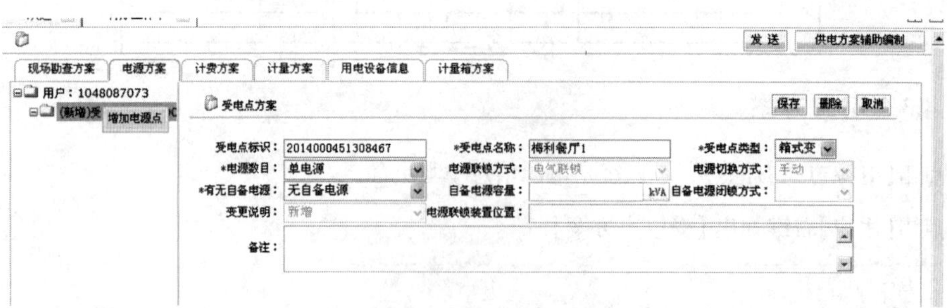

对专线客户在变电站树状图中确定变电站，从线路列表中只选择相应的线路，单击【确认】，回到【供电电源方案】窗口，对应线路的变电站、线路名称自动显示；对专变客户在变电站树状图中确定变电站和线路，从台区列表中只选择相应的专变台区，单击【确认】，回到【供电电

源方案】窗口,对应线路的变电站、线路名称、台区名称自动显示;对公变客户在变电站树状图中确定变电站和线路,从台区列表中只选择相应的公变台区,单击【确认】,回到【供电电源方案】窗口,对应线路的变电站、线路名称、台区名称自动显示。

本场景电源类型选择公变,经现场勘查确定台区为 567 邮政局家属院小区变,操作如下:

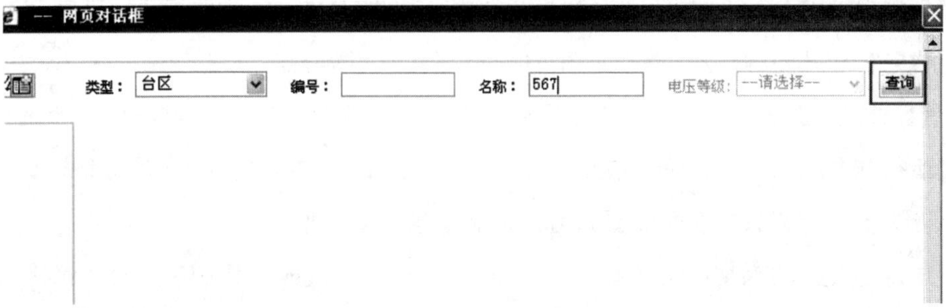

在类型处选择【台区】名称处输入“567”,点击【查询】后在树状图处选择【台区】,点击【确认】。

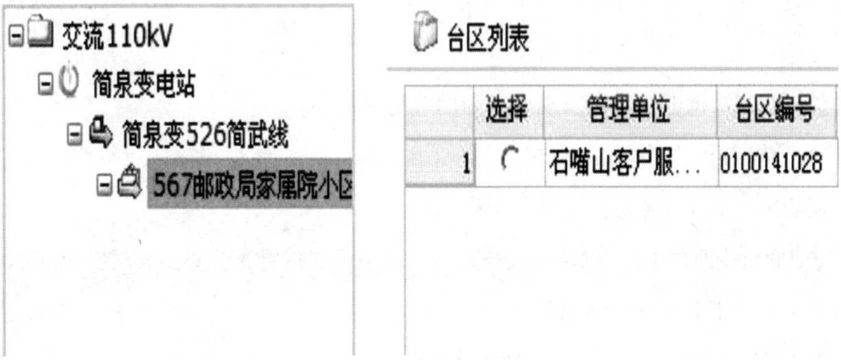

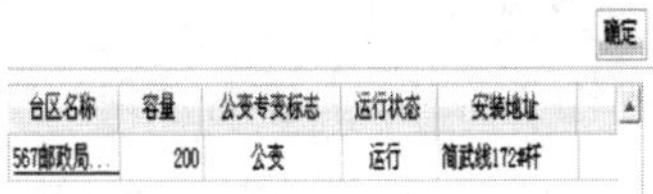

出现结果如下图：

要项信息：

【电源类型】提供电能的装置，根据本业务场景选择公变（如果所带此用户的公变台区已建立，直接选择该台区；否则在线损管理—线损基础管理中建立新的公变台区）

【电源性质】如果只有一个电源点，只能选择主供电源，如果是双电源或多电源的情况至少有一个电源点为主供电源

【电源相数】根据场景此用户选择三相电源，如采用220V供电的，请注意选择为单相电源。

【供电容量】本电源提供的可供本用户使用的容量，即电源点容量，专变用户填写该变压器的铭牌容量，专线用户填写该专线变电所供出的容量，公网用户填写用户的合同约定容量。

【运行方式】运行方式只针对受电点方案中电源数目为双电源或多电源的情况选择冷备、热备、互为备用，如果只是单电源，默认为其他，此场景选择其他。

【电源接入点】填写变电站名称、线路双重编号、线路杆号（或电缆环网柜、分支箱编号）台区名称。

【进线方式】根据现场勘查的供电方案填写，该参数作为业务受理人员确定双电源用户收取高可靠性费用或临时用电收取临时接电费标准的依据（电缆进线按照架空进线的1.5倍收取）。

【保护方式】根据电压等级及现场实际勘查情况选择。

【产权分界点】根据《供电营业规则》第四十七条规定：供电设施的运行维护管理范围，按产权归属确定。责任分界点按下列各项确定：

1.公用低压线路供电的，以供电接户线用户端最后支持物为分界点，支持物属供电企业。

2.10kV及以下公用高压线路供电的，以用户厂界外或配电室前的第一断路器或第一支持物为分界点，第一断路器或第一支持物属供电企业。

3.35kV及以上公用高压线路供电的，以用户厂界外或用户变电站外第一基电杆为分界点，第一基电杆属供电企业。

4.采用电缆供电的,本着便于维护管理的原则,分界点由供电企业与用户协商确定。

5.产权属于用户且由用户运行维护的线路,以公用线路分支杆或专用线路接引的公用变电站外第一基电杆为分界点,专用线路第一基电杆属用户。

在电气上的具体分界点,由供用双方协商确定。

【保护类型】根据实际情况选择保护类型。

4.3.3 计费方案

点击【计费方案】标签页,进入客户计费信息填写页面。

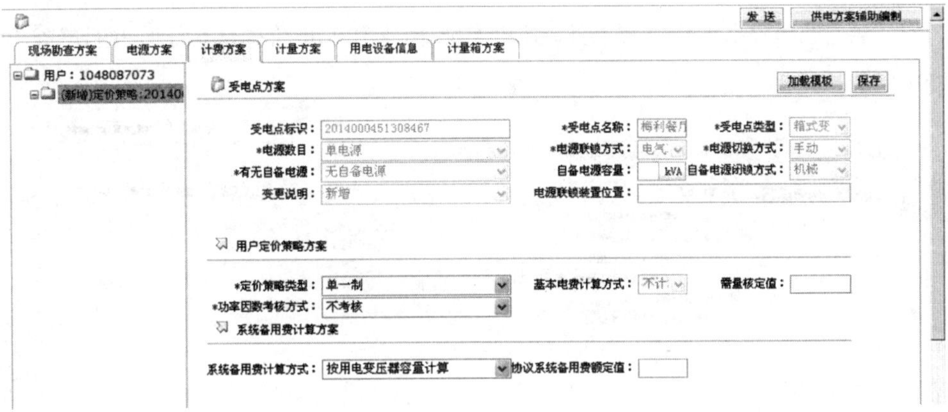

要项信息:

【定价策略类型】根据用电类别是非大工业用电选择单一制。

【基本电费计算方式】定价策略类型若选择单一制,则选择不计算。

【功率因数考核方式】核定容量100kVA以下所有用户选择【不考核】,核定容量100kVA及以上所有用户选择标准考核。具体考核标准执行〔83〕水电财字215号文件《功率因数调整电费办法》、宁电营销〔2012〕168号文件《关于下发部分政策执行的相关意见通知》、宁夏电力公司2013年下发的《关于规范功率因数调整电费计算的通知》。

点击【(新增)定价策略】右键弹出【增加电价方案】

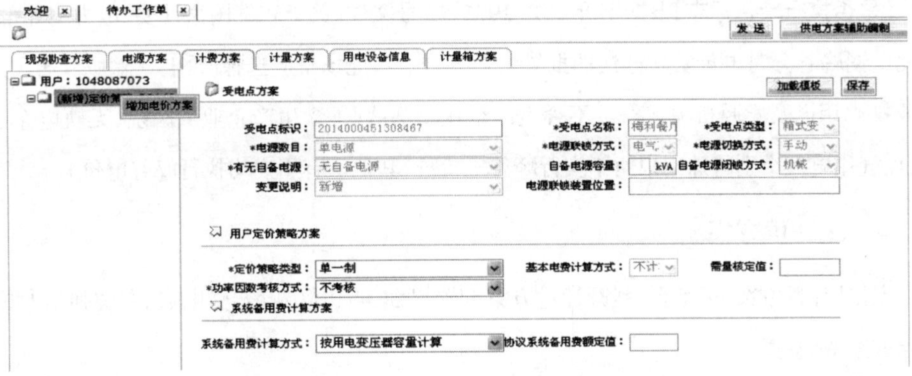

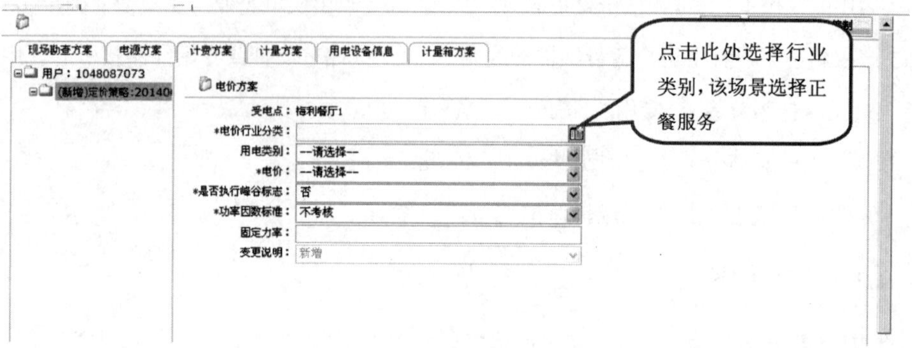

本场景应选择行业分类：正餐服务。用电类别：商业用电，电价执行工商业，执行峰谷不考核功率因数。

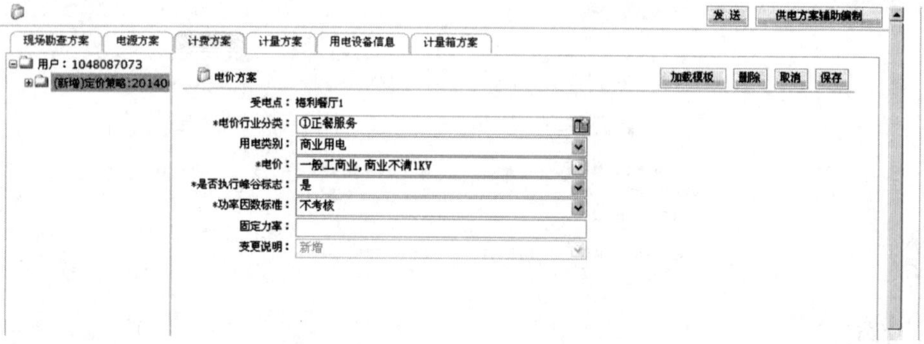

要项信息：

【电价行业分类】应与业务受理环节申请信息中的行业分类一致，如有多个电价方案，至少有一个电价行业分类与业务受理环节申请信息中的行业分类一致。

【用电类别】应与业务受理环节申请信息中的用电类别一致，如有多个电价方案，至少有一个用电类别与业务受理环节申请信息中的用电类别一致。

【电价】根据用电类别、电压等级、用户分类确定相应的电价，注意区分城镇居民与农村居民电价。

【是否执行峰谷标志】根据宁价重发〔1995〕92号文件《关于转发国家计委、电力工业部关于西北电网峰谷分时电价实施办法的批复的通知》执行，此场景应选择【是】。（除城乡居民用电、农业排灌用电及党政机关、学校（不含生产企业）、部队（不含生产企业）、医院、无轨电车、自来水、煤气用电及个别特殊用户暂不实行峰谷电价外，其他所有用户均执行峰谷电价）。

4.3.4 计量方案

点击【计量方案】标签页，展开计量方案配置界面，点击【（新增）受电点】右键弹出【增加计量点方案】标签页。

如下图所示：

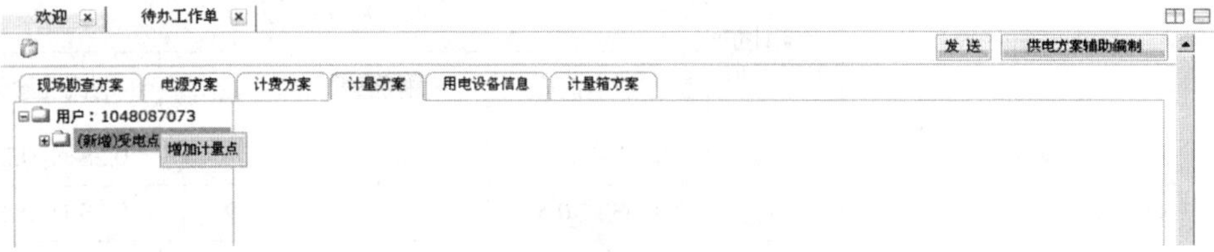

点击【计量方案】

要项信息：

【计量点名称】能够清楚的描述出该计量点所对应的电价及其他信息，如：居民照明。

【计量点性质】如果计量点是计费的计量点则选择【结算】，如果用于考核的计量点，则选择【考核】。

【计量点分类】根据计量点性质若选择【结算】，则选择【用电客户】，计量点性质若选择【考核】，则选择【关口】，此场景选择【结算】。

【计量点所属侧】根据计量方式进行选择，若是高供高计则选择【电网侧】，若是高供低计或低供低计则选择【用户侧】，若是专线用户则选择【变电站内】，此场景选择【用户侧】。

【计量方式】根据电能计量的不同对象，此场景一般选择低供低计。

【计量装置分类】按下表进行选择，220V 电压等级选择 V 类计量装置，380V 电压等级选择Ⅳ类计量装置。

表1　电能表、互感器准确度等级

容量范围	电能计量装置类别	准确度等级			
		有功电能表	无功电能表	电压互感器	电流互感器
S≥10000kVA	Ⅰ	0.2S 或 0.5S	2.0	0.2	0.2S 或 0.2*）
10000kVA＞S≥2000kVA	Ⅱ	0.5S 或 0.5	2.0	0.2	0.2S 或 0.2*）
2000kVA＞S≥315kVA	Ⅲ	1.0	2.0	0.5	0.5S
S＜315kVA	Ⅳ	2.0	3.0	0.5	0.5S
单相供电（P＜10kW）	Ⅴ	2.0	—	—	0.5S

● 0.2*）级电流互感器仅指发电机出口电能计量装置中配用。

【电压等级】默认为供电电压。

【台区】若只有一个台区选择必须与电源方案保持一致，若有多个台区则根据现场勘查实际情况填写。

【线路】若只有一个线路选择必须与电源方案保持一致，若有多个线路则根据现场勘查实际情况填写。

【接线方式】根据现场勘查实际情况进行选择，220V 电压等级选择单相，380V 电压等级选择三相四线。

【电量交换点分类】计量点主用途类型为售电侧结算则选用电客户。计量点主用途类型为考核，根据现场勘查实际情况进行选择。

【主用途类型】根据现场勘查实际情况进行选择 。

【是否具备装表条件】电量计算方式是实抄则选择【是】，电量计算方式是定量、定比、按日协定则选择【否】。

【是否安装采集终端】居民客户营销系统默认为【否】。

【是否可停电】根据具体情况，可以停电选择【是】，不可停电选择【否】。

【装表位置】详细填写表计安装的位置。

【计量点地址】详细填写计量点地址。

点击【电能表方案】，配置相应电能表

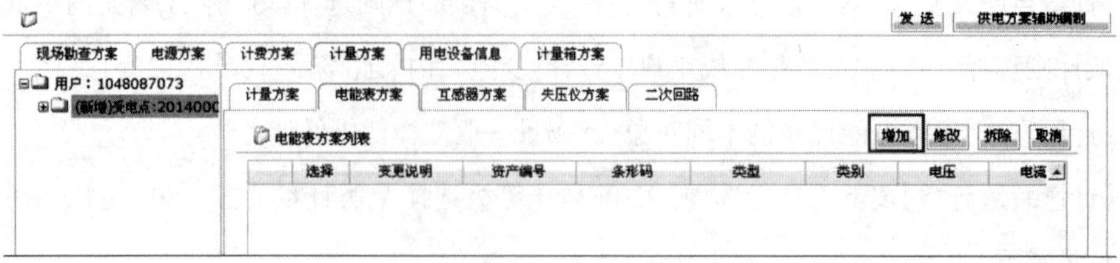

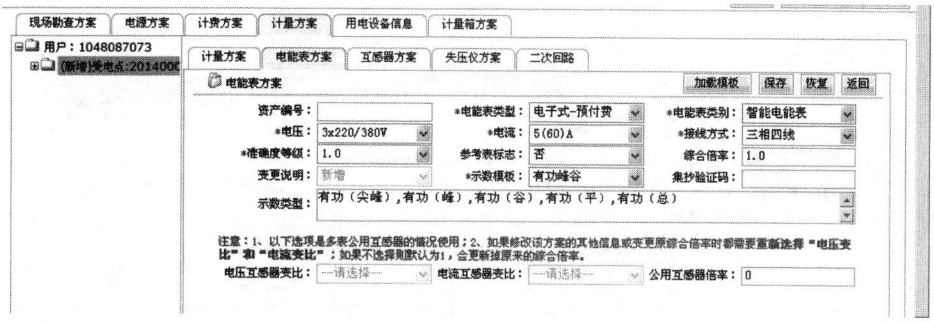

要项信息：

【接线方式】与计量方案中的接线方案一致。

【准确度等级】各类电能计量装置配置的电能表、互感器的准确度等级应不低于下表所示值。

表 2　电能表、互感器准确度等级

容量范围	电能计量装置类别	准确度等级			
		有功电能表	无功电能表	电压互感器	电流互感器
S≥10000kVA	Ⅰ	0.2S 或 0.5S	2.0	0.2	0.2S 或 0.2*)
10000kVA＞S≥2000kVA	Ⅱ	0.5S 或 0.5	2.0	0.2	0.2S 或 0.2*)
2000kVA＞S≥315kVA	Ⅲ	1.0	2.0	0.5	0.5S
S＜315kVA	Ⅳ	2.0	3.0	0.5	0.5S
单相供电(P＜10kW)	Ⅴ	2.0	—	—	0.5S

● 0.2*) 级电流互感器仅指发电机出口电能计量装置中配用。

【示数模板】根据电费计算需要选择，但需要注意接线方式为单相时，不能选择需量、无功示数。

现场勘查人员，对用户计量方案进行核对无误后，点击【供电接入方案草图绘制】，绘制接入方案草图。具体操作方法参见“营销 GIS 应用功能操作手册 v1.1.doc”营销 GIS 控件及操作手册下载位置:【帮助】—【帮助手册下载】—【营销 GIS 营销改造功能说明及控件】。

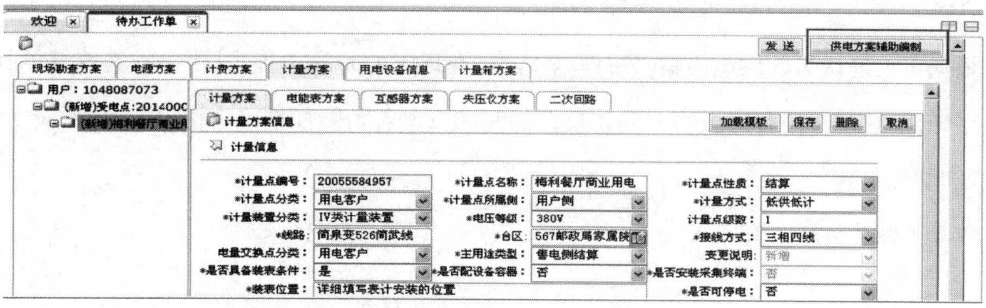

点击【发送】发送至下一环节，进行审批。

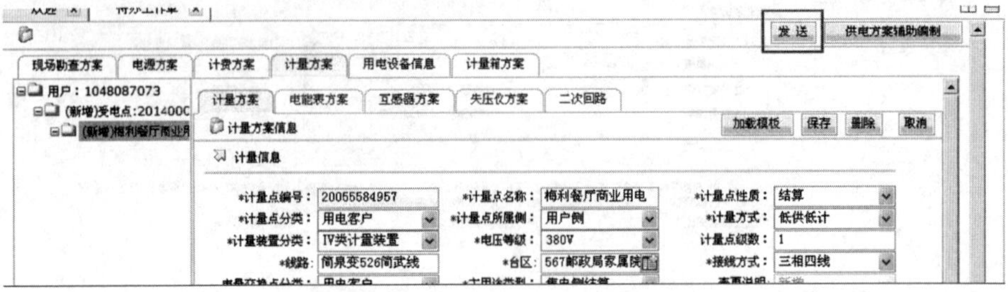

4.4 审批【客户服务中心主任】

方案拟订后，根据审批条件（按电压等级、变压器容量大小等）提交相关级别部门审批，签署审批意见。在规定的时限内完成对接入系统方案、受电系统方案、计量方案、计费方案的审批。对于审批不通过的，重新拟定供电方案，并重新审批。

审批通过则发送到下一环节，不通过则退到现场勘查。

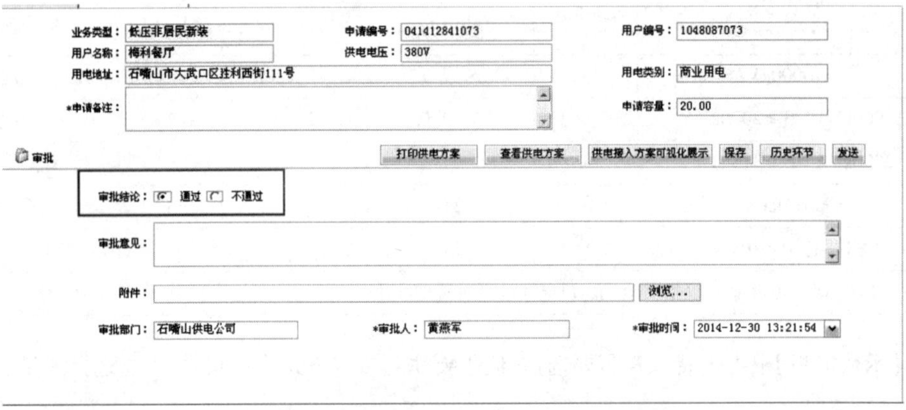

要项信息：

【审批结论】不通过，返回【现场勘查】。

4.5 答复供电方案【业务受理员】

根据审批确认后的供电方案，书面答复客户，在规定的时限内提供【供电方案答复单】供客户签字确认，登记通知客户及客户确认反馈的时间点。若不能如期确定供电方案时，应主动向客户说明原因。

答复人默认为环节签收人。

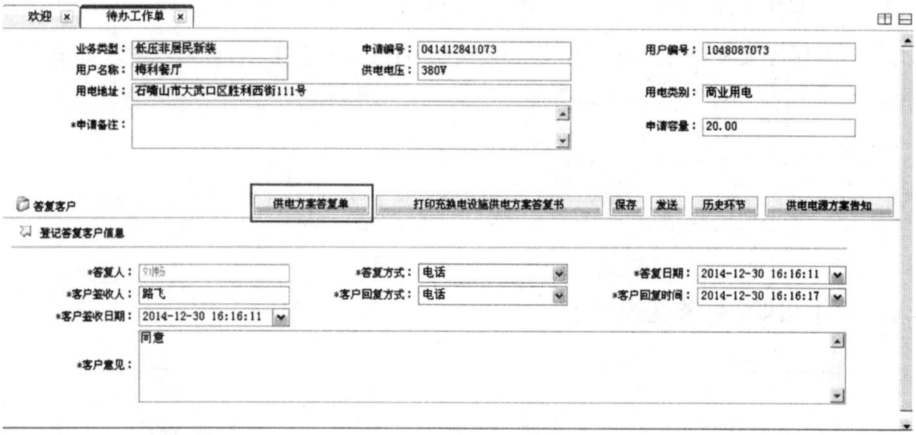

要项信息：

答复人默认为环节签收人。

答复方式和客户回复方式的下拉选项有【短信】、【通知单】、【电话】、【传真】、【E-MALL】、【公告】，按照相应的答复方式填写。

点击【供电方案答复单】可直接【保存】，打印【供电方案答复单】。

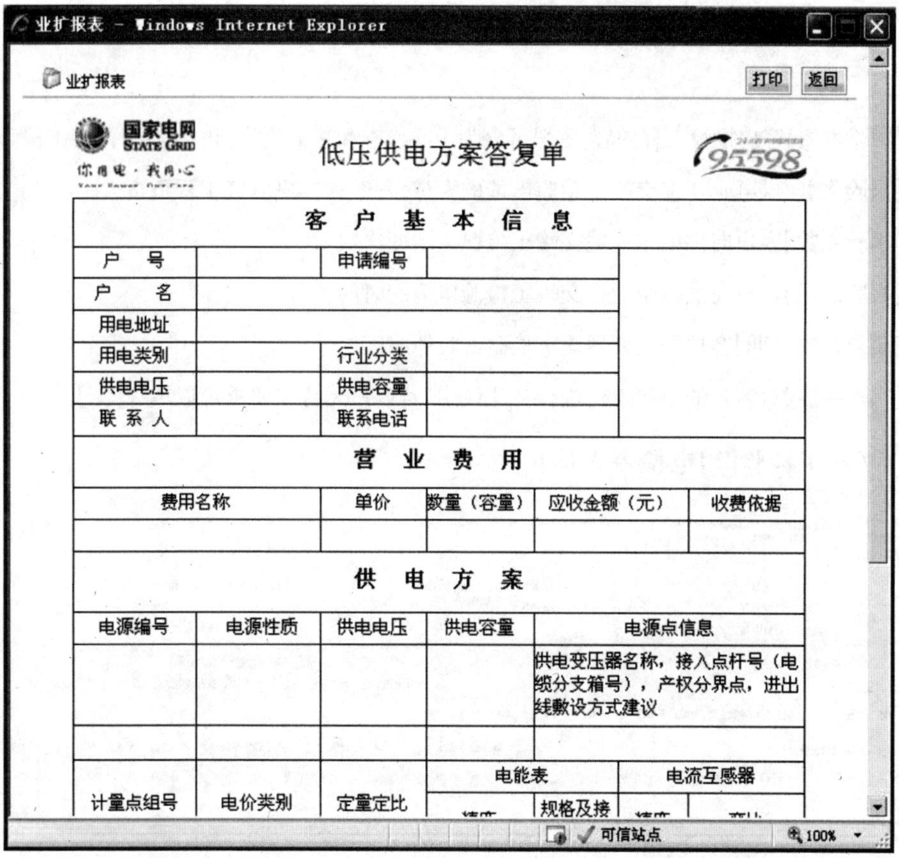

为全面贯彻落实《国家电网公司关于进一步简化业扩报装手续优化流程的意见》的要求，系统升级后将穿行改为并行，在点击【发送】后将触发【竣工报验】、【合同起草】及【确定费用】三个环节。

4.6 竣工报验【业务受理员】

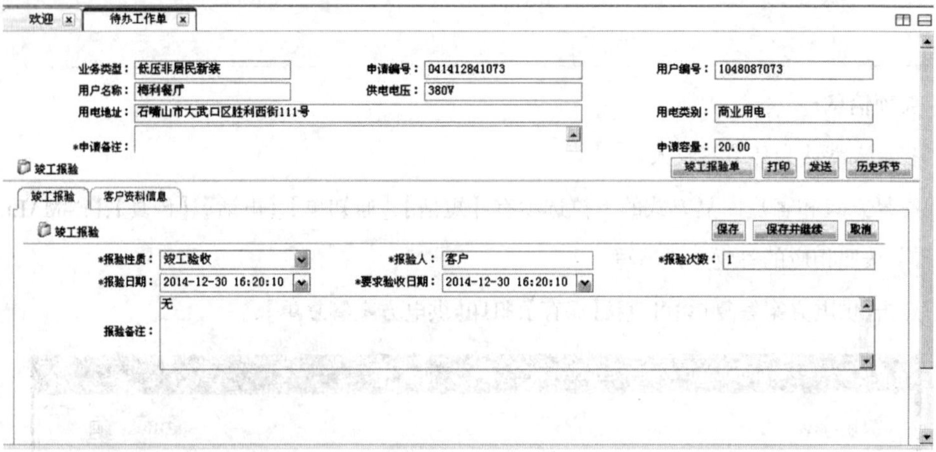

【报验性质】客户报验工程内容，一般可分为中间检查和竣工验收，此处应选择【竣工报验】。

【报验人】向供电企业提交竣工检验申请的人员，一般为客户电气工程负责人。

【报验次数】客户向供电企业提交竣工检验申请的次数。

【报验时间】客户向供电企业提交竣工检验申请的时间。

【要求验收日期】客户预约开展竣工检验的具体时间。

【报验备注】对客户的报验工作进行备注说明，若客户无特殊要求可以填写【无】。

4.7 竣工检验【用电检查人员】

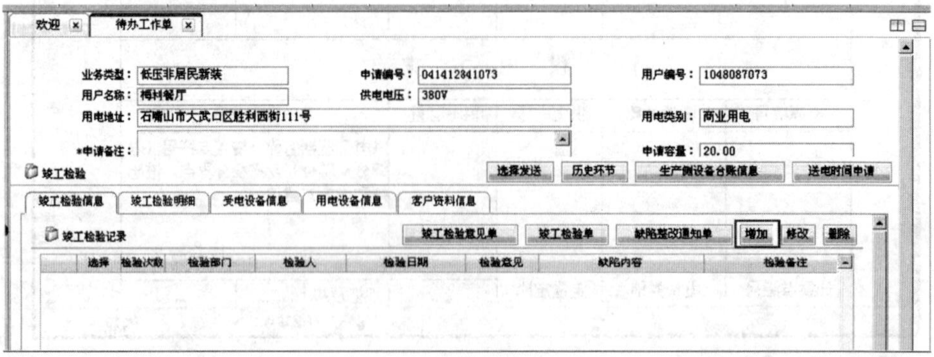

在竣工检验环节处理页面点击【增加】,对竣工检验综合信息进行录入。点击【增加】录入不同项目的检验信息(缺陷说明和整改意见),一般分为变电部分、送电部分、土建部分和二次部分。

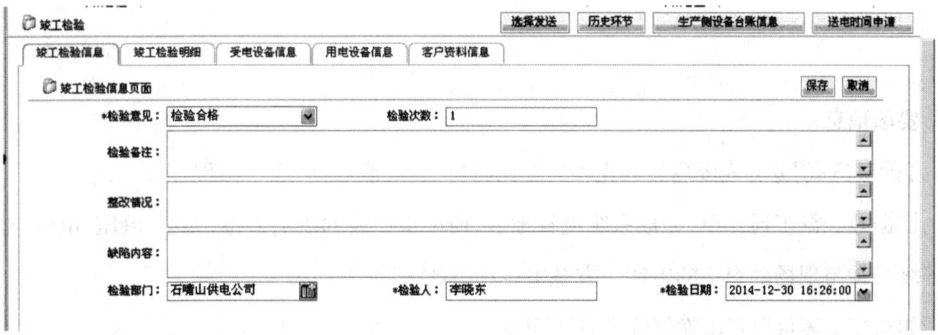

要项信息:

【检验意见】按照现场检查结果进行录入,一般为检查合格或检查不合格,检查不合格需要择日现场检查后在竣工检验环节重新增加检验记录。

【检验次数】开展现场竣工检验的次数。

【检验备注】对首次检验合格客户的现场检查情况进行记录。

【整改情况】对上一次检查出的缺陷整改情况进行记录,若为首次检查,此处填无。

【缺陷内容】检查结果不合格时,在此处对缺陷内容进行登记。

【检验部门】系统默认为环节处理人所在单位名称。

【检验人】填写参与竣工检验各部门的主要负责人姓名。

【检验日期】系统默认为当前日期,但不应小于在竣工报验环节录入的客户要求验收日期。

4.8 配表【资产管理员】

点击【电能表方案】标签页,选择出厂编号,输入表号后键入回车键。

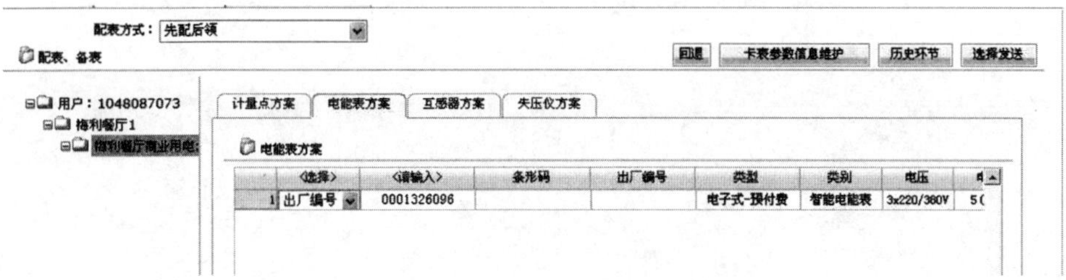

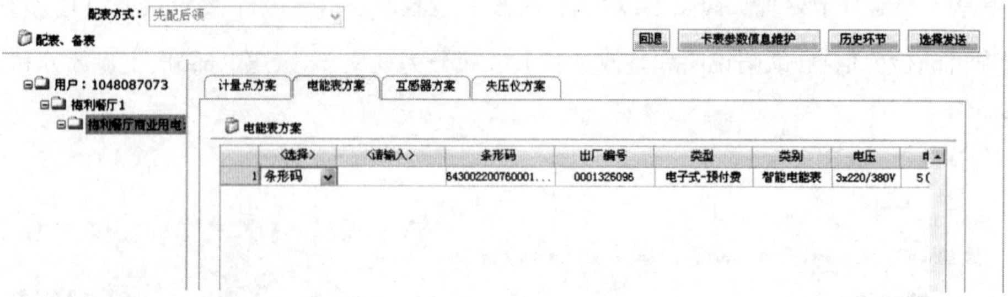

要项信息:

【配表方式】分为先配后领和先领后配两种方式,一般选择先配后领方式。

依据装表派工通知单,完成系统流程配表,所配电能表的供电单位、类型、电压、电流、准确度等级必须与现场勘查中的电能表方案中表计参数一致。

如果配错表可以点击撤销配表重新配表。

若客户为卡表(预购制)用户,则需点击【卡表信息参数维护】,维护相关卡表信息。

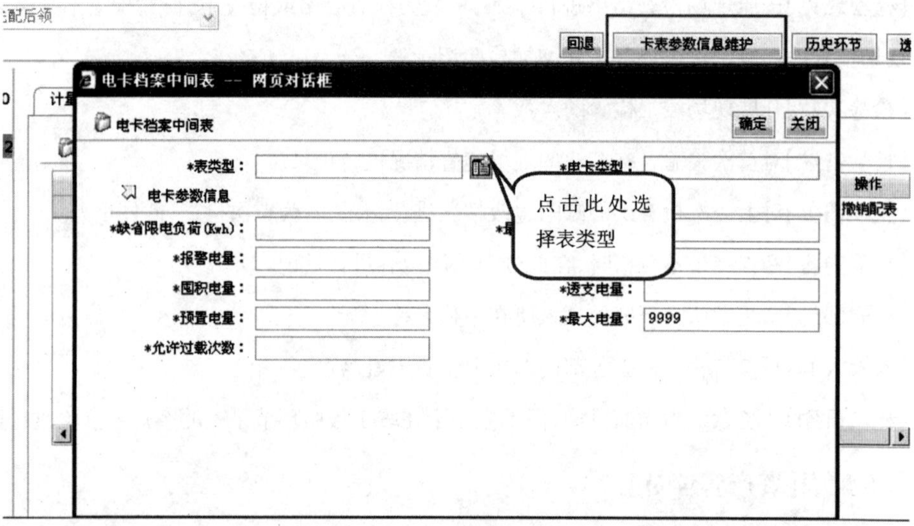

点击【表型号】后输入表型号。点击【查询】选择【相应型号】后点击【确定】。

在返回的界面中再次点击【查询】,选择正确的信息点击【确定】。

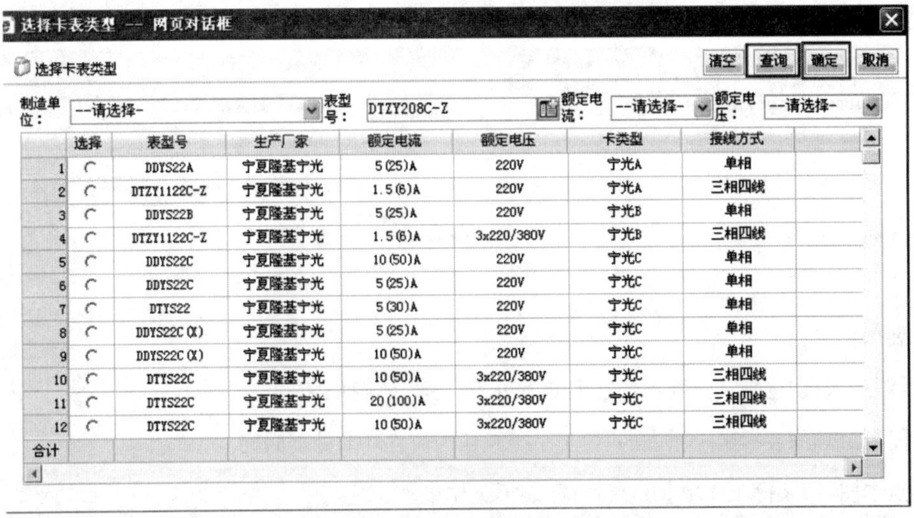

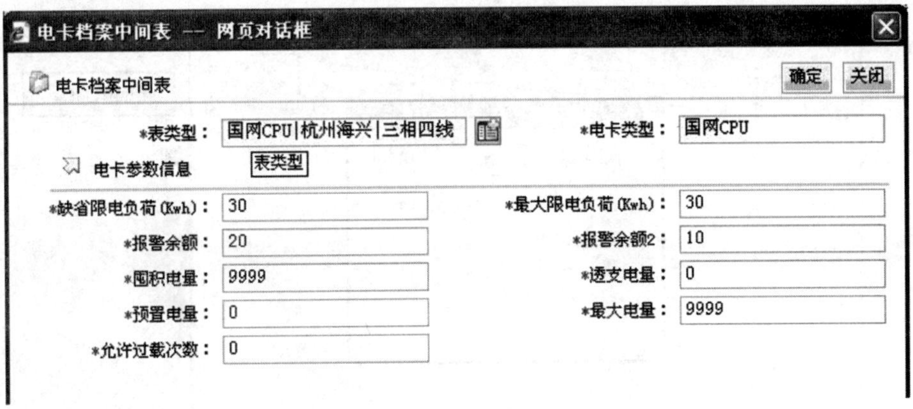

随后发送至下一环节。

4.9 设备出库【资产管理员】

资产管理人员依据【现场勘查环节派工单】,配合装表接电人员完成设备出库。

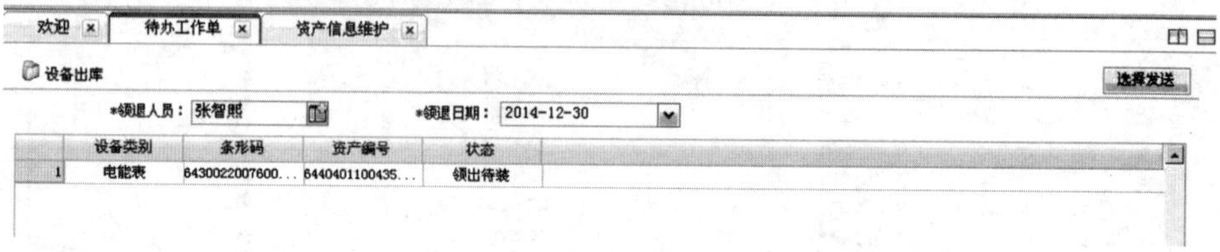

要项信息：

【领退人员】到库房领取计量设备的人员,一般为装表人员。

【领退日期】到库房领取计量设备的时间。

4.10 安装派工【装表接电班班长】

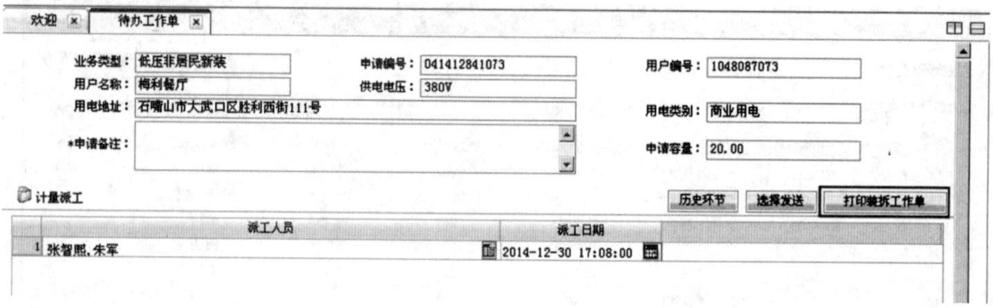

要项信息：

【派工人员】选择具体到现场装表的人员,一般至少选择2人。

【派工日期】装拆工单派发的时间,系统默认为流程环节处理时间。

点击【打印装拆工作单】可直接打印装拆工作单。

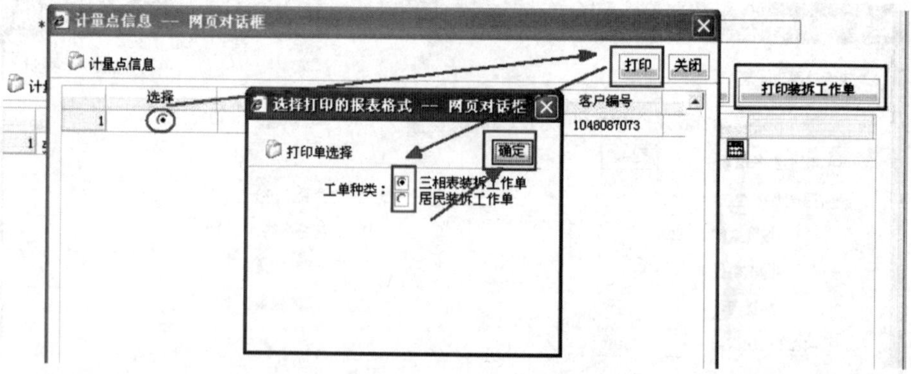

第1页 共1页

计量现场装拆工作单

营销项目

第1页 共1页

选择对应的派工人员，点击【选择发送】流程流转至下一环节。

4.11 装表【装表接电工】

点击【计量点】页面里【梅利餐厅 1】，展开【计量点信息】标签页，点击【计量管理段】。进入装表页面如下：

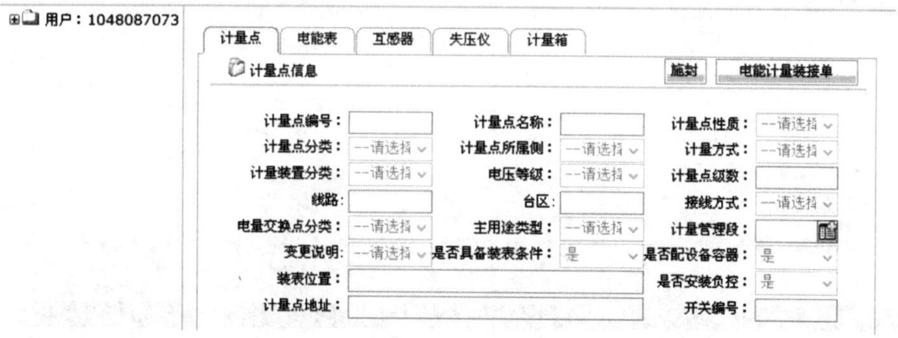

选择用【用户】最后一级目录，在【计量点】标签页添加【计量管理段】。

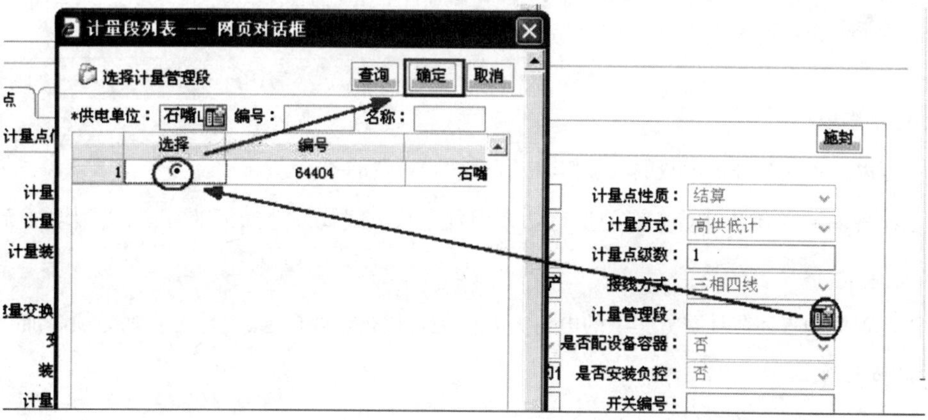

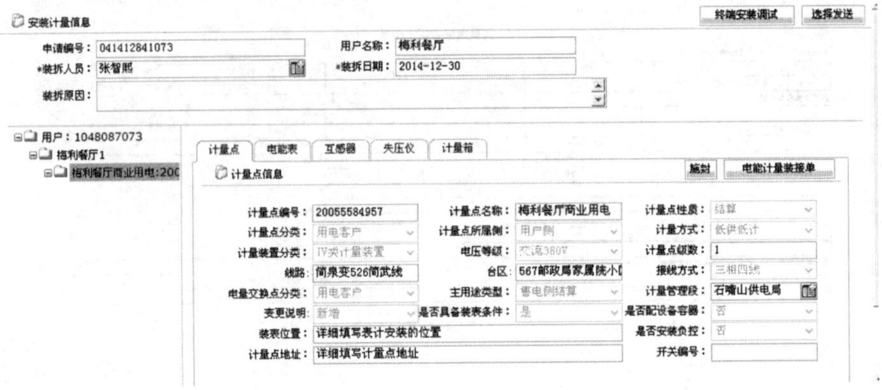

要项信息：

【计量管理段】指管理用户计量点所属的计量段，一般每个单位只建立一个计量管理段，如果需要增加计量管理段，需在【计量点管理】—【辅助功能】—【计量段管理】中维护增加。

在【电能表】页面里，点击【示数信息录入】，依据装(拆)表工作单的表计起止码对客户新表计表码进行系统录入并保存。

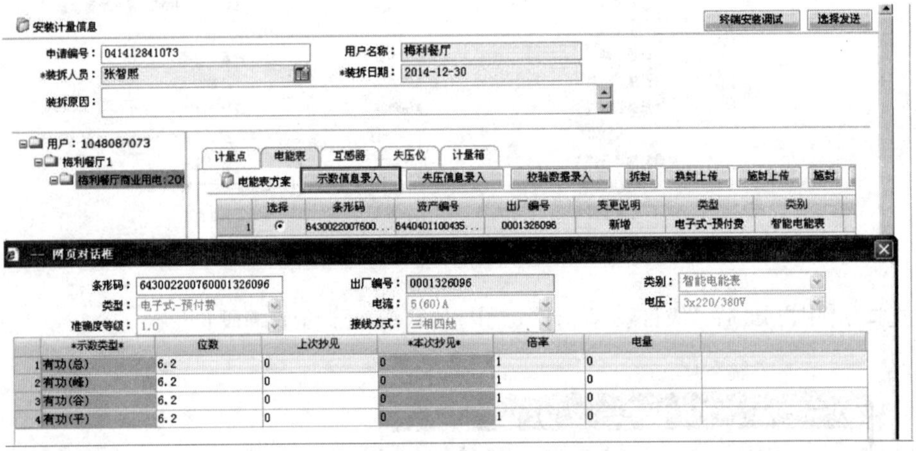

注意事项：

1.可以在本环节进行示数的添加修改，满足抄表算费的要求。

2.在现场勘查环节计费方案的执行功率因数考核方式如果选择标准考核，必须增加无功示数。

3.在现场勘查环节计费方案中的电价方案中是否执行峰谷标志选择【是】，则必须添加峰谷平总示数类型。

4.单相电能表不能添加无功及需量示数。

点击【终端安装调试】后，点击【选择发送】，发送至下一环节。

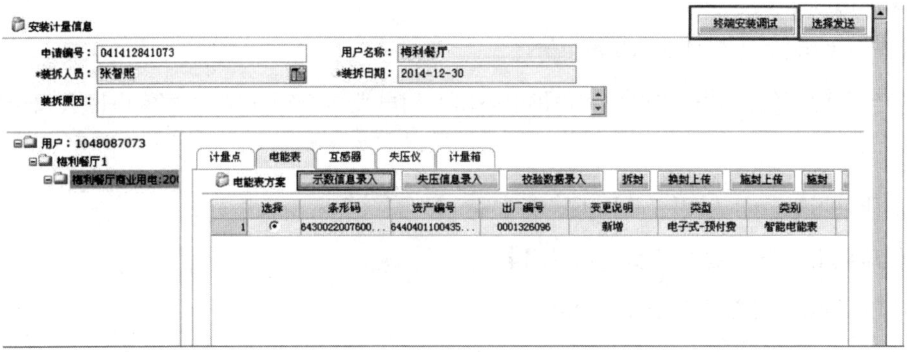

4.12 合同新签【合同管理人员】

4.12.1 合同起草

点击【浏览】环节，选择对应的电子合同点击【上传】完毕后保存。

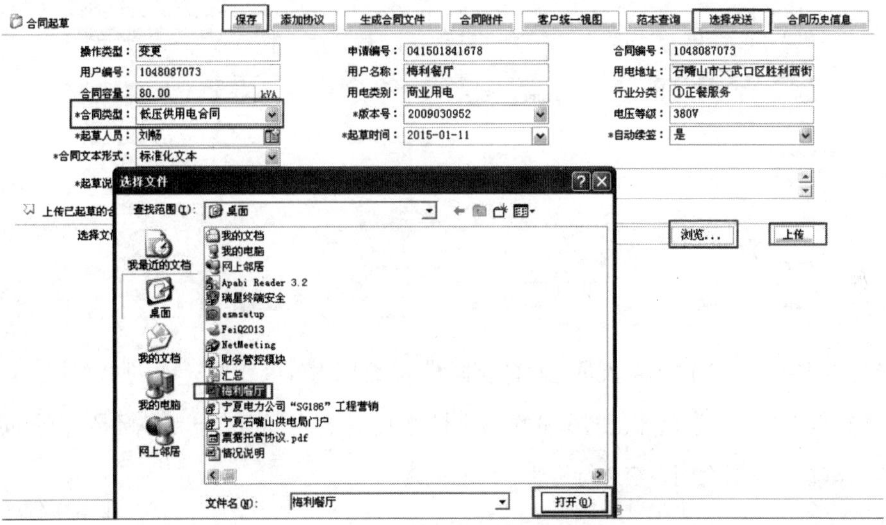

选择【发送】至下一环节

要项信息：

【起草说明】签订合同原因及相关信息

【合同类型】【合同类型】根据客户供电电压及用电性质进行选择，现国家电网公司合同类型主要包括以下几种：

高压供用电合同：适用于高压正式用电客户；

低压供用电合同：适用于低压正式用电客户；

临时供用电合同：适用于临时用电客户；

委托转供电合同：适用于具有转供电关系的用电客户；

居民供用电合同：适用于居民客户；

4.12.2 合同审核

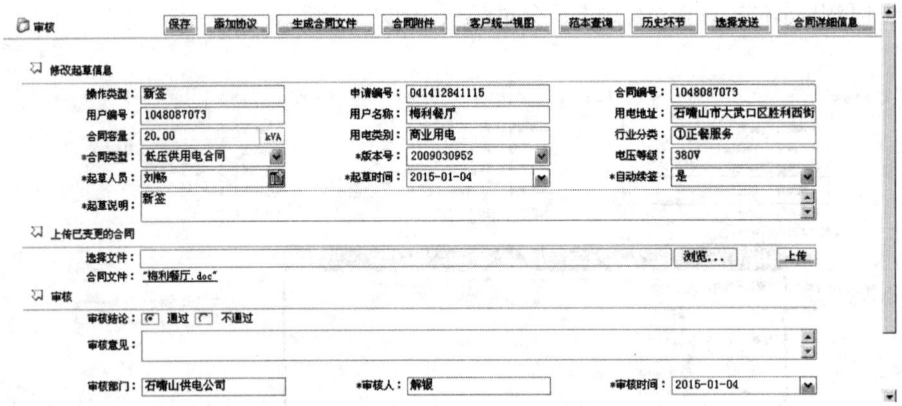

该环节主要针对合同起草人员起草的合同草本、合同附件及相关资料，进行审核。审核通过后，跳转至下环节，选择【不通过】，并填写审核意见，流程退回至合同起草环节，由合同起草人员按照审核意见对合同内容进行修改、补充、完善。

4.12.3 合同审批

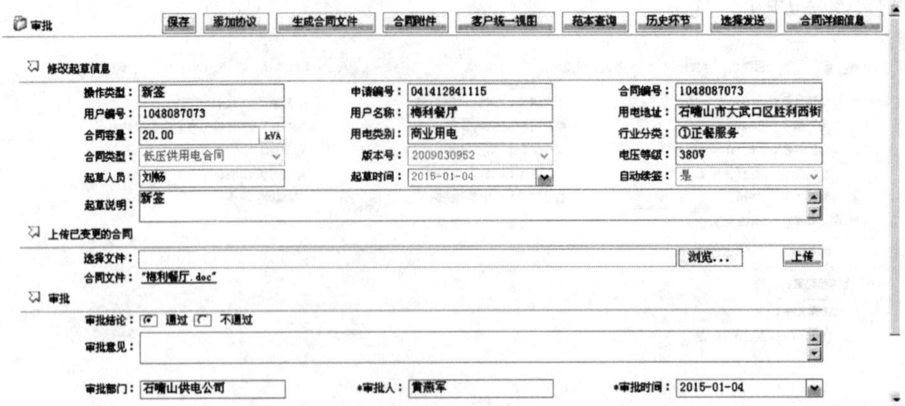

对通过合同审核的环节，由供用电合同审批人员进行审批，审批选择【不通过】后，流程退回合同起草环节，需要合同起草人员按照审批意见修改相关内容。

注意事项：

供用电合同起草人员、审核人员及审批人员不能为同一人。

4.12.4 合同签订

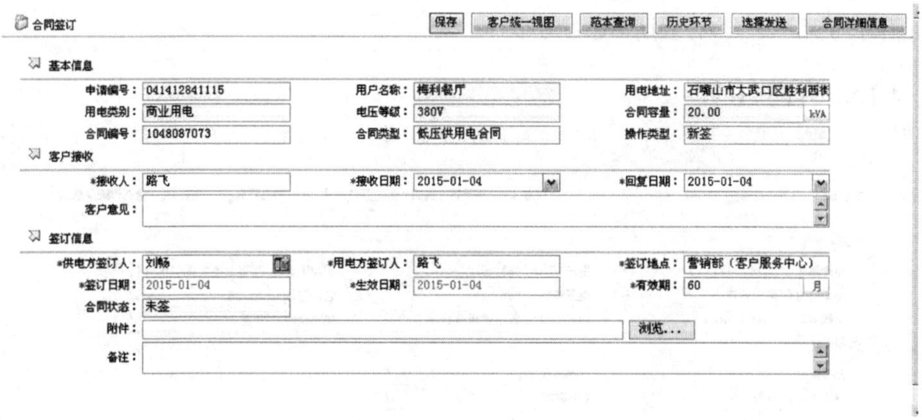

要项信息：

合同签订人员联系客户签订已审批通过的供用电合同，并将相关信息录入此界面。

名词解释及填写规范：

【接受人】供用电合同签订后，客户方接受人员。

【接受日期】指客户接受供用电合同的日期。

【回复日期】指客户对待签订供用电合同意见的反馈日期。

【客户意见】指客户对合同起草人员起草的供用电合同审核后的反馈的意见。

【供电方签订人】指供电企业供用电合同签订人员。一般是供电企业法人代表或负责人，其他人员签订供用电合同必须得到供电企业法人代表或负责人授权。

【用电方签订人】指用电人合同签订人员，用电人为自然人签订人为本人，用电人为法人，签订人员应为法人代表或企业负责人，其他人员签订供用电合同必须得到供电企业法人代表或负责人授权。

【签订地点】指合同双方当事人签字或者盖章的地点，涉及法院管辖权的问题，一般的合同纠纷如果双方没有明确约定签订地点的，按被告所在地的法院来管辖的。

【签订日期】取供用电合同双方签订的最大日期，如果合同中没有明确约定，这个日期也就是合同的生效日期。

【生效日期】指供用电合同实际生效的日期。若合同没有明确生效日期，则取双方签订的最大日期。

【有效期】指供用电合同的有效期限，宁夏电力公司对合同有效期规定如下：

1.居民客户一般签订为5~10年。

2.非居民客户、中小商户一般签订为3~5年。

3.其他客户一般签订为1~3年。其中对承包、租赁经营的企业、濒临破产的企业一般签订为1年；临时《供用电合同》有效期不超过6个月。

4.12.5 合同归档

4.13 确定费用【业务受理员】

对于缴费方式为卡表购电的低压新装用户，无需收取预收电费，可以不录确定费用直接发送。

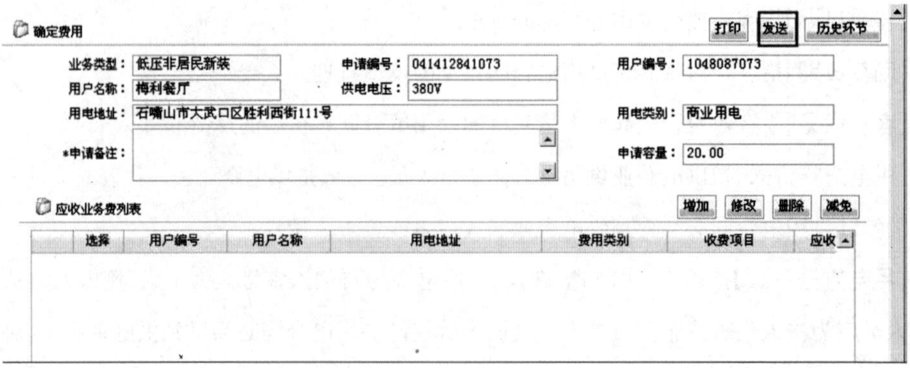

4.14 送电【装表接电员】

在完成业务收费、竣工检验及签订供用电合同后，进入送电环节，送电人员在送电前分别打印【送电任务单】和【送电工作单】，前往现场开展送电工作，送电后，完成此界面数据保存，完成送电系统流程任务。

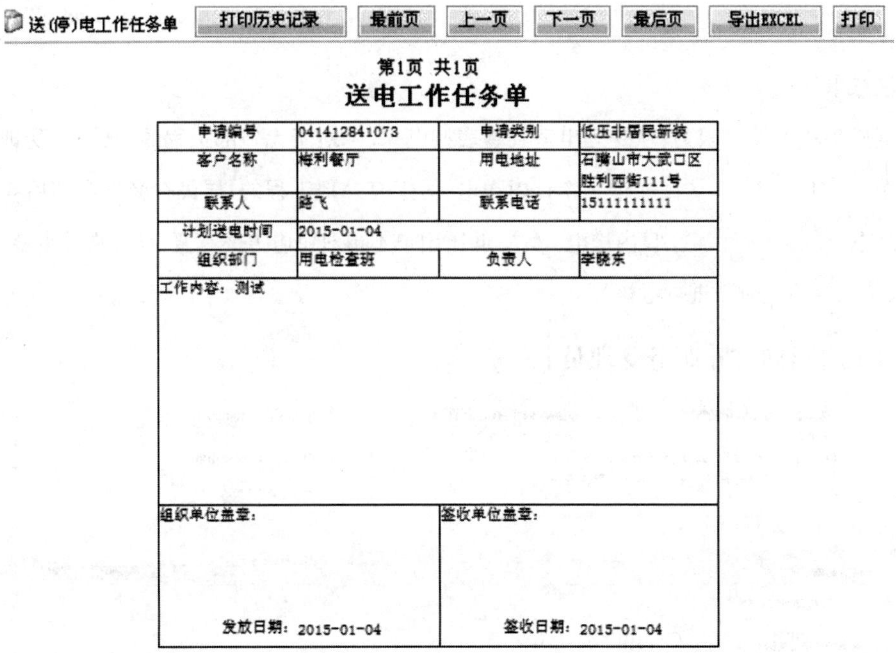

送电工作任务单

申请编号	041412841073	申请类别	低压非居民新装
客户名称	梅利餐厅	用电地址	石嘴山市大武口区胜利西街111号
联系人	路飞	联系电话	15111111111
计划送电时间	2015-01-04		
组织部门	用电检查班	负责人	李晓东
工作内容：测试			
组织单位盖章： 发放日期：2015-01-04		签收单位盖章： 签收日期：2015-01-04	

第1页 共1页

送电任务现场工作单

申请编号	041412841073		申请类别	低压非居民新装				申请日期	2014-12-28
客户名称	梅利餐厅							联系人	路飞
用电地址	石嘴山市大武口区胜利西街111号							联系电话	15111111111
申请容量	20			原有容量	0		合计容量	20	
电源编号	电源性质	电源类型	供电电压	变电站	线路	杆号	变压器台数	变压器容量	供电容量
送电结果：同意									
客户意见： 客户签字 日期									
送电人签字 ：李晓东 日期：2015-01-04									

注意事项：

低压流程考核时限为：从受理申请到装表接电，其中对于无外部工程的，居民在受理申请后3个工作日送电，非居民4个工作日内送电；对于有外部工程的，居民在受理申请后4个工作日送电，非居民8个工作日内送电。（注：低压用户不再对供电方案答复、设计文件审核、中间检查、竣工检验复时限进行考核）。

4.15 信息归档【业务受理员】

业务类型：低压非居民新装　申请编号：041412841073　用户编号：1048087073

用户名称：梅利餐厅　供电电压：380V

用电地址：石嘴山市大武口区胜利西街111号　用电类别：商业用电

*申请备注：2014-12-28受理低压非居民新装业务　申请容量：20.00

信息归档审批　回退　保存　数据审核　发送

信息归档审批信息

信息归档审批结论：◉ 通过 ○ 不通过

信息归档审批意见：

信息归档审批部门：石嘴山供电公司　*信息归档审批人：刘畅　*信息归档审批时间：2015-01-04

要项信息：

【申请备注】按照宁夏电力公司统一要求填写格式为受理时间＋受理＋业务类别。例如：2014-12-27 受理低压居民新装业务。

点击【数据审核】，对客户档案资料完整性和正确性进行审核，确认无误后，点击【保存】发送至下一环节。

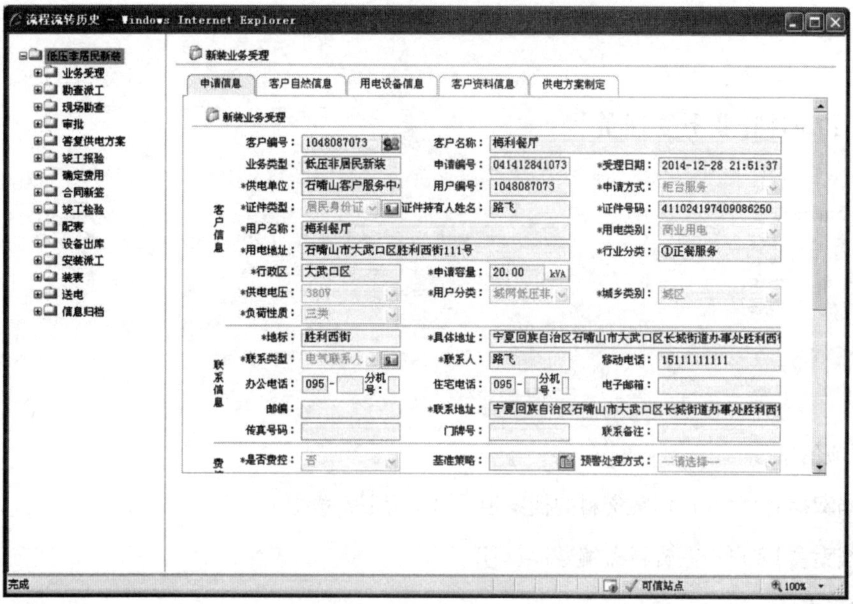

注意事项：

1.信息归档后，此流程在系统内已完成，不能通过退单或调度工单修改进行相关数据的修改，此客户可在客户档案中查询。

2.系统升级后，信息归档环节结束自动触发【客户空间位置及拓扑关系维护】及【新户分配抄表段】两个环节。

4.16 客户空间位置及拓扑关系维护

点击【客户图形数据管理】可以对客户图形数据管理，点击【发送】发送至下一环节

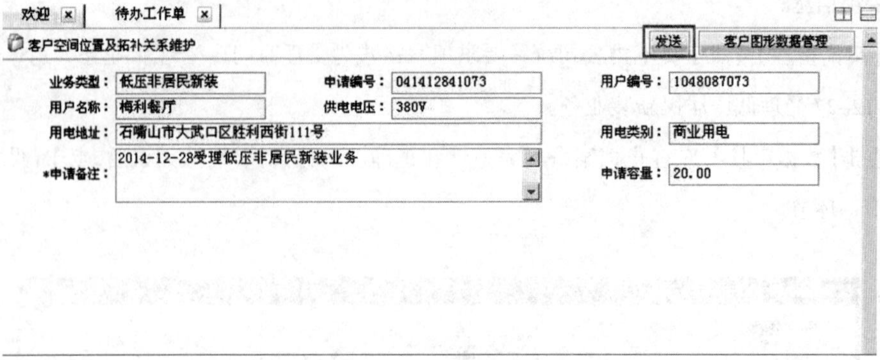

4.17 归档【业务受理员】

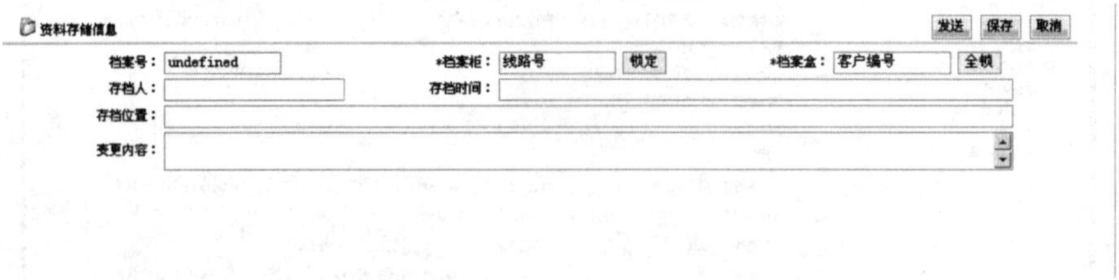

要项信息：

【档案柜】存放客户档案资料的档案柜号，填写线路编号。

【档案盒】客户档案资料盒编号，填写用户编号。

注意事项：

系统升级后，【新户分配抄表段】作为子流程不再影响归档。

4.18 新户分配抄表段【抄表班班长】

要项信息：

【目标抄表段】必须选择此用户的相同的线路，相同单位的抄表段。

【抄表顺序号】必须放在本抄表段的最后。

第四部分

低压非居民客户增容业务操作典型案例

◎业务描述

◎场景描述

◎业务流程图

◎流程环节处理

第四部分
低压非居民客户增容业务操作典型案例

1　业务描述

本业务适用于电压等级为0.4kV及以下、用电设备容量在100kW以下或需用变压器容量在50kVA及以下(特殊情况下可适当放宽)低压非居民客户的增容用电。

供电企业依据《供电营业规则》有关用电报装的条款规定、国网公司统一发布的服务承诺及服务规范,在一定的时限内,流程化实现低压非居民用电增容的【业务受理】、【现场勘查】、【审批】、【答复供电方案】、【确定费用】、【业务收费】、【竣工报验】、【竣工验收】、【签订合同】、【装表接电】、【客户回访】、【归档】的全过程管理,满足客户的用电增容需求。

2　场景描述

用户编号:1048087073;用户名称:梅利餐厅;用电地址:石嘴山市大武口区胜利西街111号;行业分类:餐饮服务,供电电压为380V,原有容量20kVA,现增加60kVA。

3 业务流程图

低压非居民增容流程如下图：

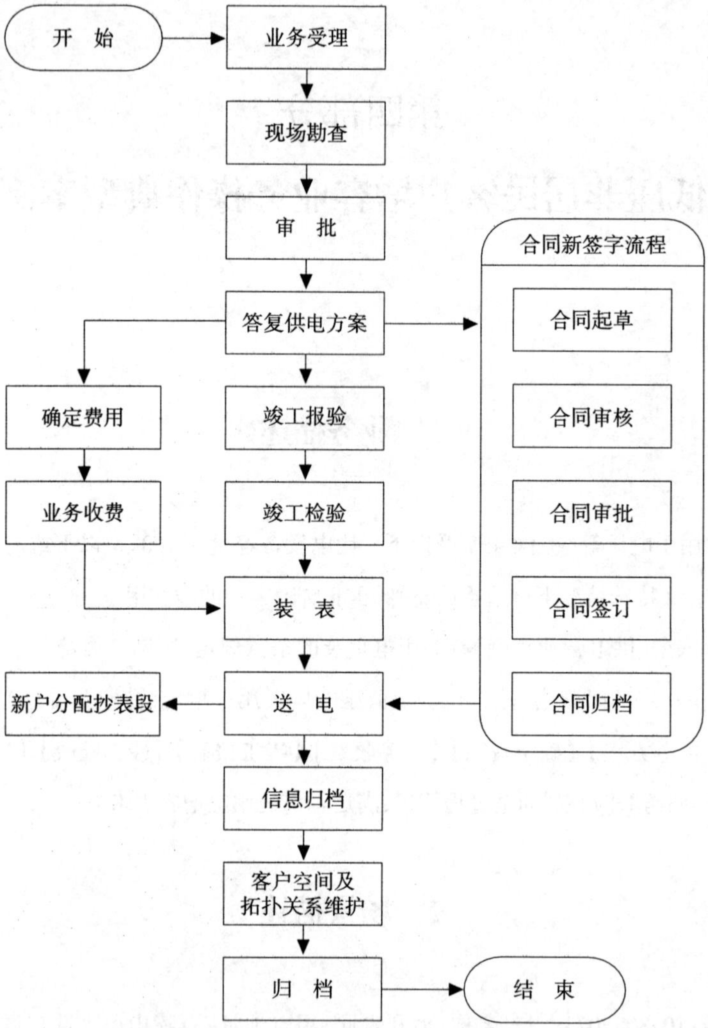

4 环节处理

4.1 业务受理【业务受理员】

进入营销业务应用SG186系统（以下简称“营销系统”），按顺序点击【新装及变更用电】—【新装增容】—【低压居民增容】打开业务受理页面，如图示：

4.1.1 申请信息

点击【申请信息】标签页，进入客户申请信息填写页面。

点击【用户编号】。

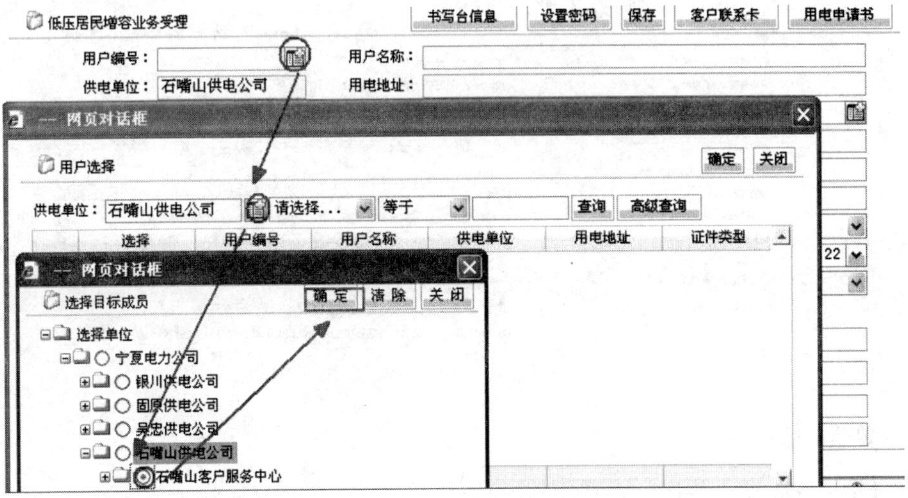

在下拉框中选择【用户编号】—【输入】—【查询】。

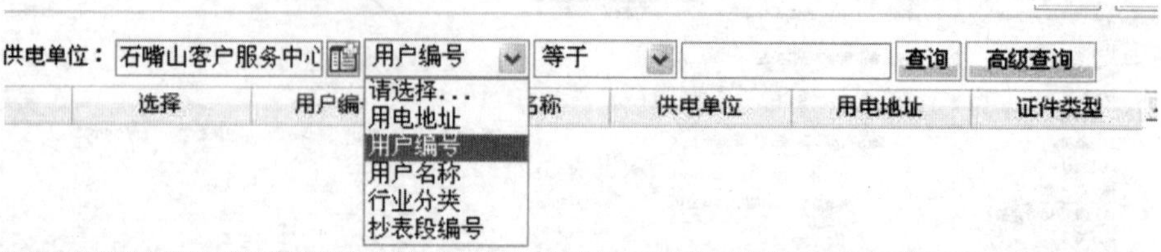

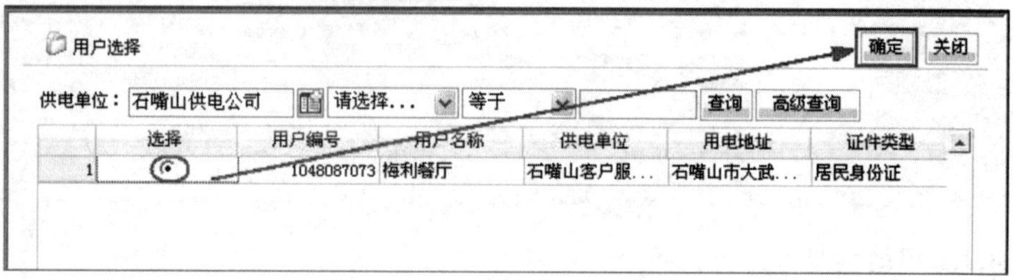

出现界面如下：

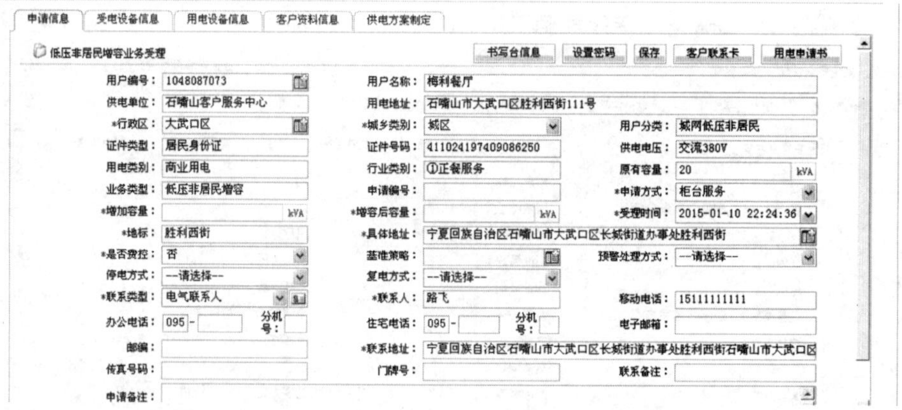

录入增加容量后点【保存】。

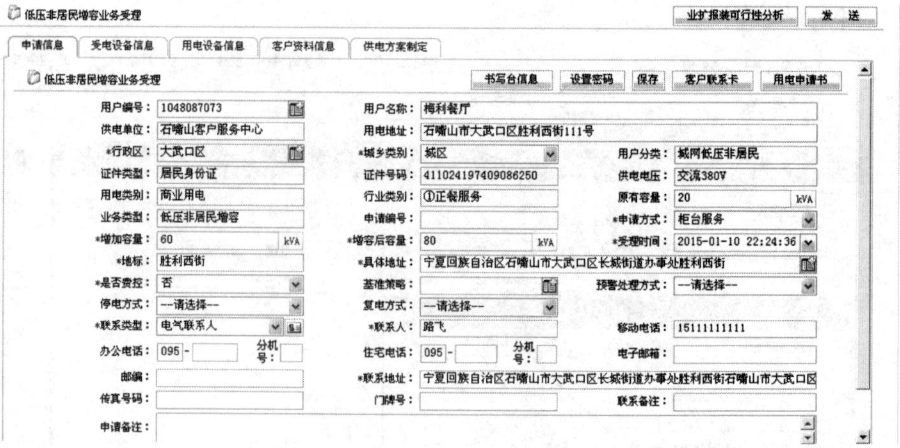

要项信息：

【增加容量】客户本次申请增加的用电容量。

4.1.2 受电设备信息

点击【受电设备信息】标签页，进入客户受电设备信息填写页面。

受电设备方案在业务受理环节和现场勘查环节都可以进行增加、修改和删除。高压用户必须生成专变台区，在增加电源方案之前先增加受电设备信息生成专变台区。此界面在业务受理时可不填，具体信息在现场勘查环节填写。

4.1.3 用电设备信息

点击【用电设备信息】标签页，进入客户受电设备信息填写页面。

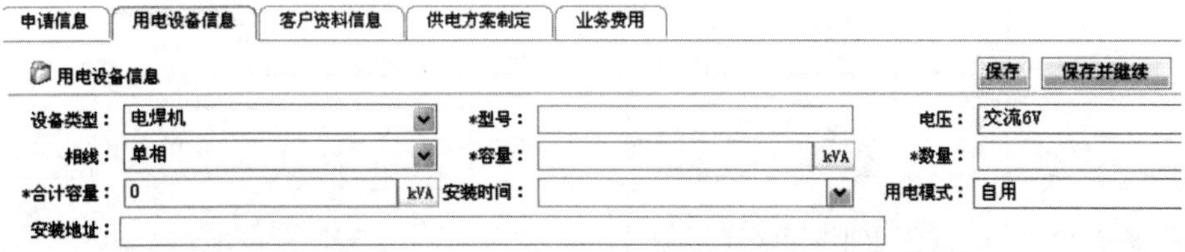

按照客户申请时提供的用电设备清单填写。设备类型主要包括电焊机、电动机、家电及其他等类，没有可不填写。

4.1.4 客户资料信息

点击【客户资料信息】标签页，进入客户受电设备信息填写页面。

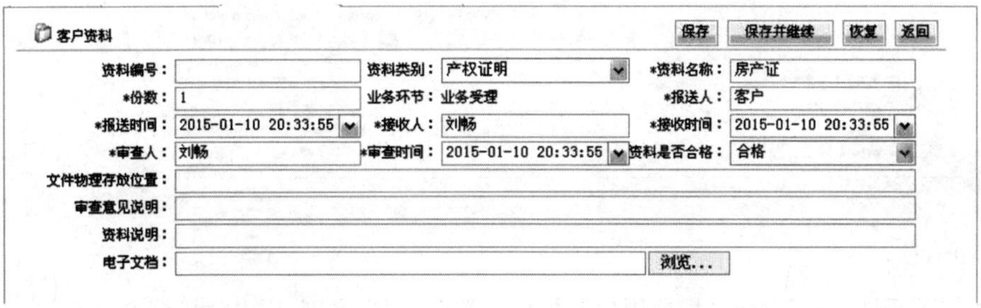

本界面相关内容依据营业执照或政府批复的相关文件填写，如果信息归档前没有填写，可在客户关系管理中发起相关流程维护。

注意事项：

低压非居民客户提交的申请资料：报装申请单；客户有效身份证明（包括营业执照或组织机构代码证）；房屋产权证明（复印件）或其他证明文书。

原件与复印件核实无误后，将复印件留存，原件退还用户，并在复印件上加盖“原件与复印件核对无误”章。

点击【用电申请表】可直接打印【用电申请表】。

信息输入完毕后，点击【业扩可行性分析】。

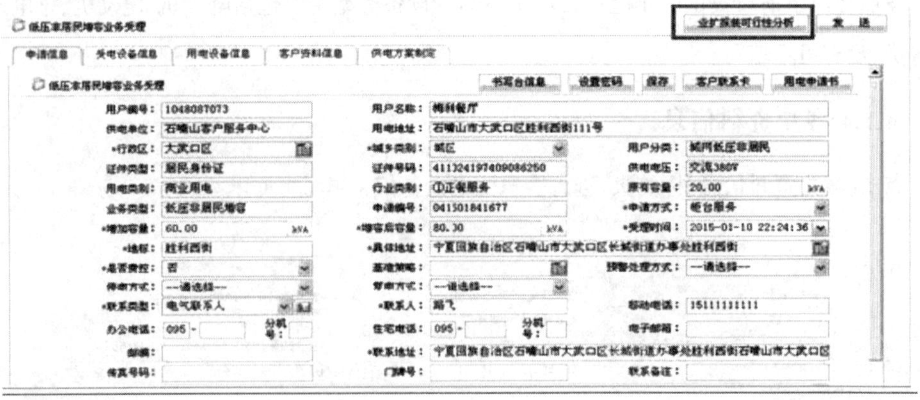

要项信息：

【业扩可行性分析】本组件根据用户业扩报装类型、用户类别、用电容量等申请信息，在GIS地图中自动或手工定位报装地址，分析报装地址周边供电电源设备（变电站、线路、配变）可开放负荷，为受理用户的业扩报装申请提出可行性的建议。

注意事项:

系统升级后增加营销 GIS 应用功能,该功能主要为营销业务深入开展提供支撑。营销 GIS 控件及操作手册下载位置:【帮助】—【帮助手册下载】—【营销 GIS 营销改造功能说明及控件】。

【业扩可行性分析】完毕后,点击【发送】,流程发送至下一环节。

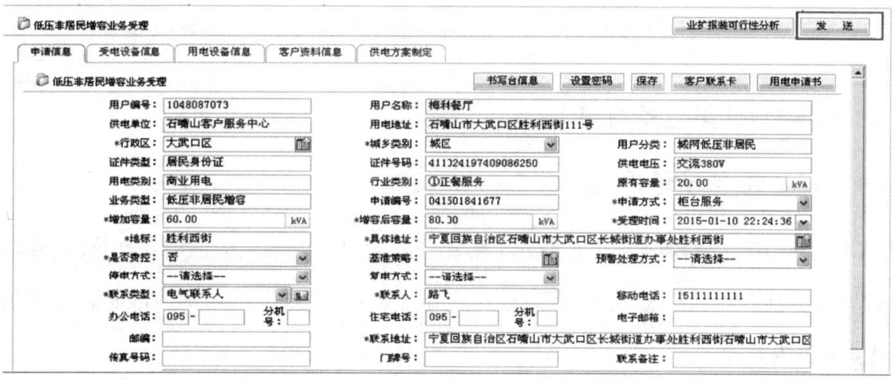

出现下图

选择【派工】工单发送到【派工】环节,选择【不派工】工单发送到【现场勘查】环节,所有有权限处理【现场勘查】环节工作的人员都能签收处理此工单。

4.2 勘查派工【用电检查班班长】

接收到客户用电申请信息后,如需进行现场勘查派工的进行现场勘查工作派工,将等待分配的勘查工作任务单个或批量指派给相应勘查人员。

具体操作如下图:

点击【派工人员】,勾选【相应人员】—【确定】。

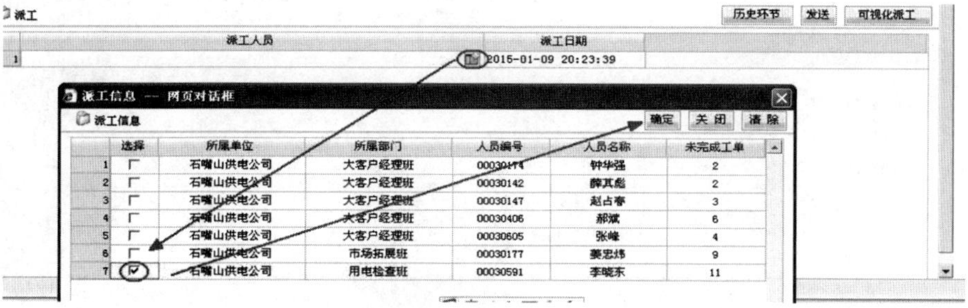

点击【发送】

4.3 现场勘查【用电检查员】

4.3.1 现场勘查方案

打印【现场勘查工作单(低压)】,预先了解和获取所要勘查地点的供电条件,提前和客户预约现场勘查的时间,确认勘查地点,准备好相应作业资料,在规定的期限内准时到达现场进行勘查,具体勘查内容如下:

核实用电容量、用电类别等客户申请信息,根据客户的用电类别、用电规模以及现场供电条件,对供电可能性和合理性进行调查,完整翔实准确填写【现场勘查工作单(低压)】,与其他部门协商沟通后初步提出供电、计量和计费方案。如发现客户现场情况不具备供电条件时,应列入勘查意见并向客户做好解释、提出合理的整改措施或建议,取得客户的理解,具体见下图。

在【待办工作单】里,点击【现场勘查】

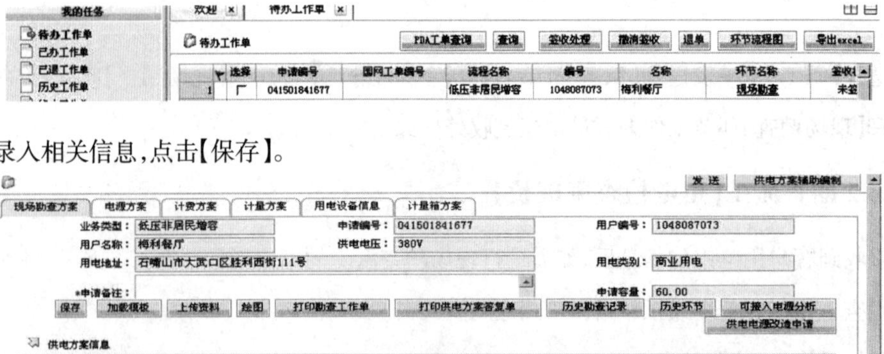

录入相关信息,点击【保存】。

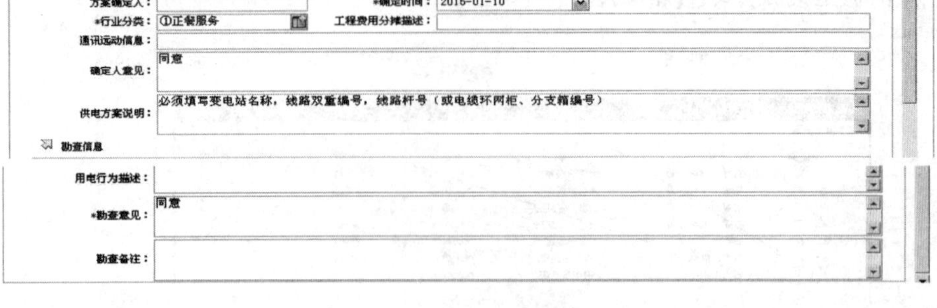

要项信息：

【是否可供电或变更】工作人员在现场勘查中发现不具备供电条件或转为低压供电，此处选择否，点击保存发送，审批完成以后直接跳到信息归档环节，结束此工单。

【供电方案说明】必须填写变电站名称，线路双重编号，线路杆号（或电缆环网柜、分支箱编号），如：由盐池变 516 新区线主干线 56# 杆“T”接供电。

【转供标志】如果该户与其他用户存在转供或者被转供关系则选择此项，否则选择【无转供】。如果存在转供关系需在计量方案中添加计费关系。

可按 打印勘查工作单 打印工作单

现场勘查工作单　打印历史记录　最前页　上一页　下一页　最后页　导出EXCEL　打印

第1页 共1页

业扩现场勘查工作单（低压）

申请编号	041501841677	申请类别	低压非居民增容	客户编号	1048087073
客户名称	梅利餐厅			联 系 人	路飞
用电地址	石嘴山市大武口区胜利西街111号			联系电话	15111111111
行业类别	①正餐服务			申请日期	2015-01-10
原有容量	20	申请容量	60	用电类别	商业用电
申请备注					

以下由勘查人员现场填写

线路	配变名称	供电电压（kV）	原有容量（kW）	新增容量（kW）	受电容量（kW）

新装或变更后总容量（kW）		产权分界点	

计量计费方式	计量组号	计量点电压	电价类别	电能表				电流互感器	
				电表类型	定量定比	电流	产权	变比	产权

是否安装采		安装采集装置	

4.3.2 电源方案：

打开【电源方案】标签页，对相关信息进行录入，步骤如下：

点击【受电点】

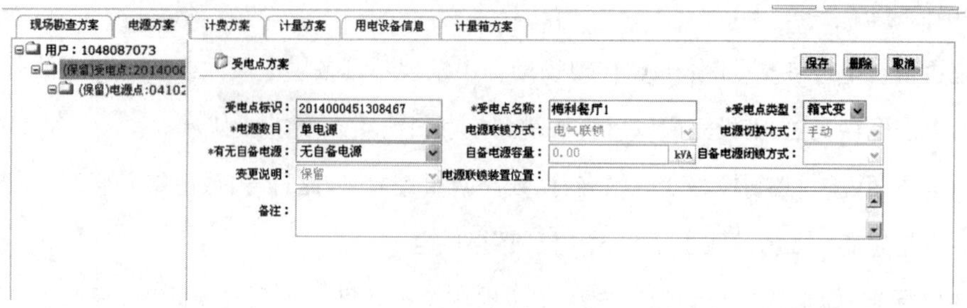

要项信息：

【受电点】用户接入电网的受电装置的所在位置，受电装置主要有变压器、高压电动机等，一个受电点可以有多个变压器、高压电机等；双电源供电用户通过母联接入时该受电点为一个受电点，对于厂区内多个电源供电且受电装置不同的电力用户一条供电线路视为一个受电点。

【受电点名称】一般为以用户名称＋受电点＋序号组合命名，例如：宁夏神马汽保设备有限公司受电点1。

【受电点类型】指用户受电装置的类型，一般分为变电站、配电室、箱式变、柱式变、地埋变、开关站及其他类型，例如：箱式变。

【电源数目】指为受电装置提供电源的数量。若高压新装流程确定费用环节需要收取高可靠性供电费用时，则用户在受电点方案中的电源数目项应是双电源或多电源。

打开【电源点方案】标签页，对相关信息录入如下：

点击电源点，输入【供电容量】—【保存】。

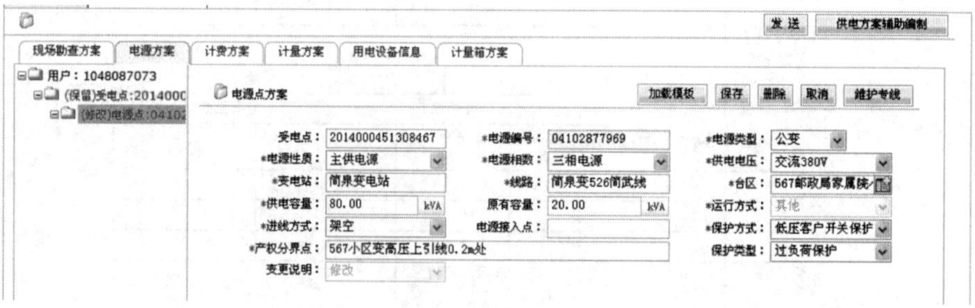

要项信息：

【供电容量】本电网向用户提供的最大供电容量，对增容业务为原供电容量和本次申请增加的供电容量之和。

4.3.3 计费方案

点击【定价策略】检查是否需要更改

要项信息：

【定价策略类型】定价策略分为两部制和单一制。执行基本电费用户应选择两部制，否则选择单一制。

【基本电费计算方式】按照用户实际需求进行选择。

【功率因数考核方式】核定容量 100kVA 以下所有用户选择不考核，核定容量 100kVA 及以上所有用户选择标准考核。具体考核标准执行〔83〕水电财字 215 号文件《功率因数调整电费办法》、宁电营销〔2012〕168 号文件《关于下发部分政策执行的相关意见通知》、宁夏电力公司 2013 年下发的《关于规范功率因数调整电费计算的通知》。

选择目录最后一级，检查电价是否需要更改。

点击【保存】。

要项信息：

【电价行业分类】应与业务受理环节申请信息中的行业分类一致，如有多个电价方案，至少有一个电价行业分类与业务受理环节申请信息中的行业分类一致。

【用电类别】应与业务受理环节申请信息中的用电类别一致，如有多个电价方案，至少有一个用电类别与业务受理环节申请信息中的用电类别一致。

【电价】根据用电类别、电压等级、用户分类确定相应的电价。

【是否执行峰谷标志】根据宁价重发〔1995〕92 号文件《关于转发国家计委、电力工业部关于西北电网峰谷分时电价实施办法的批复的通知》执行,此场景应选择【是】。(除城乡居民用电、农业排灌用电及党政机关、学校(不含生产企业)、部队(不含生产企业)、医院、无轨电车、自来水、煤气用电及个别特殊用户暂不实行峰谷电价外,其他所有用户均执行峰谷电价)。

【功率因数标准】功率因数标准 0.90,适用于 160kVA 以上的高压供电工业用户(包括社队工业用户)、装有带负荷调整电压装置的高压供电电力用户和 3200kVA 及以上的高压供电电力排灌站。

功率因数标准 0.85,适用于 100kVA(kW)及以上的其它工业用户(包括社队工业用户)100kVA(kW)及以上的非工业用户和 100kVA(kW))及以上的电力排灌站。

功率因数标准 0.80,适用于 100kVA(kW))及以上的农业用户和趸售用户,但大工业用户未划由电业直接管理的趸售用户功率因数标准为 0.85。

4.3.4 计量方案

选择树状目录最后一级,将计量点容量改为 80,点击【保存】。

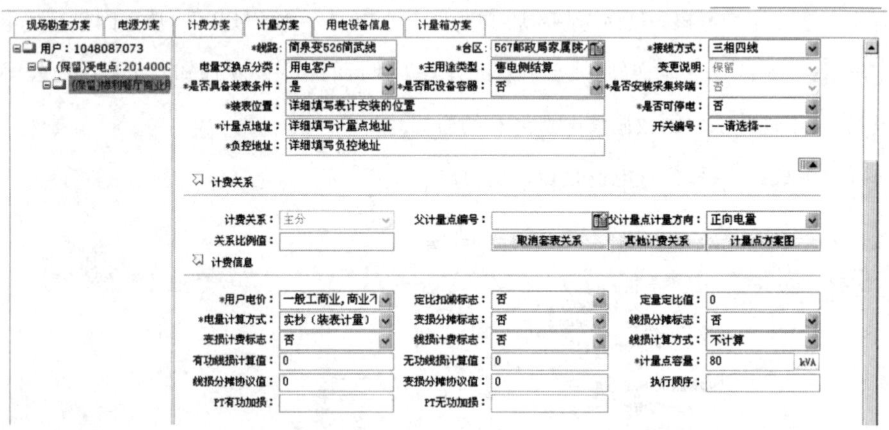

要项信息:

【计量点名称】按照计量点+序号(与供用电合同保持一致),例如:计量点 1。

【计量点性质】如果计量点是计费的计量点则选择【结算】,如果用于考核的计量点则选择【考核】。本案例为【结算】。

【计量点分类】根据计量点性质若选择【结算】,则选择【用电客户】;计量点性质若选择【考核】,则选择【关口】。

【计量点所属侧】根据计量点位置和产权分界点的位置确定,若计量点在产权分界点的电源侧,则为电网侧;若计量点在产权分界点的负荷侧,则为用户侧。

【计量方式】根据电能计量的不同对象,以及确定的客户供电方式和国家电价政策要求,确定电能计量点和电能计量装置配置原则。高压供电的客户，宜在高压侧计量，但对 10kV 供电且容量在 315kVA 及以下，35kV 供电且容量在 500kVA 及以下的，高压侧计量确有困难时，可在低压侧计量，即采用高供低计方式(高供低计需加收变损电量电费)。

【计量点级数】表示该计量点层级，例如：1 代表主计量点；2 代表子计量点；3 代表子计量点下的子计量点。

【父计量点编号】如果该计量点为 1 级计量点且存在转供关系，选择被转供计量点所对应的计量点信息。1 级以下的计量点该选择系统自动会默认为上级计量点编号。

【计量装置分类】按下表进行选择。

表 1　电能表、互感器准确度等级

容量范围	电能计量装置类别	准确度等级			
		有功电能表	无功电能表	电压互感器	电流互感器
S≥10000kVA	Ⅰ	0.2S 或 0.5S	2.0	0.2	0.2S 或 0.2*)
10000kVA＞S≥2000kVA	Ⅱ	0.5S 或 0.5	2.0	0.2	0.2S 或 0.2*)
2000kVA＞S≥315kVA	Ⅲ	1.0	2.0	0.5	0.5S
S＜315kVA	Ⅳ	2.0	3.0	0.5	0.5S
单相供电(P＜10kW)	Ⅴ	2.0	—	—	0.5S

● 0.2*)级电流互感器仅指发电机出口电能计量装置中配用。

【电压等级】一般默认用户的供电电压，可以根据实际情况进行选择。

【台区】计量点上的台区必须与该电源方案中的台区保持一致。

【线路】对于单电源供电的，计量点上的线路必须与该受电点方案中的线路保持一致；对于同一受电点由双电源或多电源供电的，计量点上的线路至少有一条与该受电点方案中的线路保持一致，但计量点上的线路必须与电源方案中的线路保持一一对应。

【接线方式】根据计量方案确定计量接线方式。

【电量交换点分类】计量点主用途类型为售电侧结算则选【用电客户】；计量点主用途类型为考核则选【考核】，根据现场勘查实际情况进行选择。

【主用途类型】指计量点的用途分类，对于正常用电客户应选择【售电侧结算】，对于关口考核计量点应根据实际情况选择【线路供电考核】或【台区供电考核】等 。

【是否具备装表条件】电量计算方式是实抄则选择【是】，电量计算方式是定量、定比、按日协定则选择【否】。

【是否安装采集终端】若选择【是】则自动触发新装采集终端子流程，若不安装采集终端则选择【否】。

【装表位置】详细填写表计安装的位置，具体到计量箱柜及表箱内该表的位置。如：高压配电室1号计量柜，或盐池变516新区线主干线56#杆高压用户高压计量箱。

【计量点地址】详细填写计量点地址。如客户高压配电室，或双盐池变516新区线主干线56#杆高压T接点。

【负控地址】填写安装负控设备的地址。如：客户高压配电室1号计量柜，或盐池变516新区线主干线56#杆T接点高压计量箱。

电能表方案：

在【电能表方案】标签页中，原表计为5(60)A，不满足计量需求，需更换为1.5(6)电表，点击拆除。

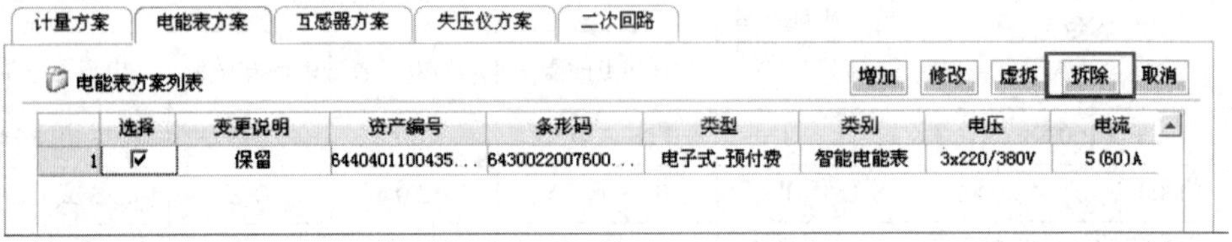

在【电能表方案】页面里，点击【增加】。

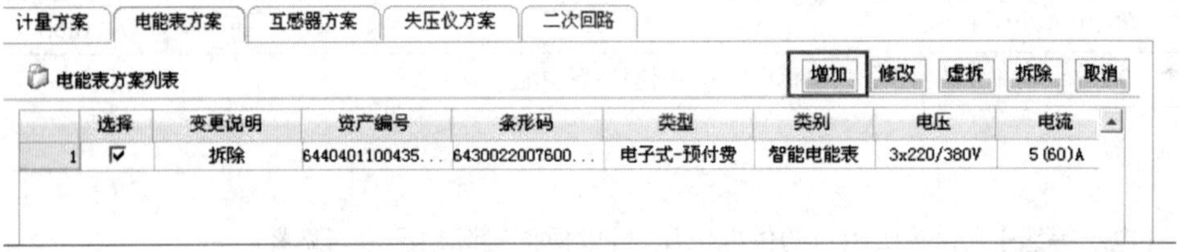

添加新装表计信息，信息录入完毕后保存。其中，【电能表类型】、【电能表类别】、【电压】、【电流】、【接线方式】、【准确度等级】、【故障类型】、【示数信息模板】等信息依据现场勘查确定的表计相关参数进行录入。操作如下：

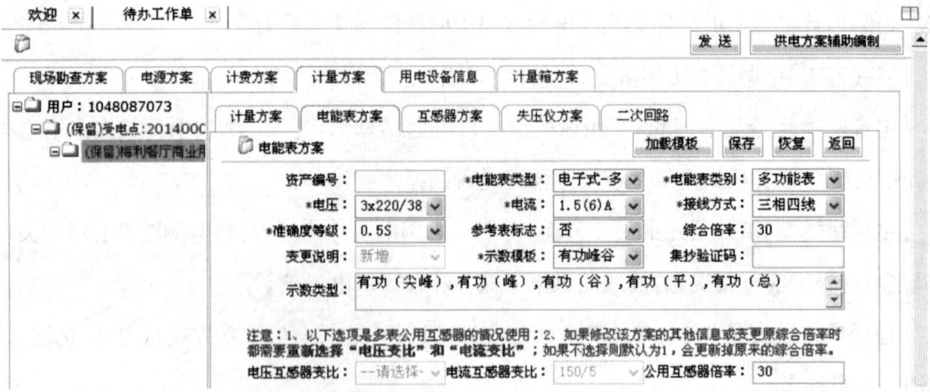

所得页面如下：

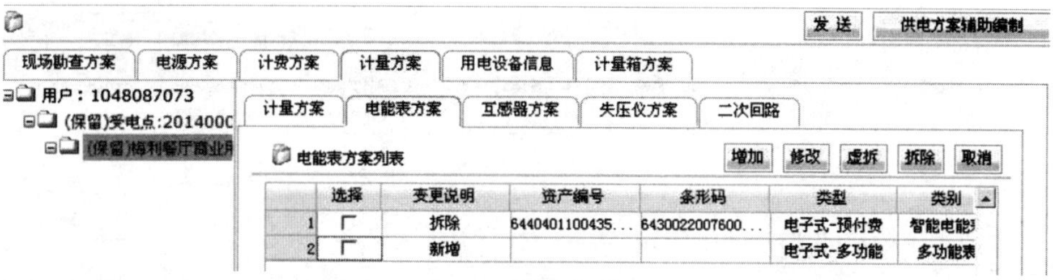

互感器方案：

在【互感器方案】标签页中，点击【增加】。

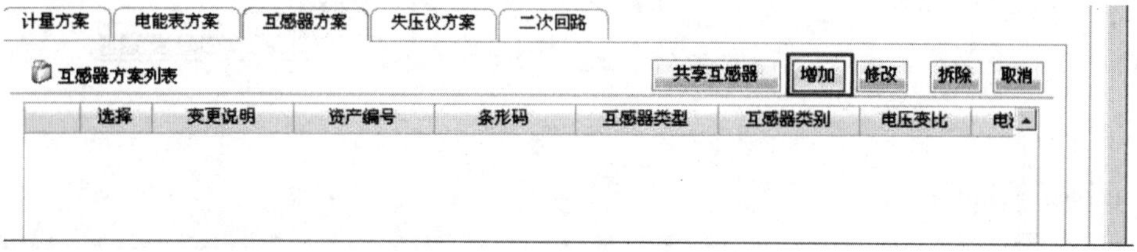

添加对应的互感器信息，点击【保存】。

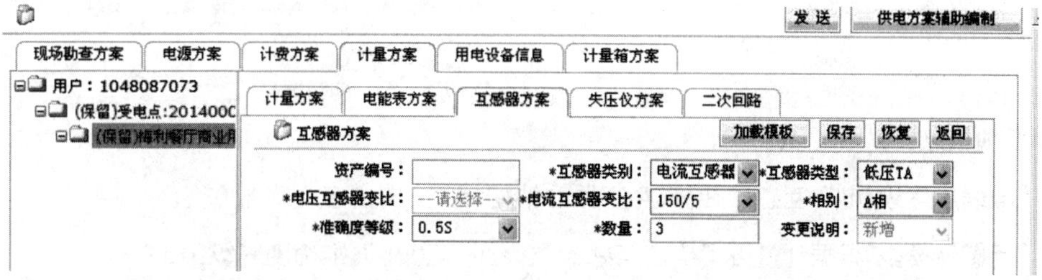

逐一更改两只互感器相别，如图所示：

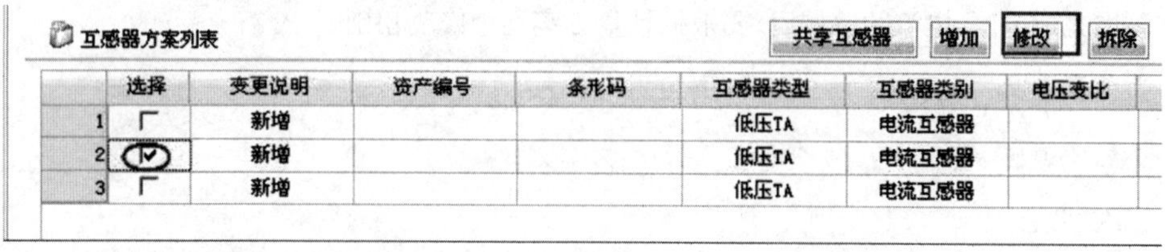

在下拉框中选择【B 相】—【保存】。

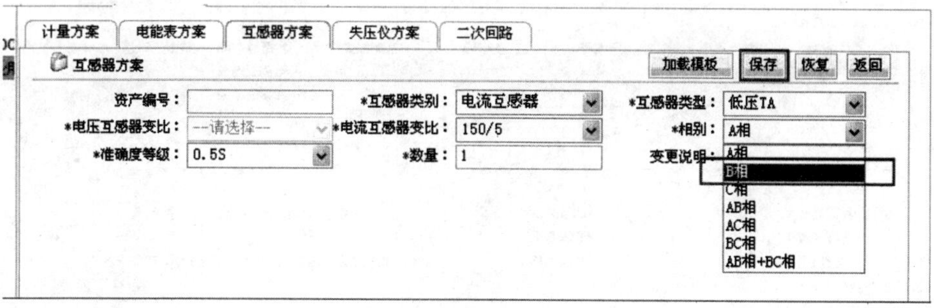

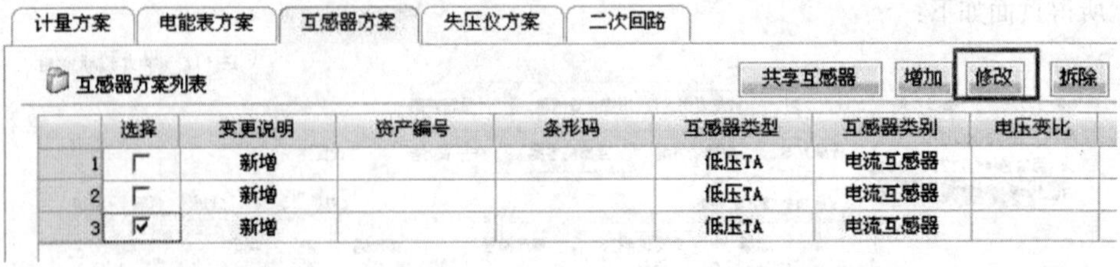

在下拉框中选择【B相】—【保存】。

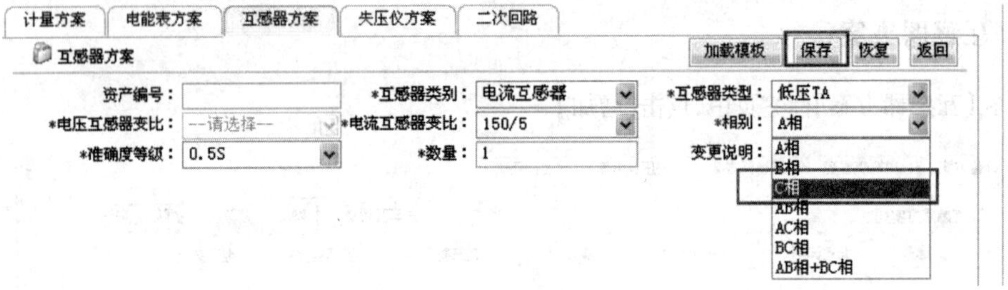

最终结果如下：

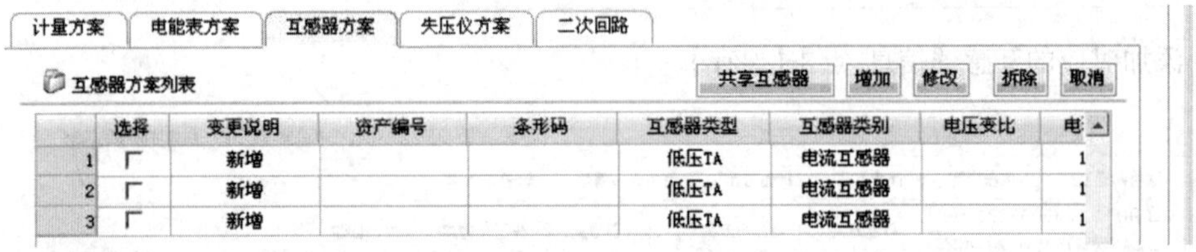

要项信息：

【准确度等级】电压互感器、电流互感器的精度参考上图制定互感器方案。

【互感器类型】根据计量方案确定互感器类型，电流互感器准确度等级：0.5S

注意事项：

新增完成电压、电流互感器后，要根据计量方案逐个修改相别。

失压仪方案：

不需要填写。

二次回路：

在【二次回路】标签页中，点击【增加】，添加对应的二次回路信息，如下：

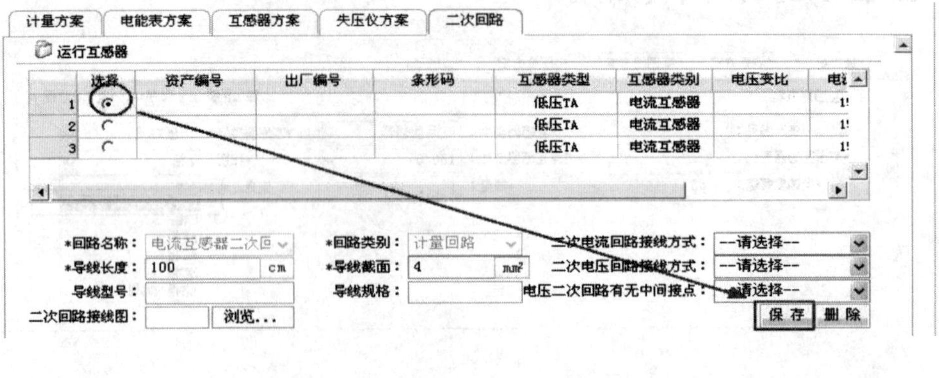

每个互感器必须保存二次回路方案，填写导线长度、导线截面信息，否则不能发送。

注意事项：

在有多个计量点的情况下，一定要分清计费关系，在左上角页面点击右键，按照上述步骤逐个建立计量点。

计量方案中，计量点台区必须与电源点中的台区一致。计量点容量必须小于等于电源点的供电容量。

计量方案中，一级计量点不能选择定量、定比、按日协定计费方式。

计量方案中，保存互感器方案后必须保存二次回路方案。

在现场勘查环节可打印现场勘查单。

低压现场勘察单

客户基本信息				
户　号		申请编号		
户　名				
联系人		联系电话		
客户地址				
申请备注				

现场勘查人员核定			
申请用电类别		核定情况：是 □ 否 □	
申请行业分类		核定情况：是 □ 否 □	
申请供电电压		核定供电电压：220V □	380V □
申请用电容量		核定用电容量	
接入点信息	包括电源点信息、线路敷设方式及路径、电气设备相关情况		
受电点信息	包括受电设施建设类型、主要用电设备特性		
计量点信息	包括计量装置安装位置		

点击【发送】，至下一环节

4.4 审批【客户服务中心主任】

方案拟订后，根据审批条件（按电压等级、变压器容量大小等）提交相关级别部门审批，签署审批意见。在规定的时限内完成对接入系统方案、受电系统方案、计量方案、计费方案的审批。对于审批不通过的，重新拟定现场勘查方案，并重新审批。

在【待办工作单】里，点击【审批】。

进入如下页面：

审批通过则发送到下一环节。

【审批】审批通过后按照业务流程跳转规则跳转到【答复供电方案】。

如果审批不通过，在审批意见栏填写详细的审批意见，审批结论选择不通过，然后保存、发送，流程退回上一环节。

4.5 答复供电方案【业务受理员】

在【待办工作单】里，点击【供电方案答复】

点击进入主页面，如下图：

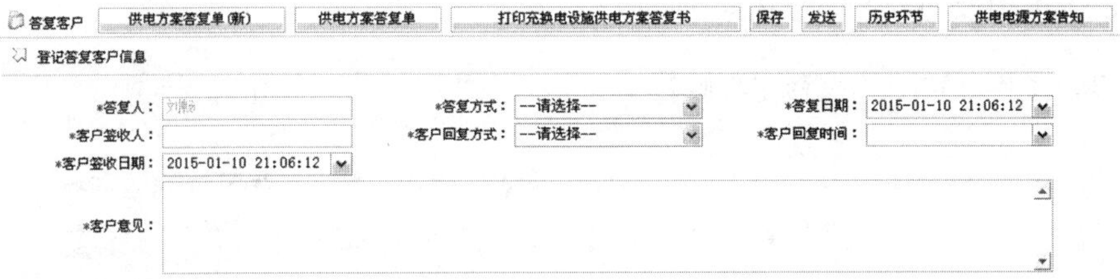

填写后如图所示：

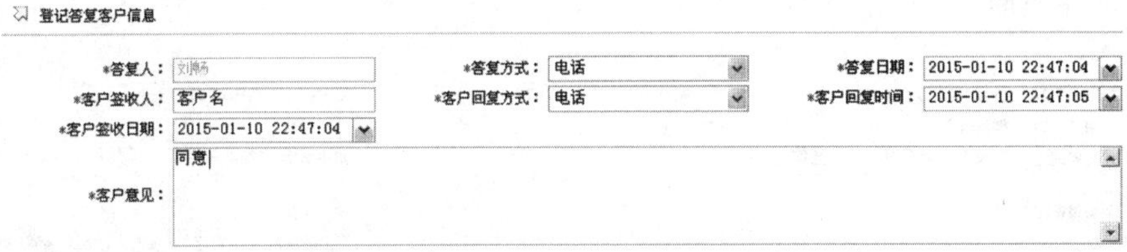

根据审批确认后的供电方案,书面答复客户,在规定的时限内提供【供电方案答复单】供客户签字确认,登记通知客户及客户确认反馈的时间点。答复方式和客户回复方式的下拉选项有【短信】、【通知单】、【电话】、【传真】、【E-MALL】、【公告】,按照相应的答复方式填写。

点击【供电方案答复单】可直接保存、打印【供电方案答复单】。如图所示：

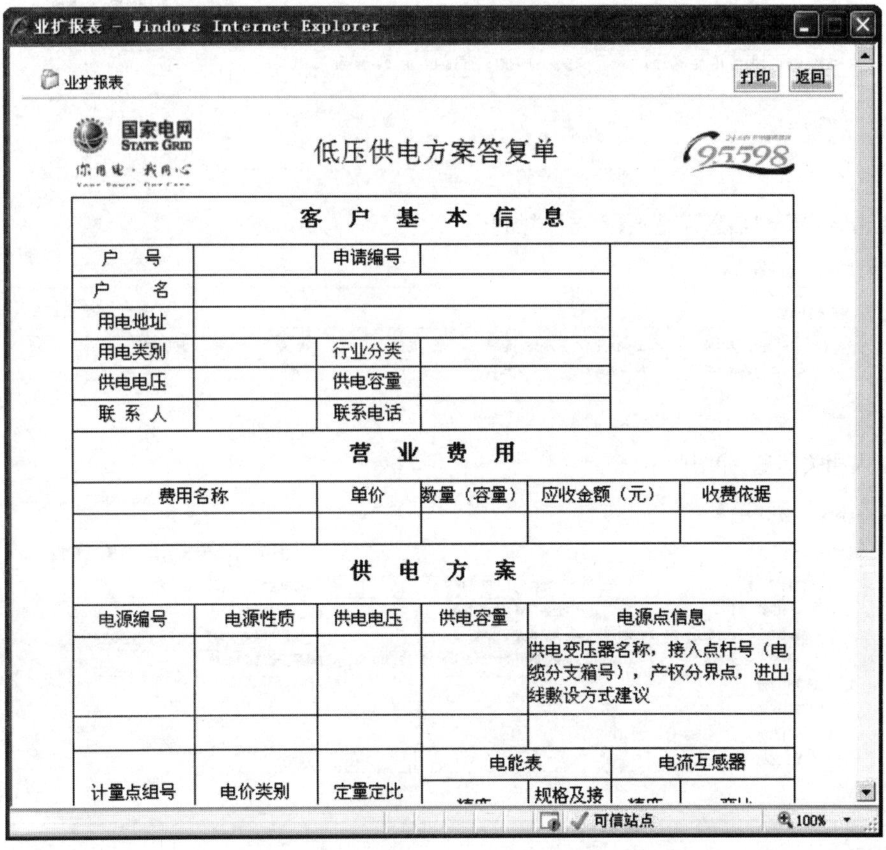

低压供电方案答复单

客户基本信息					
户号		申请编号			
户名					
用电地址					
用电类别		行业分类			
供电电压		供电容量			
联系人		联系电话			
营业费用					
费用名称		单价	数量（容量）	应收金额（元）	收费依据
供电方案					
电源编号	电源性质	供电电压	供电容量	电源点信息	
				供电变压器名称，接入点杆号（电缆分支箱号），产权分界点，进出线敷设方式建议	
计量点组号	电价类别	定量定比	电能表	电流互感器	
			规格及接		

4.6 竣工报验【业务受理人员】

在【待办工作单】里，点击【竣工报验】。

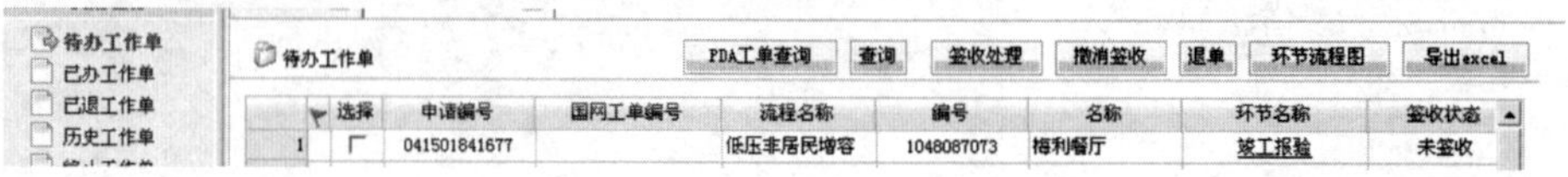

进入如下页面：

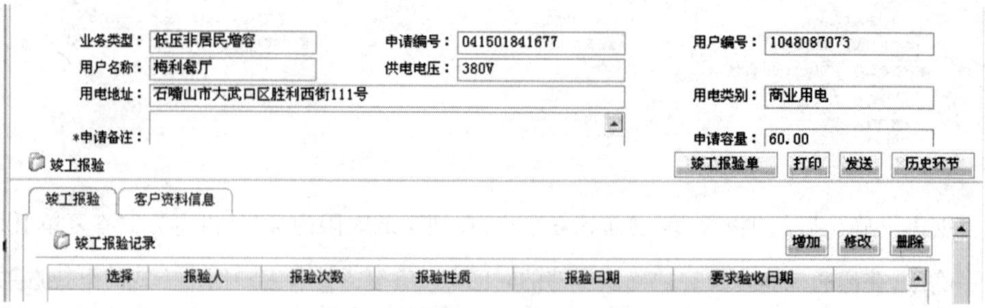

点击【增加】，录入工程报验相关信息并点击【保存】。

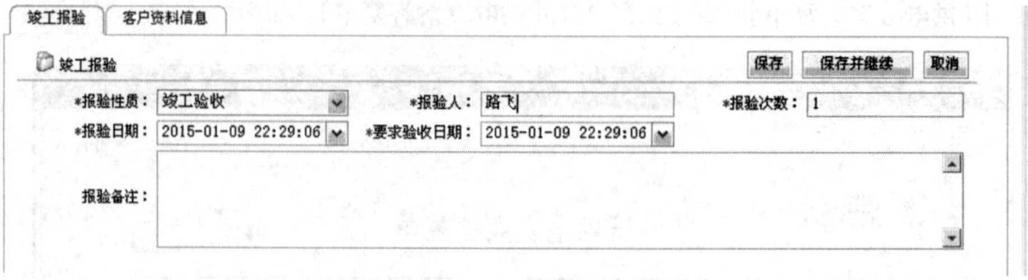

点击客户资料信息标签页，点击【增加】。

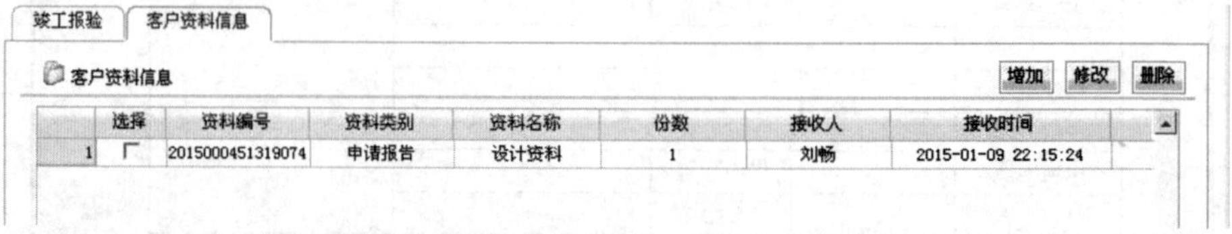

录入相关信息，如图所示：

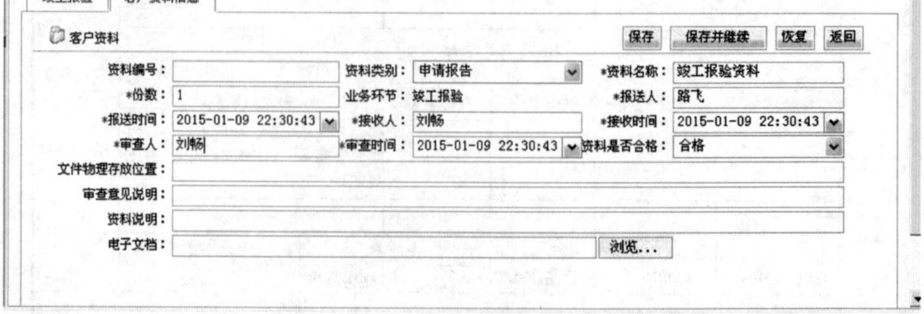

录入完毕后，点击【保存】后发送至下一环节。

要项信息：

【报验性质】客户报验工程内容，一般可分为中间检查和竣工验收，此处应选择竣工检验。

【报验人】向供电企业提交竣工检验申请的人员，一般为客户电气工程负责人。

【报验次数】客户向供电企业提交竣工检验申请的次数。

【报验时间】客户向供电企业提交竣工检验申请的时间。

【要求验收日期】客户预约开展竣工检验的具体时间。

【报验备注】对客户的报验工作进行备注说明，若客户无特殊要求可以填写【无】。

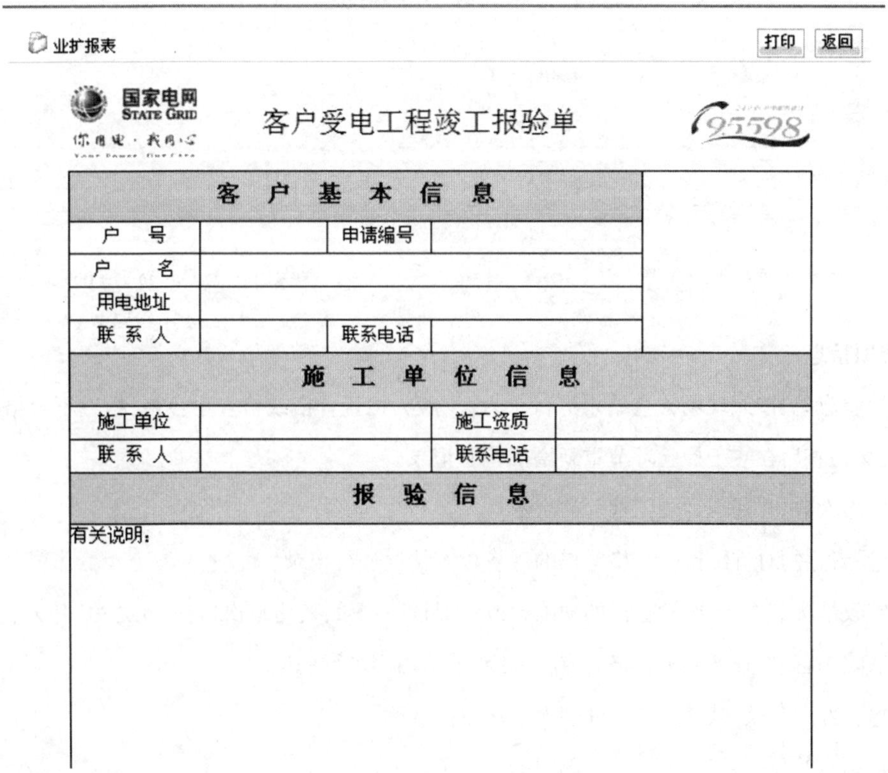
业扩报表　打印　返回

国家电网 STATE GRID　你用电·我用心

客户受电工程竣工报验单

95598

客户基本信息			
户号		申请编号	
户名			
用电地址			
联系人		联系电话	

施工单位信息			
施工单位		施工资质	
联系人		联系电话	

报验信息

有关说明：

4.7 竣工检验【用电检查人员】

在【待办工作单】里，点击【竣工检验】

进入如下页面：

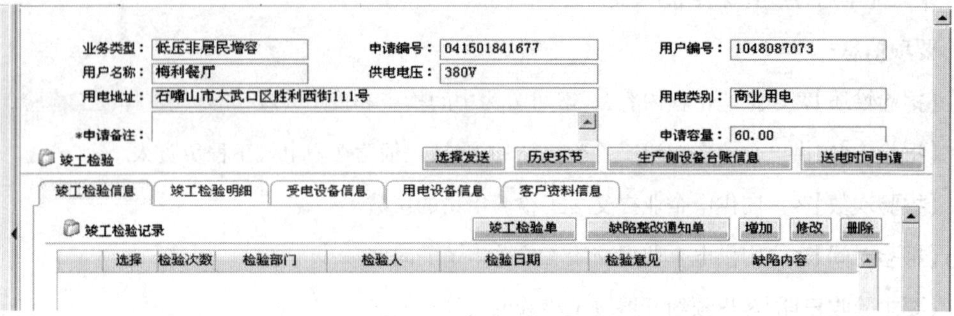

点击【增加】，录入信息如下：

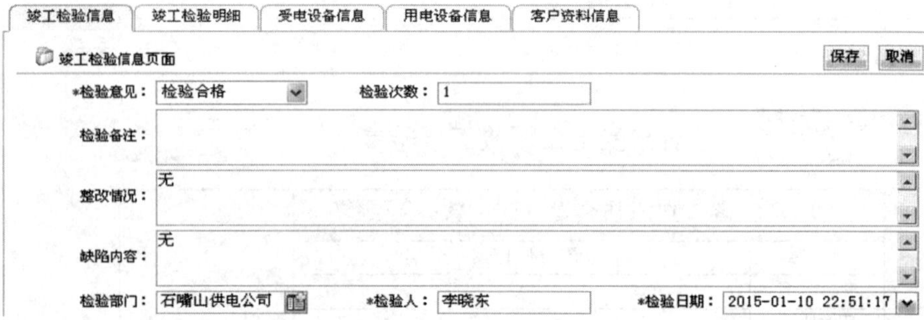

要项信息：

【检验意见】按照现场检查结果进行录入，一般为检查合格或检查不合格，检查不合格需要择日现场检查后在竣工检验环节重新增加检验记录。

【检验次数】开展现场竣工检验的次数。

【检验备注】对首次检验合格客户的现场检查情况进行记录。

【整改情况】对上一次检查出的缺陷整改情况进行记录，若为首次检查，此处填写【无】。

【缺陷内容】检查结果不合格时，在此处对缺陷内容进行登记。

【检验部门】系统默认为环节处理人所在单位名称。

【检验人】填写参与竣工检验各部门的主要负责人姓名。

【检验日期】系统默认为当前日期，但不应小于在竣工报验环节录入的客户要求验收日期。

在【竣工检验明细】环节，点击【增加】录入信息如下：

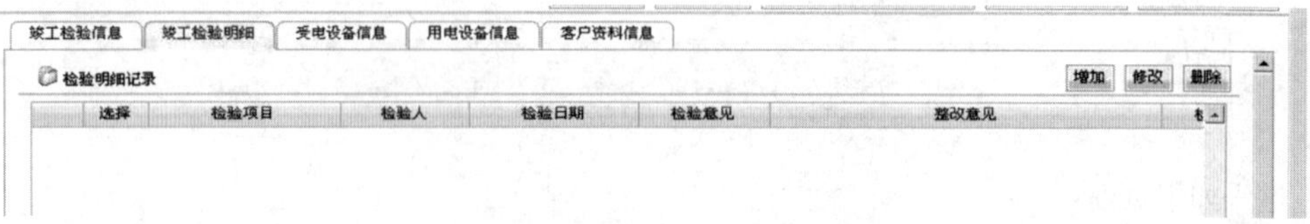

在检验项目下拉框选择【送电部分】。

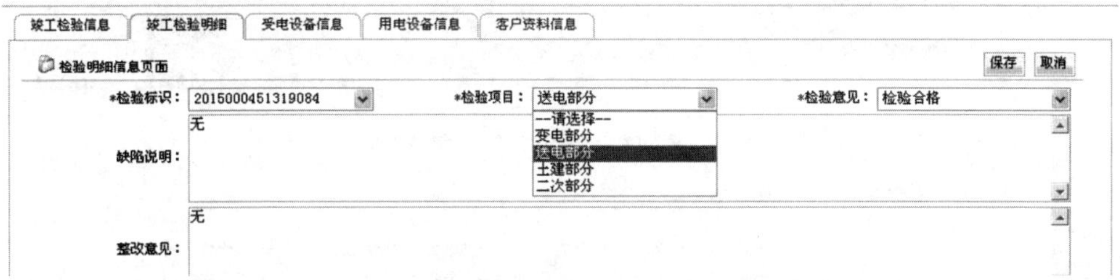

在此页面，点击【增加】录入不同项目的检验信息(缺陷说明和整改意见)，一般分为变电部分、送电部分、土建部分和二次部分，没有则填写【无】，信息录入完毕后保存。

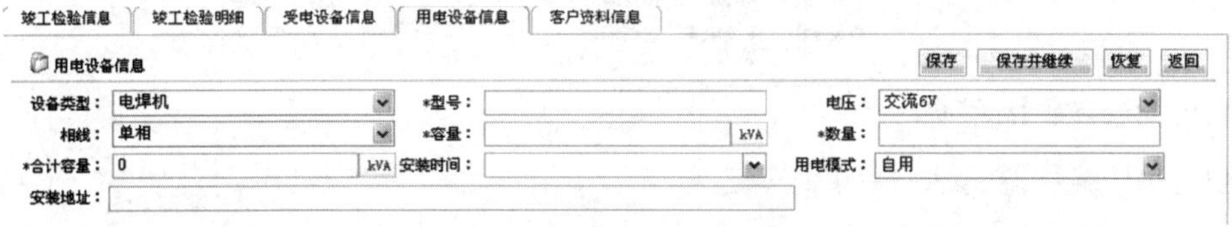

在【客户资料信息】中，对客户资料进行【增加】或【修改】，录入相关信息后保存。

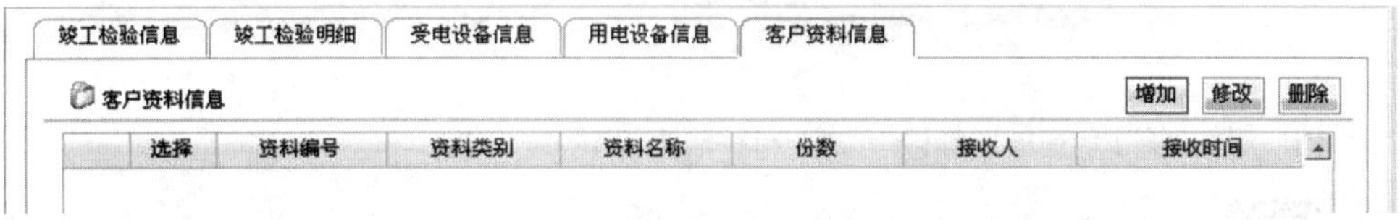

点击【选择发送】，流程发送至用下一环节。

4.8 配表【资产管理员】

在【待办工作单】里，点击【配表】

进入【配表】页面。

分别对每个结算方式为实抄的计量点将电能表、互感器按照出厂编号或条形码编号进行配表，配表前需保证所配计量资产类型、类别、变比、准确性等级均与计量方案一致，且计量资产在本单位库房合格在库。

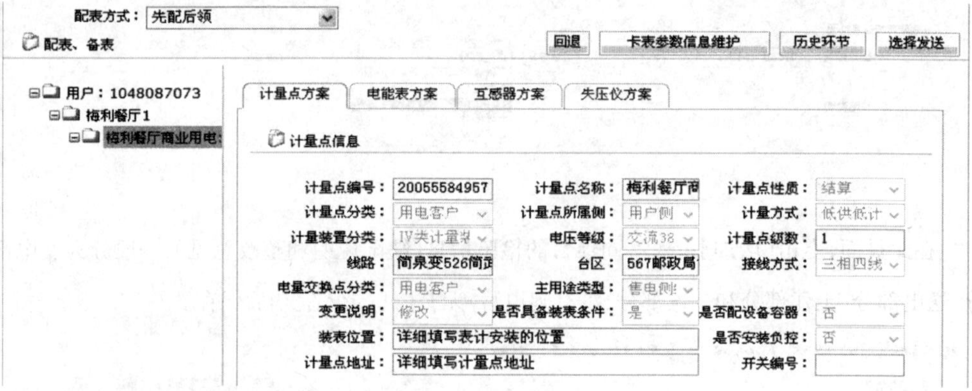

在【电能表方案】标签页

选择【出厂编号】输入表号后按回车键。

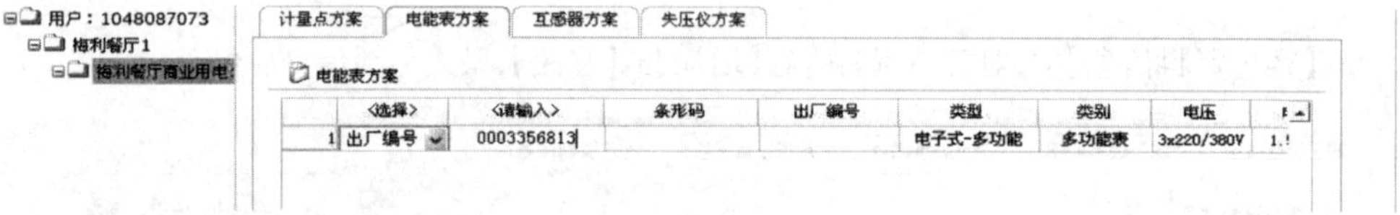

在【互感器方案】标签页选择【出厂编号】后输入【出厂编号】。

键入回车键得到结果如图：

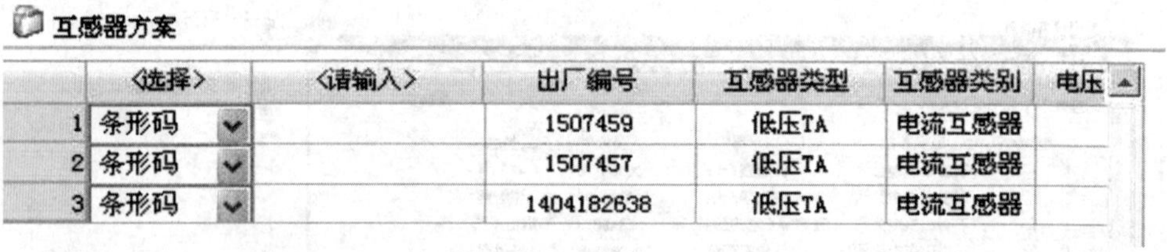

配表完毕后，点击【选择】发送至下一个环节。

要项信息：

【配表方式】分为先配后领和先领后配两种方式，一般选择先配后领方式。

配表完毕后，点击【选择发送】至下一个环节。

4.9 设备出库【资产管理员】

在【待办工作单】里，点击【设备出库】。

进入设备出库页面如下：

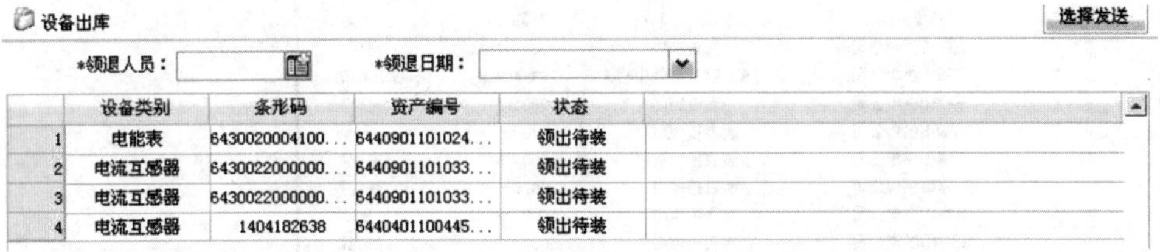

选择对应的【领退人员】并选择【领退日期】

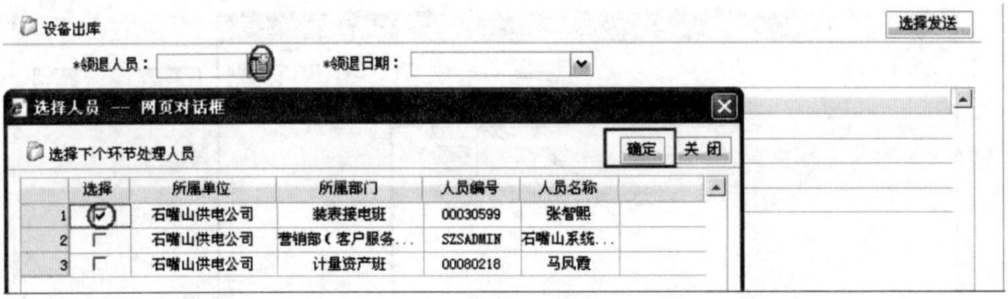

点击【选择发送】至下一环节。

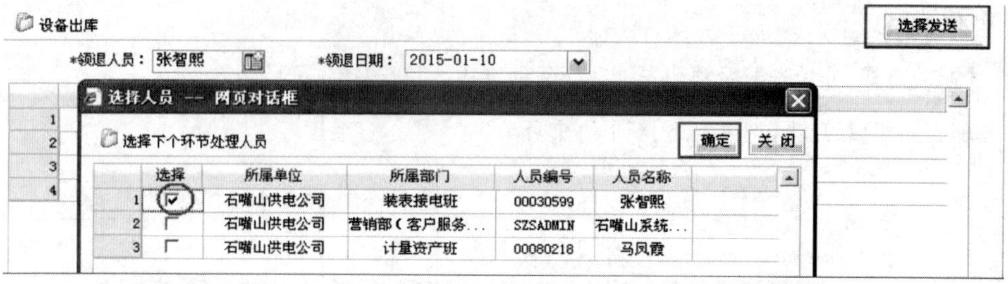

要项信息：

【领退人员】到库房领取计量设备的人员，一般为装表人员。

【领退日期】到库房领取计量设备的时间。

4.10 安装派工【装表接电班班长】

在【待办工作单】里，点击【安装派工】。

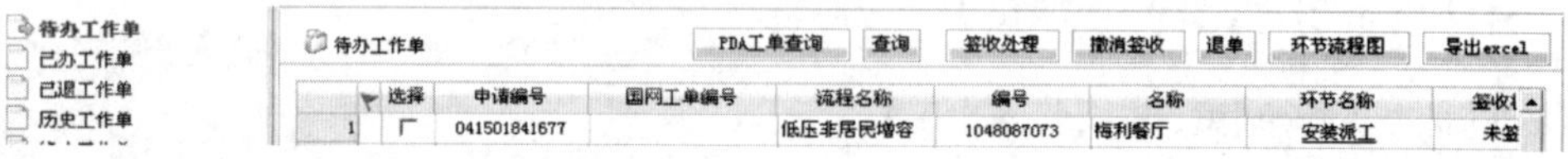

进入【装表派工】页面选择【派工人员】，如下：

打印【装拆工作单】。

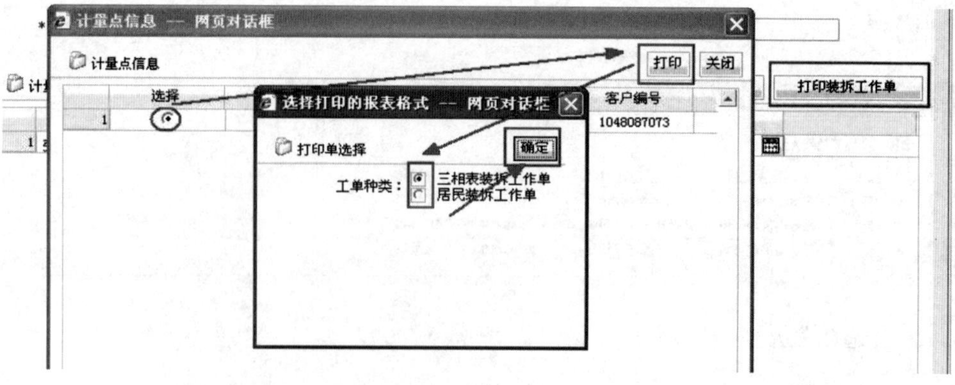

选择【发送】至下一环节

要项信息：

【派工人员】选择具体到现场装表的人员，一般至少选择 2 人。

【派工日期】装拆工单派发的时间，系统默认为流程环节处理时间。

4.11 装表【装表接电工】

在【待办工作单】里，点击【装表】。

进入装表页面如下：

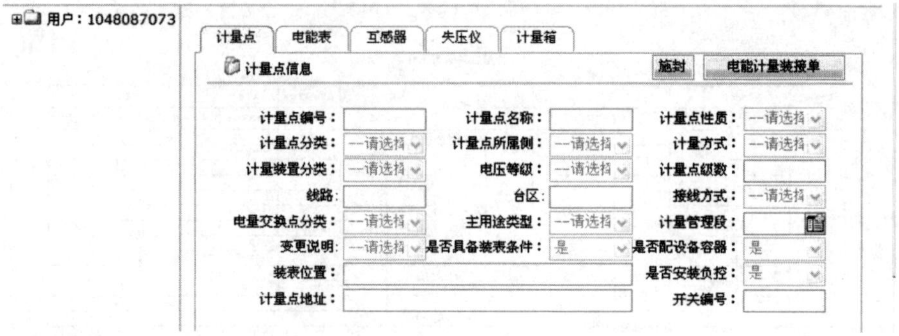

选择用【用户】最后一级目录，在【计量点】标签页添加计量管理段。

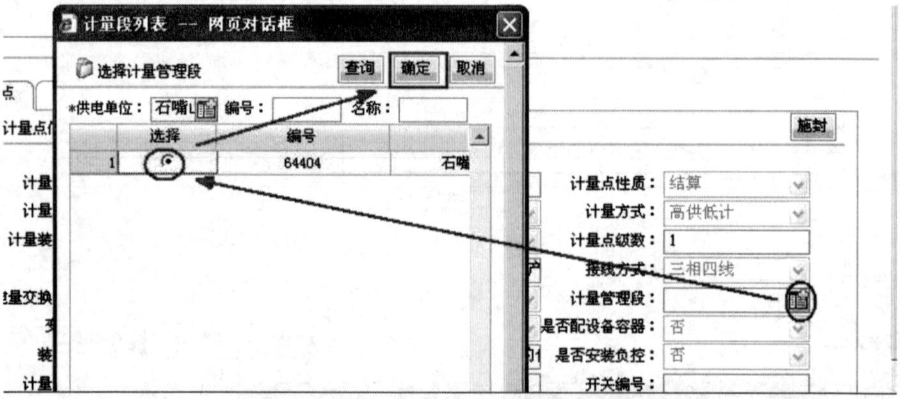

在【电能表】页面里，点击【示数信息录入】，依据装（拆）表工作单的表计起止码对客户新、旧表计表码进行系统录入，发行余量电费。本次录入的旧表止码参与新表首次算费。

旧表

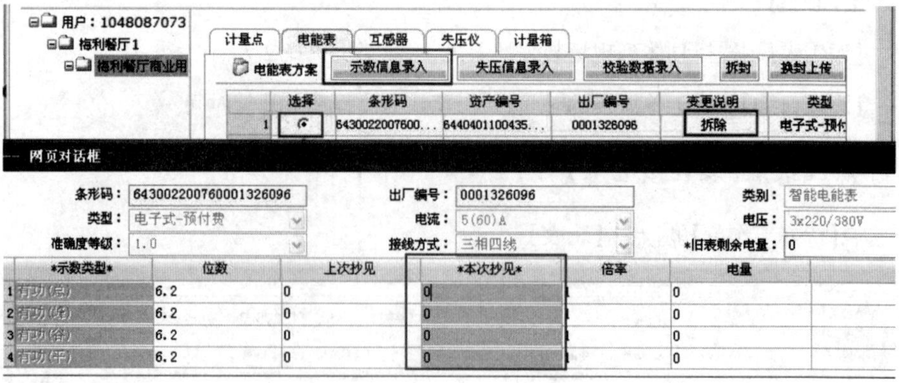

新表

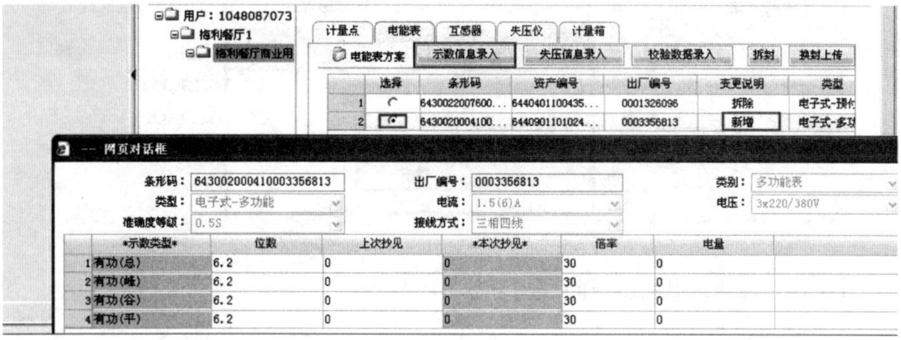

要项信息：

【计量管理段】指管理用户计量点所属的计量段，一般每个单位只建立一个计量管理段，如果需要增加计量管理段，需在【计量点管理】—【辅助功能】—【计量段管理】中维护增加。

【示数类型】指电能表抄表示数所需的类型，此处显示示数类型来源于该工单现场勘查环节，计量点方案—电能表方案中的示数类型选择，如果现场电能表的示数类型与上述类型不一致，可以通过增加和删除功能进行维护。

【本次抄见】指电能表装表时的当前示数，在新装业务流程中，本次抄见示数必须为零。

【综合倍率】指该计量点安装互感器后的倍率，如果计量点上未安装互感器，综合倍率为电能表的自身倍率。综合倍率值 = 电能表自身倍率 × 电流互感器变比 × 电压互感器变比。

点击【互感器】页面如下图，以此对电流互感器逐一进行选择【保存】。

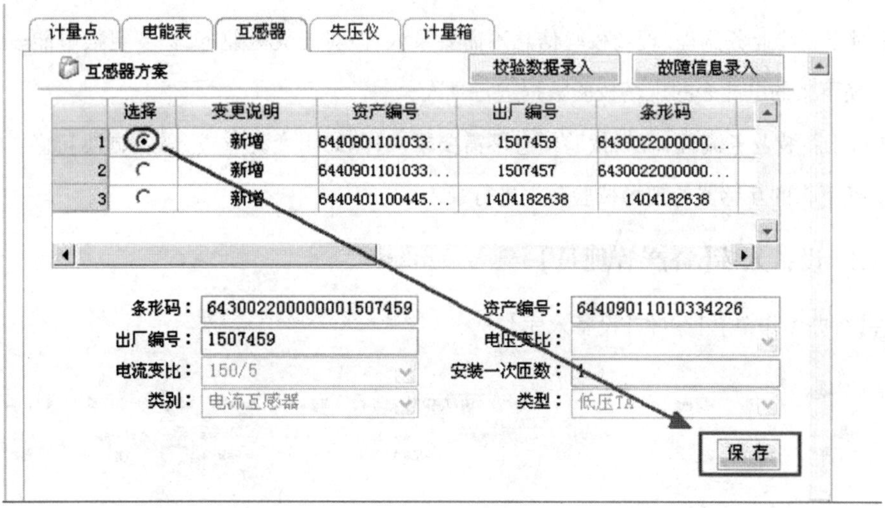

点击【终端安装调试】后，【选择发送】至下一环节

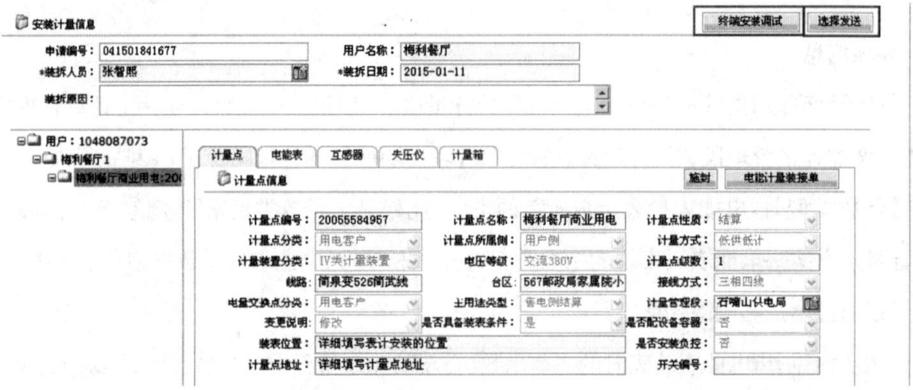

注意事项：

1.对于电子表自带失压功能，因此在此处不需要录入失压仪信息。

2.计量中心现有的封印采用非数码封印（普通封印），无封印编号，因而此处不需维护施封、施封上传、拆封和拆封上传信息。

3.对于新装业务流程，现场校验信息不需要录入，但对于变更业务，需要更换电能表的，必须将更换下来的电能表的现场校验数据进行录入。

4.对于新装业务流程，现场校验信息不需要录入，但对于变更业务，需要更换互感器的，必须将更换下来的互感器的现场校验数据进行录入。

4.12 设备入库【资产管理员】

在【待办工作单】里，点击【设备入库】。

进入页面如下：

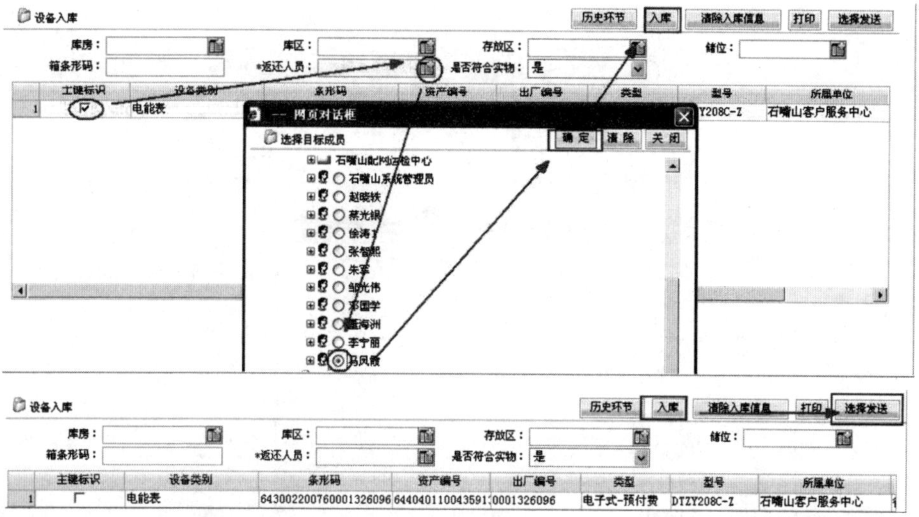

计量人员对现场拆回的计量装置根据实物存储位置选择对应的【库房】、【库区】、【存放区】、【储位】进行分类入库操作。

4.13 合同变更【合同管理员】

业务环节描述：业扩流程设计文件受理时，系统自动发起合同新签子流程，由合同签订人员签收后，按照客户用电性质及公司供用电合同管理要求选择相应的合同类型，并按照合同范本及客户现场用电情况与客户进行协商，确定供用电合同具体内容，完成合同草本，并上传至营销系统。

4.13.1 合同起草

在【待办工作单】里，点击【合同起草】。

进入合同起草页面如下：

点击【浏览】环节，选择对应的电子合同点击【上传】完毕后保存。

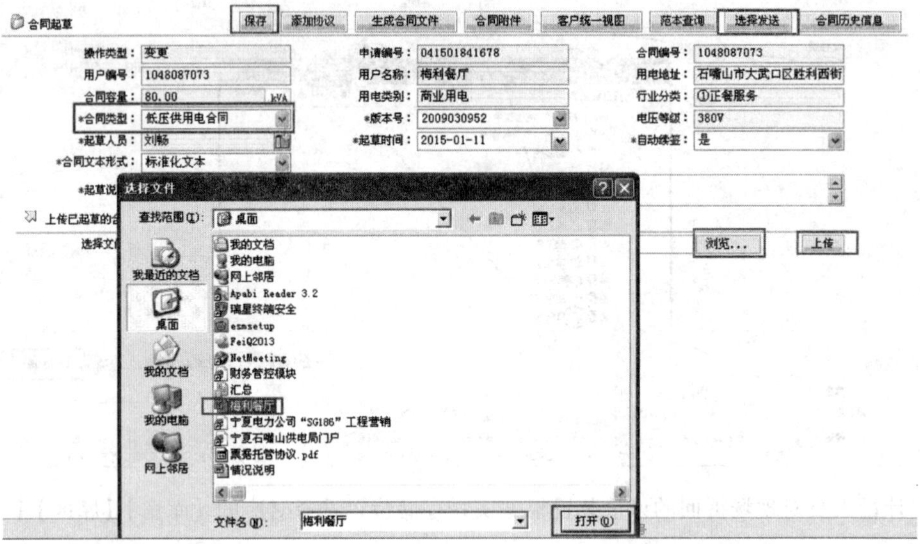

选择【发送】至下一环节。

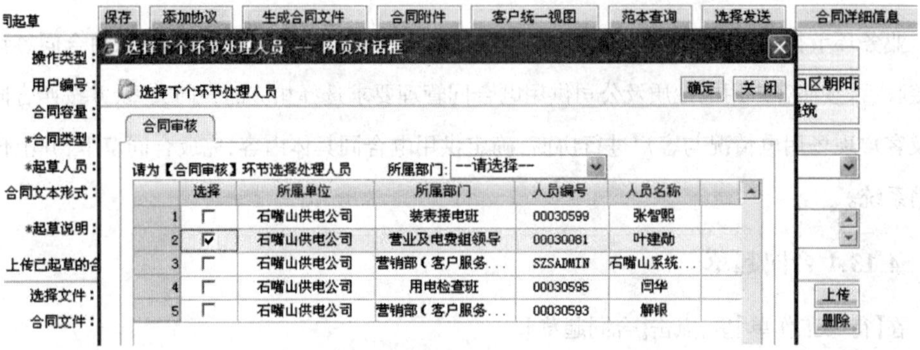

要项信息：

【操作类型】此字段系统按照业扩流程自动生成。如业扩流程为高压新装，操作类型自动显示为新签；

【合同类型】根据客户供电电压及用电性质进行选择，现国家电网公司合同类型主要包括高压供用电合同、低压供用电合同、临时供用电合同等5中，本合同属于高压供用电合同；

【起草人员】系统默认为有合同管理权限的流程签收人员；

【合同起草时间】系统默认为合同子流程签收时间，实际业务中，可根据实际对此时间进行设置；

【自动续签】若选择【是】，当该合同到期时，系统内会自动续签，合同不会过期；若选择【否】，当合同到期时，系统自动该客户终止合同；

【起草说明】对合同起草时需要说明的情况进行描述。

注意事项：

临时用电客户必须选择临时用电合同版本。

4.13.2 合同审核

在【待办工作单】里，点击【合同审核】。

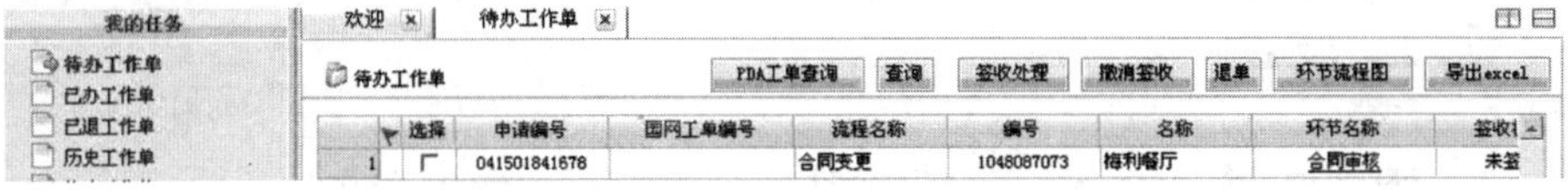

进入页面如下：

此环节主要针对合同起草人员起草的合同草本、合同附件及相关资料，进行审核。审核通过后，跳转至下环节，选择【不通过】，并填写审核意见，流程退回至合同起草环节，由合同起草人员按照审核意见对合同内容进行修改、补充、完善。

4.13.3 合同审批

在【待办工作单】里，点击【合同审批】

进入页面如下：

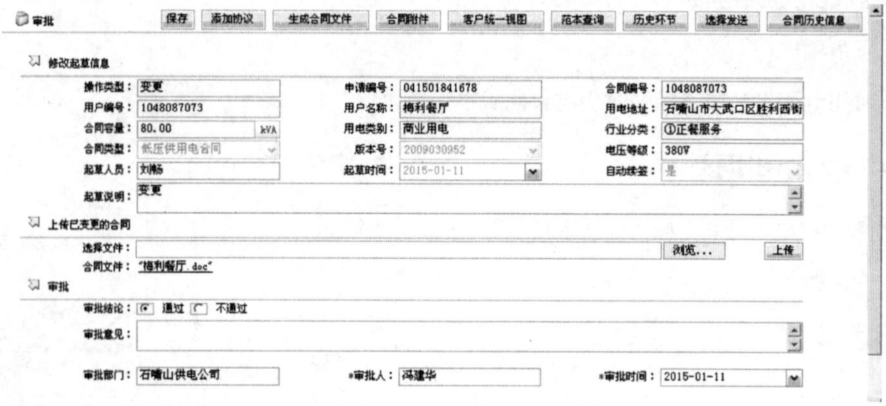

对通过合同审核的环节，由供用电合同审批人员进行审批，审批选择【不通过】后，流程退回合同起草环节，需要合同起草人员按照审批意见修改相关内容。

注意事项：

供用电合同起草人员、审核人员及审批人员不能为同一人。

4.13.4 合同签订

在【待办工作单】里，点击【合同签订】。

进入页面如下：

要项信息：

【合同签订人】联系客户签订已审批通过的供用电合同，并将相关信息录入此界面。

【接受人】供用电合同签订后，客户方接受人员。

【接受日期】指客户接受供用电合同的日期。

【回复日期】指客户对待签订供用电合同意见的反馈日期。

【客户意见】指客户对合同起草人员起草的供用电合同审核后的反馈的意见。

【供电方签订人】指供电企业供用电合同签订人员。一般是供电企业法人代表或负责人,其他人员签订供用电合同必须得到供电企业法人代表或负责人授权。

【用电方签订人】指用电人合同签订人员,用电人为自然人签订人为本人,用电人为法人,签订人员应为法人代表或企业负责人，其他人员签订供用电合同必须得到供电企业法人代表或负责人授权。

【签订地点】指合同双方当事人签字或者盖章的地点,涉及法院管辖权的问题,一般的合同纠纷如果双方没有明确约定签订地点的,按被告所在地的法院来管辖的。

【签订日期】取供用电合同双方签订的最大日期,如果合同中没有明确约定,这个日期也就是合同的生效日期。

【生效日期】指供用电合同实际生效的日期。若合同没有明确生效日期,则取双方签订的最大日期。

【有效期】指供用电合同的有效期限,宁夏电力公司对合同有效期规定如下:

1.居民客户一般签订为 5~10 年。

2.非居民客户、中小商户一般签订为 3~5 年。

3.其他客户一般签订为 1~3 年。其中对承包、租赁经营的企业、濒临破产的企业一般签订为 1 年;临时《供用电合同》有效期不超过 6 个月。

4.13.5 合同归档

在【待办工作单】里,点击【合同归档】。

进入页面如下:

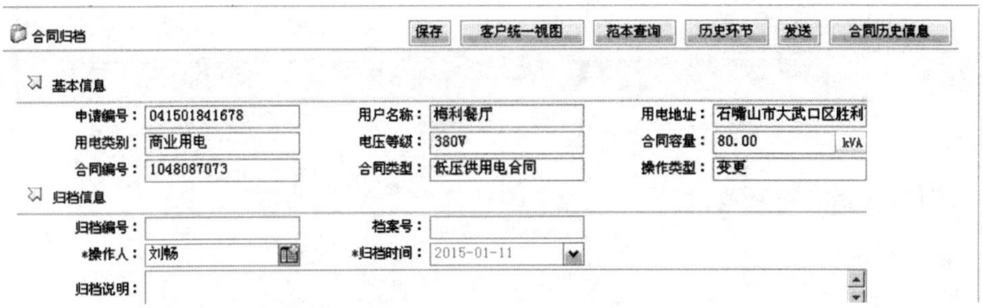

点击【保存】—【发送】,合同归档人员对已签订的供用电合同进行归档。

4.14 业务费收取【业务受理员】

4.14.1 确定费用

对符合业务收费范围的客户，按照国家规定的收费项目和收费标准，计算应缴纳费用总额,填写相关内容。

在【待办工作单】里,点击【确定费用】。

点击【增加】

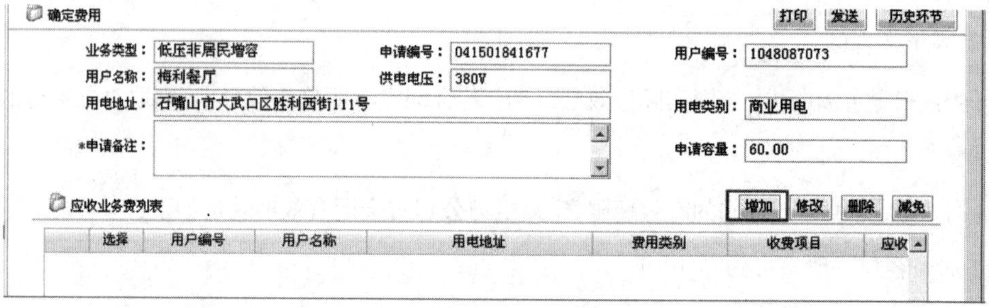

对符合业务收费范围的客户，按照国家规定的收费项目和收费标准，计算应缴纳费用总额,填写相关内容。点击【保存】。

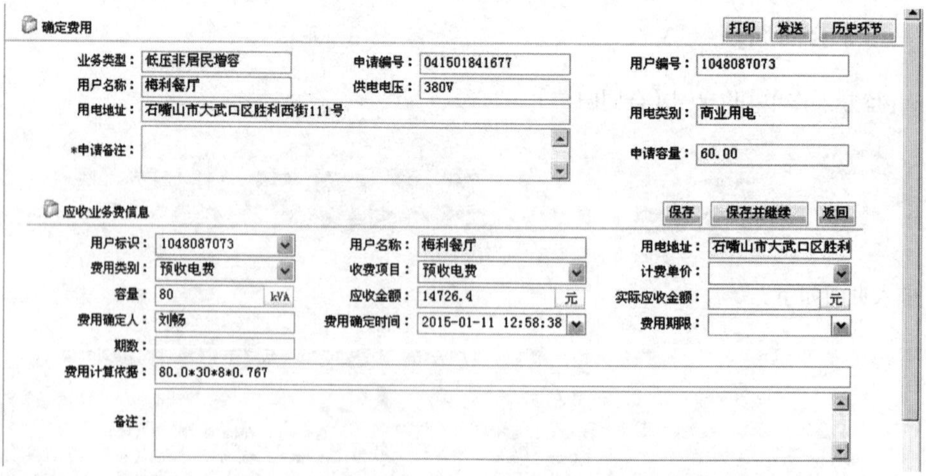

点击【发送】至下一环节

此时打印【业务缴费通知单】给用户

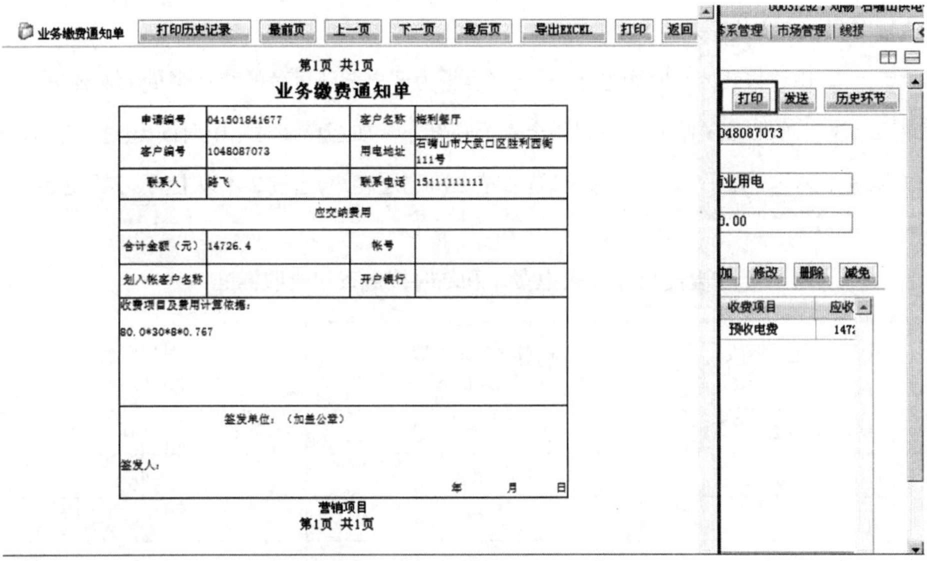

业务费类别、收费依据及收费标准：

1.电力负荷管理装置费

收费依据：宁夏回族自治区物价局《关于调整电力负荷管理装置收费标准的通知》（宁价商发〔2011〕48 号）。

执行时间：2011 年 11 月 1 日

执行范围：受电变压器在 100kVA 及以上的用户。

收费标准：受电变压器在 100kV 及以上、315kVA 以下的，每套装置收费标准为 3500 元；受电变压器在 315kV 及以上的，每套装置收费标准为 5000 元。

2.高可靠性供电费

收费依据：宁夏回族自治区物价局《关于收取高可靠性供电费及临时接点费的通知》（宁价商发〔2011〕32 号）。

执行时间：2011 年 7 月 1 日

执行范围：新装及增加用电容量的用户，在供电方案批复后，其两条及以上供电回路并列连接及运行，或虽分列运行，但一经切换即可通过高、低压侧连接供电的同一负荷，除其中一条正常运行且供电容量最大的供电回路不收 取高可靠性供电费用外，其余各回路均收取高可靠性供电费用(含备用供电回路、保安电源供电回路)。

3.临时接电费

收费依据：自治区物价局《关于收取高可靠性供电费用和临时接电费用的通知》(宁价商发〔2011〕32 号文)。

执行时间：2011 年 7 月 1 日

收费范围：申请报装的临时用电客户，收费容量为客户全部负荷的装见容量。如客户临时用电时间不超 3 年，所收取的临时接电费用全额退还客户。如客户临时用电时间 超过 3 年，超过 1 年及以内，按 50%退还客户，超过 2 年及以内，按 20%退还客户，超过 2 年以上的，不再退还。

宁夏高可靠性供电费用和临时接电费用收取标准

用户受电电压等级(kV)	高可靠性供电费用(元 / kVA)	临时接电费用(元 / kVA)
0.38 / 0.22	270	250
10	220	200
35	170	150
110 及以上	90	70

注：地下电缆按架空线路费用的 1.5 倍计收。

4.新建住宅小区配套费

收费依据：《关于新建居民住宅小区供电配套设施收费政 策的函》(宁价商函〔2013〕53 号)及《关于规范新建 居民住宅小区供电配套设施建设试点收费的通知》(宁价商发〔2010〕32 号)。

执行时间：2013 年 7 月 2 日

收费范围：所有新建居民住宅小区

收费标准：

1.基本配置收费标准

(1)普通商品住宅、经营性用房、办公用房建设项目工程收费标准为 109 元 / 平方米。在电源点建设过程中发生的市政道路开挖赔偿、拉管、顶管费用由小区开发建设单位承担。

(2)小区公益性公共建筑设施(包括敬老院、居委会办公 用房、业主委员会办公用房、会所、环卫设施用房、路灯管理站及公办的幼儿园、托儿所、小学、中学等)按普通商品住宅收费标准的 90%收取。

2.特殊配置收费标准

(1)在基本配置收费标准的基础上,如果要求提高配置容量,每户每提高 1kW,收费标准提高 10%。

(2)小区开发建设单位因场地狭小,要求采用小型化设备,配置成本又较高的,收费标准上浮 20%。

(3)有特殊配置要求的其他住宅按项目规划建设,单独核算,并经中介机构审核确认造价标准,经自治区物价局批复后确定。

4.14.2 业务收费

在【待办工作单】里,点击【业务收费】。

进入如下页面:

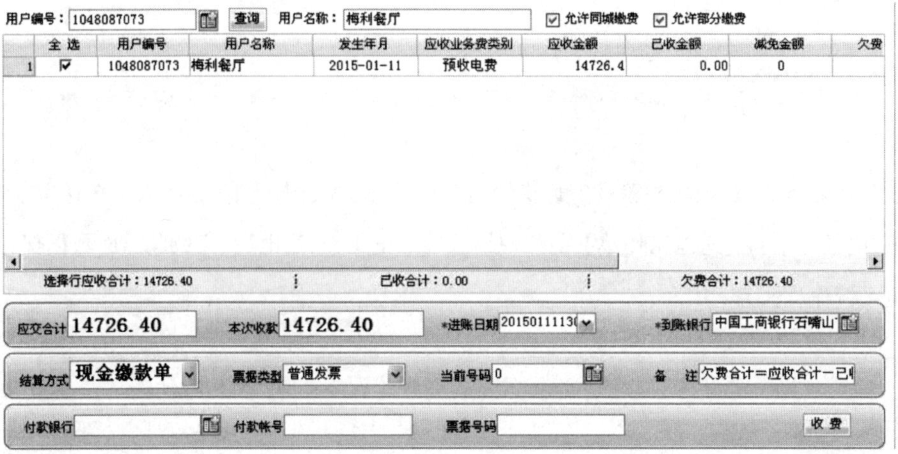

收费人员按照通过审批的收费项目及收费金额,收取相关费用,并向缴费客户打印发票及收据。

注意事项:

对收取的高可靠供电费、负控费等,票据类型为普通发票或增值税专用发票。

对临时接电费只能开具收据,若临时接电费超过 3 年的,按照临时接电费实际收取金额开具发票。

小区配套费在此环节开具建筑业统一发票。

4.15 送电【装表接电工】

在【待办工作单】里，点击【送电】。

进入如下页面：

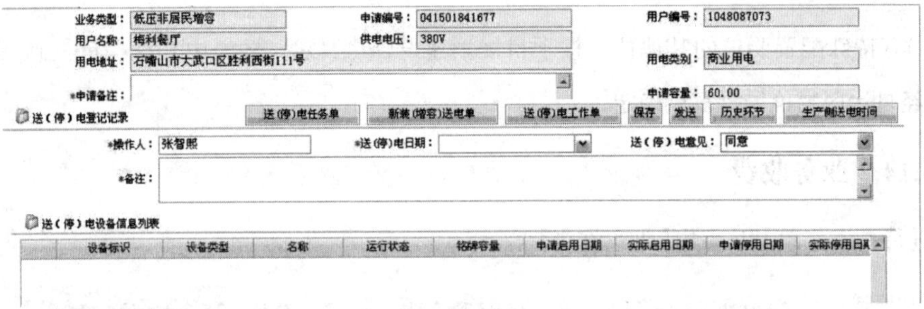

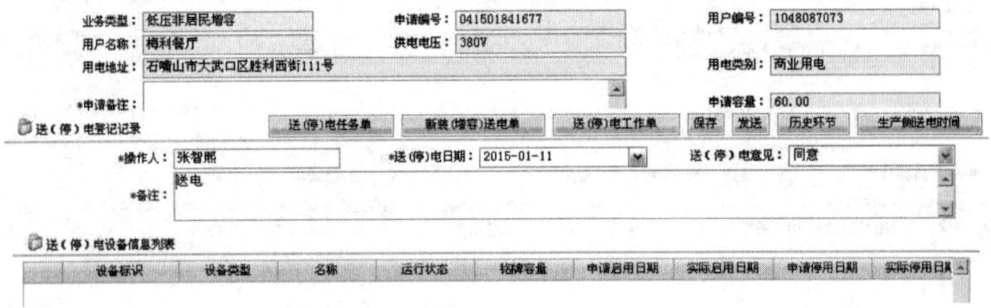

在完成业务收费、竣工检验及签订供用电合同后，进入送电环节，送电人员在送电前分别打印【送电任务单】和【送电工作单】，前往现场开展送电工作，送电后，完成此界面数据保存，完成送电系统流程任务。

送(停)电工作任务单　打印历史记录　最前页　上一页　下一页　最后页　导出EXCEL　打印

第1页 共1页

送电工作任务单

申请编号	041501841677	申请类别	低压非居民增容
客户名称	梅利餐厅	用电地址	石嘴山市大武口区胜利西街111号
联系人	路飞	联系电话	15111111111
计划送电时间			
组织部门		负责人	
工作内容：			
组织单位盖章： 发放日期：		签收单位盖章： 签收日期：	

业扩报表　打印　返回

国家电网 STATE GRID　你用电·我用心

新装（增容）送电单

95598

户　号			申请编号					
户　名								
用电地址								
联 系 人			联系电话					
申请容量			合计容量					
电源编号	电源性质	电源类型	供电电压	变电站	线路	杆号	变压器台数	变压器容量

送电结果和意见：

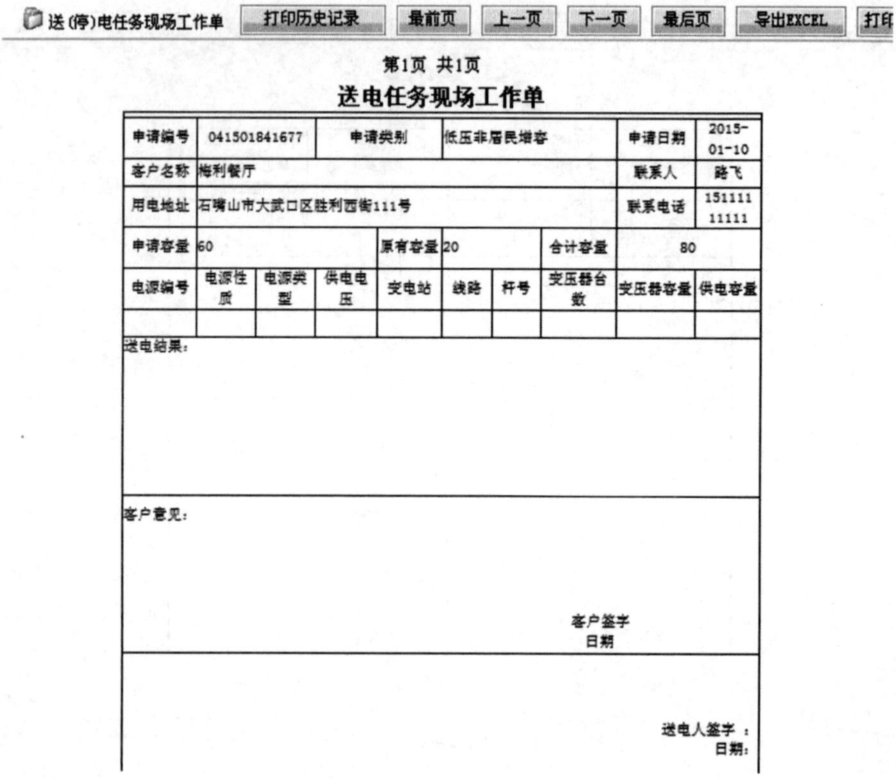

第1页 共1页

送电任务现场工作单

申请编号	041501841677	申请类别	低压非居民增容			申请日期	2015-01-10
客户名称	梅利餐厅					联系人	路飞
用电地址	石嘴山市大武口区胜利西街111号					联系电话	15111111111
申请容量	60	原有容量	20	合计容量	80		

电源编号	电源性质	电源类型	供电电压	变电站	线路	杆号	变压器台数	变压器容量	供电容量

送电结果：

客户意见：

客户签字
日期

送电人签字：
日期：

注意事项：

低压流程考核时限为：从受理申请到装表接电，其中对于无外部工程的，居民在受理申请后3个工作日送电，非居民4个工作日内送电；对于有外部工程的，居民在受理申请后4个工作日送电，非居民8个工作日内送电。（注：低压用户不再对供电方案答复、设计文件审核、中间检查、竣工检验复时限进行考核）。

时限要求：居民客户不超过3个工作日；非居民客户不超过5个工作日。

4.16 信息归档【业务受理员】

在【待办工作单】里，点击【信息归档】。

	选择	申请编号	国网工单编号	流程名称	编号	名称	环节名称	签收状态
1		041501841677		低压非居民增容	1048087073	梅利餐厅	信息归档	未签收

进入页面如下：

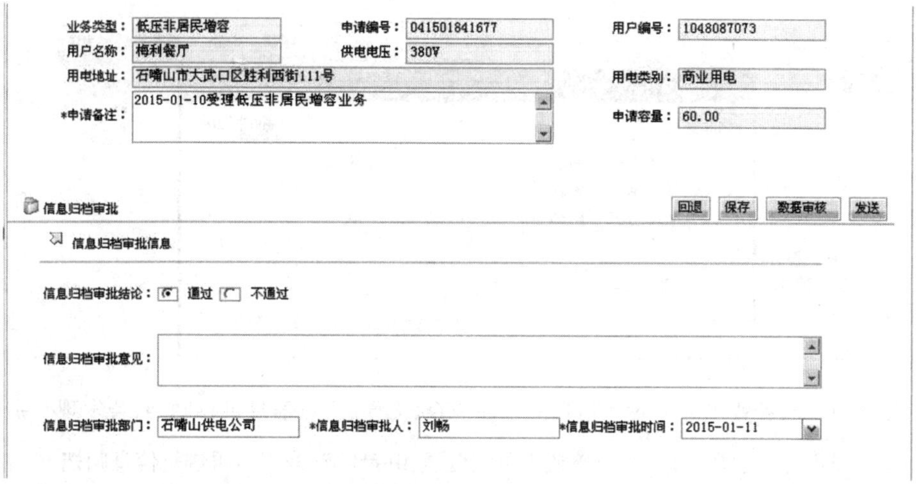

注意录入备注信息，点击【数据审核】对用户进行数据审核核查无误后进行信息归档。

【申请备注】格式为受理时间 + 受理 + 业务类别。例如：2014–01–21 受理分户业务。

点击【数据审核】，对客户档案资料完整性和正确性进行审核，确认无误后，点击【保存】发送至下一环节。

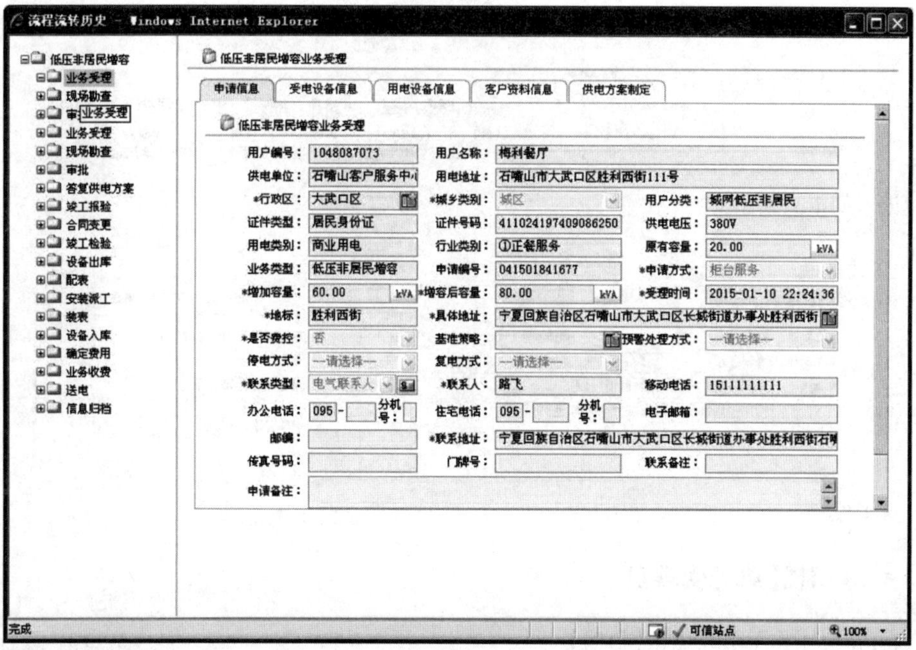

若发现有数据错误，回退到相关环节进行更正。

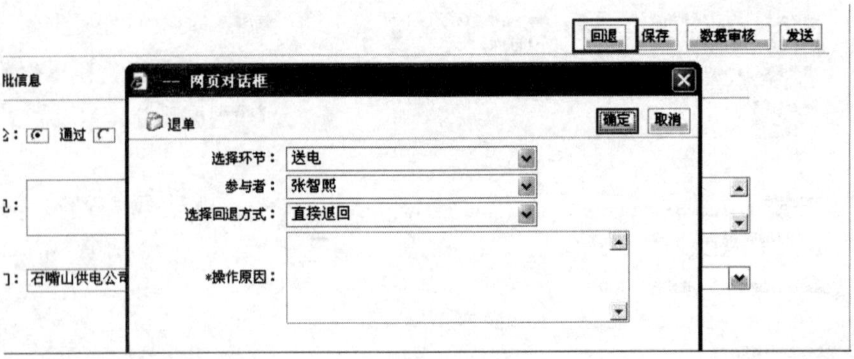

该环节是对各业务环节录入信息的全面检查，无误后，对信息进行归档，若发现个别环节存在错误或不符合逻辑数据，可退单或工单调度至相应环节，修正后再进行信息归档。

注意事项：

信息归档后，此流程在系统内已完成，不能通过退单或调度工单修改进行相关数据的修改，此客户可在客户档案中查询。

4.17 客户空间及拓扑关系维护【用电检查员】

在【待办工作单】里，点击【客户空间及拓扑关系维护】。

进入如下页面：

点击发送

4.18 归档【业务受理员】

在【待办工作单】里，点击【归档】。

进入如下页面：

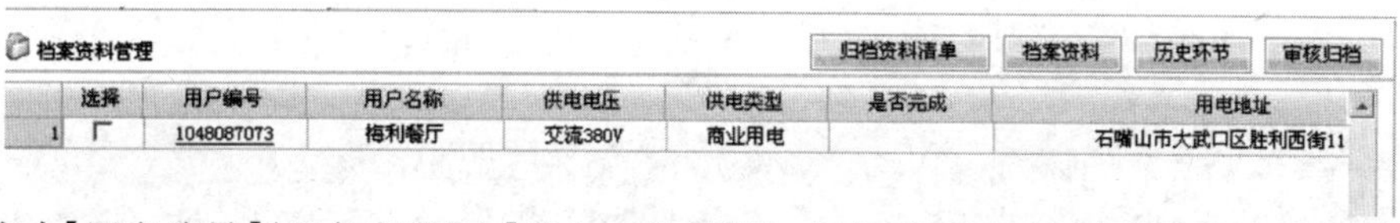

点击【用户编号】(蓝色字段)在【待办工作单】里,点击页面里对用户信息进行审核,核对无误后,点击【审核归档】,输入对应的档案柜与档案盒号,保存发送。

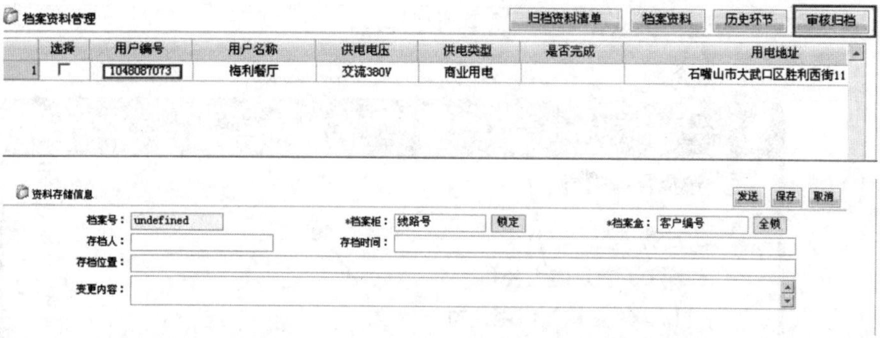

对已分配抄表段的客户纸质资料进行归档,填写档案柜、档案盒编号及存档时间后,保存,至此客户整个业扩报装流程结束。

要项信息:

【档案柜】存放客户档案资料的档案柜号,填写线路编号。

【档案盒】客户档案资料盒编号,填写用户编号。

4.19 客户档案维护【业务受理员】

用户增容前缴费方式为电力机构卡表购电,增容后使用 1.5(6)A 电能表并加装三只电流互感器,需要更改缴费方式为坐收。因此业务受理员需要发起档案维护流程更改客户缴费方式。

4.19.1 档案维护受理

点击【客户档案资料管理】—【档案维护】—【档案维护受理】申请页面,如图所示:

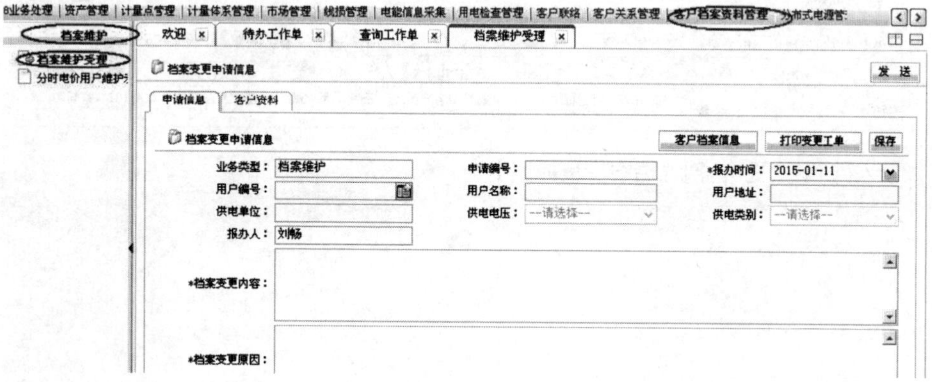

点击【用户编号】。

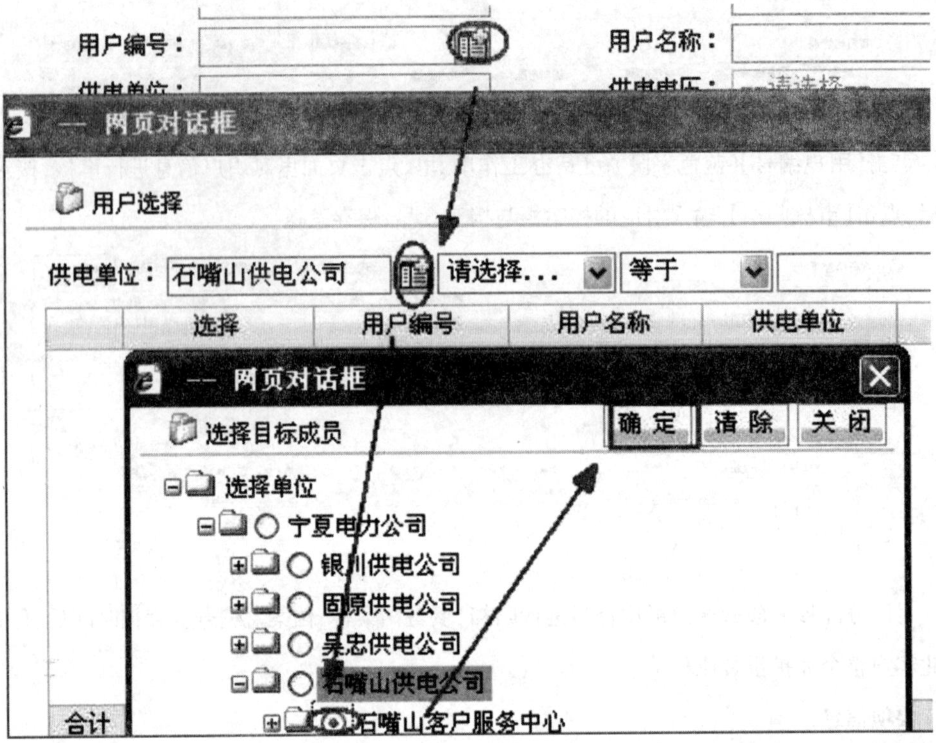

在下拉框中选择用户编号并输入【用户编号】、【查询】

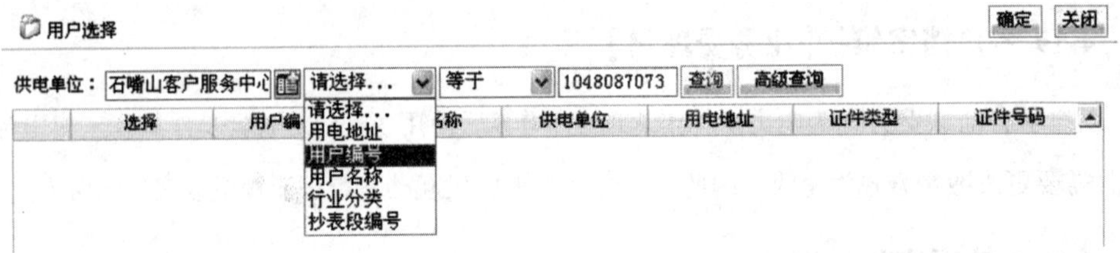

选择【确定】

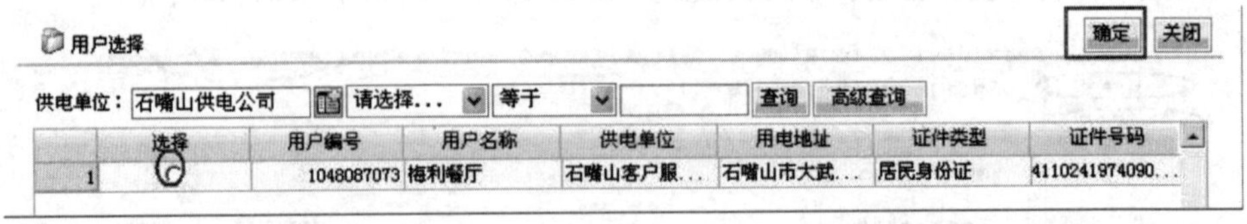

录入【档案变更内容】、【档案变更原因】

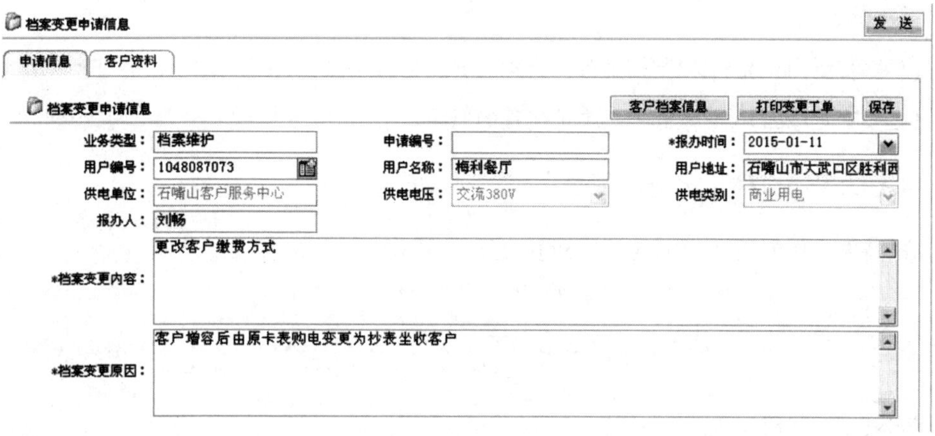
档案变更申请信息
发 送
申请信息
客户资料
档案变更申请信息
客户档案信息
打印变更工单
保存
业务类型：档案维护
申请编号：
*报办时间：2015-01-11
用户编号：1048087073
用户名称：梅利餐厅
用户地址：石嘴山市大武口区胜利西
供电单位：石嘴山客户服务中心
供电电压：交流380V
供电类别：商业用电
报办人：刘畅
*档案变更内容：更改客户缴费方式
*档案变更原因：客户增容后由原卡表购电变更为抄表坐收客户

点击【保存】、【发送】。

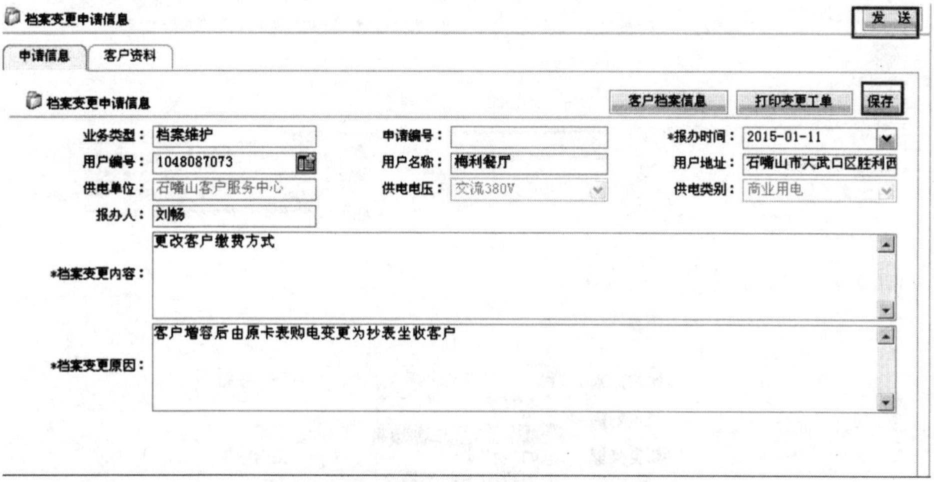
档案变更申请信息
发 送
申请信息
客户资料
档案变更申请信息
客户档案信息
打印变更工单
保存
业务类型：档案维护
申请编号：
*报办时间：2015-01-11
用户编号：1048087073
用户名称：梅利餐厅
用户地址：石嘴山市大武口区胜利西
供电单位：石嘴山客户服务中心
供电电压：交流380V
供电类别：商业用电
报办人：刘畅
*档案变更内容：更改客户缴费方式
*档案变更原因：客户增容后由原卡表购电变更为抄表坐收客户

发送已成功
档案维护流程 申请编号【041501841680】已发送成功
点击【确定】，返回到待办工作单列表

要项信息：

【档案变更内容】说明发起档案维护流程需要变更的内容。

【档案变更原因】说明发起档案维护流程的原因。

4.19.2 维护归档【业务受理员】

在【待办工作单】里，点击【维护归档】。

进入【维护归档】页面如下：

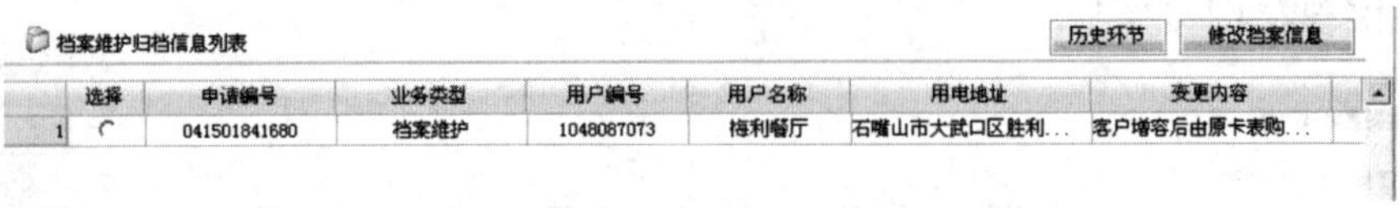

选择【修改档案信息】

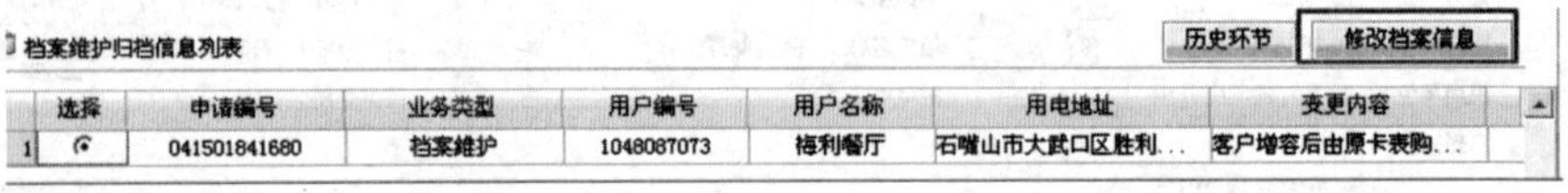

将缴费方式改为坐收

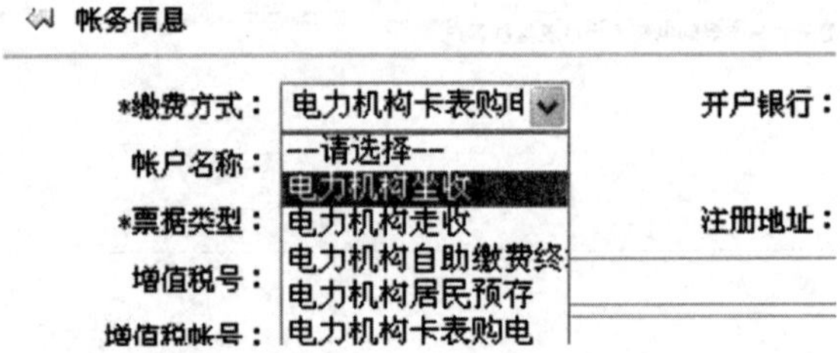

点击【保存】所得页面如下：

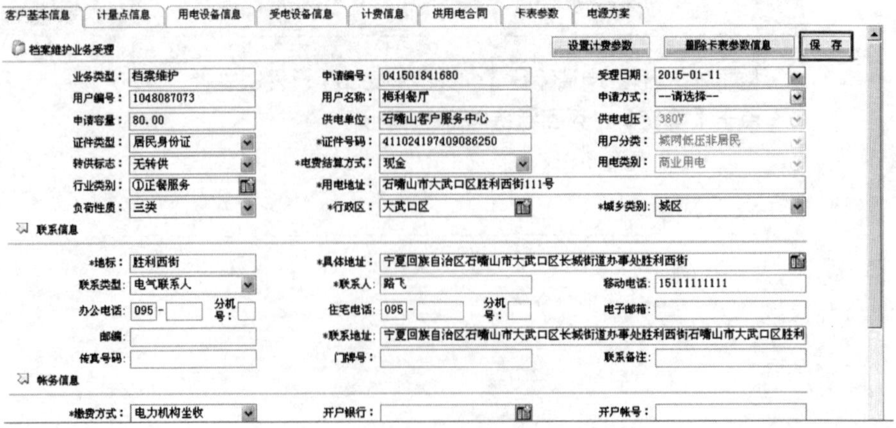

点击【归档】。

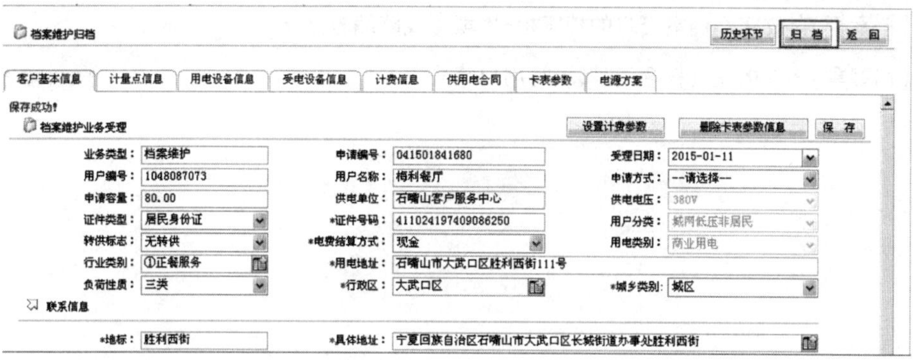

4.19.3 归档

在【待办工作单】里，点击【归档】

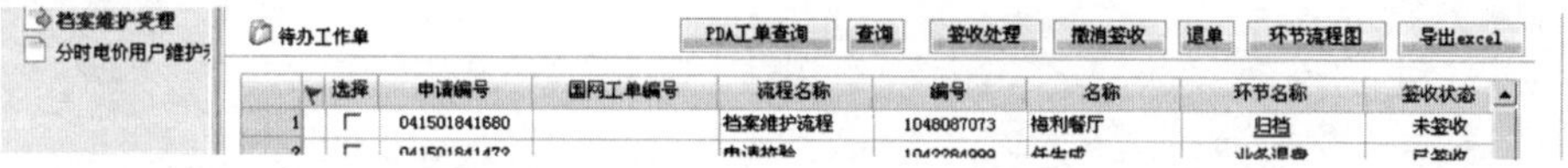

进入归档页面

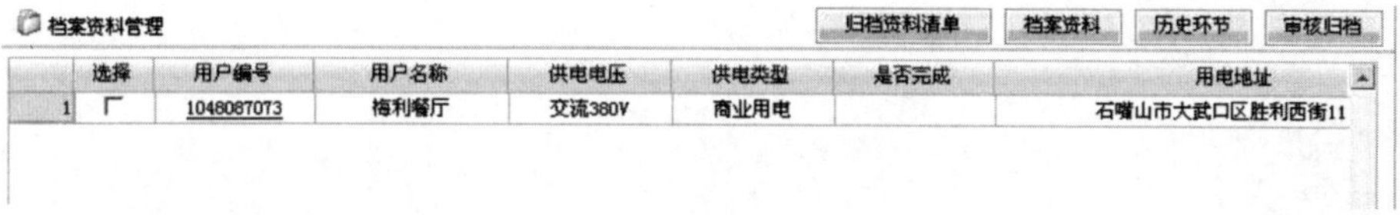

点击【用户编号】(蓝色字段)在【待办工作单】里，点击页面里对用户信息进行审核，核对无误后，点击【审核归档】，输入对应的档案柜与档案盒号，保存发送。

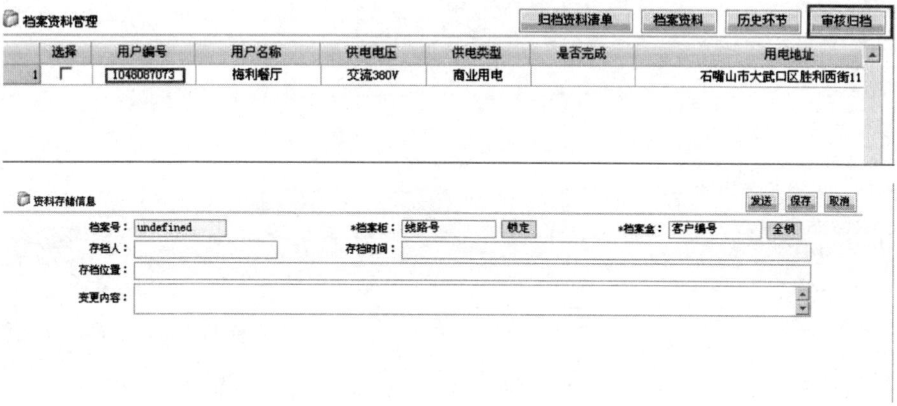

要项信息：

【档案柜】存放客户档案资料的档案柜号，填写线路编号。

【档案盒】客户档案资料盒编号，填写用户编号。

第五部分

高压客户新装业务操作典型案例

◎业务描述

◎场景描述

◎业务流程图

◎流程环节处理

第五部分
高压客户新装业务操作典型案例

1　业务描述

本业务适用于电压等级 10kV 及以上客户的新装用电。

供电企业依据《供电营业规则》有关用电报装的条款规定、国网公司统一发布的服务承诺及服务规范，在一定的时限内，为用电设备容量在 30kVA 以上客户的用电新装申请，组织现场勘查，制定 10kV 及以上电压等级供电方案，向客户收取有关营业费用，跟踪供电工程的立项、设计、图纸审查、工程预算、设备供应、施工过程，组织受电工程的图纸审查、中间检查、竣工验收，与客户签订供用电合同，并给予装表送电，完成资料归档全过程管理。

2　场景描述

用户名：平罗县永济煤制品有限公司；新装容量：250kVA；行业分类：烟煤、无烟煤的开采，采用高供低计计量。

3 业务流程图

高压新装流程图

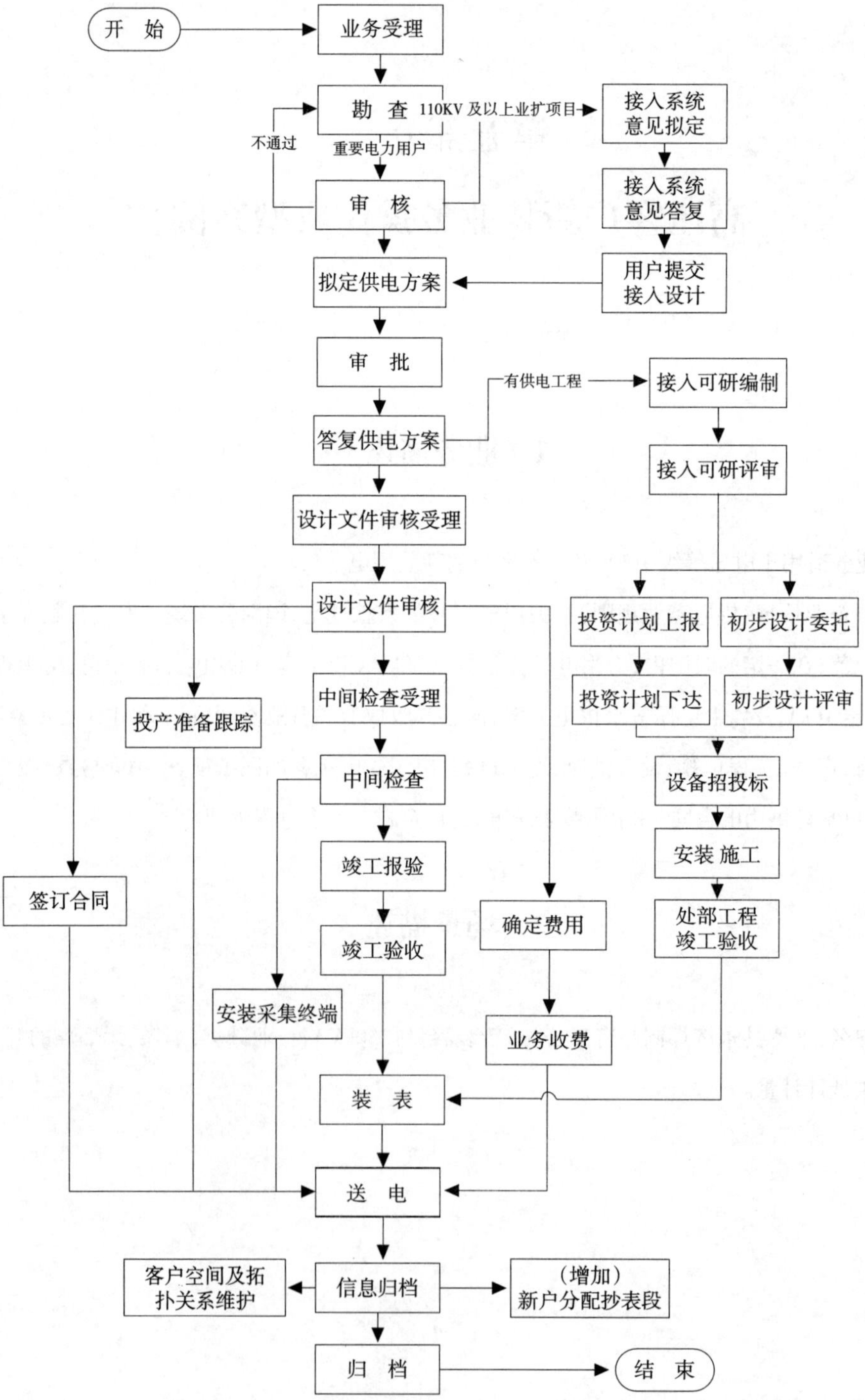

4　流程环节处理

4.1 业务受理【业务受理员】

进入营销业务应用 SG186 系统(以下简称“营销系统”),点击【新装增容及用电变更】—【新装增容】—【高压新装】,如图所示:

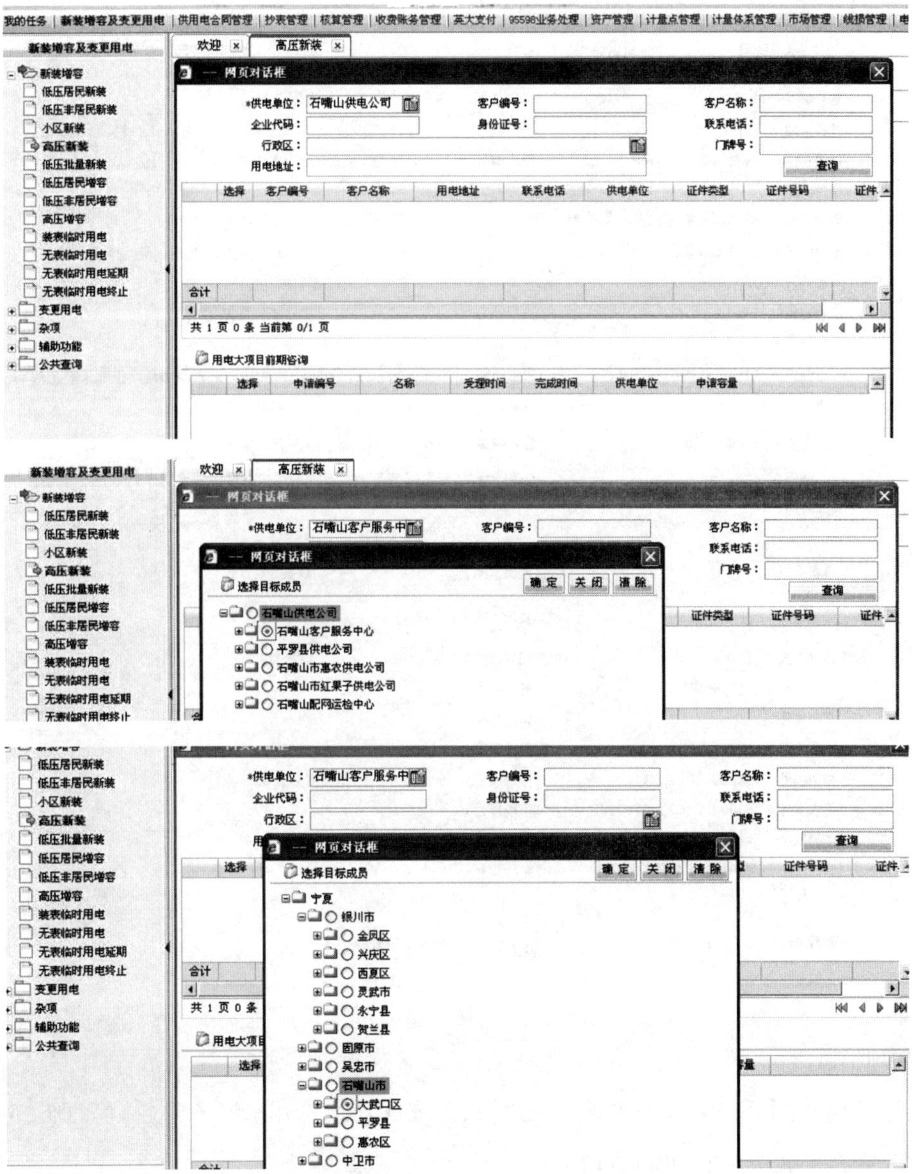

按上图所示,选择【供电单位】及【行政区】完成后点击【确定】,出现【申请信息界面】。可以录入供电单位、申请方式、证件类型、证件持有人姓名、证件号码、用电名称、用户地址、用电类

别、行业分类、行政区、申请容量、电压等级、用户分类、城乡类别、地标、具体地址、联系类型、联系人、电话、联系地址，是否费控：一般选【否】；电费结算方式一般选【现金】；缴款方式：一般选【坐收】；票据类型：可根据用户要求选【普通发票】或【增值税发票】后录入相关信息点击【保存】。

4.1.1.申请信息

进入营销系统，按顺序点击【新装增容及用电变更】—【新装增容】—【高压新装】，在【新装业务受理】中点击【申请信息】标签页，录入新装用户信息。如图所示：

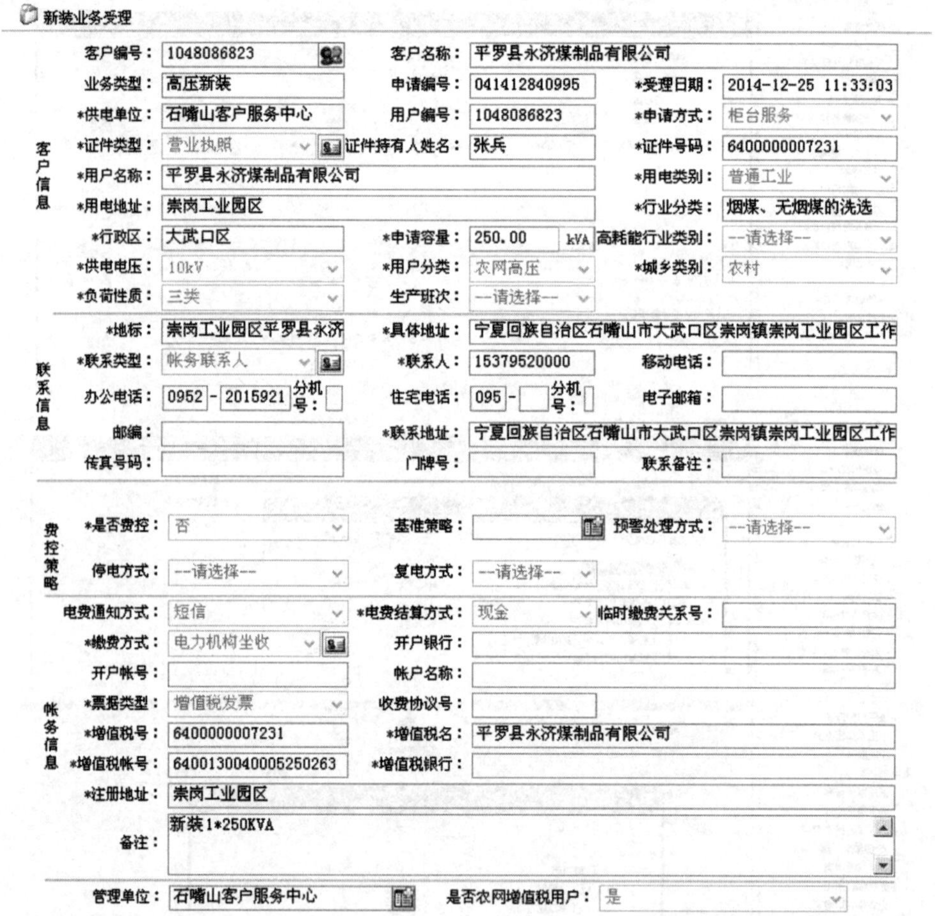

要项信息：

【申请编号】、【用户编号、客户编号一致】由系统自动生成，用来记录系统流程的唯一性编号，便于在办工单及历史工单的查询。

【受理日期】受理日期取系统当前日期（不允许修改）。

【申请方式】指受理客户申请的方式。对于通过网站、95598 等渠道受理的信息，将通过系统带入此界面进行修改并发起完整的业务流程。

4.1.2.客户资料信息

点击【客户资料信息】标签页，如图所示：

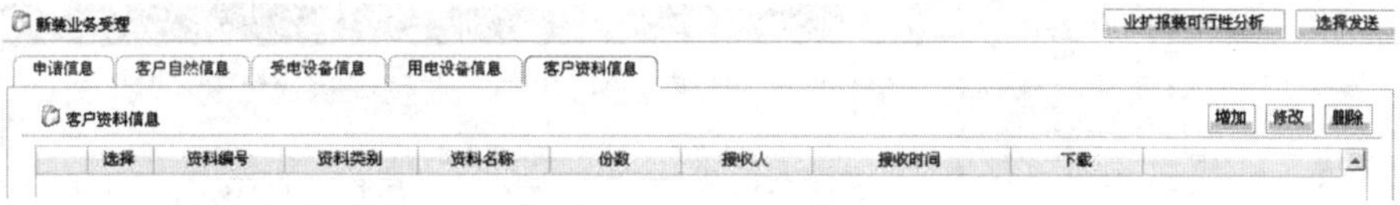

点击【增加】，出现下图：

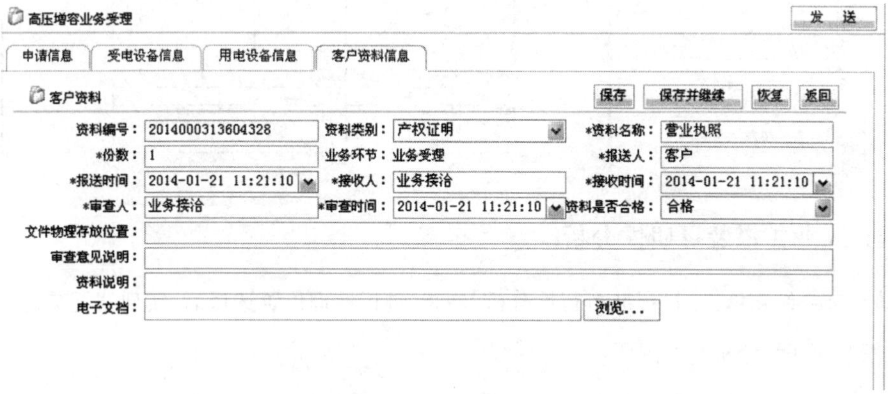

该页面主要对客户提供的报装资料进行登记，并将扫描件进行上传。

要项信息：

【资料编号】系统自动生成。

【资料类别】指客户提供的资料类型。主要包括申请报告、产权证明等法人身份证、营业执照，税务登记证、一般纳税人资格证及开票信息、环评等。

输入资料名称、份数、接收人员、接收日期、报送人、报送时间、审查人、审查时间等信息，点击【保存】，保存该资料信息，如有电子文档可以点击【上传】，上传到文件服务器上，供以后的环节的操作员或者报装员下次点击【下载】查看该资料信息。当然也可以点击【修改】，对资料信息的提供人员等进行修改，也可以删除资料信息。当增加完一条记录后，点击【保存继续】后可以在此页面上继续添加。【返回】返回到上层页面。

注意事项：

1.在接收客户申请后查验客户材料是否齐全，证件是否有效，并核实原件与复印件是否一致，核实无误后复印件加盖“原件与复印件核实无误”章留存。

2.如果客户材料不齐全、证件无效，应向客户反馈意见，转入客户申请确认业务。请客户持有效证件，所需材料备齐后方可受理。

3.申请信息录入完成后，应打印【用电申请书】，并请客户签字确认。自然人客户应由申请人签名，法人应加盖单位公章并由申请人（或代理人）签名。代理人应有单位法人“委托授权书”。

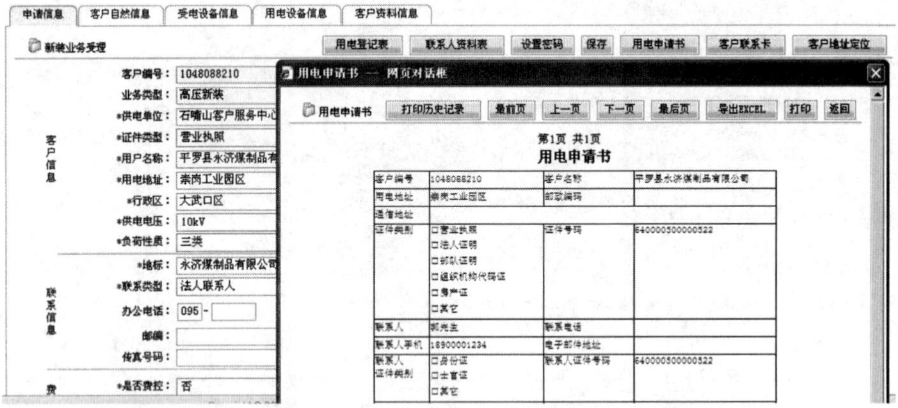

4.1.3.业扩报装可研性分析

该环节系统新增【业扩报装可行性分析】功能，进行地理位置选择后，实现营配贯通。点击【业扩报装可研性分析】，如图所示：

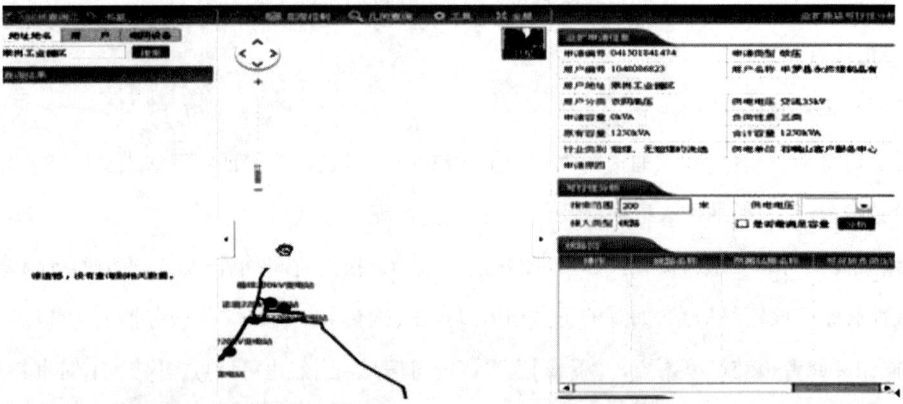

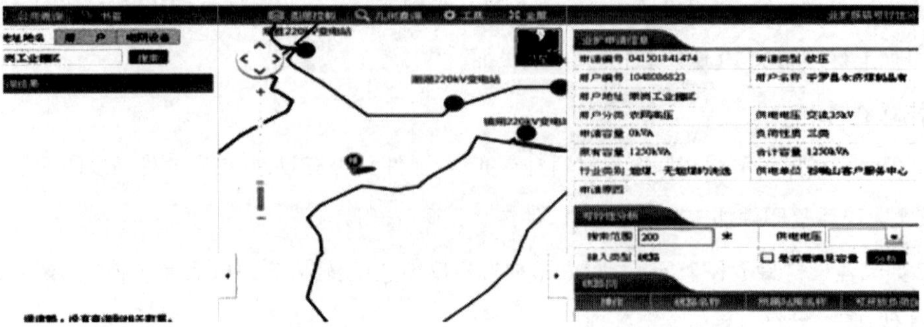

相关信息录入完成后，按【选择发送】。选择下一环节处理人员，将工单发送至下一环节。

4.2.勘查派工【用电检查班班长】

进入营销系统，点击【我的任务】—【待办工作单】，选择需要处理的工作单，如图所示：

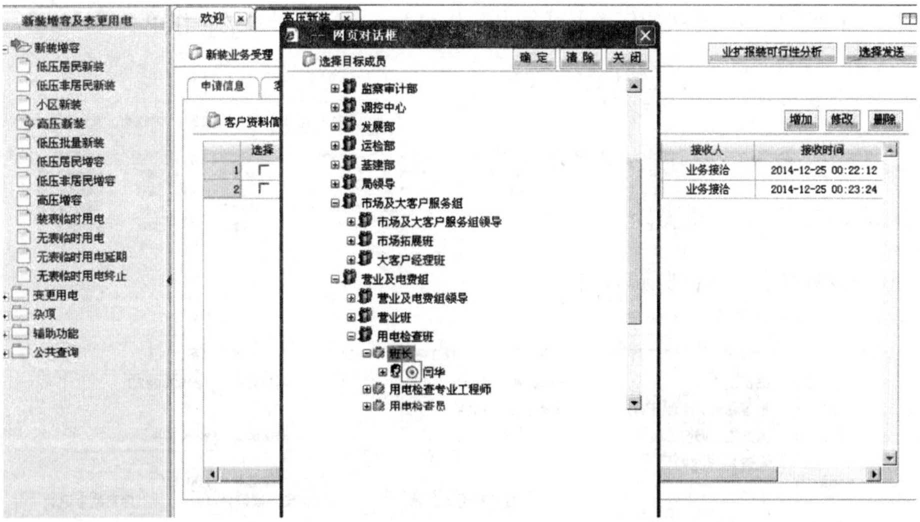

进入营销系统，点击【我的任务】—【待办工作单】，选择需要处理的工作单，如图所示：

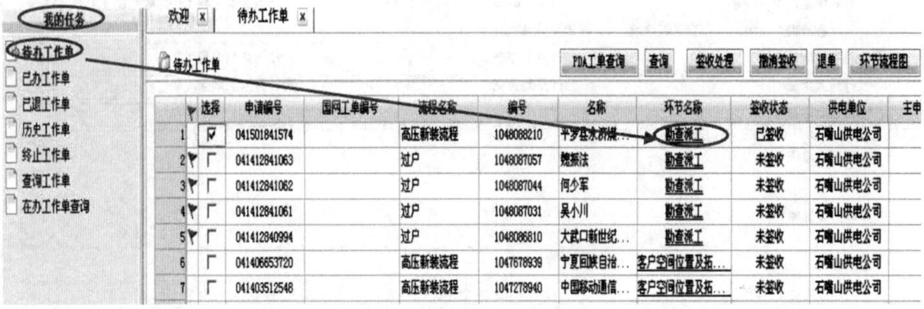

点击【勘察派工】标签页，出现派工页面，点击派工人员下面的图标，确定工作人员。

在【派工人员】列表框中选择接收员，点击【确定】返回到主页面，点击【发送】，提示流程发送成功到下一个环节。

4.3.现场勘查【用电检查员】

进入营销系统，点击【我的任务】—【待办工作单】，选择需要处理的工作单

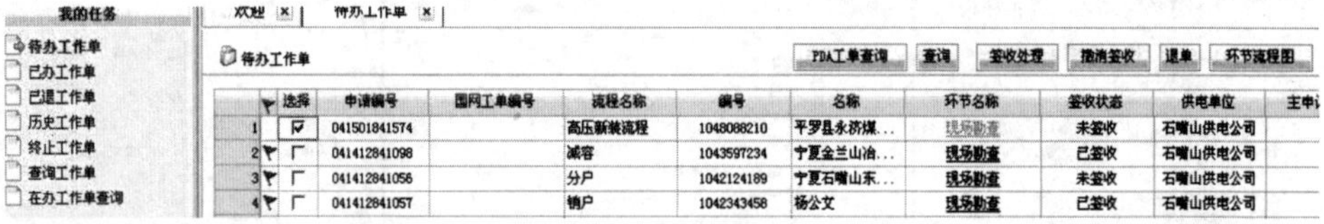

点【签收处理】，进入【现场勘察】页面。

4.3.1.现场勘查方案

点击【勘察派工】标签页，录入现场勘查信息，后保存。还可打印现场勘查单，如图所示：

要项信息：

点击【现场勘察单】，打印【高压现场勘查单】，预先了解和获取所要勘查地点的供电条件，提前和客户预约现场勘查的时间，确认勘查地点，准备好相应作业资料，在规定的期限内准时到达现场进行勘查。核实用电容量、用电类别等客户申请信息，根据客户的用电类别、用电规模以及现场供电条件，对供电可能性和合理性进行调查，完整翔实准确填写【高压现场勘查单】，与其他部门协商沟通后初步提出供电、计量和计费方案。

【是否可供电或变更】工作人员在现场勘查中发现不具备供电条件或转为低压供电，此处选择否，点击保存发送，审批完成以后直接跳到信息归档环节，结束此工单。

【供电方案说明】必须填写变电站名称、线路双重编号、线路杆号（或电缆环网柜、分支箱编号）。

【是否有工程】选择时请注意！

【转供标志】如果该户与其他用户存在转供或者被转供关系则选择此项，否则选择无转供。如果存在转供关系需在计量方案中添加计费关系。

【勘查意见】应详细填写现场勘查的相关内容。

此页面重点核实＊标内容与现场实际是否相符。

4.3.2.电源方案

点击【电源方案】标签页，对电源点和受电点信息进行勘查维护、审核，确认无误点击【保存】。

点击左变的【受电点】、出现此户的相关信息，如需增加将光标放在上右击鼠标弹出新的 受电点方案，【电源点】如需增加，可点击【受电点】右键弹出新的电源点方案。

4.3.3.计费方案

点击【计费方案】标签页，对受电点方案及电价信息进行勘查维护、审核，确认无误点击【保存】。

要项信息：

【定价策略类型】定价策略分为两部制和单一制。执行基本电费用户应选择两部制，否则选择单一制。

【基本电费计算方式】按照用户实际需求，与用户协商进行选择。

【功率因数考核方式】核定容量100kVA以下所有用户选择不考核，核定容量100kVA及以上所有用户选择标准考核。具体考核标准执行〔83〕水电财字215号文件《功率因数调整电费办法》、宁电营销〔2012〕168号文件《关于下发部分政策执行的相关意见通知》、宁夏电力公司2013年下发的《关于规范功率因数调整电费计算的通知》。

4.3.4.电价方案

点击【电价方案】标签页，如图所示：

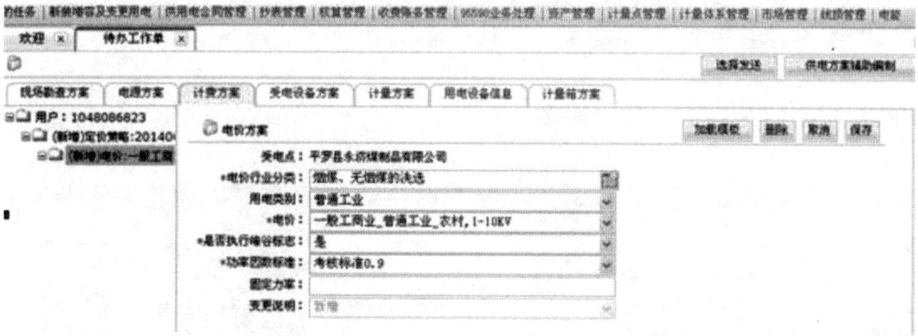

要项信息：

【电价行业分类】应与业务受理环节申请信息中的行业分类一致，如有多个电价方案，至少有一个电价行业分类与业务受理环节申请信息中的行业分类一致。

【用电类别】应与业务受理环节申请信息中的用电类别一致，如有多个电价方案，至少有一个用电类别与业务受理环节申请信息中的用电类别一致。

【电价】根据用电类别、电压等级、用户分类确定相应的电价。

【是否执行峰谷标志】根据宁价重发〔1995〕92 号文件《关于转发国家计委、电力工业部关于西北电网峰谷分时电价实施办法的批复的通知》执行，此场景应选择【是】。（除城乡居民用电、农业排灌用电及党政机关、学校（不含生产企业）、部队（不含生产企业）、医院、无轨电车、自来水、煤气用电及个别特殊用户暂不实行峰谷电价外，其他所有用户均执行峰谷电价）。

【功率因数标准】

1.功率因数标准 0.90，适用于 160kVA 以上的高压供电工业用户（包括社队工业用户）、装有带负荷调整电压装置的高压供电电力用户和 3200kVA 及以上的高压供电电力排灌站。

2.功率因数标准 0.85，适用于 100kVA（kW）及以上的其他工业用户（包括社队工业用户）100kVA（kW）及以上的非工业用户和 100kVA（kW）及以上的电力排灌站。

3.功率因数标准 0.80，适用于 100kVA（kW）及以上的农业用户和趸售用户，但大工业用户未划由电业直接管理的趸售用户功率因数标准为 0.85。

4.3.5.受电设备方案

点击【受电设备方案】标签页，如图所示：

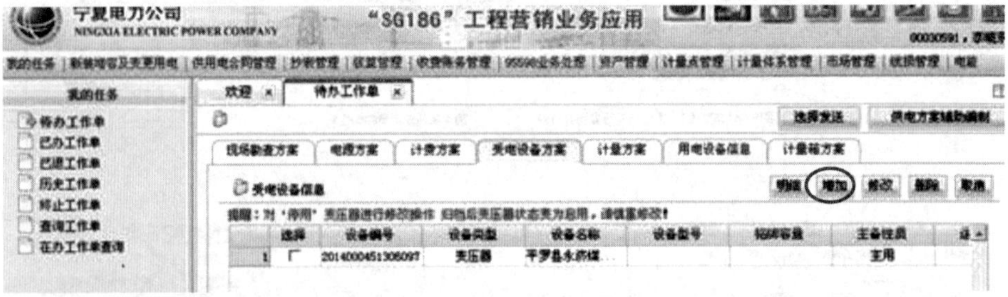

点击【增加】，出现下图：

受电设备方案在业务受理环节和现场勘查环节都可以进行增加、修改和删除。高压用户必须生成专变台区，在增加电源方案之前先增加受电设备信息生成专变台区。

【生成专变台区】首先在查看台区信息功能中查看，如果存在已生成的专变台区，则不需要重新生成新的台区，否则使用生成专变台区功能生成专变台区：其中包括台区名称、管理单位、所属线路、容量等。

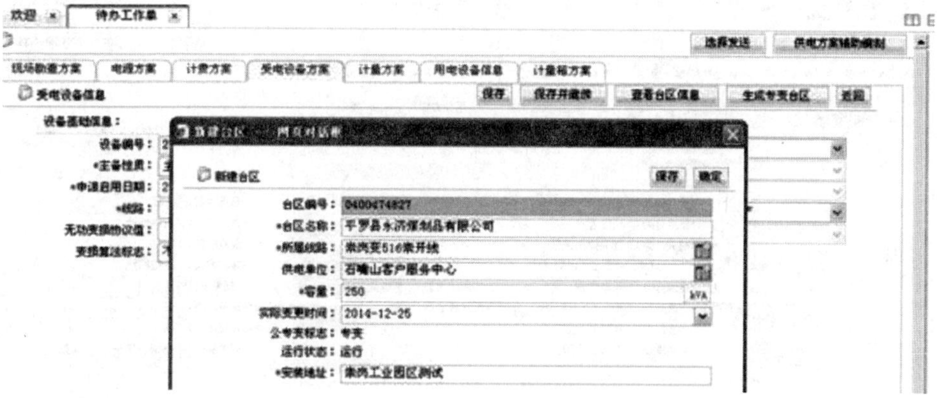

专变台区生成后，应在此台区下增加变压器台区的管理单位应与变压器、用户的管理单位一致，台区容量等于该台区下所有变压器铭牌容量之和。

要项信息：

【设备名称】变压器名称。

【设备型号】根据变压器实际型号进行选择，该参数影响系统计算变损的取值。

【线路、台区】如果是利用生成专变台区功能创建则不需要选择，系统自动会带出，否则根据已有台区进行相应选择。

【铭牌容量】指该变压器自身容量，主要用于用户变损、基本电费的计算。

【产权】按照实际情况填写。

【变损算法标志】按照变压器型号选择相应的变损算法。根据公司营销部下发的《关于规范变损计费参数有关问题的通知》执行。

【变损编号】按标准表、按标准公式计收变损的用户必须选择变损编号。计收方式选定后，根据受电设备的容量、变损类型(变压器型号)、电压等级选择变损编号。该参数将直接影响电费计算中变损电量电费计算的准确性。

注意事项：

此处【变损算法标志】选择完成后，填写【设备铭牌信息】，在竣工检验环节修改录入正确。

4.3.6.计量方案

根据供电方式、用电类别确定每个计量点的计量方案信息、电能表方案、互感器方案、失压仪方案及二次回路方案。

点击【计量方案】，出现下图，如需增加计量点，鼠标右击【受电点】；如需增加子计量点，则鼠标右击需增加子计量点的计量点。

要项信息：

【计量装置分类】按下表进行选择

表1 电能表、互感器准确度等级

容量范围	电能计量装置类别	准确度等级			
		有功电能表	无功电能表	电压互感器	电流互感器
S≥10000kVA	Ⅰ	0.2S 或 0.5S	2.0	0.2	0.2S 或 0.2*）
10000kVA＞S≥2000kVA	Ⅱ	0.5S 或 0.5	2.0	0.2	0.2S 或 0.2*）
2000kVA＞S≥315kVA	Ⅲ	1.0	2.0	0.5	0.5S
S＜315kVA	Ⅳ	2.0	3.0	0.5	0.5S
单相供电（P＜10kW）	Ⅴ	2.0	—	—	0.5S

● 0.2*）级电流互感器仅指发电机出口电能计量装置中配用。

【电压等级】一般默认用户的供电电压,可以根据实际情况进行选择。

【台区】计量点上的台区必须与该受电点方案中的台区保持一致。

【线路】对于单电源供电的,计量点上的线路必须与该受电点方案中的线路保持一致;对于同一受电点由双电源或多电源供电的,计量点上的线路至少有一条与该受电点方案中的线路保持一致。

【接线方式】根据计量方案确定计量接线方式。

【电量交换点分类】计量点主用途类型为售电侧结算则选用电客户;计量点主用途类型为考核,根据现场勘查实际情况进行选择。

【主用途类型】指计量点的用途分类,对于正常用电客户应选择售电侧结算,对于关口考核计量点应根据实际情况选择线路供电考核或台区供电考核等 。

【是否具备装表条件】电量计算方式是实抄则选择【是】,电量计算方式是定量、定比、按日协定则选择【否】。

【是否安装采集终端】若选择【是】则自动触发新装采集终端子流程,若不安装采集终端则选择【否】。

【装表位置】详细填写表计安装的位置,具体到计量箱柜及表箱内该表的位置。

【计量点地址】详细填写计量点地址。

【负控地址】填写安装负控设备的地址。

4.3.6.1.电能表方案

点击【电能表方案】标签页,维护【电能表】信息,确认无误,点击【保存】,如图所示:

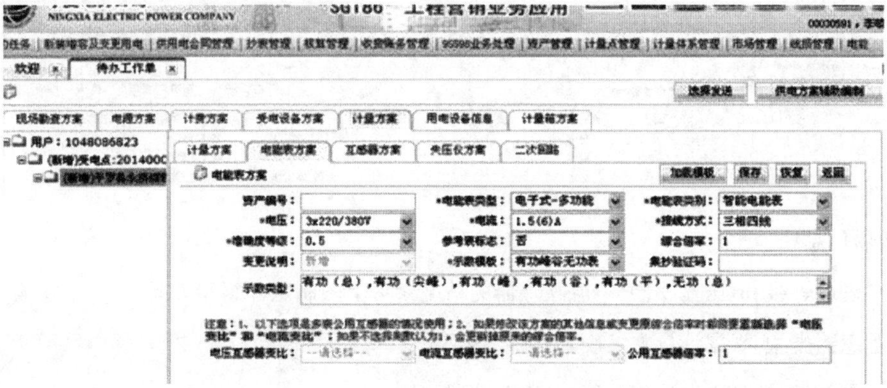

要项信息:

【接线方式】与计量方案中的接线方案一致。

【准确度等级】各类电能计量装置配置的电能表、互感器的准确度等级应不低于下表所示值。

表 2　电能表、互感器准确度等级

容量范围	电能计量装置类别	准确度等级			
		有功电能表	无功电能表	电压互感器	电流互感器
S≥10000kVA	Ⅰ	0.2S 或 0.5S	2.0	0.2	0.2S 或 0.2*）
10000kVA＞S≥2000kVA	Ⅱ	0.5S 或 0.5	2.0	0.2	0.2S 或 0.2*）
2000kVA＞S≥315kVA	Ⅲ	1.0	2.0	0.5	0.5S
S＜315kVA	Ⅳ	2.0	3.0	0.5	0.5S
单相供电（P＜10kW）	Ⅴ	2.0	—	—	0.5S

● 0.2*）级电流互感器仅指发电机出口电能计量装置中配用。

【示数模板】根据电费计算需要选择，但需要注意接线方式为单相时，不能选择需量、无功示数。

4.3.6.2.互感器方案

点击【互感器】标签页，维护【互感器】信息，确认无误，点击【保存】，如图所示：

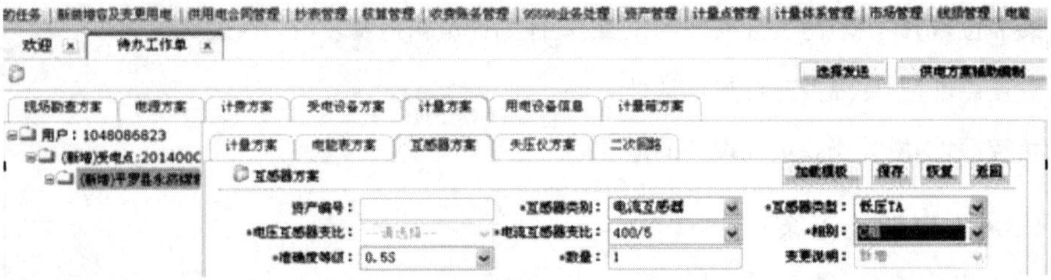

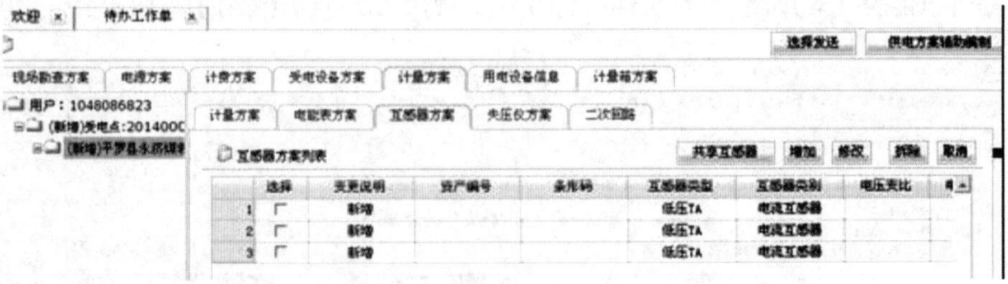

要项信息：

【准确度等级】电压互感器、电流互感器的精度参考上图制定互感器方案。

【互感器类型】根据计量方案确定互感器类型。

【相别】根据计量方案确定电压、电流互感器相别。

【数量】根据计量方案确定电压、电流互感器只数。

注意事项：

新增完成电压、电流互感器后，要根据计量方案逐个修改相别。

失压仪方案：

不需要填写。

4.3.6.3.二次回路

点击【二次回路】标签页，维护【二次回路】信息，确认无误，点击【保存】，如图所示：

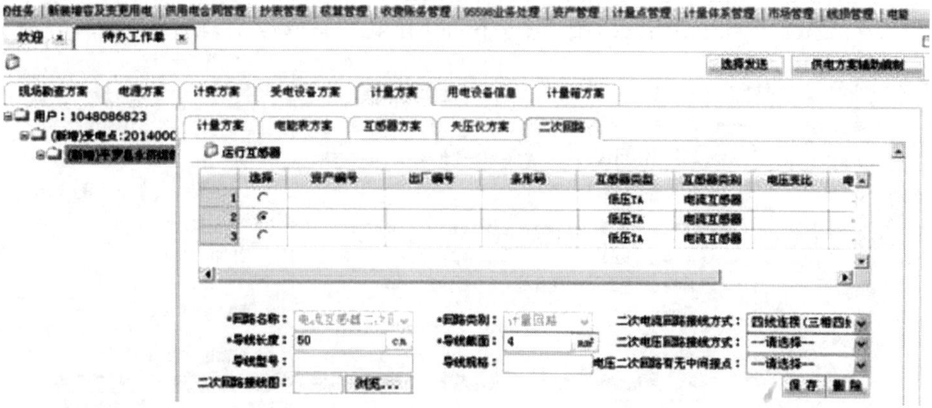

要项信息：

每个互感器必须保存二次回路方案，填写导线长度、导线截面信息，否则不能发送。

注意事项：

在有多个计量点的情况下，一定要分清计费关系，在左上角页面点击右键，按照上述步骤逐个建立计量点。

新装用户所有电源点容量之和必须小于等于申请容量。

计量方案中，计量点台区必须与电源点中的台区一致。计量点容量必须小于等于电源点的供电容量。

计量方案中，一级计量点不能选择定量、定比、按日协定计费方式。

计量方案中，保存互感器方案后必须保存二次回路方案。

4.4.审核【主管领导】

进入营销系统，按顺序点击【我的任务】—【待办工作单】，选择需要处理的工作单，如图所示：

现场勘查后,根据现场条件(按电压等级、变压器容量大小等)提交相关级别部门审核。在规定的时限内完成对接入系统方案、受电系统方案、计量方案、计费方案的审核。对于审批不通过的,重新现场勘查方案,并重新审核。审核通过则发送到下一环节,不通过则退到现场勘查。

4.5.拟定供电方案【用电检查员】

进入营销系统,按顺序点击【我的任务】—【待办工作单】,选择需要处理的工作单,如图所示:

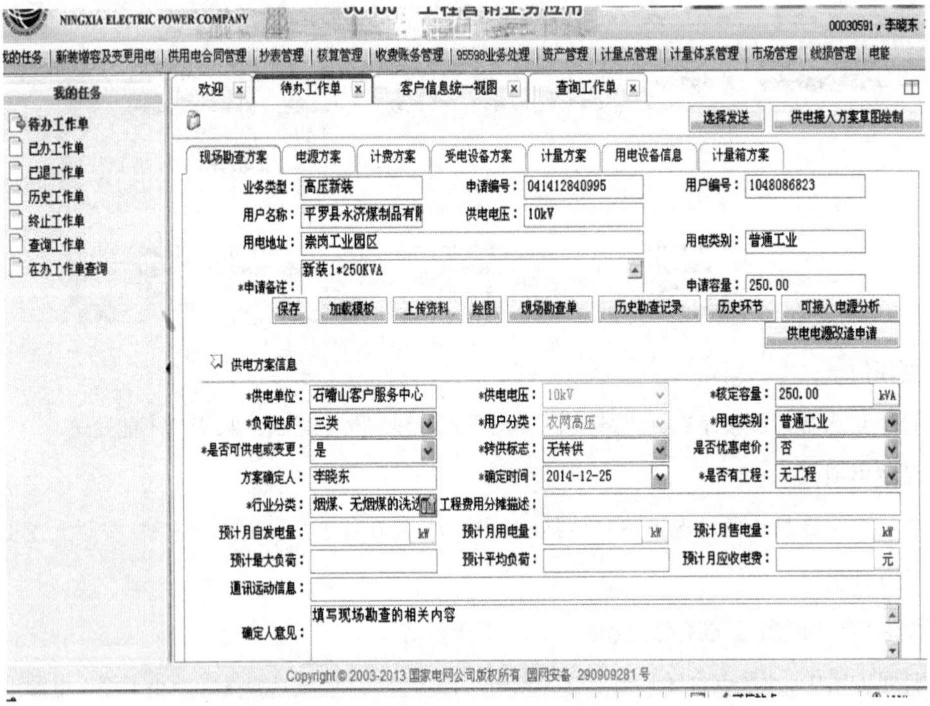

【拟定供电方案】环节与【现场勘查】环节操作一致,检查现场勘查方案无误后保存,发送至下一环节审批。

4.6.审批【主管领导】

进入营销系统,按顺序点击【我的任务】—【待办工作单】,选择需要处理的工作单,如图所示:

4.7.答复供电方案【供电方案答复人员】

进入营销系统，按顺序点击【我的任务】—【待办工作单】，选择需要处理的工作单，如图所示：

【拟定供电方案】环节与【现场勘查】环节操作一致，检查现场勘查方案无误后保存，发送至下一环节审批。

4.6.审批【主管领导】

进入营销系统，按顺序点击【我的任务】—【待办工作单】，选择需要处理的工作单，如图所示：

户签字确认。

4.7.答复供电方案【供电方案答复人员】

进入营销系统,按顺序点击【我的任务】—【待办工作单】,选择需要处理的工作单,如图所示:

要项信息:

根据审批确认后的供电方案,书面答复客户,在规定的时限内提供【供电方案答复单】供客户签字确认,登记通知客户及客户确认反馈的时间点。若不能如期确定供电方案时,应主动向客户说明原因。

答复人默认为环节签收人。

答复方式和客户回复方式的下拉选项有【短信】、【通知单】、【电话】、【传真】、【E-MALL】、【公告】，按照相应的答复方式填写。

点击【供电方案答复单】可直接保存、打印供电方案答复单。

注意事项：

流程考核时限开始时间：受理用户用电申请的时间，取业务受理环节的接收时间。

流程考核时限结束时间：向用户提交供电方案并客户确认签字的时间，取供电方案答复环节的答复日期。

供电方案答复期限：自受理客户申请之日起，单电源客户 15 个工作日，双电源客户 35kV 及以下 20 个工作日，110kV 及以上 30 个工作日。

4.8.设计文件审核受理环节【业务受理人员】

进入营销系统，按顺序点击【我的任务】—【待办工作单】，选择需要处理的工作单，如图所示：

设计文件受理是业务受理人员收到客户提交的设计文件后进行初步审核并进行系统登记的业务环节。

如下图所示点击【新增】录入设计单位、线路图份数、土建图份数、变电图份数、选择工程类别、受理人、受理时间、图纸是否审核根据信息据实登记。保存后发送。

要项信息：

【申请备注】业务人员将初步审核结果进行登记说明，例如：设计单位资质证书与原件一致，图纸签字盖章齐全。

【工程类别】需要登记客户报送的设计文件所涵盖的工程分类，一般分为送电工程、变电工程和土建工程。送电工程主要指的是输电线路的设计、施工，包含铁塔、导线、避雷线、绝缘子、金具等。变电工程主要指变电站的设计、施工，包含变压器、断路器、隔离开关、母线、防雷接地系统、继电保护系统、交直流电源、无功补偿装置等。土建工程是指送电工程、变电工程中配套的土木建筑工程设计。

【受理人】一般为客户经理或业务受理员。

【受理时间】在登记设计文件信息时，系统自动生成的当前时间。

【设计单位】工程设计单位名称，为下拉式可选项，选项中没有相应设计单位需要在客户关系管理—业务联系单位管理—档案管理中添加工程设计资质单位。

【联系电话】填写客户电气工程负责人联系电话。

【图纸份数】接收客户相应工程类别设计文件的份数，一般为两份。

【是否审核】登记的设计文件在设计文件审核环节是否进行审核。

【登记人】即业务受理人员。

【要求审核登记日期】客户预约的设计文件审核时间。

所有设计文件（送电工程、变电工程和土建工程）经过初审并完成系统登记后，点击【发送】，流转至设计文件审核环节。

4.9.设计文件审核环节【业务受理人员】

进入营销系统，按顺序点击【我的任务】—【待办工作单】，选择需要处理的工作单，如图所示：

要项信息：

【接收人】组织设计文件会审人员，一般为大客户经理或各单位业扩管理人员。

【审核人】参加设计文件审核的主要专业负责人员，一般包括生产、调度、计划发展、计量及营销专业。

【审核日期】设计文件审核的具体时间。

【批准人】部门或单位业务负责人。

【批准日期】批准设计文件审核结果通知单的日期。

【次数】设计文件审核次数。

【电子文档】将批准后设计文件审核结果通知单扫描件上传。

待设计文件审核合格并完成审核信息录入工作后，点击【发送】，流转至【中间检查受理】环节。

注意事项：

流程考核时限开始时间：取设计文件受理环节的受理日期。

流程考核时限结束时间：取设计文件审核环节的审核日期。

设计审核期限：自设计文件受理任务结束之日起，高压供电用户不超过 10 个工作日。设计单位、施工单位补充从基层收集到的所有符合资质要求的业务联系单位，方便开展相关工作。

串行改并行：在文件设计审核后，流程并行中间检查，合同签订，确定费用环节。可根据具体用户情况在系统内走具体流程。

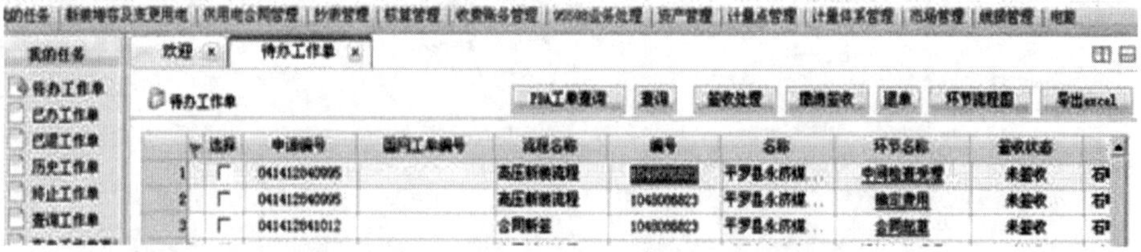

4.10.中间检查受理环节【业务受理人员】

进入营销系统，按顺序点击【我的任务】—【待办工作单】，选择需要处理的工作单，如图所示：

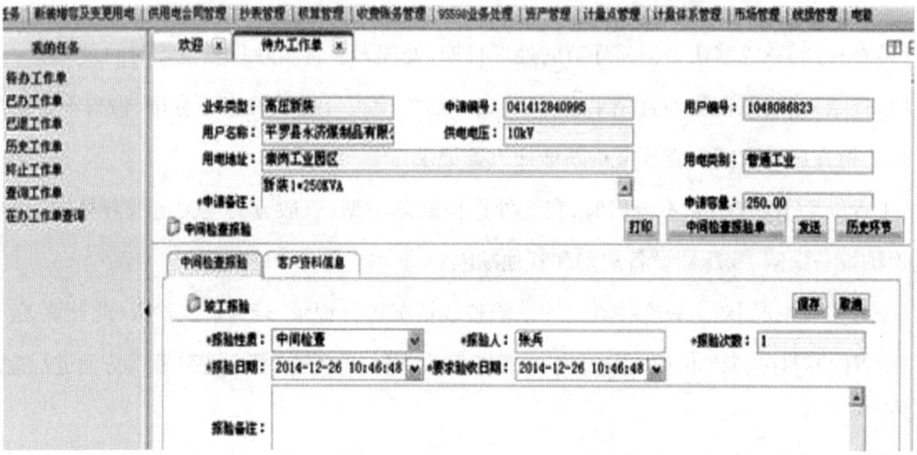

要项信息：

【报验性质】客户报验工程内容,一般可分为中间检查和竣工验收。

【报验人】向供电企业提交中间检查申请的人员,一般为客户电气工程负责人。

【报验次数】客户向供电企业提交中间检查申请的次数。

【报验时间】客户向供电企业提交中间检查申请的时间。

【要求验收日期】客户预约开展中间检查的具体时间。

【报验备注】对客户的报验工作进行备注说明,若客户无特殊要求可以填写【无】。

4.11.中间检查环节【用电检查人员】

进入营销系统,按顺序点击【我的任务】—【待办工作单】,选择需要处理的工作单,如图所示:

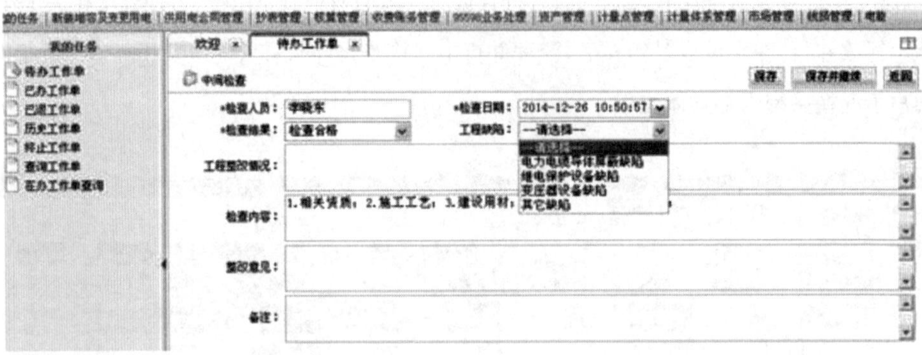

要项信息：

中间检查人员在中间检查环节界面点击【增加】,录入中间检查记录。

【检查人员】系统默认为当前环节的处理人员,处理人应将所有参加中间检查的人员姓名录入。

【检查日期】系统默认为当前环节的处理日期,处理人应将实际现场检查时间录入。

【检查结果】按照现场检查结果进行录入,一般为检查合格或检查不合格,检查不合格需要择日现场检查后在中间检查环节重新增加检查记录。

【工程缺陷】检查结果不合格时,在此处选择缺陷类型,一般分为电力电缆导体屏蔽缺陷、继电保护设备缺陷、变压器设备缺陷和其他缺陷。

【工程整改情况】对上一次检查出的缺陷整改情况进行记录,若为首次检查,此处填无。

【检查内容】对施工单位相关资质、施工工艺、建设用材、设备选型及隐蔽工程等方面进行检查并记录检查信息。

【整改意见】对检查内容存在的缺陷录入整改意见。

注意事项：

流程考核时限开始时间：取中间检查受理环节的报验日期。

流程考核时限结束时间：取中间检查环节的检查日期。

时限要求：自中间检查受理任务结束之日起，高压供电客户不超过5个工作日。

4.12.竣工报验环节【业务受理人员】

进入营销系统，按顺序点击【我的任务】—【待办工作单】，选择需要处理的工作单，如图所示：

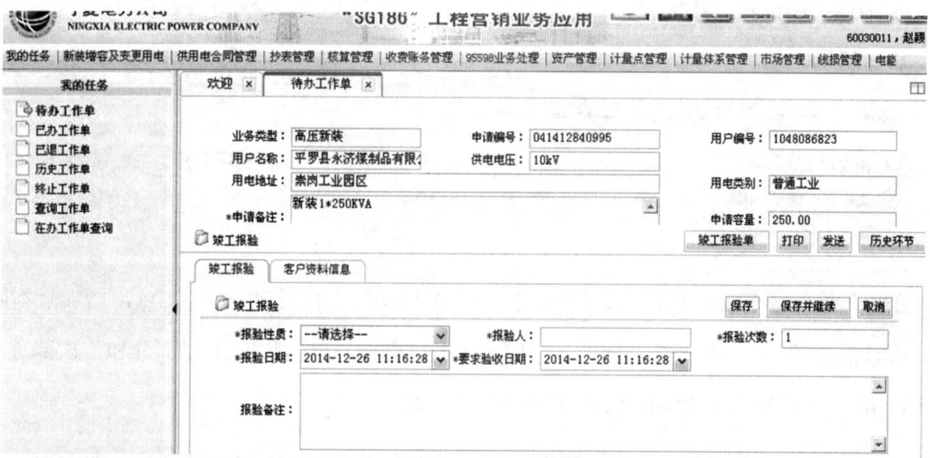

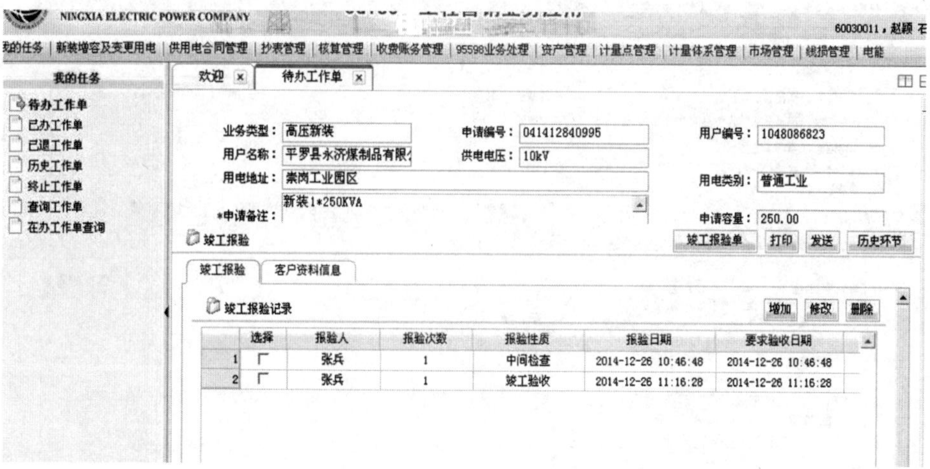

要项信息：

【报验性质】客户报验工程内容，一般可分为中间检查和竣工验收，此处应选择【竣工报验】。

【报验人】向供电企业提交竣工检验申请的人员，一般为客户电气工程负责人。

【报验次数】客户向供电企业提交竣工检验申请的次数。

【报验时间】客户向供电企业提交竣工检验申请的时间。

【要求验收日期】客户预约开展竣工检验的具体时间。

【报验备注】对客户的报验工作进行备注说明，若客户无特殊要求可以填写【无】。

4.13.竣工检验环节【用电检查人员】

进入营销系统，按顺序点击【我的任务】—【待办工作单】，选择需要处理的工作单。如图所示：

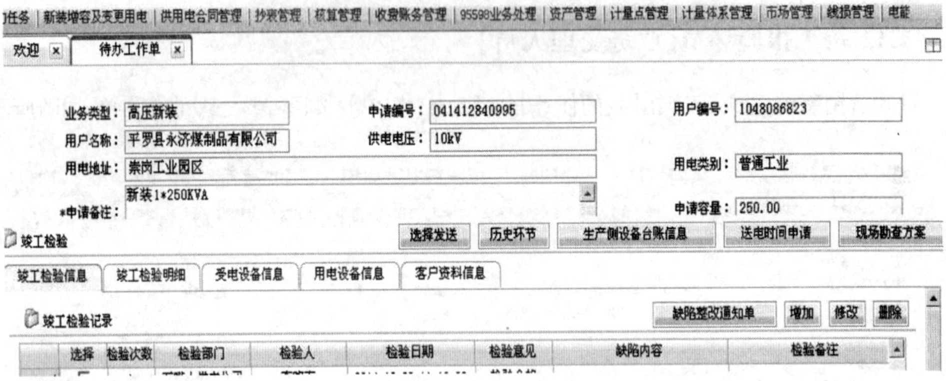

在竣工检验环节处理页面点击【增加】，对竣工检验综合信息进行录入。点击增加录不同项目的检验信息（缺陷说明和整改意见），一般分为变电部分、送电部分、土建部分和二次部分。

点击【竣工检查信息】标签已，录入检验信息。如图所示：

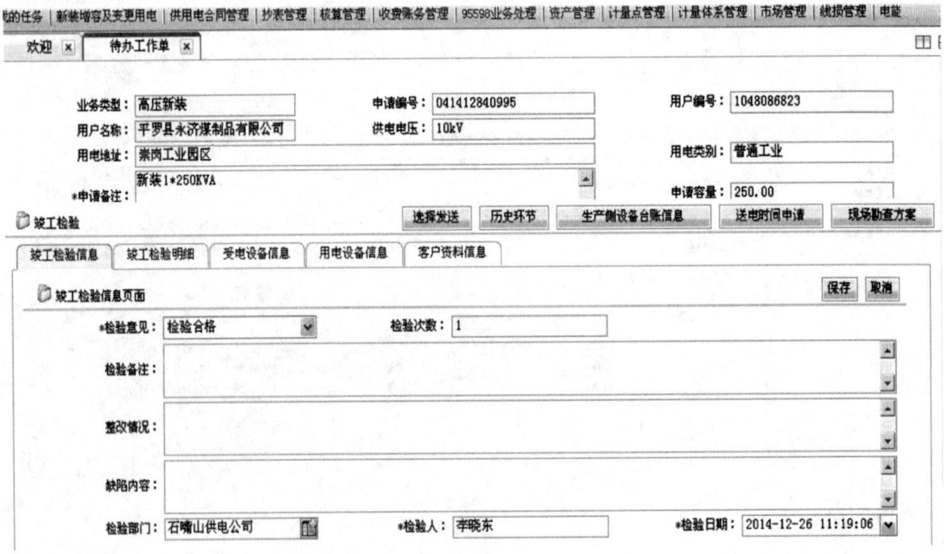

要项信息：

【检验意见】按照现场检查结果进行录入，一般为检查合格或检查不合格，检查不合格需要择日现场检查后在竣工检验环节重新增加检验记录。

【检验次数】开展现场竣工检验的次数。

【检验备注】对首次检验合格客户的现场检查情况进行记录。

【整改情况】对上一次检查出的缺陷整改情况进行记录，若为首次检查，此处填【无】。

【缺陷内容】检查结果不合格时，在此处对缺陷内容进行登记。

【检验部门】系统默认为环节处理人所在单位名称。

【检验人】填写参与竣工检验各部门的主要负责人姓名。

【检验日期】系统默认为当前日期，但不应小于在竣工报验环节录入的客户要求验收日期。

点击【受电设备信息】标签已，录入变压器信息。如图所示：

受电设备信息录入：此环节受电设备信息显示现场勘查环节录入的信息，环节处理人员根据现场检验中抄录的受电设备铭牌信息与客户提交的设备信息核对无误后在此环节进行修改和补录。

要项信息：

【变损算法标志】确定该受电设备是否计收变损及变损计算方式，一般分为不计算、按定比、按定量、按标准公式、按标准表五类（一般不选择定比、定量方式计算变损）。

不计算：计量方式为高供高计用户此处选择不计算；

计量方式为高供低计用户一般根据变压器型号划分为按标准公式和按标准表，划分原则参照宁夏电力公司下发的《关于规范变损计费参数有关问题的通知》《关于高供低计专变用户变压器损耗分摊结算的通知》执行；对于选择按标准表、按标准公式计算变损的，必须保证变压器型号、容量、短路阻抗与现场完全一致，否则变损计算错误。

【变损编号】按标准表、按标准公式计收变损的用户必须选择变损编号。计收方式选定后，根据受电设备的容量、变损类型（变压器型号）、电压等级选择变损编号。该参数将直接影响电费计算中变损电量电费计算的准确性。

【短路阻抗】是指变压器的负荷阻抗为零时，变压器输入端的等效阻抗。按照铭牌或出厂合格证上的数值填写。

设备铭牌信息应根据现场抄录的设备铭牌信息及受电设备出厂合格证上的信息进行核对后填写。

注意事项：

对受电设备产权进行核对，若存在受电设备出资界面发生改变造成产权归属变更的应进行修改。

在此环节还可对用电设备信息、客户资料信息进行增加录入。

流程考核时限开始时间：取竣工报验环节的报验日期。

流程考核时限结束时间：取竣工检验环节的检验日期。

时限要求：自竣工报验任务结束之日起，高压供电客户不超过5个工作日。

点击【现场勘查方案】标签页，方案发生变化的可在竣工检查环节中维护信息。如图所示：

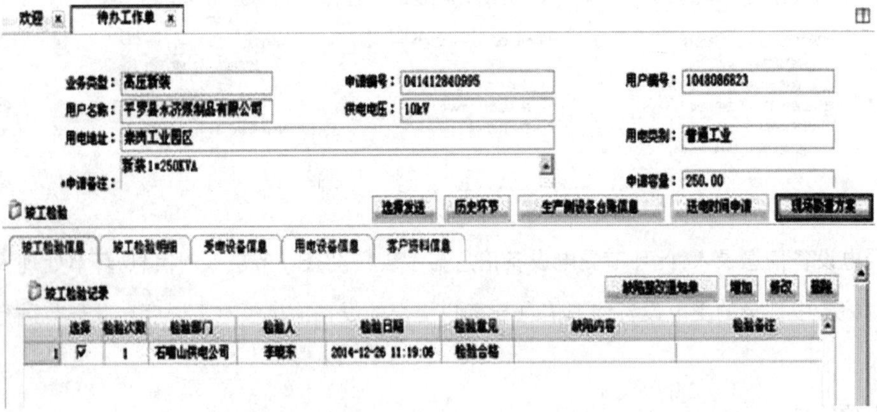

高压新装、增容流程，在竣工检验环节增加调用现场勘查功能，可在竣工检验环节再次完善现场勘查环节的相关方案信息。

4.14.配表环节【库房管理人员】

进入营销系统，按顺序点击【我的任务】—【待办工作单】，选择需要处理的工作单，点击【电能表方案】标签页，进行配表。如图所示：

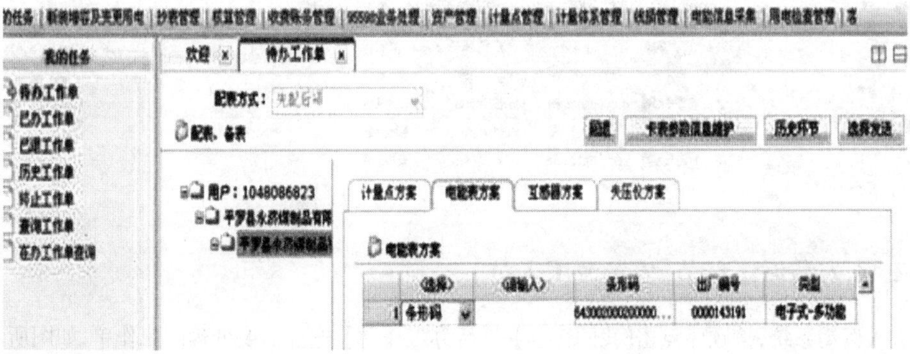

点击【互感器方案】标签页，进行配互感器。如图所示：

要项信息：

【配表方式】分为先配后领和先领后配两种方式，一般选择先配后领方式。

分别对每个结算方式为实抄的计量点将电能表、互感器按照出厂编号或条形码编号进行配表，配表前需保证所配计量资产类型、类别、变比、准确性等级均与计量方案一致，且计量资产在本单位库房合格在库。

【卡表参数信息维护】对安装电子式预付费电能表且为卡表购电方式的客户进行卡表参数信息维护。此流程为多功能表不需进行卡表参数信息维护。

4.15.设备出库环节【装表人员】

进入营销系统，按顺序点击【我的任务】—【待办工作单】，选择需要处理的工作单，如图所示：

4.16.安装派工环节【安装派工人员】

进入营销系统，按顺序点击【我的任务】—【待办工作单】，选择需要处理的工作单，如图所示：

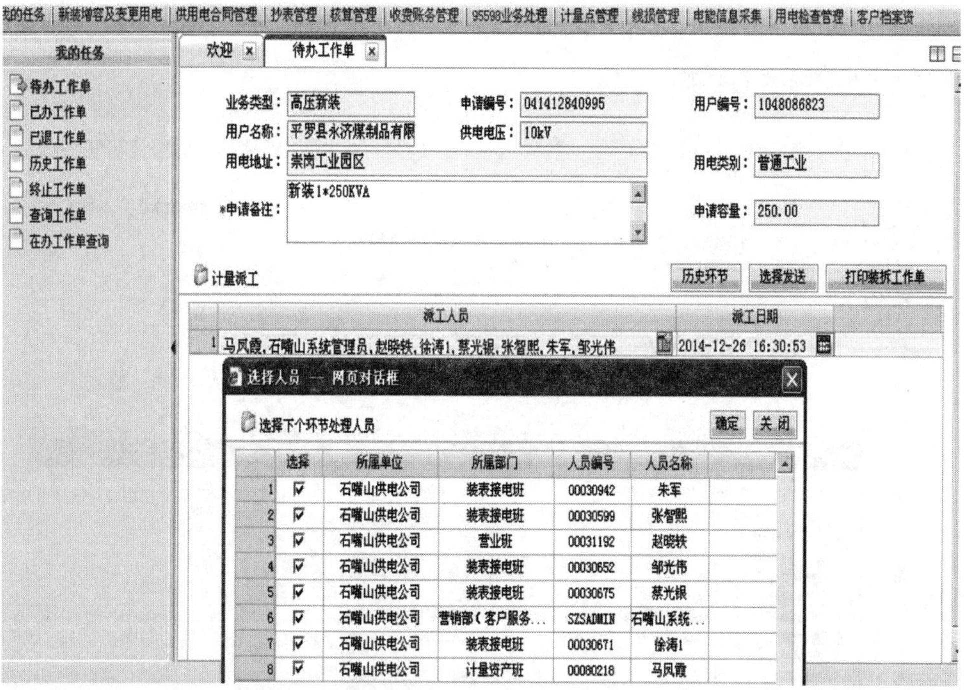

【派工人员】选择具体到现场装表的人员，一般至少选择 2 人。

【派工日期】装拆工单派发的时间，系统默认为流程环节处理时间。

4.17.装表环节【用户设备装拆人员】

进入营销系统，按顺序点击【我的任务】—【待办工作单】，选择需要处理的工作单。

【计量管理段】指管理用户计量点所属的计量段，一般每个单位只建立一个计量管理段，如果需要增加计量管理段，需在【计量点管理】—【辅助功能】—【计量段管理】中维护增加。

点击【计量点】标签页，维护计量管理段，如图所示：

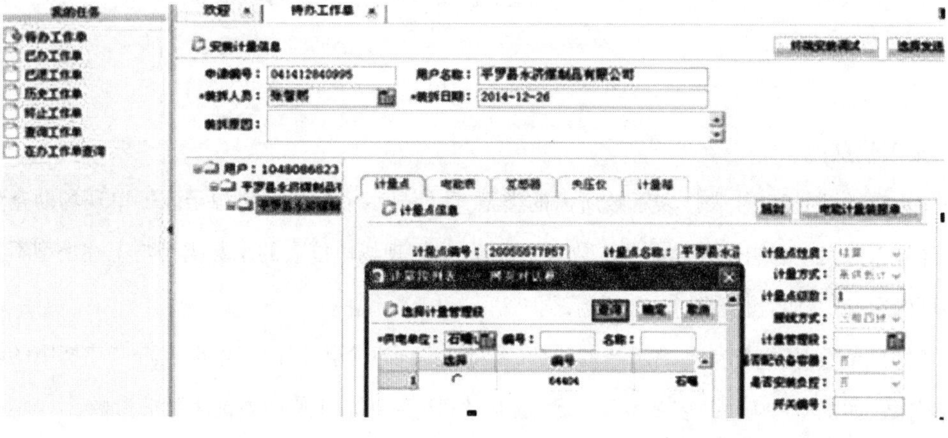

计量管理段维护完成点击【电能表】标签页及【互感器】标签页进行电能表安装，示数信息维护及安装互感器，如图所示：

要项信息：

【示数类型】指电能表抄表示数所需的类型，此处显示示数类型来源于该工单现场勘查环节，计量点方案—电能表方案中的示数类型选择，如果现场电能表的示数类型与上述类型不一致，可以通过【增加】和【删除】功能进行维护。

【抄见位数】指电能表抄表示数的位数，此处显示抄见位数来源于电能表资产建档中的电能表位数，如果与现场电能表示数不一致，必须通过计量中心来修改电能表相关参数。

【本次抄见】应分别将原表和新表止码录入。

【综合倍率】指该计量点安装互感器后的倍率，如果计量点上未安装互感器，综合倍率为电能表的自身倍率。综合倍率值 = 电能表自身倍率 × 电流互感器变比 × 电压互感器变比。

【互感器】需分别保存。

高压新装、增容流程，在现场勘查环节增加共享互感器功能，实现平行电能表共有一组互感器的功能。

电能表及互感器分别安装完毕，点击终端安装调试后发送。

4.18.合同起草【合同专责】

进入营销系统，按顺序点击【我的任务】—【待办工作单】，选择需要处理的工作单。如图所示：

业务环节描述：

业扩流程设计文件受理时，系统自动发起合同新签子流程，由合同签订人员签收后，按照客户用电性质及公司供用电合同管理要求选择相应的合同类型，并按照合同范本及客户现场用电情况与客户进行协商，确定供用电合同具体内容，完成合同草本，并上传至营销系统。

要项信息：

【操作类型】此字段系统按照业扩流程自动生成。如业扩流程为高压新装，操作类型自动显示为新签；

【申请编号】系统自动生成，作为合同新签子流程的标识码，与业扩主流程编号不一致；

【合同编号】系统自动生成，与该户客户编号一致；

【用户编号】、【用户名称】、【用电地址】、【用电类别】、【用电地址】、【行业分类】、【电压等级】系统自动生成，与业扩主流程用户编号一致；

【合同容量】系统自动生成，取业扩主流程现场勘察环节核准容量；指用电人申请、并经供电人核准使用电力的最大功率或视在功率，一般为用电人受电装置的容量，即装接容量，包括受电变压器容量、站（所）用变压器容量和同级供电电压的高压电机容量（kW视同kVA）。

【合同类型】根据客户供电电压及用电性质进行选择，现国家电网公司合同类型主要包括以下几种：

高压供用电合同：适用于高压正式用电客户；

低压供用电合同：适用于低压正式用电客户；

临时供用电合同：适用于临时用电客户；

委托转供电合同：适用于具有转供电关系的用电客户；

居民供用电合同：适用于居民客户；

【版本号】系统内，每一种合同类型对应一种版本号，当选择合同类型时，版本号自动对应产生；

【起草人员】系统默认为有合同管理权限的流程签收人员；

【合同起草时间】系统默认为合同子流程签收时间，实际业务中，可根据实际对此时间进行设置；

【自动续签】若选择【是】，当该合同到期时，系统内会自动续签，合同不会过期；若选择【否】，当合同到期时，系统自动该客户终止合同；

【起草说明】对合同起草时需要说明的情况进行描述。

【上传已起草合同】按照合同范围与客户协商完成合同草本后，可在此将供用电合同内容进行上传。

注意事项：

1.在合同起草时，可点击【客户统一视图】，核对合同参数是否与系统相关参数表述一致。

2.对调度协议、电费结算协议等供用电合同附件及补充材料，可在【添加协议】或【合同附件】进行上传。

3.在合同起草界面，正确选择合同类型和版本号后，点击【生成合同文本】，可产生对应合同范本。

4.要对起草合同详细进行查看时，可点击【合同详细信息】进行查看。

5.临时用电客户必须选择临时用电合同版本。

4.19.合同审核【电费及营业组领导】

进入营销系统，按顺序点击【我的任务】—【待办工作单】，选择需要处理的工作单。如图所示：

该环节主要针对合同起草人员起草的合同草本、合同附件及相关资料，进行审核。审核通过后，跳转至下环节，选择【不通过】，并填写审核意见，流程退回至合同起草环节，由合同起草人员按照审核意见对合同内容进行修改、补充、完善。

对通过合同审核的环节，由供用电合同审批人员进行审批，审批选择【不通过】后，流程退回合同起草环节，需要合同起草人员按照审批意见修改相关内容。

4.20.合同签订【合同专责】

进入营销系统，按顺序点击【我的任务】—【待办工作单】，选择需要处理的工作单。如图所示：

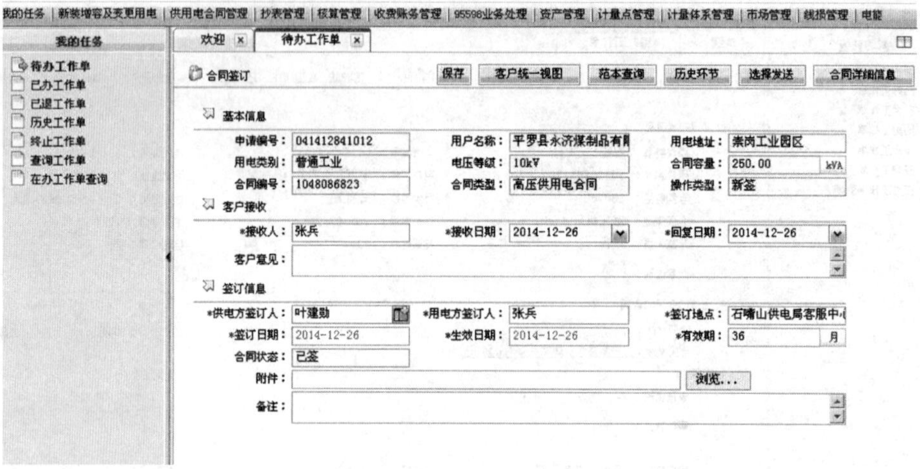

要项信息：

合同签订人员联系客户签订已审批通过的供用电合同，并将相关信息录入此界面。

要项信息：

【接受人】供用电合同签订后，客户方接受人员。

【接受日期】指客户接受供用电合同的日期。

【回复日期】指客户对待签订供用电合同意见的反馈日期。

【客户意见】指客户对合同起草人员起草的供用电合同审核后的反馈的意见。

【供电方签订人】指供电企业供用电合同签订人员。一般是供电企业法人代表或负责人，其他人员签订供用电合同必须得到供电企业法人代表或负责人授权。

【用电方签订人】指用电人合同签订人员，用电人为自然人签订人为本人，用电人为法人，签订人员应为法人代表或企业负责人，其他人员签订供用电合同必须得到供电企业法人代表或负责人授权。

【签订地点】指合同双方当事人签字或者盖章的地点，涉及法院管辖权的问题，一般的合同纠纷如果双方没有明确约定签订地点的，按被告所在地的法院来管辖的。

【签订日期】取供用电合同双方签订的最大日期，如果合同中没有明确约定，这个日期也就是合同的生效日期。

【生效日期】指供用电合同实际生效的日期。若合同没有明确生效日期，则取双方签订的最大日期。

【有效期】指供用电合同的有效期限，宁夏电力公司对合同有效期规定如下：

1.居民客户一般签订为5~10年。

2.非居民客户、中小商户一般签订为3~5年。

3.其他客户一般签订为 1~3 年。其中对承包、租赁经营的企业、濒临破产的企业一般签订为 1 年;临时《供用电合同》有效期不超过 6 个月。

4.21.合同归档【合同专责】

进入营销系统,按顺序点击【我的任务】—【待办工作单】,选择需要处理的工作单。如图所示:

4.22.确定费用【业务受理员】

进入营销系统,按顺序点击【我的任务】—【待办工作单】,选择需要处理的工作单。如图所示:

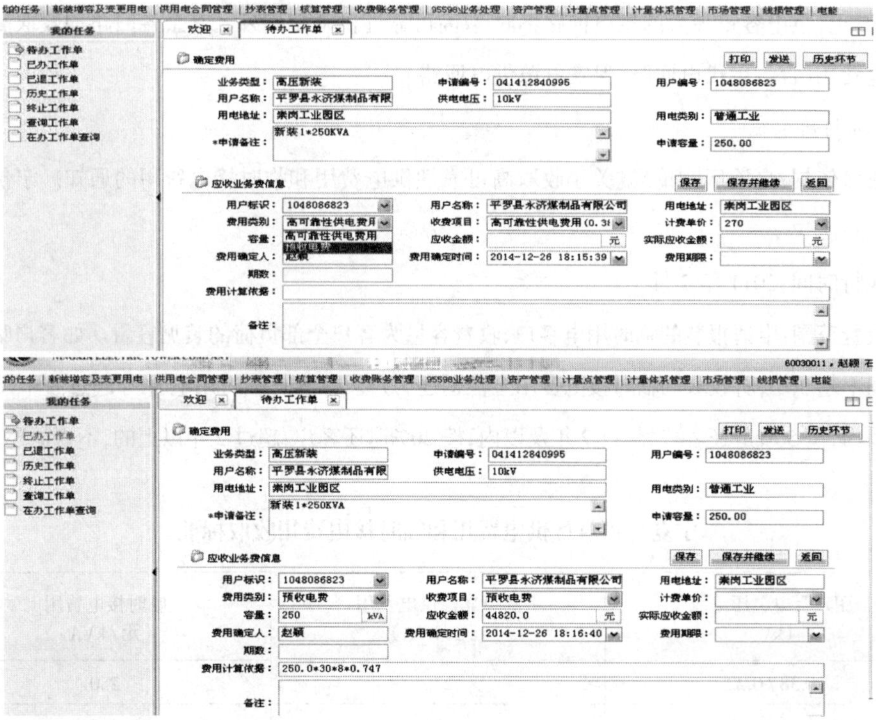

要项信息:

对符合业务收费范围的客户,按照国家规定的收费项目和收费标准,计算应缴纳费用总额,填写相关内容。

业务费类别、收费依据及收费标准：

1.电力负荷管理装置费

收费依据：宁夏回族自治区物价局《关于调整电力负荷管理装置收费标准的通知》（宁价商发〔2011〕48 号）。

执行时间：2011 年 11 月 1 日

执行范围：受电变压器在 100kVA 及以上的用户。

收费标准：受电变压器在 100kV 及以上、315100kVA 以下的，每套装置收费标准为 3500 元；受电变压器在 315kV 及以上的，每套装置收费标准为 5000 元。

2.高可靠性供电费

收费依据：宁夏回族自治区物价局《关于收取高可靠性供电费及临时接点费的通知》（宁价商发〔2011〕32 号）。

执行时间：2011 年 7 月 1 日

执行范围：新装及增加用电容量的用户，在供电方案批复后，其两条及以上供电回路并列连接及运行，或虽分列运行，但一经切换即可通过高、低压侧连接供电的同一负荷，除其中一条正常运行且供电容量最大的供电回路不收 取高可靠性供电费用外，其余各回路均收取高可靠性供电费用（含备用供电回路、保安电源供电回路）。

3.临时接电费

收费依据：自治区物价局《关于收取高可靠性供电费用和临时接电费用的通知》（宁价商发〔2011〕32 号文）。

执行时间：2011 年 7 月 1 日

收费范围：申请报装的临时用电客户，收费容量为客户全部负荷的装见容量。如客户临时用电时间不超 3 年，所收取的临时接电费用全额退还客户。如客户临时用电时间 超过 3 年，超过 1 年及以内，按 50%退还客户，超过 2 年及以内，按 20%退还客户，超过 2 年以上的，不再退还。

宁夏高可靠性供电费用和临时接电费用收取标准

用户受电电压等级（kV）	高可靠性供电费用（元 / kVA）	临时接电费用（元 / kVA）
0.38 / 0.22	270	250
10	220	200
35	170	150
110 及以上	90	70

注：地下电缆按架空线路费用的 1.5 倍计收。

4.新建住宅小区配套费

收费依据:《关于新建居民住宅小区供电配套设施收费政 策的函》(宁价商函〔2013〕53 号)及《关于规范新建 居民住宅小区供电配套设施建设试点收费的通知》(宁价商发〔2010〕32 号)。

执行时间:2013 年 7 月 2 日

收费范围:所有新建居民住宅小区

收费标准:

1.基本配置收费标准

(1)普通商品住宅、经营性用房、办公用房建设项目工程收费标准为 109 元 / 平方米。在电源点建设过程中发生的市政道路开挖赔偿、拉管、顶管费用由小区开发建设单位承担。

(2)小区公益性公共建筑设施(包括敬老院、居委会办公 用房、业主委员会办公用房、会所、环卫设施用房、路灯管理站及公办的幼儿园、托儿所、小学、中学等)按普通商品住宅收费标准的 90%收取。

2.特殊配置收费标准

(1)在基本配置收费标准的基础上,如果要求提高配置容量,每户每提高 1kW,收费标准提高 10%。

(2)小区开发建设单位因场地狭小,要求采用小型化设备,配置成本又较高的,收费标准上浮 20%。

(3)有特殊配置要求的其他住宅按项目规划建设,单独核算,并经中介机构审核确认造价标准,经自治区物价局批复后确定。

4.23.业务收费【收费员】

进入营销系统,按顺序点击【我的任务】—【待办工作单】,选择需要处理的工作单。如图所示:

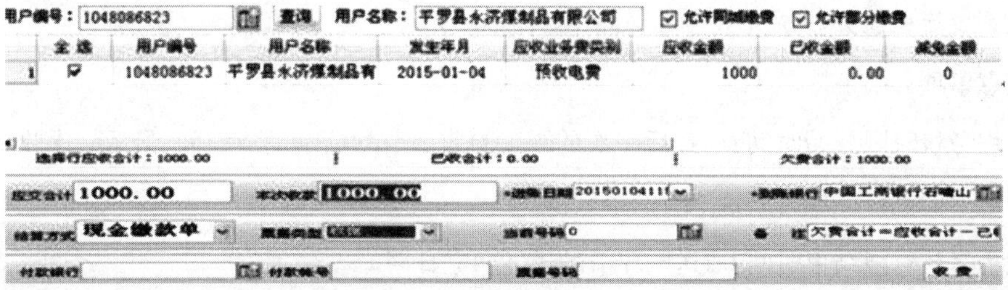

收费人员在待办工作单内找到该户,收取相关费用,并向缴费客户打印发票及收据。

要项信息:

【应交合计】选取的收费项目金额合计。

【本次收款】客户本次实际缴纳金额。

【本次预收】本次收取客户预交电费金额。

【结算方式】客户缴纳费用采取的方式。

【票据类型】客户缴纳费用后，收费人员向客户提供票据的类型。

【当前号码】选取当前票据类型对应的号码。

注意事项：

对收取的高可靠供电费、负控费等，票据类型为普通发票或增值税专用发票。

对临时接电费只能开具收据，若临时接电费超过3年的，按照临时接电费实际收取金额开具发票。

小区配套费在此环节开具建筑业统一发票。

4.24.送 电【送电人员】

进入营销系统，按顺序点击【我的任务】—【待办工作单】，选择需要处理的工作单。如图所示：

在完成业务收费、竣工检验及签订供用电合同后，进入送电环节，送电人员在送电前分别打印【送电任务单】和【送电工作单】，前往现场开展送电工作，送电后，完成此界面数据保存，完成送电系统流程任务。

注意事项：

流程考核时限开始时间：取最后一次的竣工验收环节的活动完成时间、最后一次收费时间和供用电合同签订完成时间这三者的最大值。

流程考核时限结束时间：取送电环节的送（停）电日期。

时限要求：自竣工检验和合同签订两个环节的最大完成时间结束之日起，高压客户不超过5个工作日。

4.25.信息归档【用电检查员】

进入营销系统，按顺序点击【我的任务】—【待办工作单】，选择需要处理的工作单。如图所示：

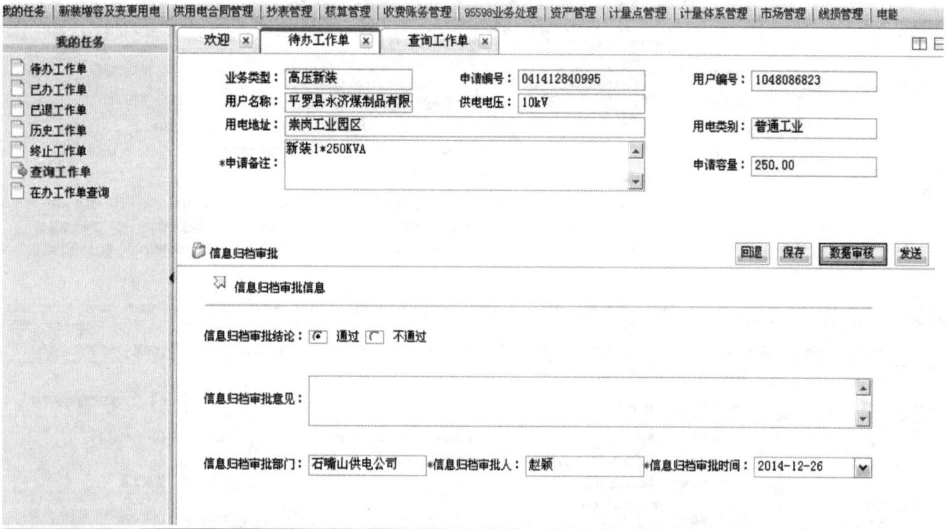

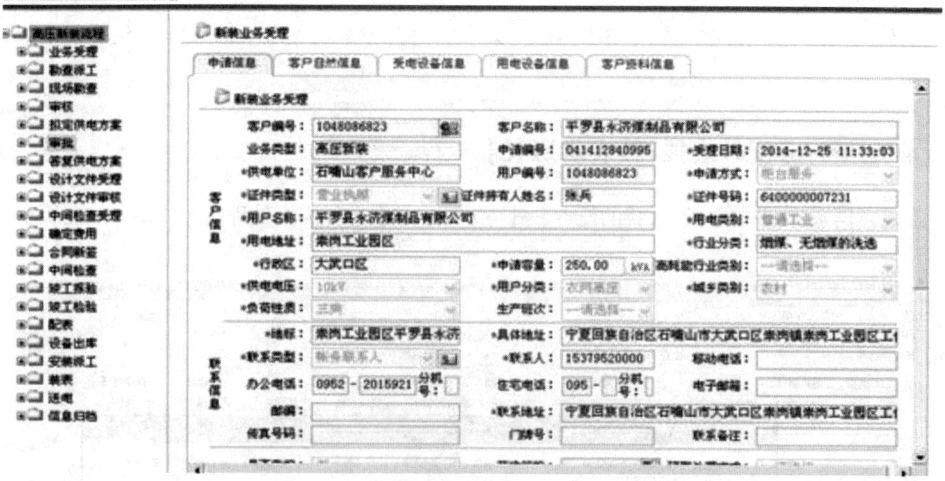

该环节是对各业务环节录入信息的全面检查，无误后，对信息进行归档，若发现个别环节存在错误或不符合逻辑数据，可退单或工单调度至相应环节，修正后，再进行信息归档。

注意事项：

信息归档前请点开数据审核查看相关信息正确后方可保存发送，如有问题请回退至相关环节维护信息。维护后在信息归档，信息归档后，此流程在系统内已完成，不能通过退单或调度工单修改进行相关数据的修改，此客户可在客户档案中查询。

信息归档后有串行行流程：客户空间位置及拓普，并行流程新户分配抄表段、安装采集终端。

4.26.客户空间位置及拓扑【用电检查员】

进入营销系统，按顺序点击【我的任务】—【待办工作单】，选择需要处理的工作单。如图所示：

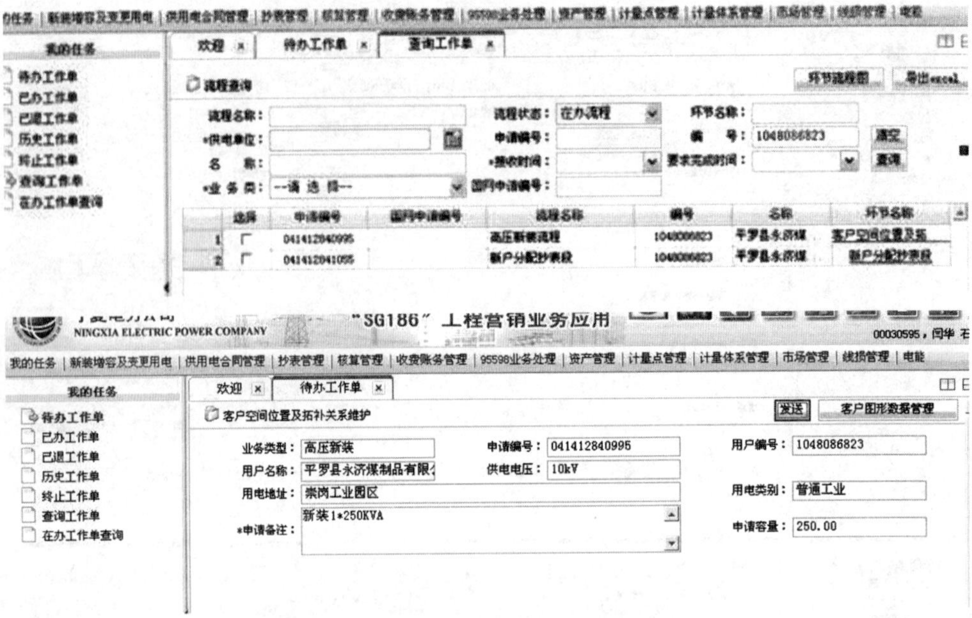

4.27.新户分配抄表段【抄表班班长】

进入营销系统，按顺序点击【我的任务】—【待办工作单】，选择需要处理的工作单。如图所示：

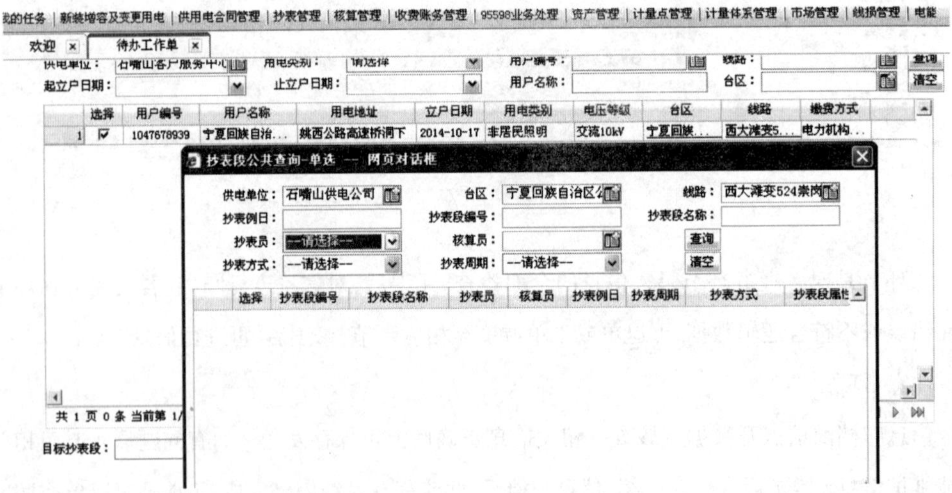

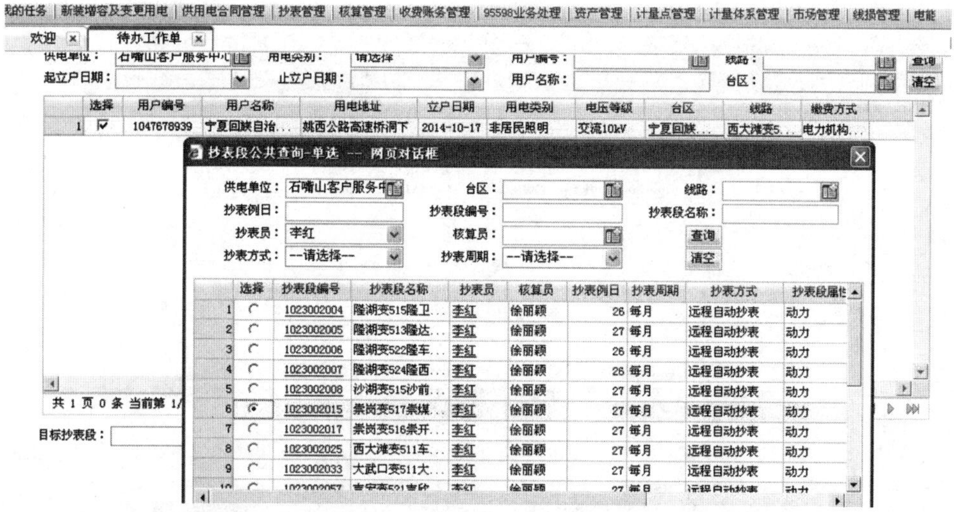

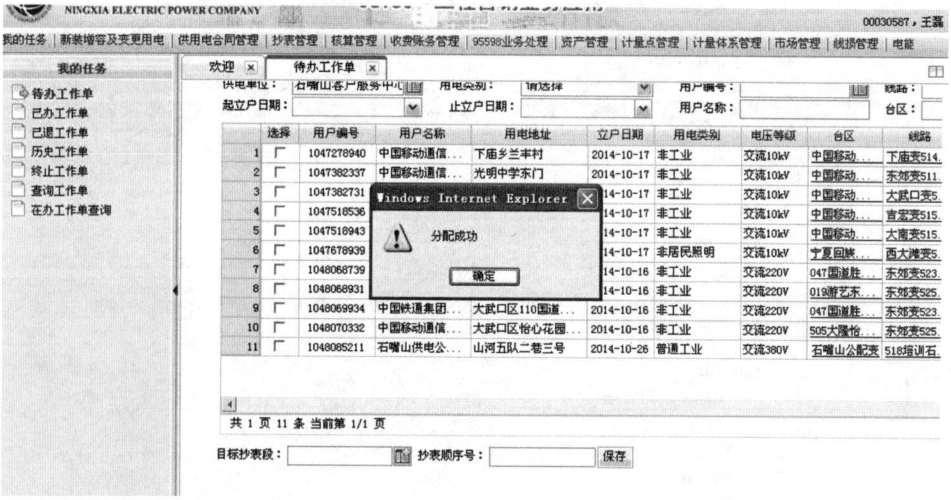

4.28.安装采集终端【采集班】

进入营销系统,按顺序点击【我的任务】—【待办工作单】,选择需要处理的工作单。如图所示:

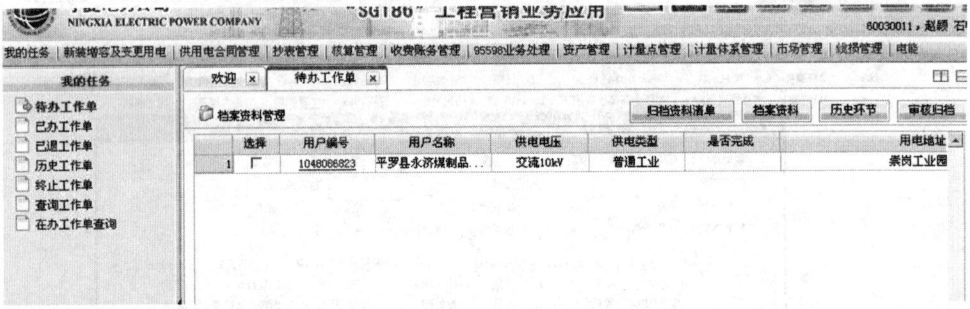

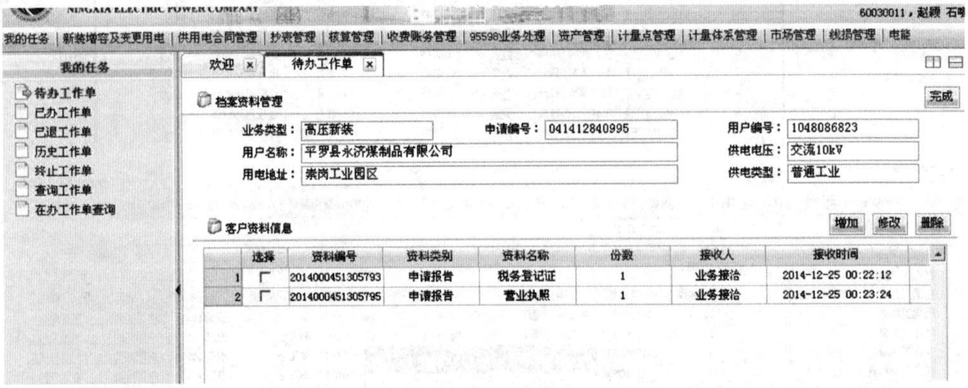

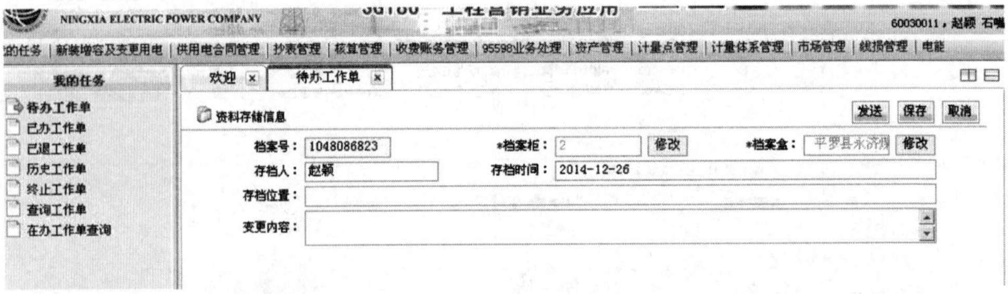

对已分配抄表段的客户纸质资料进行归档，填写档案柜、档案盒编号及存档时间后，保存，至此客户整个增容流程结束。

第六部分

高压客户
增容业务操作典型案例

◎业务描述

◎场景描述

◎业务流程图

◎流程环节处理

第六部分
高压客户增容业务操作典型案例

1　业务描述

本业务适用于电压等级10kV及以上客户的增容用电。

供电企业依据《供电营业规则》有关用电报装的条款规定、国网公司统一发布的服务承诺及服务规范，客户的用电增容申请，组织现场勘查，制定10kV及以上电压等级供电方案，向客户收取有关营业费用，跟踪供电工程的立项、设计、图纸审查、工程预算、设备供应、施工过程，组织受电工程的图纸审查、中间检查、竣工验收，与客户签订供用电合同，并给予装表送电，完成资料归档全过程管理。

2　场景描述

用户名：平罗县永济煤制品有限公司；户号：1048086823；原有容量：250kVA；新增容量：1000kVA；行业分类：烟煤、无烟煤的开采，采用高供低计计量。

3 业务流程图

高压增容流程图

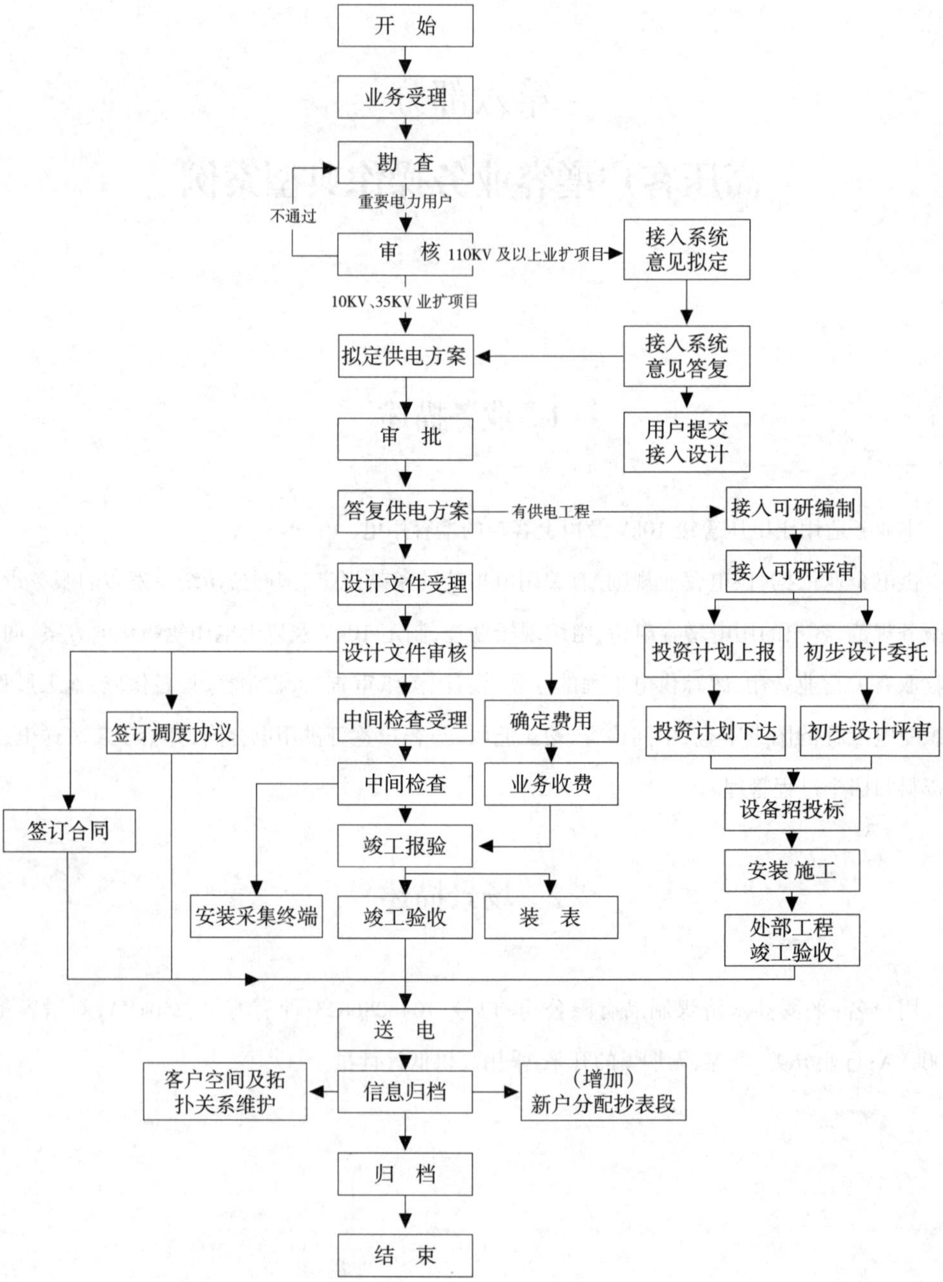

4　流程环节处理

4.1.业务受理【业务受理员】

进入营销业务应用SG186 系统(以下简称“营销系统”),按顺序点击【新装增容及用电变更】—【新装增容】—【高压增容】。如图所示:

点击【申请信息】标签页,用户编号后面的图标“ ”,如图所示:

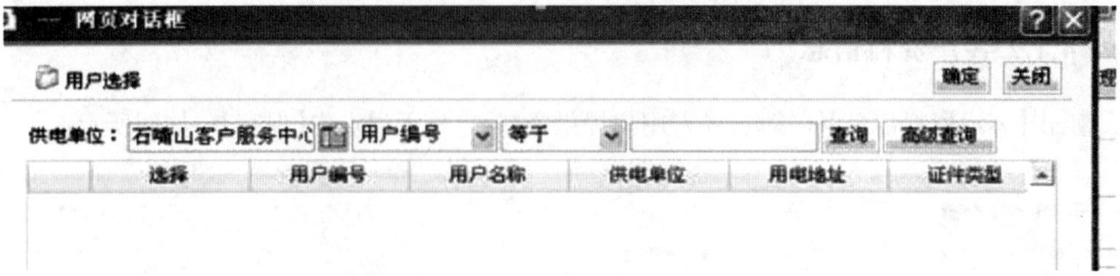

可以按用点地址、用户编号、用户名称、行业分类和抄表段编号查询需要办理增容业务的用户。选定一个用户后,点击【确定】。

4.1.1.申请信息

在【申请信息】标签页中,录入用户申请。如图所示:

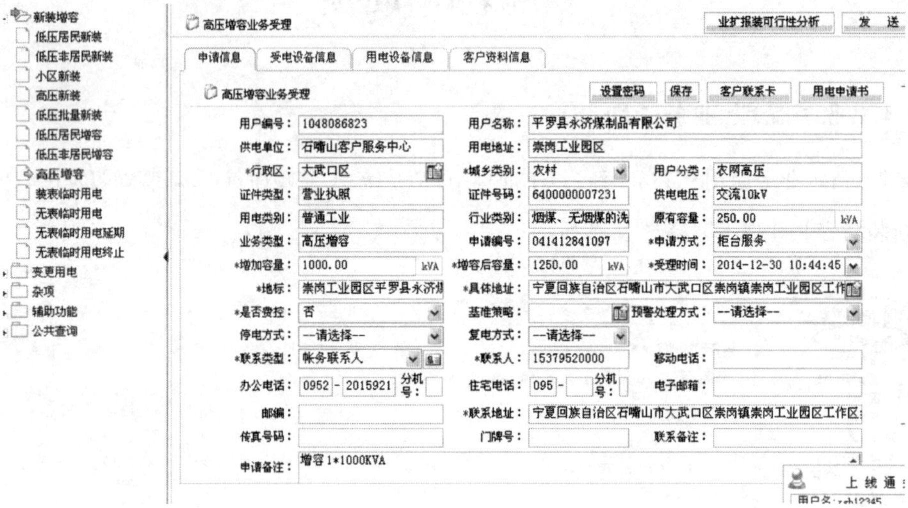

要项信息：

【申请编号】由系统自动生成，用来记录系统流程的唯一性编号，便于在办工单及历史工单的查询。

【受理日期】受理日期取系统当前日期（不允许修改）。

【申请方式】指受理客户申请的方式。对于通过网站、95598等渠道受理的信息，将通过系统带入此界面进行修改并发起完整的业务流程。

【增加容量】填写客户需要增加的容量。

该页面主要对客户提供的报装资料进行登记，并将扫描件进行上传。

4.1.2.客户资料信息

点击【客户资料信息】标签页，录入用户提供资料，审核无误点击【保存】。如图所示：

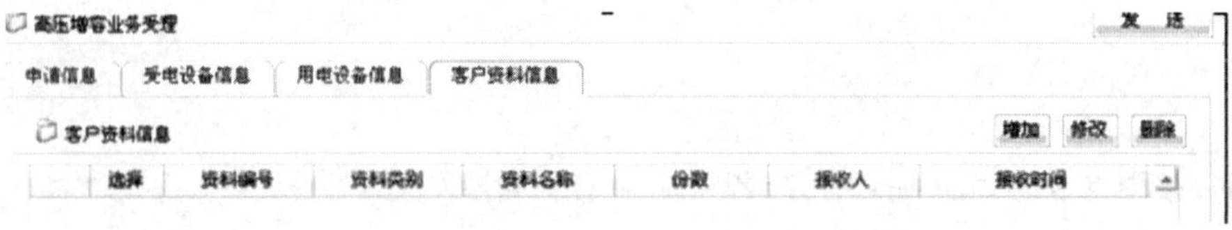

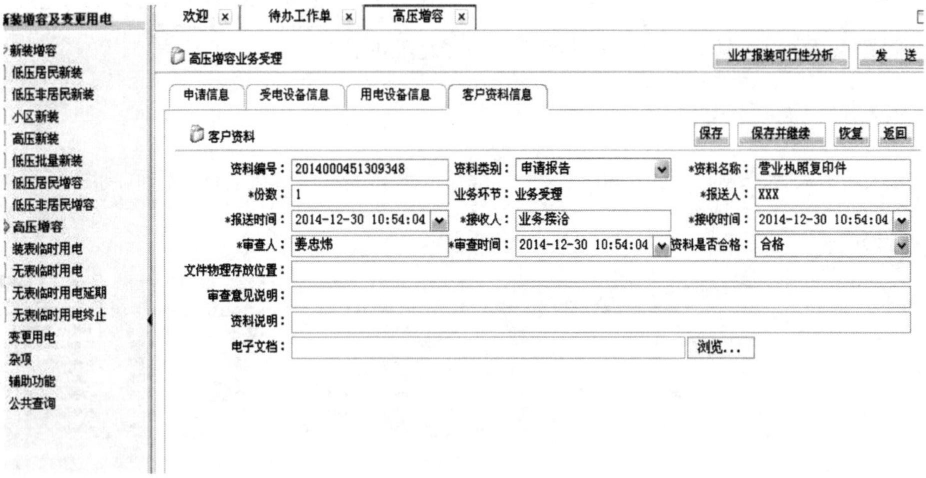

要项信息：

【资料编号】系统自动生成。

【资料类别】指客户提供的资料类型。主要包括申请报告、产权证明等。

输入资料名称、份数、接收人员、接收日期、报送人、报送时间、审查人、审查时间等信息，点击【保存】，保存该资料信息，如有电子文档可以点击【上传】，上传到文件服务器上，供以后的环节的操作员或者报装员下次点击【下载】查看该资料信息。当然也可以点击【修改】，对资料信息的提供人员等进行修改，也可以删除资料信息。当增加完一条记录后，点击【保存继续】后可以在此页面上继续添加。【返回】返回到上层页面。如图所示：

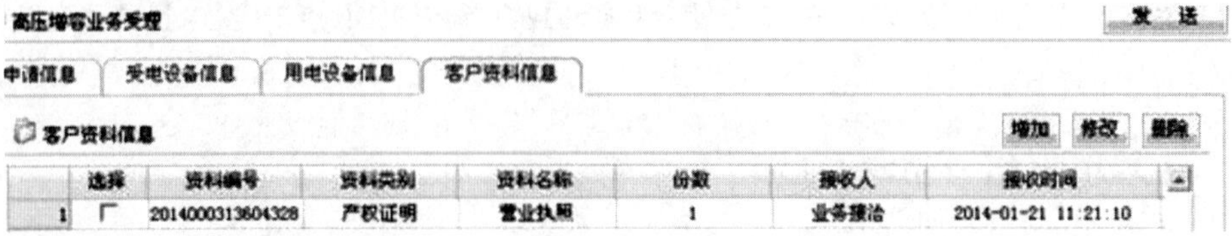

相关信息录入完成后，按【发送】，如图所示：

选择【派工】工单发送到【派工】环节，选择【不派工】工单发送到【现场勘查】环节，所有有权限处理【现场勘查】环节工作的人员都能签收处理此工单。

4.2.勘查派工【用电检查班班长】

进入营销系统，按顺序点击【我的任务】—【待办工作单】选择需要处理的工作单，如图所示：

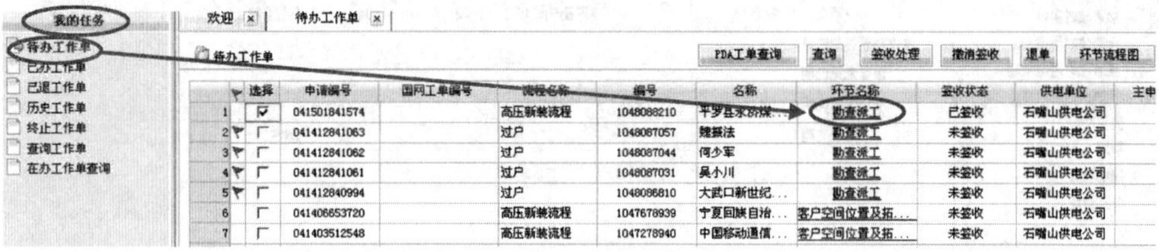

点击【勘察派工】标签页，出现【派工】页面，点击【派工人员】下面的图标，确定工作人员。

在【派工人员】列表框中选择接收员，点击【确定】返回到主页面，点击【发送】，提示流程发送成功到下一个环节。

4.3.现场勘查【营销勘查人员】

进入营销系统，按顺序点击【我的任务】→【待办工作单】选择需要处理的工作单，如图所示：

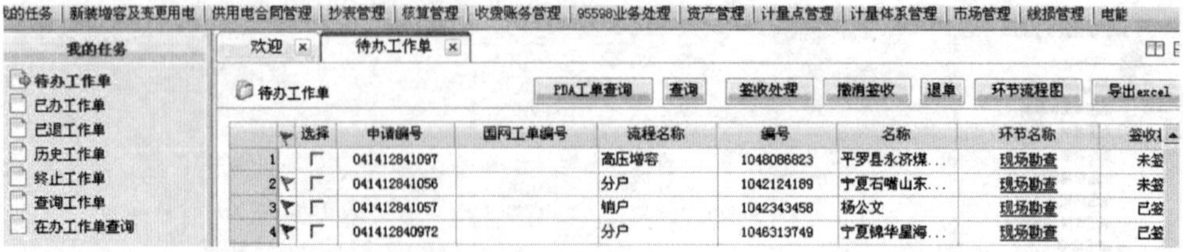

4.3.1.现场勘查方案

在【现场勘查】中的【现场勘查方案】标签页内维护现场方案，确认无误后点击【保存】。如图所示：

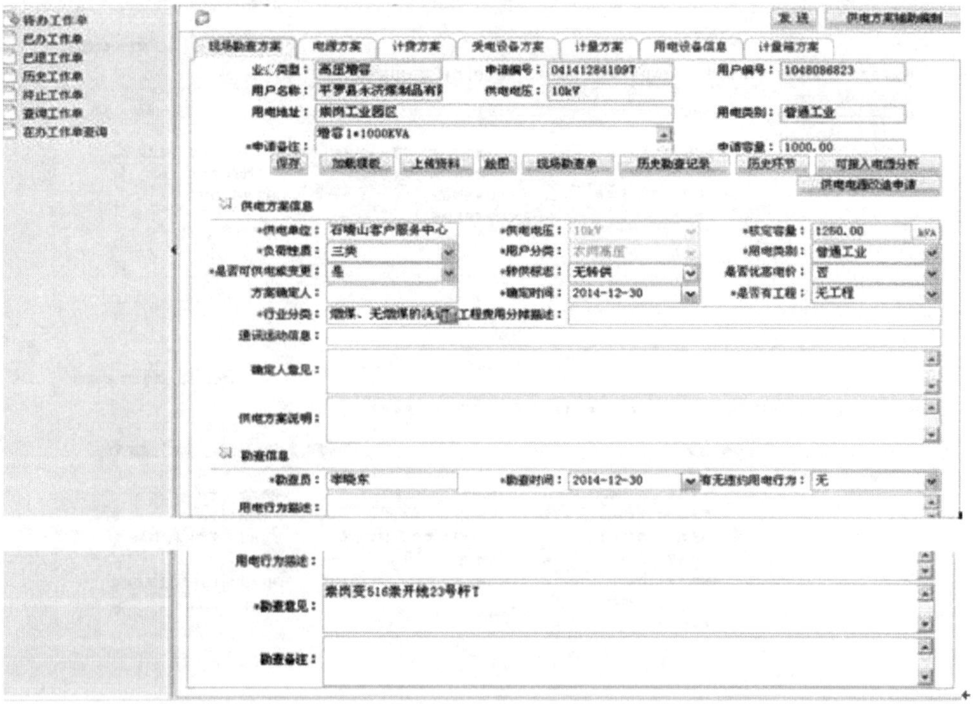

打印【现场勘查工作单(高压增容)】,预先了解和获取所要勘查地点的供电条件,提前和客户预约现场勘查的时间,确认勘查地点,准备好相应作业资料,在规定的期限内准时到达现场进行勘查。核实用电容量、用电类别等客户申请信息,根据客户的用电类别、用电规模以及现场供电条件,对供电可能性和合理性进行调查,完整、翔实、准确填写【现场勘查工作单(高压增容)】,与其他部门协商沟通后初步提出供电、计量和计费方案。

要项信息：

【是否可供电或变更】工作人员在现场勘查中发现不具备供电条件或转为低压供电,此处选择否,点击保存发送,审批完成以后直接跳到信息归档环节,结束此工单。

【供电方案说明】必须填写变电站名称、线路双重编号、线路杆号(或电缆环网柜、分支箱编号)。

【转供标志】如果该户与其他用户存在转供或者被转供关系则选择此项,否则选择【无转供】。如果存在转供关系需在计量方案中添加计费关系。

【勘查意见】应详细填写现场勘查的相关内容。

此页面重点核实＊标内容与现场实际是否相符。

4.3.2.电源方案

点击【电源方案】标签页,维护受电点及电源方案,确认无误后点击【保存】。如图所示：

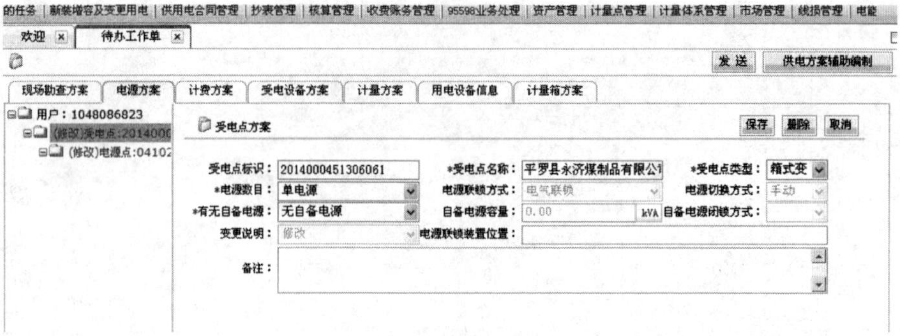

点击左边的【受电点】出现此户的相关信息，如需增加将光标放在上右击鼠标弹出新增的受电点方案，【电源点】如需增加点击【受电点】右键弹出新增的电源点方案。

此案例选择为同一受电点增容。只变更【电源点】方案中的【供电容量】。

4.3.3.计费方案

点击【计费方案】标签页，维护定价策略及电价方案，确认无误后点击【保存】。如图所示：

点击【定价策略】标签页，维护确认无误后点击【保存】。

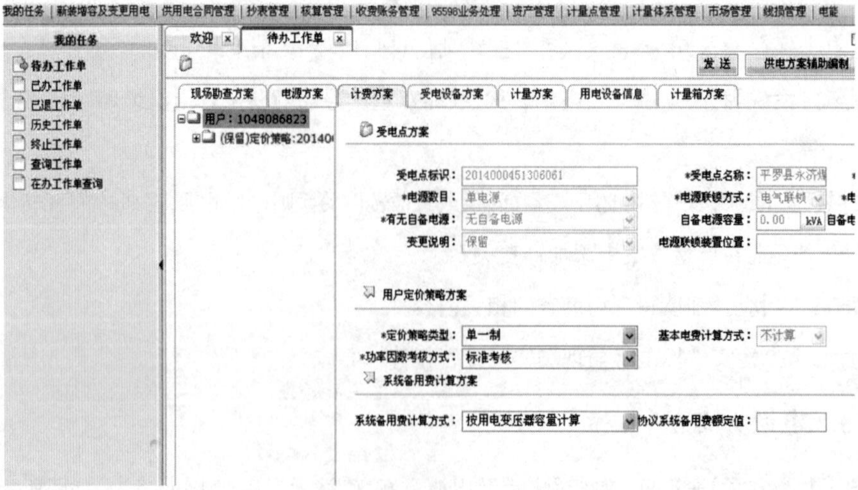

要项信息：

【定价策略类型】定价策略分为两部制和单一制。执行基本电费用户应选择两部制，否则选择单一制。

【基本电费计算方式】按照用户实际需求进行选择。（备注：此处因涉及基本电费计算，尽量与用户沟通后选择）。

【功率因数考核方式】核定容量 100kVA 以下所有用户选择不考核，核定容量 100kVA 及以上所有用户选择标准考核。具体考核标准执行〔83〕水电财字 215 号文件《功率因数调整电费办法》、宁电营销〔2012〕168 号文件《关于下发部分政策执行的相关意见通知》、宁夏电力公司 2013 年下发的《关于规范功率因数调整电费计算的通知》。

点击【电价方案】标签页，维护确认无误后点击【保存】。

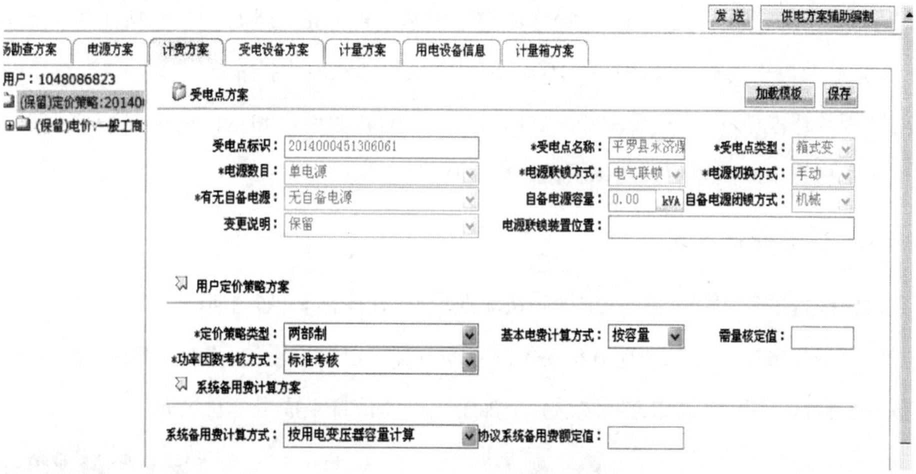

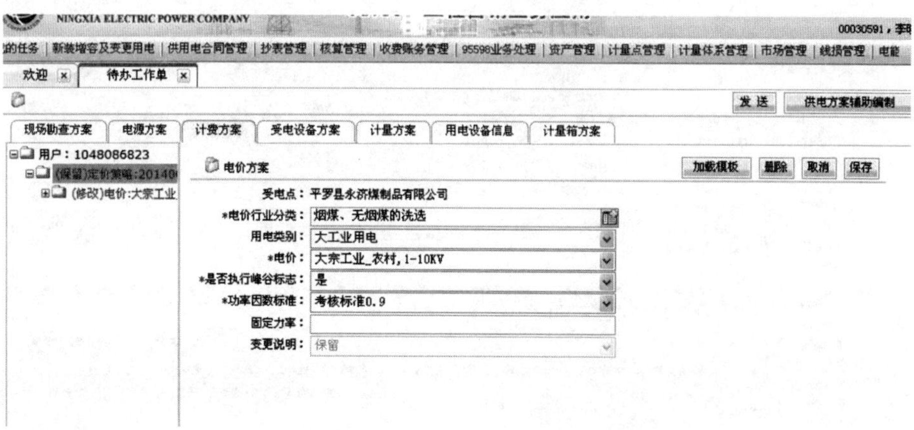

要项信息：

【电价行业分类】应与业务受理环节申请信息中的行业分类一致，如有多个电价方案，至少有一个电价行业分类与业务受理环节申请信息中的行业分类一致。

【用电类别】应与业务受理环节申请信息中的用电类别一致，如有多个电价方案，至少有一个用电类别与业务受理环节申请信息中的用电类别一致。

【电价】根据用电类别、电压等级、用户分类确定相应的电价。

【是否执行峰谷标志】根据宁价重发〔1995〕92号文件《关于转发国家计委、电力工业部关于西北电网峰谷分时电价实施办法的批复的通知》执行，此场景应选择【是】。除城乡居民用电、农业排灌用电及党政机关、学校（不含生产企业）、部队（不含生产企业）、医院、无轨电车、自来水、煤气用电及个别特殊用户暂不实行峰谷电价外，其他所有用户均执行峰谷电价。

【功率因数标准】

功率因数标准0.90，适用于160kVA以上的高压供电工业用户（包括社队工业用户）、装有带负荷调整电压装置的高压供电电力用户和3200kVA及以上的高压供电电力排灌站。

功率因数标准0.85，适用于100kVA（kW）及以上的其他工业用户（包括社队工业用户）100kVA（kW）及以上的非工业用户和100kVA（kW）及以上的电力排灌站。

功率因数标准0.80，适用于100kVA（kW）及以上的农业用户和趸售用户，但大工业用户未划由电业直接管理的趸售用户功率因数标准为0.85。

4.3.4.受电设备方案

点击【受电设备方案】标签页，维护确认无误后点击【保存】。如图所示：

受电设备方案在业务受理环节和现场勘查环节都可以进行增加、修改和删除。高压用户必须生成专变台区，在增加电源方案之前先增加受电设备信息生成专变台区。

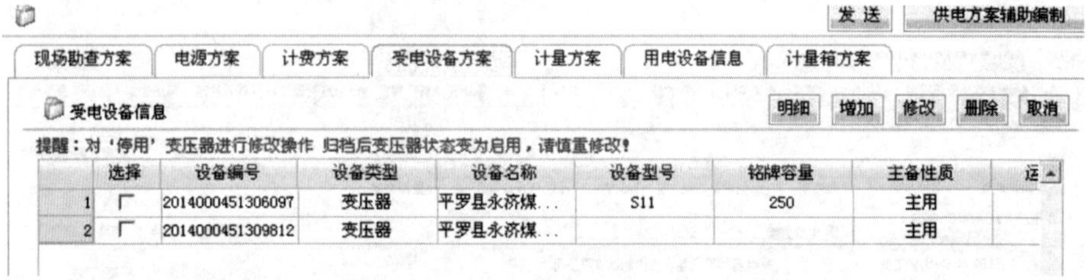

点击【增加】，如图所示：

【生成专变台区】首先在查看台区信息功能中查看，如果存在已生成的专变台区，则不需要重新生成新的台区，否则使用生成专变台区功能生成专变台区：其中包括台区名称、管理单位、所属线路、容量等。

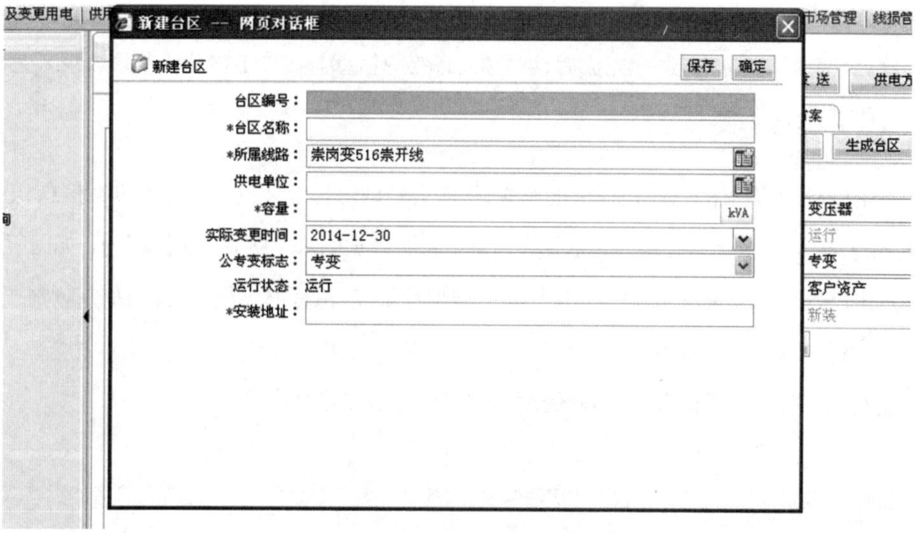

专变台区生成后，应在此台区下增加变压器台区的管理单位应与变压器、用户的管理单位一致，台区容量等于该台区下所有变压器铭牌容量之和。

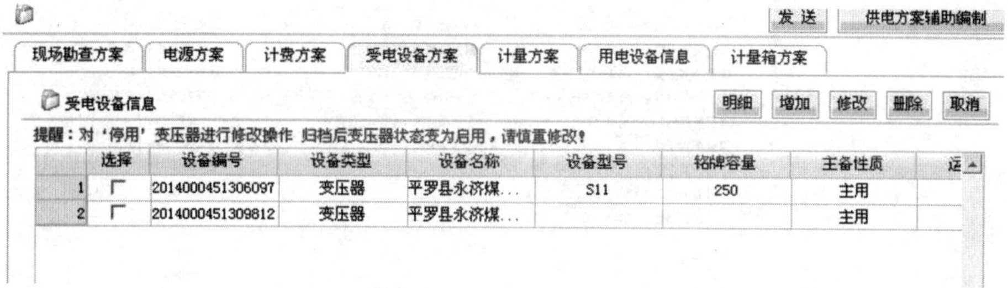

要项信息：

【设备名称】变压器名称＋序号。

【设备型号】根据变压器实际型号进行选择，该参数影响系统计算变损的取值。

【线路、台区】如果是利用生成专变台区功能创建则不需要选择，系统自动会带出，否则根据已有台区进行相应选择。

【铭牌容量】指该变压器自身容量，主要用于用户变损、基本电费的计算。

【产权】按照实际情况填写。

【变损算法标志】按照变压器型号选择相应的变损算法。根据公司营销部下发的《关于规范变损计费参数有关问题的通知》执行。

【变损编号】按标准表、按标准公式计收变损的用户必须选择变损编号。计收方式选定后，根据受电设备的容量、变损类型(变压器型号)、电压等级选择变损编号。该参数将直接影响电费计算中变损电量电费计算的准确性。

注意事项:

此处【变损算法标志】选择完成后，填写【设备铭牌信息】，在竣工检验环节修改录入正确。

4.3.5.计量方案

点击【计量方案】标签页，根据供电方式、用电类别确定每个计量点的计量方案信息、电能表方案、互感器方案、失压仪方案及二次回路方案。进行维护确认无误后点击【保存】。如图所示:

点击【计量方案】标签页，出现下图，如需增加计量点，鼠标右击【受电点】，如需增加子计量点，则鼠标右击需增加计量点的计量点。

仔细检查原方案中相关信息，根据新的勘查方案进行增加修改并保存。

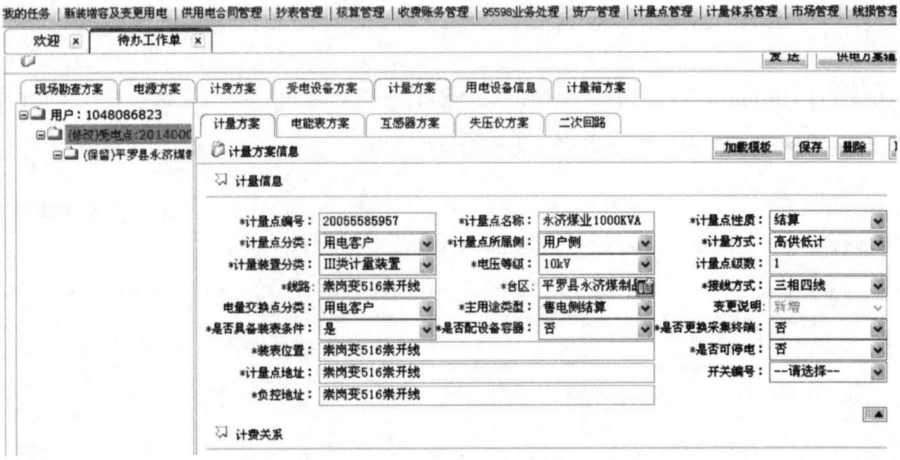

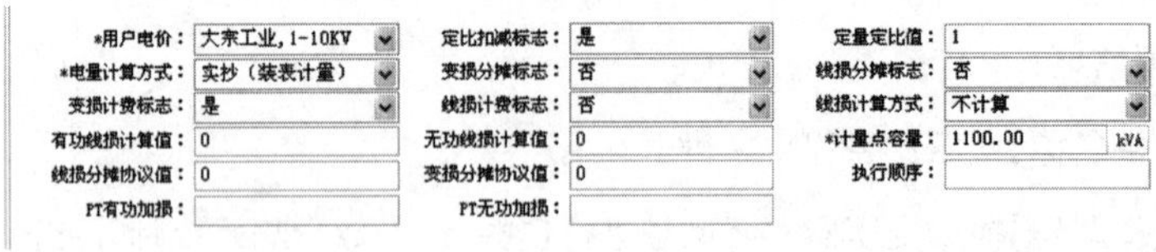

要项信息:

【计量装置分类】按下表进行选择。

【电压等级】一般默认用户的供电电压，可以根据实际情况进行选择。

【台区】计量点上的台区必须与该受电点方案中的台区保持一致。

【线路】对于单电源供电的，计量点上的线路必须与该受电点方案中的线路保持一致；对于同一受电点由双电源或多电源供电的，计量点上的线路至少有一条与该受电点方案中的线路保持一致。

【接线方式】根据计量方案确定计量接线方式。

【电量交换点分类】计量点主用途类型为售电侧结算则选用电客户；计量点主用途类型为考核,根据现场勘查实际情况进行选择。

【主用途类型】指计量点的用途分类,对于正常用电客户应选择售电侧结算,对于关口考核计量点应根据实际情况选择线路供电考核或台区供电考核等 。

【是否具备装表条件】电量计算方式是实抄则选择【是】,电量计算方式是定量、定比、按日协定则选择【否】。

【是否安装采集终端】若选择【是】则自动触发新装采集终端子流程,若不安装采集终端则选择【否】。

【装表位置】详细填写表计安装的位置,具体到计量箱柜及表箱内该表的位置。如:高压配电室 1 号计量柜,崇岗变 516 崇开线 23 号杆 T 接点。

【计量点地址】详细填写计量点地址。如客户高压配电室,或崇岗变 516 崇开线 23 号杆 T 接点。

【负控地址】填写安装负控设备的地址。如:客户高压配电室 1 号计量柜,或双渠口变崇岗变 516 崇开线 23#T 接点高压计量箱。

电能表方案:

计量方案确定后,点击【电能表方案】标签页,如图所示:

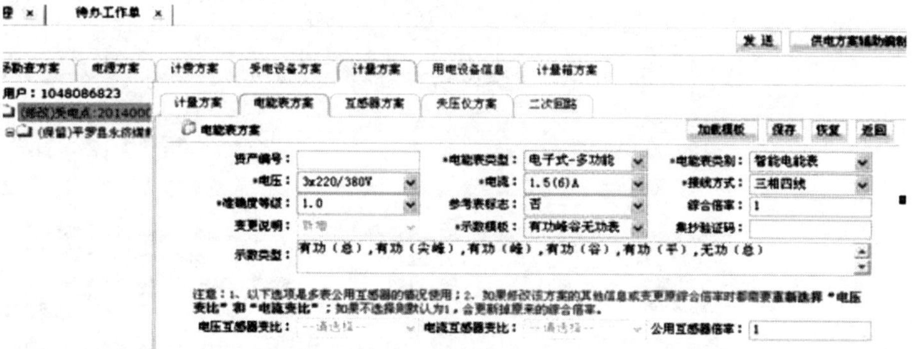

如需换表,原表选择【拆除】,然后点击【增加】。

要项信息:

【接线方式】与计量方案中的接线方案一致。

【示数模板】根据电费计算需要选择,但需要注意接线方式为单相时,不能选择需量、无功示数。

互感器方案：

计量方案确定后，点击【互感器方案】标签页，如图所示：

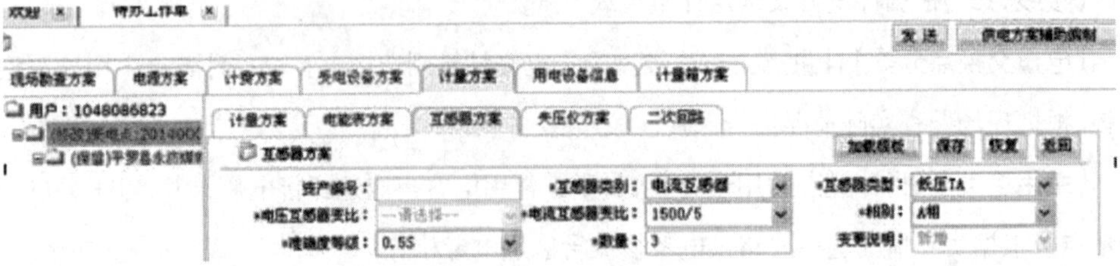

要项信息：

【准确度等级】电压互感器、电流互感器的精度参考上图制定互感器方案。

【互感器类型】根据计量方案确定互感器类型。

【相别】根据计量方案确定电压、电流互感器相别。

【数量】根据计量方案确定电压、电流互感器只数。

注意事项：

新增完成电压、电流互感器后，要根据计量方案逐个修改相别。

失压仪方案：不需要填写。

二次回路：

计量方案确定后，点击【二次回路方案】标签页，如图所示：

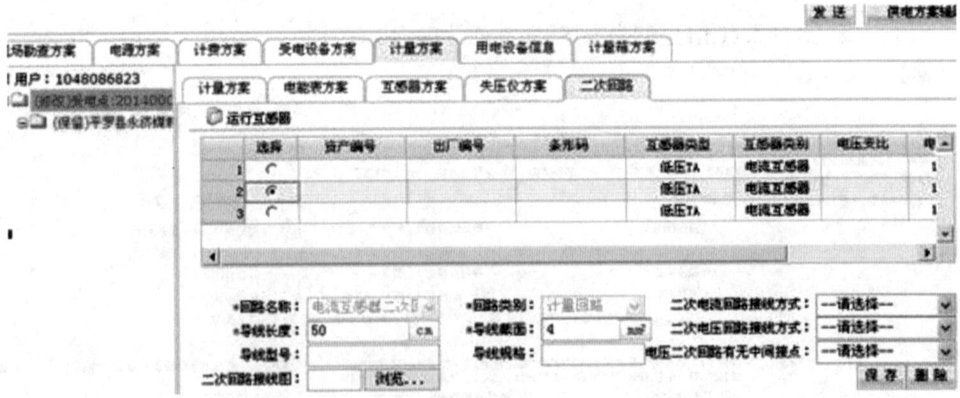

要项信息：

每个互感器必须保存二次回路方案，填写导线长度、导线截面信息，否则不能发送。

注意事项：

在有多个计量点的情况下，一定要分清计费关系，在左上角页面点击右键，按照上述步骤逐个建立计量点。

新装用户所有电源点容量之和必须小于等于申请容量。

计量方案中，计量点台区必须与电源点中的台区一致。计量点容量必须小于等于电源点的供电容量。

计量方案中，一级计量点不能选择定量、定比、按日协定计费方式。

计量方案中，保存互感器方案后必须保存二次回路方案。

【拟定供电方案】环节与【现场勘查】环节操作一致，检查现场勘查方案无误后保存，发送至【一级审批】环节。

4.4.审核

现场勘查后，根据审核条件（按电压等级、变压器容量大小等）提交相关级别部门审核，签署审核意见。在规定的时限内完成对接入系统方案、受电系统方案、计量方案、计费方案的审核。对于审核不通过的，重新现场供电方案，并重新审核。

审核通过则发送到下一环节，不通过则退到现场勘查。

进入营销系统，点击【我的任务】—【待办工作单】选择需要处理的工作单，如图所示：

4.5.拟定供电方案【现场勘查人员】

进入营销系统，点击【我的任务】—【待办工作单】选择需要处理的工作单，如图所示：

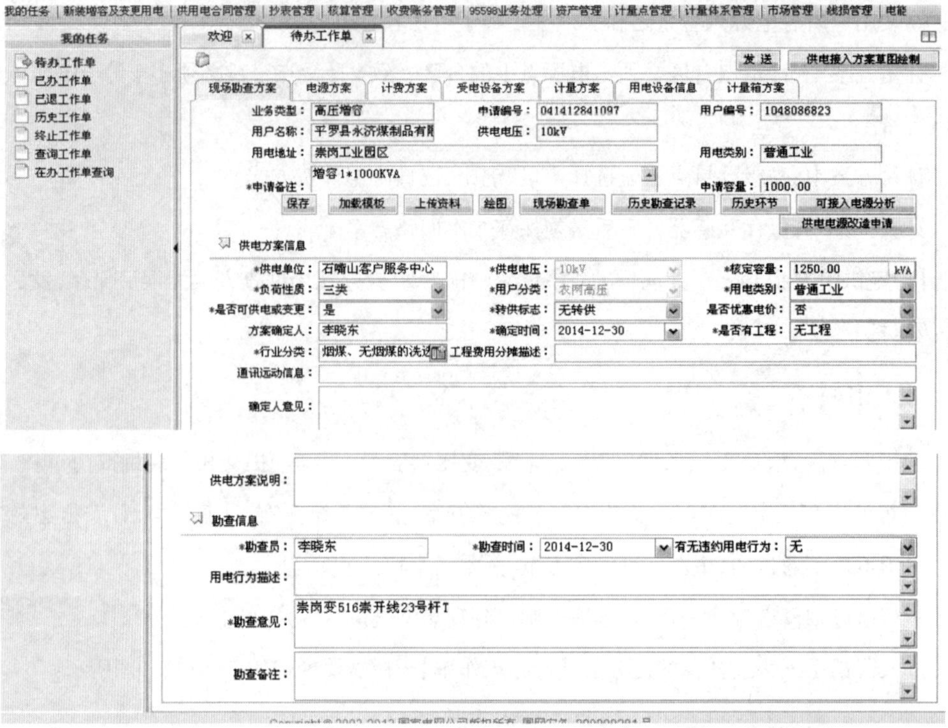

在此环节如用户方案有误差，可对相关信息进行维护，确认后在本界面保存并发送。

4.6.审批【主管领导】

进入营销系统，点击【我的任务】—【待办工作单】选择需要处理的工作单，如图所示：

4.7.答复供电方案【供电方案答复人员】

进入营销系统，点击【我的任务】—【待办工作单】选择需要处理的工作单，如图所示：

要项信息：

根据审批确认后的供电方案，书面答复客户，在规定的时限内提供【供电方案答复单】供客户签字确认，登记通知客户及客户确认反馈的时间点。若不能如期确定供电方案时，应主动向客户说明原因。

答复人默认为环节签收人。

答复方式和客户回复方式的下拉选项有【短信】、【通知单】、【电话】、【传真】、【E-MALL】、【公告】，按照相应的答复方式填写。

点击【供电方案答复单】可直接保存、打印供电方案答复单。

注意事项：

流程考核时限开始时间：受理用户用电申请的时间，取业务受理环节的接收时间。

流程考核时限结束时间：向用户提交供电方案并客户确认签字的时间，取供电方案答复环节的答复日期。

时限要求：自受理客户申请之日起，单电源客户15个工作日，双电源客户35kV及以下20个工作日，110kV及以上30个工作日。

4.8.设计文件审核受理环节【业务受理人员】

设计文件受理是业务受理人员收到客户提交的设计文件后进行初步审核并进行系统登记的业务环节。

进入营销系统，点击【我的任务】—【待办工作单】选择需要处理的工作单，如图所示：

点击【新增】，对收到的设计文件信息据实登记。

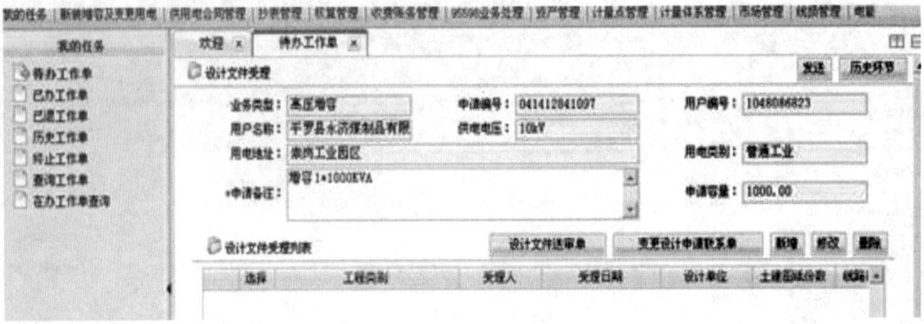

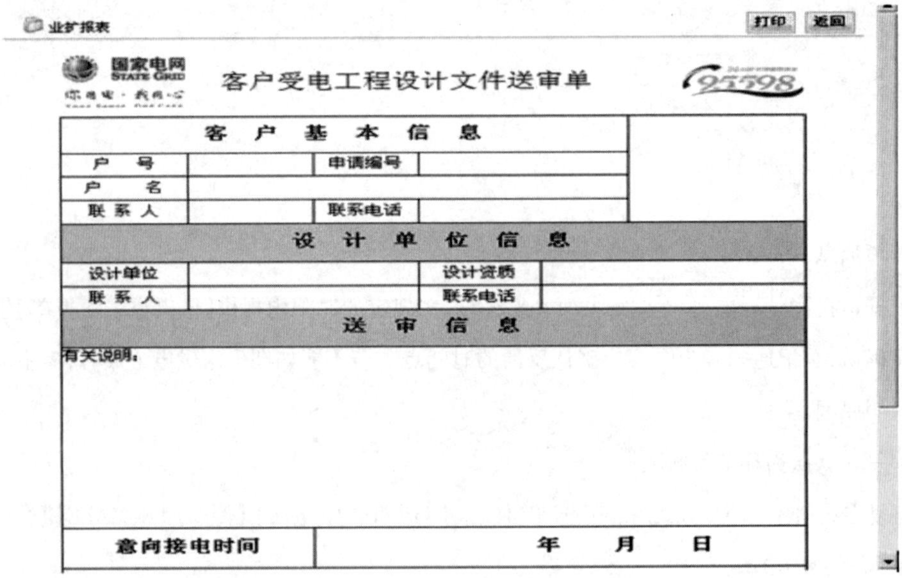

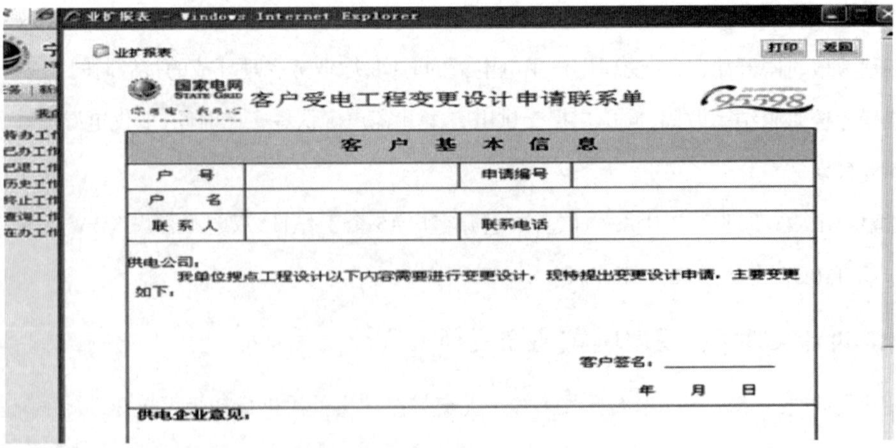

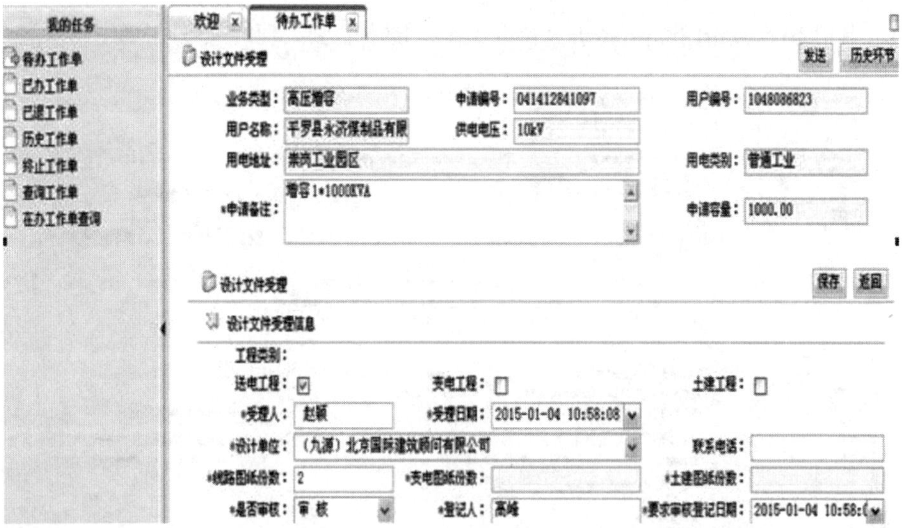

要项信息：

【申请备注】业务人员将初步审核结果进行登记说明，例如：设计单位资质证书与原件一致，图纸签字盖章齐全。

【工程类别】需要登记客户报送的设计文件所涵盖的工程分类，一般分为送电工程、变电工程和土建工程。送电工程主要指的是输电线路的设计、施工，包含铁塔、导线、避雷线、绝缘子、金具等。变电工程主要指变电站的设计、施工，包含变压器、断路器、隔离开关、母线、防雷接地系统、继电保护系统、交直流电源、无功补偿装置等。土建工程是指送电工程、变电工程中配套的土木建筑工程设计。

【受理人】一般为客户经理或业务受理员。

【受理时间】在登记设计文件信息时，系统自动生成的当前时间。

【设计单位】工程设计单位名称，为下拉式可选项，选项中没有相应设计单位需要在客户关系管理—业务联系单位管理—档案管理中添加工程设计资质单位。

【联系电话】填写客户电气工程负责人联系电话。

【图纸份数】接收客户相应工程类别设计文件的份数，一般为两份。

【是否审核】登记的设计文件在设计文件审核环节是否进行审核。

【登记人】即业务受理人员。

【要求审核登记日期】客户预约的设计文件审核时间。

所有设计文件（送电工程、变电工程和土建工程）经过初审并完成系统登记后，点击【发送】，流转至设计文件审核环节。

4.9.设计文件审核环节【用电检查班】

进入营销系统，点击【我的任务】—【待办工作单】选择需要处理的工作单，如图所示：

要项信息：

【接收人】组织设计文件会审人员，一般为大客户经理或各单位业扩管理人员。

【审核人】参加设计文件审核的主要专业负责人员，一般包括生产、调度、计划发展、计量及营销专业。

【审核日期】设计文件审核的具体时间。

【批准人】部门或单位业务负责人。

【批准日期】批准设计文件审核结果通知单的日期。

【次数】设计文件审核次数。

【电子文档】将批准后设计文件审核结果通知单扫描件上传。

待设计文件审核合格并完成审核信息录入工作后，点击【发送】，流转至【中间检查受理】环节。

注意事项：

流程考核时限开始时间：取设计文件受理环节的受理日期。

流程考核时限结束时间：取设计文件审核环节的审核日期。

时限要求：自受理之日起，自受理审查申请之日起到答复审查意见完成 10 个工作日。

业扩新装、增容流程新增 27 张表单，可打印出流程流转过程中相关申请、审批等信息。串行转并行文件审核后，中间检查受理，确定费用，合同等流程可并行处理。

4.10.中间检查受理环节【业务受理人员】

进入营销系统，按顺序点击【我的任务】—【待办工作单】选择需要处理的工作单，如图所示：

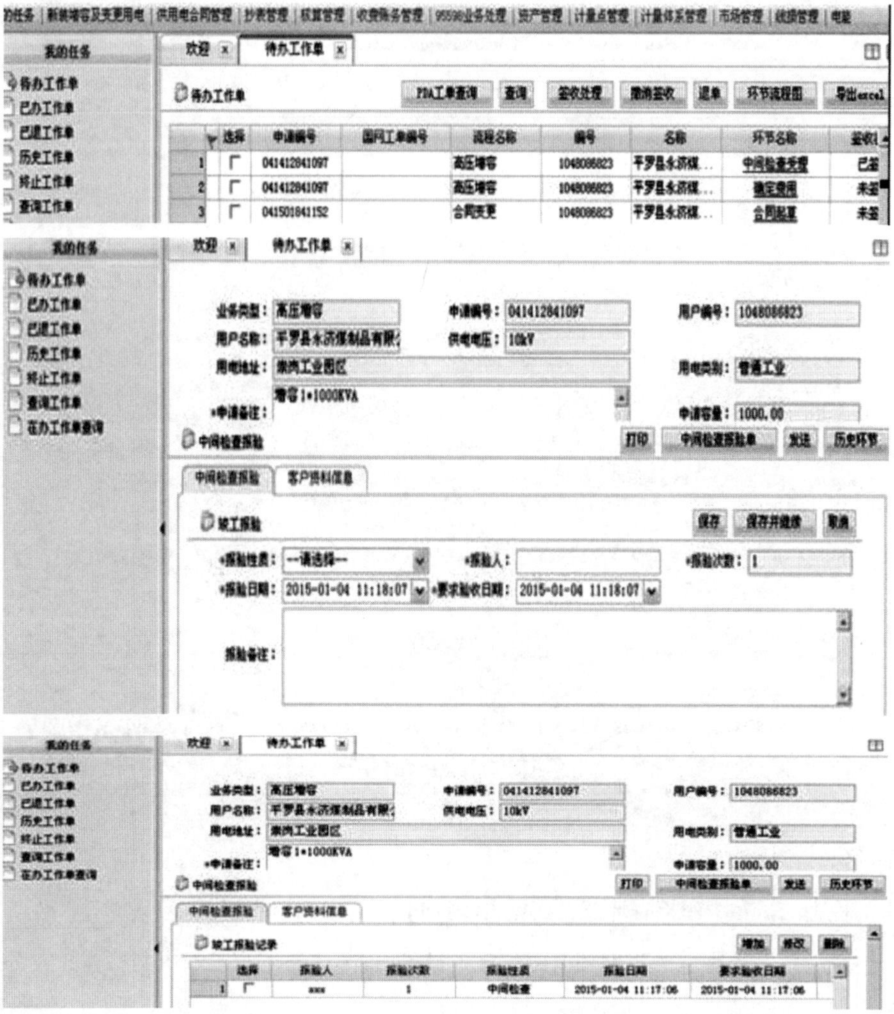

要项信息：

【报验性质】客户报验工程内容，一般可分为中间检查和竣工验收。

【报验人】向供电企业提交中间检查申请的人员，一般为客户电气工程负责人。

【报验次数】客户向供电企业提交中间检查申请的次数。

【报验时间】客户向供电企业提交中间检查申请的时间。

【要求验收日期】客户预约开展中间检查的具体时间。

【报验备注】对客户的报验工作进行备注说明，若客户无特殊要求可以填写【无】。

4.11.中间检查环节【用电检查员】

进入营销系统，点击【我的任务】—【待办工作单】选择需要处理的工作单，如图所示：

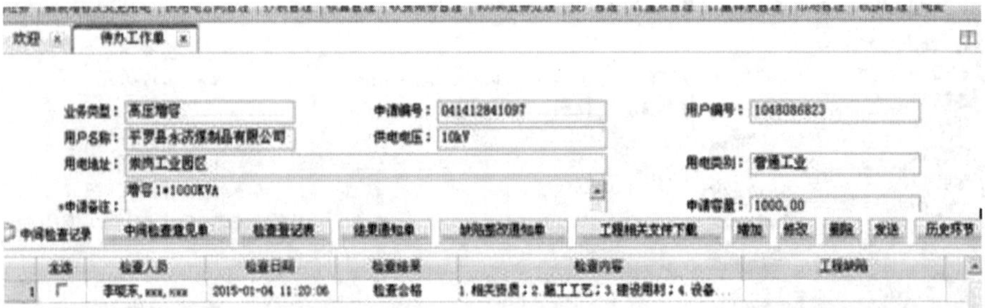

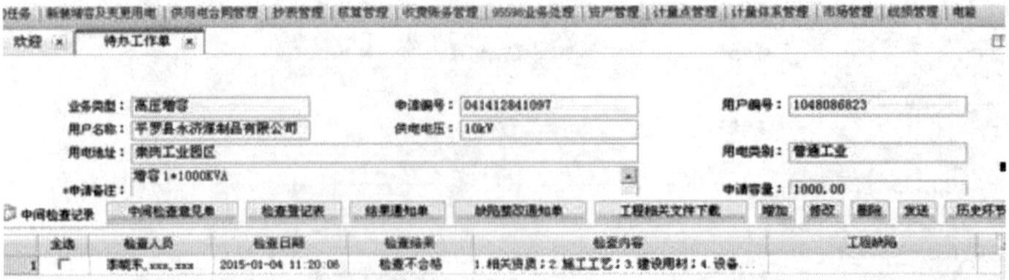

要项信息：

中间检查人员在中间检查环节界面点击【增加】，录入中间检查记录。

【检查人员】系统默认为当前环节的处理人员，处理人应将所有参加中间检查的人员姓名录入。

【检查日期】系统默认为当前环节的处理日期，处理人应将实际现场检查时间录入。

【检查结果】按照现场检查结果进行录入，一般为检查合格或检查不合格，检查不合格需要择日现场检查后在中间检查环节重新增加检查记录。

【工程缺陷】检查结果不合格时，在此处选择缺陷类型，一般分为电力电缆导体屏蔽缺陷、继电保护设备缺陷、变压器设备缺陷和其他缺陷。

【工程整改情况】对上一次检查出的缺陷整改情况进行记录，若为首次检查，则填写【无】。

【检查内容】对施工单位相关资质、施工工艺、建设用材、设备选型及隐蔽工程等方面进行检查并记录检查信息。

【整改意见】对检查内容存在的缺陷录入整改意见。

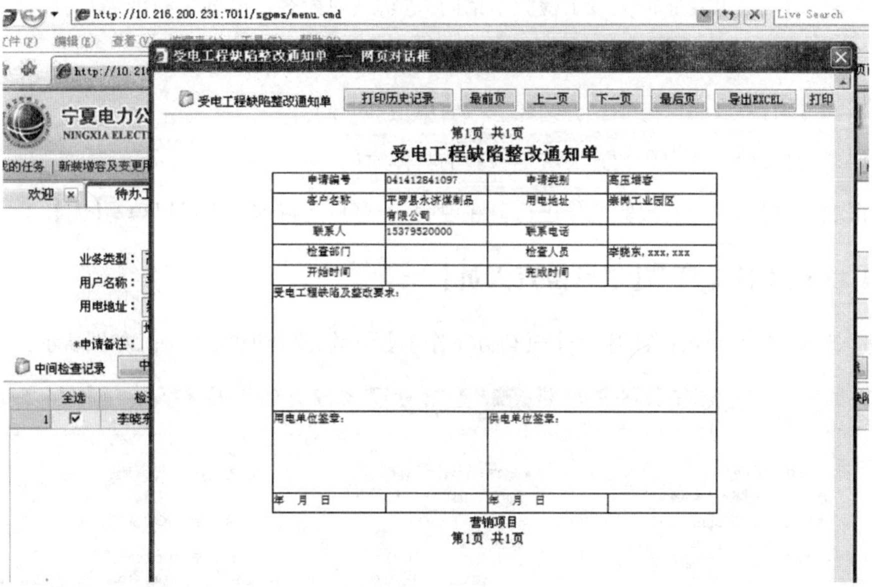

注意事项：

流程考核时限开始时间：取中间检查受理环节的报验日期。

流程考核时限结束时间：取中间检查环节的检查日期。

时限要求：中间检查期限：自中间检查受理任务结束之日起，高压供电客户不超过5个工作日。

4.12.竣工报验环节【业务受理人员】

进入营销系统，点击【我的任务】—【待办工作单】选择需要处理的工作单，如图所示：

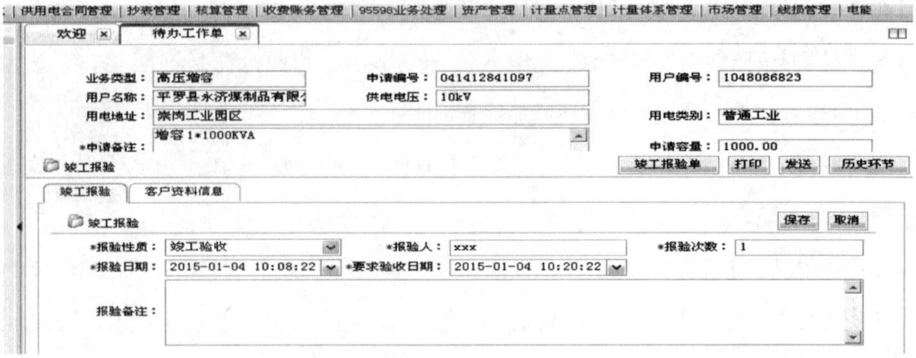

要项信息：

【报验性质】客户报验工程内容，一般可分为中间检查和竣工验收，此处应选择【竣工报验】。

【报验人】向供电企业提交竣工检验申请的人员，一般为客户电气工程负责人。

【报验次数】客户向供电企业提交竣工检验申请的次数。

【报验时间】客户向供电企业提交竣工检验申请的时间。

【要求验收日期】客户预约开展竣工检验的具体时间。

【报验备注】对客户的报验工作进行备注说明，若客户无特殊要求可以填写【无】。

4.13.竣工检验环节【用电检查人员】

进入营销系统，点击【我的任务】—【待办工作单】选择需要处理的工作单，如图所示：

在竣工检验环节处理页面点击【增加】，对竣工检验综合信息进行录入。点击【增加】录入不同项目的检验信息（缺陷说明和整改意见），一般分为变电部分、送电部分、土建部分和二次部分。

要项信息：

【检验意见】按照现场检查结果进行录入，一般为检查合格或检查不合格，检查不合格需要择日现场检查后在竣工检验环节重新增加检验记录。

【检验次数】开展现场竣工检验的次数。

【检验备注】对首次检验合格客户的现场检查情况进行记录。

【整改情况】对上一次检查出的缺陷整改情况进行记录，若为首次检查，此处填写【无】。

【缺陷内容】检查结果不合格时，在此处对缺陷内容进行登记。

【检验部门】系统默认为环节处理人所在单位名称。

【检验人】填写参与竣工检验各部门的主要负责人姓名。

【检验日期】系统默认为当前日期，但不应小于在竣工报验环节录入的客户要求验收日期。点击【受电设备信息】标签页，受电设备信息录入：此环节受电设备信息显示现场勘查环节录入的信息，环节处理人员根据现场检验中抄录的受电设备铭牌信息与客户提交的设备信息核对无误后在此环节进行修改和补录。

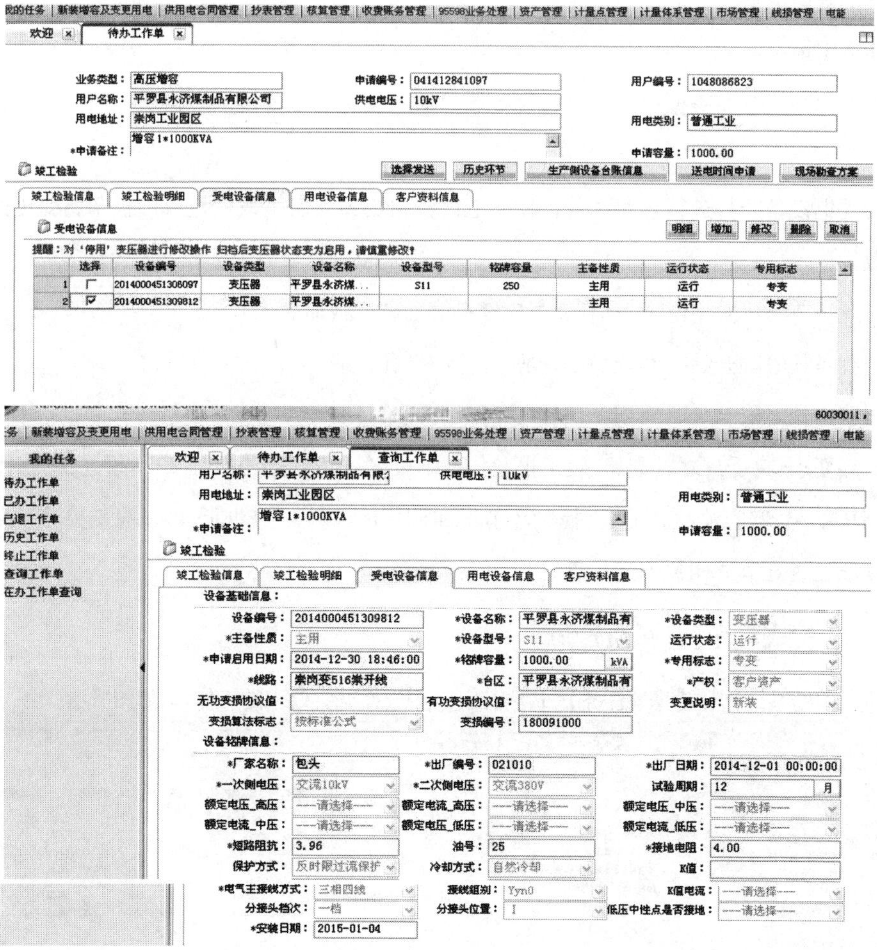

要项信息：

【变损算法标志】确定该受电设备是否计收变损及变损计算方式，一般分为不计算、按定比、按定量、按标准公式、按标准表五类(一般不选择定比、定量方式计算变损)。

不计算：计量方式为高供高计用户此处选择不计算。

计量方式为高供低计用户一般根据变压器型号划分为按标准公式和按标准表，划分原则参照宁夏电力公司下发的《关于规范变损计费参数有关问题的通知》《关于高供低计专变用户变压器损耗分摊结算的通知》执行；对于选择按标准表、按标准公式计算变损的，必须保证变压器型号、容量、短路阻抗与现场完全一致，否则变损计算错误。

【变损编号】按标准表、按标准公式计收变损的用户必须选择变损编号。计收方式选定后，根据受电设备的容量、变损类型(变压器型号)、电压等级选择变损编号。该参数将直接影响电费计算中变损电量电费计算的准确性。

【短路阻抗】是指变压器的负荷阻抗为零时，变压器输入端的等效阻抗。按照铭牌或出厂合格证上的数值填写。

注意事项：

设备铭牌信息应根据现场抄录的设备铭牌信息及受电设备出厂合格证上的信息进行核对后填写。

对受电设备产权进行核对，若存在受电设备出资界面发生改变造成产权归属变更的应进行修改。

在此环节还可对用电设备信息、客户资料信息进行增加录入。

流程考核时限开始时间：取竣工报验环节的报验日期。

流程考核时限结束时间：取竣工检验环节的检验日期。

时限要求：自受理之日起，自竣工报验任务结束之日起，高压供电客户不超过 5 个工作日。

高压新装、增容流程，在竣工检验环节增加调用【现场勘查】功能，可在竣工检验环节再次完善现场勘查环节的相关方案信息。

4.14.配表环节【计量资产班】

进入营销系统，点击【我的任务】—【待办工作单】选择需要处理的工作单，如图所示：

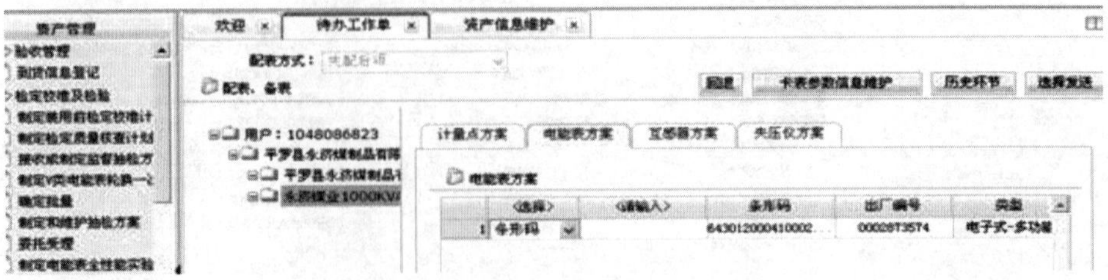

要项信息：

【配表方式】分为先配后领和先领后配两种方式，一般选择先配后领方式。

分别对每个结算方式为实抄的计量点将电能表、互感器按照出厂编号或条形码编号进行配表，配表前需保证所配计量资产类型、类别、变比、准确性等级均与计量方案一致，且计量资产在本单位库房合格在库。

【卡表参数信息维护】对安装电子式预付费电能表且为卡表购电方式的客户进行卡表参数信息维护。此流程为多功能表不需进行卡表参数信息维护。

4.15.设备出库环节【装表人员】

进入营销系统，点击【我的任务】—【待办工作单】选择需要处理的工作单，如图所示：

要项信息：

【领退人员】到库房领取计量设备的人员，一般为装表人员。

【领退日期】到库房领取计量设备的时间。

进入营销系统，点击【我的任务】—【待办工作单】选择需要处理的工作单，如图所示：

点击【安装派工人员】标签页，如图所示：

要项信息：

【派工人员】选择具体到现场装表的人员，一般至少选择2人。

【派工日期】装拆工单派发的时间，系统默认为流程环节处理时间。

4.16.装表环节【用户设备装拆人员】

进入营销系统，点击【我的任务】—【待办工作单】选择需要处理的工作单，点击【计量点】标签页维护信息进行审核，确认无误点击【保存】。

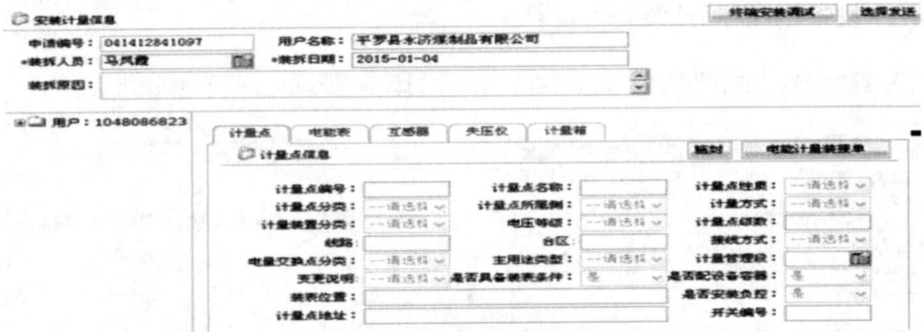

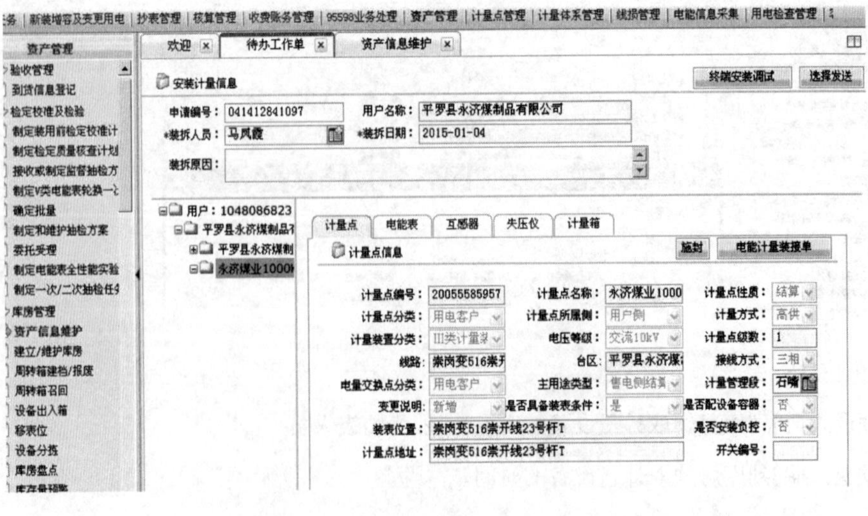

【计量管理段】指管理用户计量点所属的计量段，一般每个单位只建立一个计量管理段，如果需要增加计量管理段，需在【计量点管理】—【辅助功能】—【计量段管理】中维护增加。

电击【电能表】标签页，录入信息进行审核，确认无误点击【保存】。

电击【互感器】标签页，录入信息进行审核，确认无误点击【保存】。

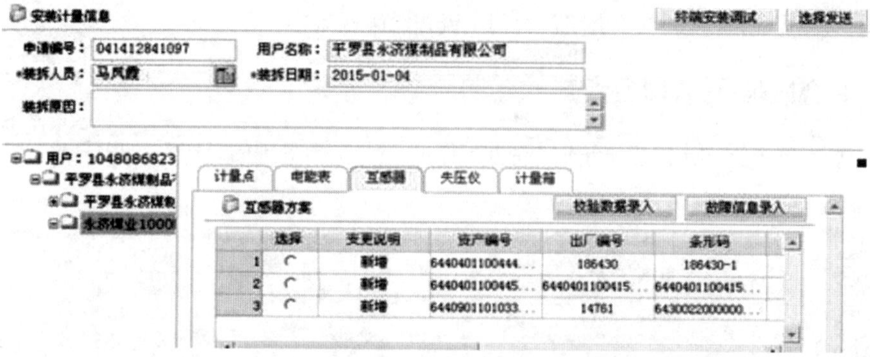

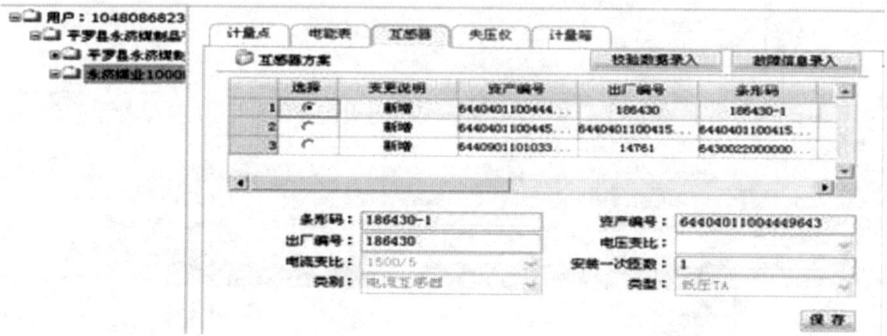

要项信息：

【示数类型】指电能表抄表示数所需的类型，此处显示示数类型来源于该工单现场勘查环节，计量点方案—电能表方案中的示数类型选择，如果现场电能表的示数类型与上述类型不一致，可以通过增加和删除功能进行维护。

【抄见位数】指电能表抄表示数的位数，此处显示抄见位数来源于电能表资产建档中的电能表位数，如果与现场电能表示数不一致，必须通过计量中心来修改电能表相关参数。

【本次抄见】应分别将原表和新表止码录入。

【综合倍率】指该计量点安装互感器后的倍率,如果计量点上未安装互感器,综合倍率为电能表的自身倍率。综合倍率值 = 电能表自身倍率 × 电流互感器变比 × 电压互感器变比。

4.17.设备入库【计量资产班】

进入营销系统,点击【我的任务】—【待办工作单】选择需要处理的工作单,如图所示:

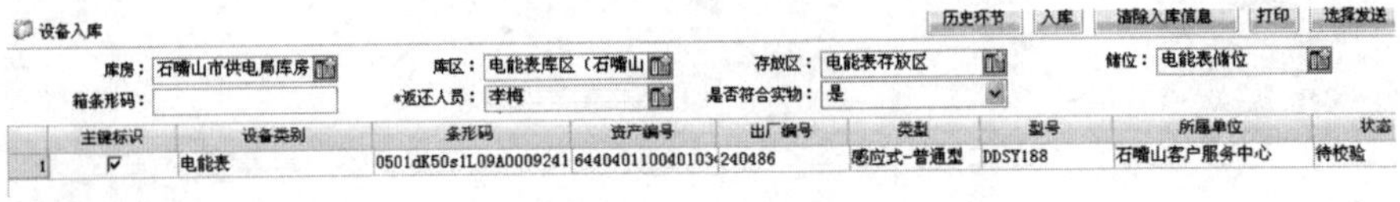

选择【存放区】和【返还人员】后,点击【入库】,然后选择【发送】至下一环节。

注意事项:

此时必须先完成【合同变更】流程,否则主流程无法显示。

4.18.合同起草【合同专责】

进入营销系统,点击【我的任务】—【待办工作单】选择需要处理的工作单,如图所示:

业务环节描述:

业扩流程设计文件受理审核后时,系统自动发起合同新签子流程,中间检查、及确定费用等并行流程。由合同签订人员签收后,按照客户用电性质及公司供用电合同管理要求选择相应的合同类型，并按照合同范本及客户现场用电情况与客户进行协商，确定供用电合同具体内容，完成合同草本，并上传至营销系统。

要项信息：

【操作类型】此字段系统按照业扩流程自动生成。如业扩流程为高压增容，操作类型自动显示为变更；

【申请编号】系统自动生成，作为合同新签子流程的标识码，与业扩主流程编号不一致；

【合同编号】系统自动生成，与该户客户编号一致；

【用户编号】、【用户名称】、【用电地址】、【用电类别】、【用电地址】、【行业分类】、【电压等级】系统自动生成，与业扩主流程用户编号一致；

【合同容量】系统自动生成，取业扩主流程现场勘察环节核准容量；指用电人申请、并经供电人核准使用电力的最大功率或视在功率，一般为用电人受电装置的容量，即装接容量，包括受电变压器容量、站(所)用变压器容量和同级供电电压的高压电机容量(千瓦视同千伏安)。

【合同类型】根据客户供电电压及用电性质进行选择，现国家电网公司合同类型主要包括以下几种：

高压供用电合同:适用于高压正式用电客户；

低压供用电合同:适用于低压正式用电客户；

临时供用电合同:适用于临时用电客户；

委托转供电合同:适用于具有转供电关系的用电客户；

居民供用电合同:适用于居民客户；

【版本号】系统内，每一种合同类型对应一种版本号，当选择合同类型时，版本号自动对应产生；

【起草人员】系统默认为有合同管理权限的流程签收人员；

【合同起草时间】系统默认为合同子流程签收时间，实际业务中，可根据实际对此时间进行设置；

【自动续签】若选择【是】，当该合同到期时，系统内会自动续签，合同不会过期；若选择【否】，当合同到期时，系统自动该客户终止合同；

【起草说明】对合同起草时需要说明的情况进行描述。

【上传已起草合同】按照合同范围与客户协商完成合同草本后，可在此将供用电合同内容进行上传。

注意事项：

1.在合同起草时，可点击【客户统一视图】，核对合同参数是否与系统相关参数表述一致。

2.对调度协议、电费结算协议等供用电合同附件及补充材料，可在【添加协议】或【合同附件】进行上传。

3.在合同起草界面，正确选择合同类型和版本号后，点击【生成合同文本】，可产生对应合同范本。

4.要对起草合同详细进行查看时，可点击【合同详细信息】进行查看。

5.临时用电客户必须选择临时用电合同版本。

4.19.合同审核【主管领导】

进入营销系统，点击【我的任务】—【待办工作单】选择需要处理的工作单，如图所示：

该环节主要针对合同起草人员起草的合同草本、合同附件及相关资料，进行审核。审核通过后，跳转至下环节，选择【不通过】，并填写审核意见，流程退回至合同起草环节，由合同起草人员按照审核意见对合同内容进行修改、补充、完善。

4.20.合同审批【主管领导】

进入营销系统，点击【我的任务】—【待办工作单】选择需要处理的工作单，如图所示：

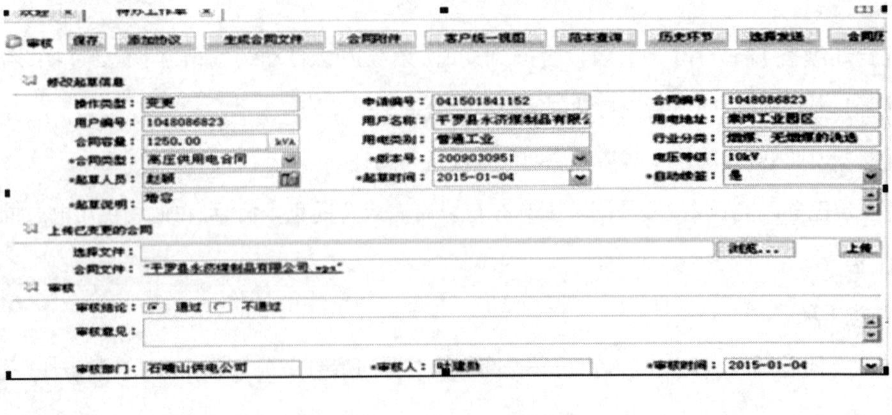

对通过合同审核的环节，由供用电合同审批人员进行审批，审批选择【不通过】后，流程退回合同起草环节，需要合同起草人员按照审批意见修改相关内容。

4.21.合同签订【合同专责】

进入营销系统，点击【我的任务】—【待办工作单】选择需要处理的工作单，如图所示：

要项信息：

合同签订人员联系客户签订已审批通过的供用电合同，并将相关信息录入此界面。

【接受人】供用电合同签订后，客户方接受人员。

【接受日期】指客户接受供用电合同的日期。

【回复日期】指客户对待签订供用电合同意见的反馈日期。

【客户意见】指客户对合同起草人员起草的供用电合同审核后的反馈的意见。

【供电方签订人】指供电企业供用电合同签订人员。一般是供电企业法人代表或负责人，其他人员签订供用电合同必须得到供电企业法人代表或负责人授权。

【用电方签订人】指用电人合同签订人员，用电人为自然人签订人为本人，用电人为法人，签订人员应为法人代表或企业负责人，其他人员签订供用电合同必须得到供电企业法人代表或负责人授权。

【签订地点】指合同双方当事人签字或者盖章的地点，涉及法院管辖权的问题，一般的合同纠纷如果双方没有明确约定签订地点的，按被告所在地的法院来管辖的。

【签订日期】取供用电合同双方签订的最大日期，如果合同中没有明确约定，这个日期也就是合同的生效日期。

【生效日期】指供用电合同实际生效的日期。若合同没有明确生效日期，则取双方签订的最大日期。

【有效期】指供用电合同的有效期限，宁夏电力公司对合同有效期规定如下：

1.居民客户一般签订为 5~10 年。

2.非居民客户、中小商户一般签订为 3~5 年。

3.其他客户一般签订为 1~3 年。其中对承包、租赁经营的企业、濒临破产的企业一般签订为 1 年；临时《供用电合同》有效期不超过 6 个月。

4.22.合同归档【合同专责】

进入营销系统，点击【我的任务】—【待办工作单】选择需要处理的工作单，如图所示：

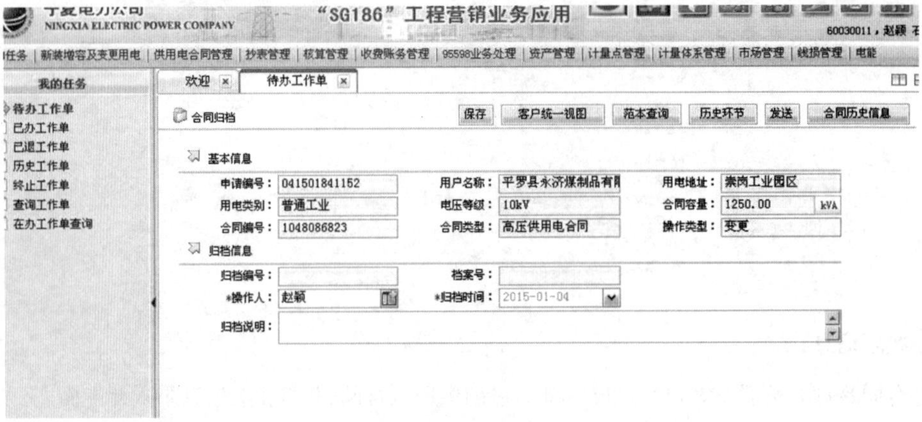

合同归档人员对已签订的供用电合同进行归档。

4.23.确定费用【业务受理员】

进入营销系统，点击【我的任务】—【待办工作单】选择需要处理的工作单。

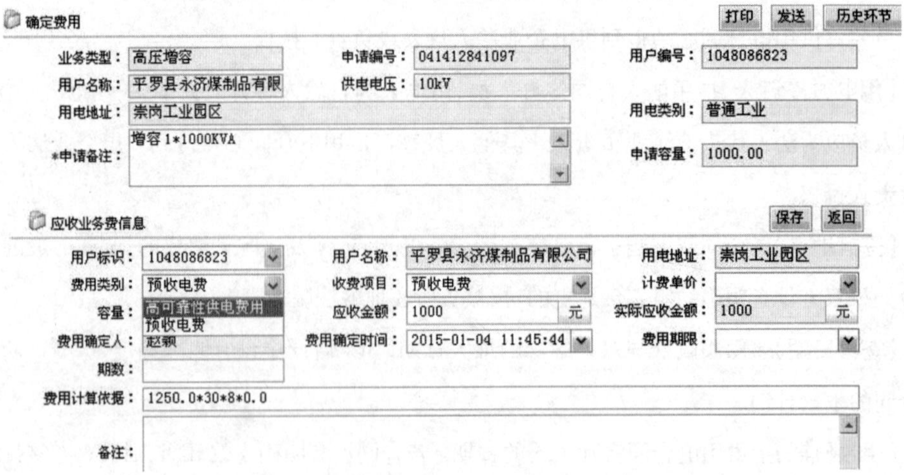

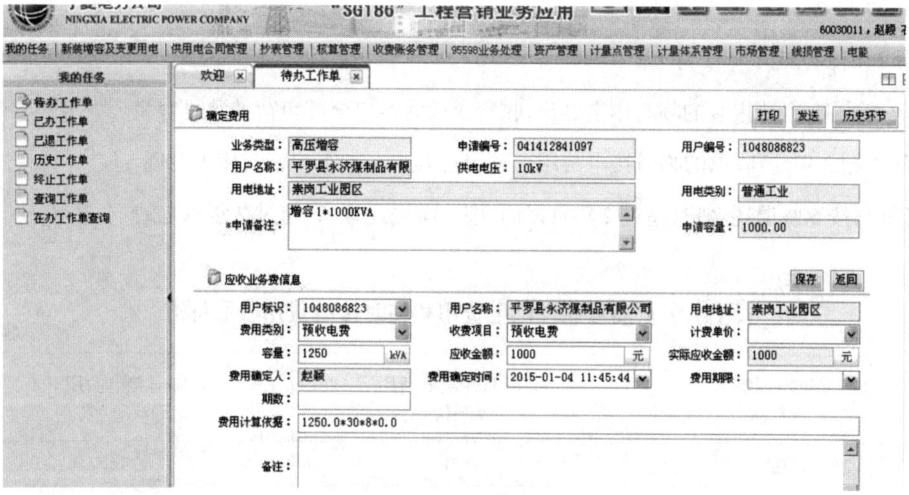

要项信息：

对符合业务收费范围的客户，按照国家规定的收费项目和收费标准，计算应缴纳费用总额，填写相关内容。

业务费类别、收费依据及收费标准：

1.电力负荷管理装置费

收费依据：宁夏回族自治区物价局《关于调整电力负荷管理装置收费标准的通知》(宁价商发〔2011〕48 号)。

执行时间：2011 年 11 月 1 日

执行范围：受电变压器在 100kVA 及以上的用户。

收费标准：受电变压器在 100kV 及以上、315kVA 以下的，每套装置收费标准为 3500 元；受电变压器在 315kV 及以上的，每套装置收费标准为 5000 元。

2.高可靠性供电费

收费依据：宁夏回族自治区物价局《关于收取高可靠性供电费及临时接点费的通知》(宁价商发〔2011〕32 号)。

执行时间：2011 年 7 月 1 日

执行范围：新装及增加用电容量的用户，在供电方案批复后，其两条及以上供电回路并列连接及运行，或虽分列运行，但一经切换即可通过高、低压侧连接供电的同一负荷，除其中一条正常运行且供电容量最大的供电回路不收 取高可靠性供电费用外，其余各回路均收取高可靠性供电费用(含备用供电回路、保安电源供电回路)。

3.临时接电费

收费依据：自治区物价局《关于收取高可靠性供电费用和临时接电费用的通知》(宁价商发

〔2011〕32 号文)。

执行时间:2011 年 7 月 1 日

收费范围:申请报装的临时用电客户,收费容量为客户全部负荷的装见容量。如客户临时用电时间不超 3 年,所收取的临时接电费用全额退还客户。如客户临时用电时间 超过 3 年,超过 1 年及以内,按 50%退还客户,超过 2 年及以内,按 20%退还客户,超过 2 年以上的,不再退还。

表 1　宁夏高可靠性供电费用和临时接电费用收取标准

用户受电电压等级 (千伏)	高可靠性供电费用 (元 / 千伏安)	临时接电费用 (元 / 千伏安)
0.38 / 0.22	270	250
10	220	200
35	170	150
110 及以上	90	70

注:地下电缆按架空线路费用的 1.5 倍计收。

4.新建住宅小区配套费

收费依据:《关于新建居民住宅小区供电配套设施收费政策的函》(宁价商函〔2013〕53 号)及《关于规范新建 居民住宅小区供电配套设施建设试点收费的通知》(宁价商发〔2010〕32 号)。

执行时间:2013 年 7 月 2 日

收费范围:所有新建居民住宅小区

收费标准:

1.基本配置收费标准

(1)普通商品住宅、经营性用房、办公用房建设项目工程收费标准为 109 元 / 平方米。在电源点建设过程中发生的市政道路开挖赔偿、拉管、顶管费用由小区开发建设单位承担。

(2)小区公益性公共建筑设施(包括敬老院、居委会办公 用房、业主委员会办公用房、会所、环卫设施用房、路灯管理站及公办的幼儿园、托儿所、小学、中学等)按普通商品住宅收费标准的 90%收取。

2.特殊配置收费标准

(1)在基本配置收费标准的基础上,如果要求提高配置容量,每户每提高 1kW,收费标准提高 10%。

(2)小区开发建设单位因场地狭小,要求采用小型化设备,配置成本又较高的,收费标准上浮 20%。

(3)有特殊配置要求的其他住宅按项目规划建设,单独核算,并经中介机构审核确认造价标准,经自治区物价局批复后确定。

4.24.业务收费【收费员】

进入营销系统,点击【我的任务】—【待办工作单】选择需要处理的工作单,如图所示:

要项信息:

【应交合计】选取的收费项目金额合计。

【本次收款】客户本次实际缴纳金额。

【本次预收】本次收取客户预交电费金额。

【结算方式】客户缴纳费用采取的方式。

【票据类型】客户缴纳费用后,收费人员向客户提供票据的类型。

【当前号码】选取当前票据类型对应的号码。

注意事项:

1.对收取的高可靠供电费、负控费等,票据类型为普通发票或增值税专用发票。

2.对临时接电费只能开具收据,若临时接电费超过3年的,按照临时接电费实际收取金额开具发票。

3.小区配套费在此环节开具建筑业统一发票。

4.25.送 电【送电人员】

进入营销系统,点击【我的任务】—【待办工作单】选择需要处理的工作单,如图所示:

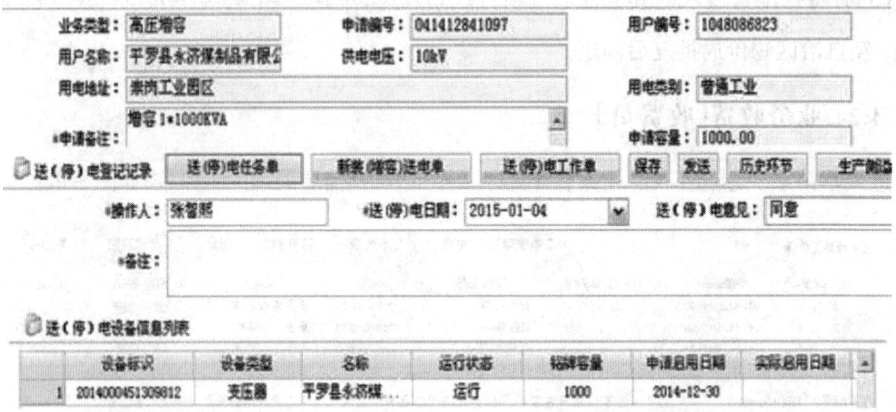

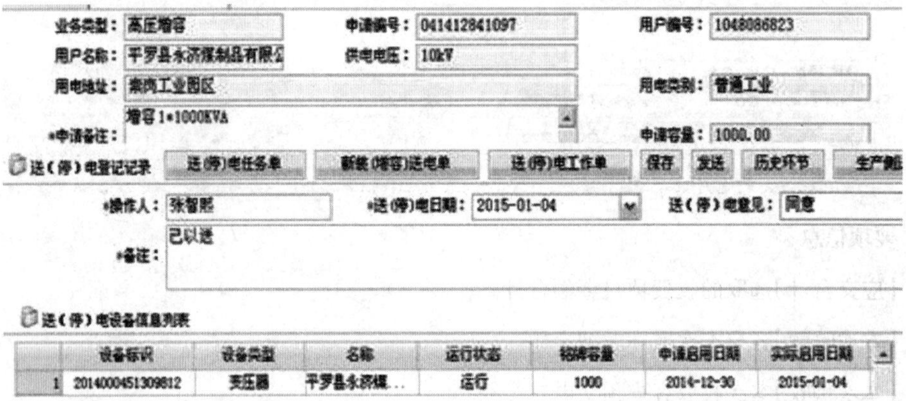

在完成业务收费、竣工检验及签订供用电合同后，进入送电环节，送电人员在送电前分别打印【送电任务单】和【送电工作单】，前往现场开展送电工作，送电后，完成此界面数据保存，完成送电系统流程任务。

注意事项：

流程考核时限开始时间：取最后一次的竣工验收环节的活动完成时间、最后一次收费时间和供用电合同签订完成时间这三者的最大值。

流程考核时限结束时间：取送电环节的送(停)电日期。

时限要求：自竣工检验和合同签订两个环节的最大完成时间结束之日起，高压客户不超过5个工作日。

4.26.信息归档【用电检查人员】

进入营销系统，点击【我的任务】—【待办工作单】选择需要处理的工作单，如图所示：

该环节是对各业务环节录入信息的全面检查，无误后，对信息进行归档，若发现个别环节存在错误或不符合逻辑数据，可退单或工单调度至相应环节，修正后，再进行信息归档。

注意事项：

信息归档后，此流程在系统内已完成，不能通过退单或调度工单修改进行相关数的修改，此客户可在客户档案中查询。

4.27.客户空间位置及拓扑关系维护【用电检查员】

进入营销系统，点击【我的任务】—【待办工作单】选择需要处理的工作单，如图所示：

4.28.归档【业务受理人员】

进入营销系统，点击【我的任务】—【待办工作单】选择需要处理的工作单，如图所示：

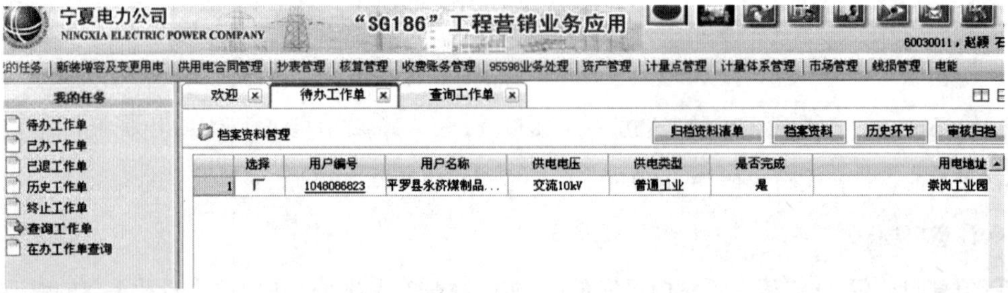

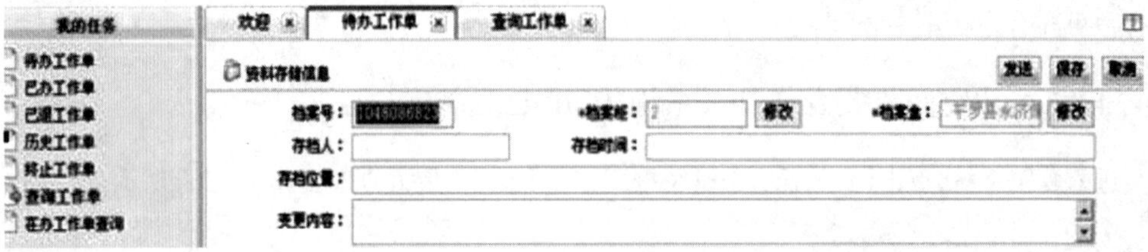

对客户纸质资料进行归档，填写【档案柜】、【档案盒编号】后，【保存】，至此增容流程结束。

第七部分

低压批量客户 新装业务操作典型案例

◎业务描述

◎场景描述

◎业务流程图

◎流程环节处理

第七部分
低压批量客户新装业务操作典型案例

1　业务描述

本业务适用于居民住宅小区、居民住宅楼整体或移民新村用电新装申请。本业务项主要为成批 0.4kV 及以下低压居民或非居民客户的新装业务。供电企业依据《供电营业规则》有关用电报装的条款规定、国网公司统一发布的服务承诺及服务规范，在规定的时限内，采用流程化方式实现居民用电报装的业务受理、现场勘查、审批、答复供电方案、确定费用、业务收费、合同签订、装表接电、客户回访、归档的全过程管理，满足客户用电需求。

2　场景描述

本案例为石嘴山市大武口区汉唐庭院批量报装，以该小区汉唐物业 2 户楼道照明为例，完成低压批量新装流程，两户报装容量均为 5kVA，供电电压为 0.22kV。

3　业务流程图

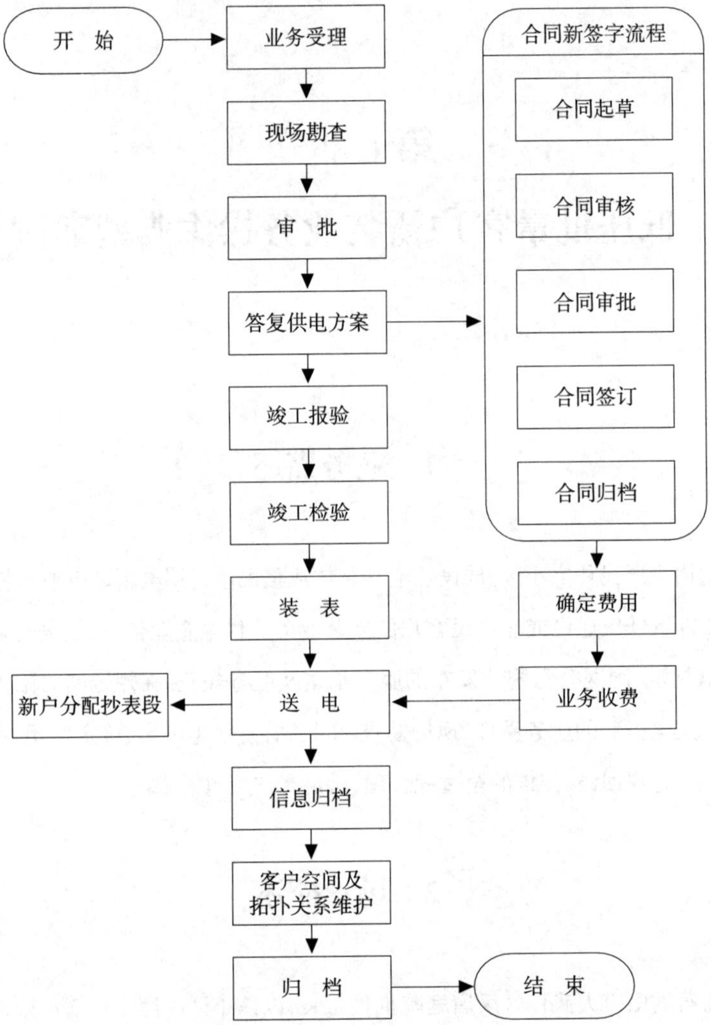

4　流程环节处理

4.1 业务受理【业务受理员】

进入营销业务应用 SG186 系统(以下简称“营销系统”),按顺序点击【新装增容及用电变更】—【新装增容】—【低压批量新装】,如图示:

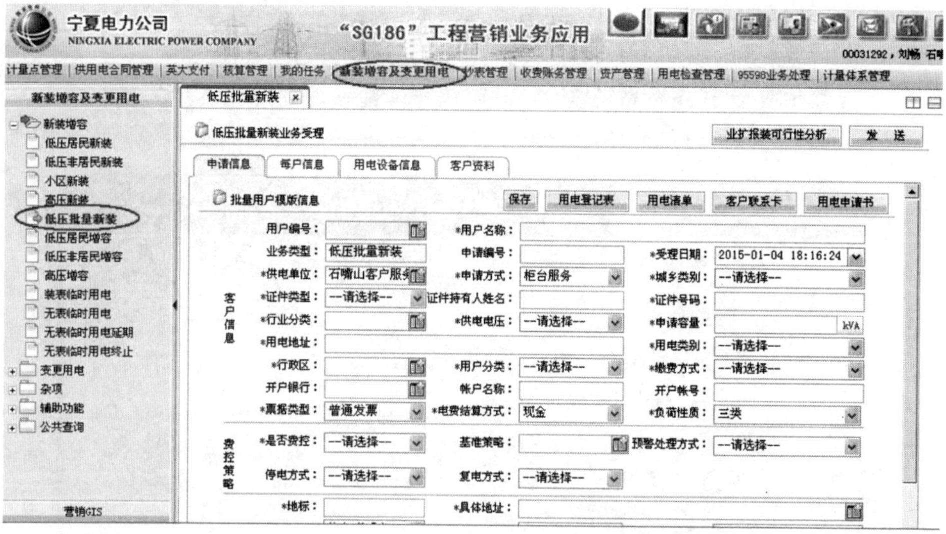

4.1.1 申请信息

点击【申请信息】标签页，进入客户申请信息填写页面。

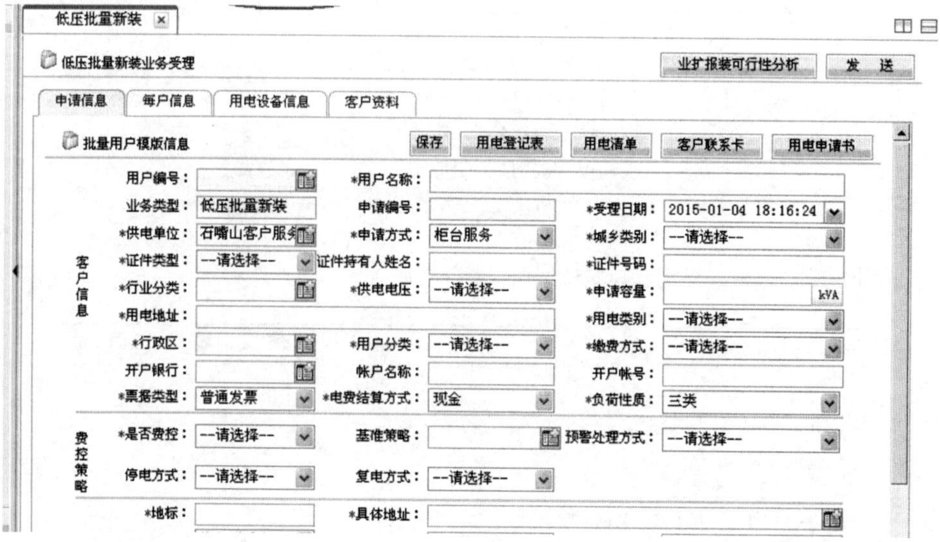

点击【供电单位】，如图所示：

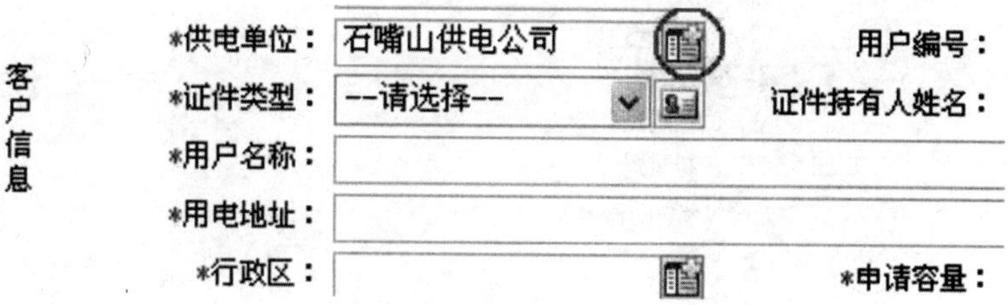

选择对应的【供电单位】，点击【确定】，如图所示：

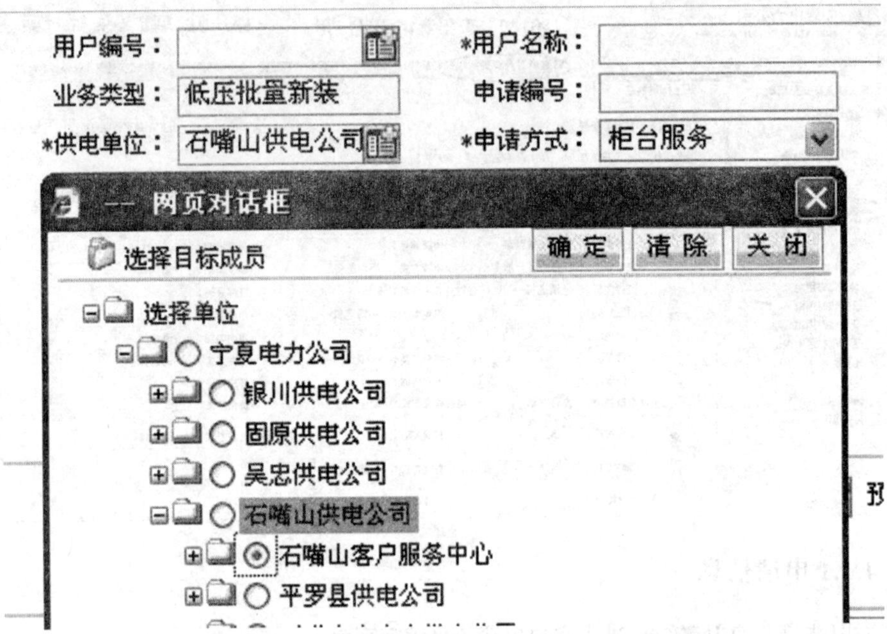

点击【行业分类】,如图所示:

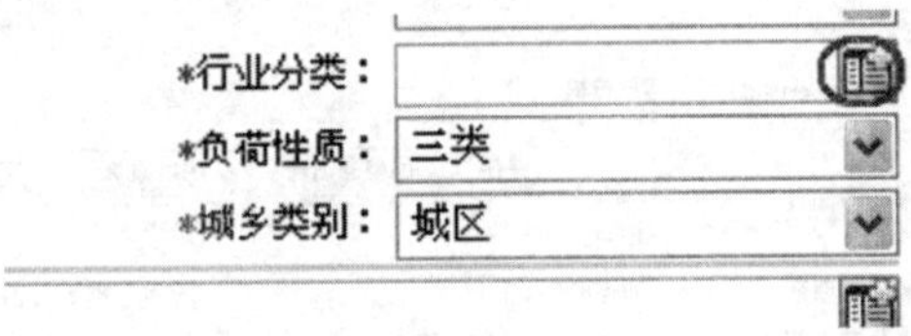

选择相应的行业,本案例选择城镇居民。

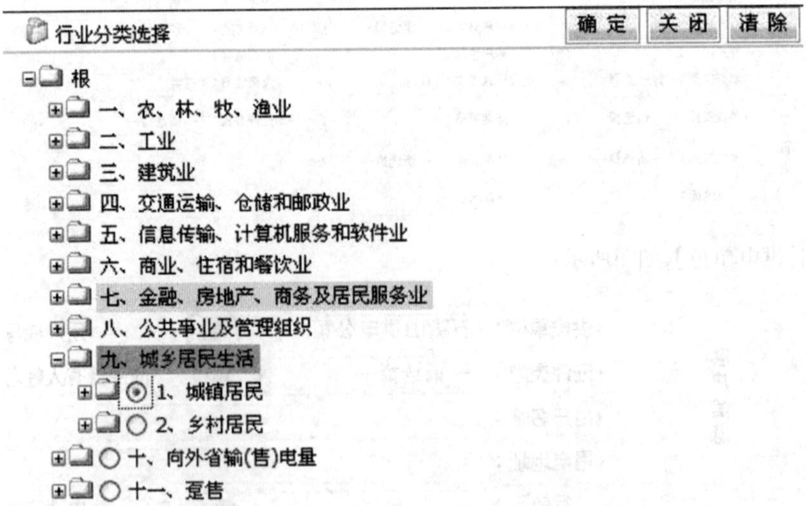

如图所示点击【具体地址】,输入“汉唐庭院”点击【查询】。

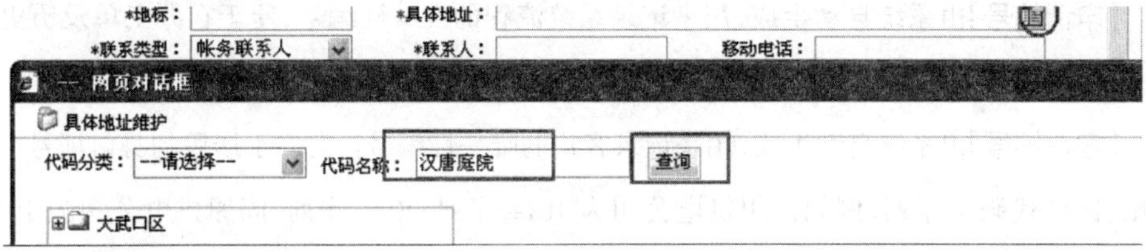

选择树状图最末级,点击单选键后确定。

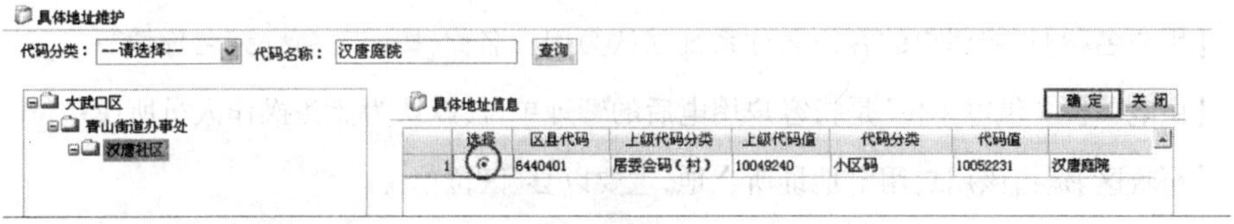

点击【缴费方式】,选择【电力机构卡表购电】。

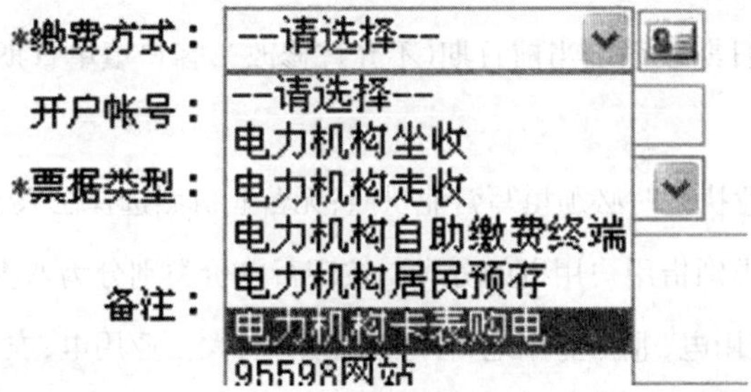

录入相关信息后点【保存】。

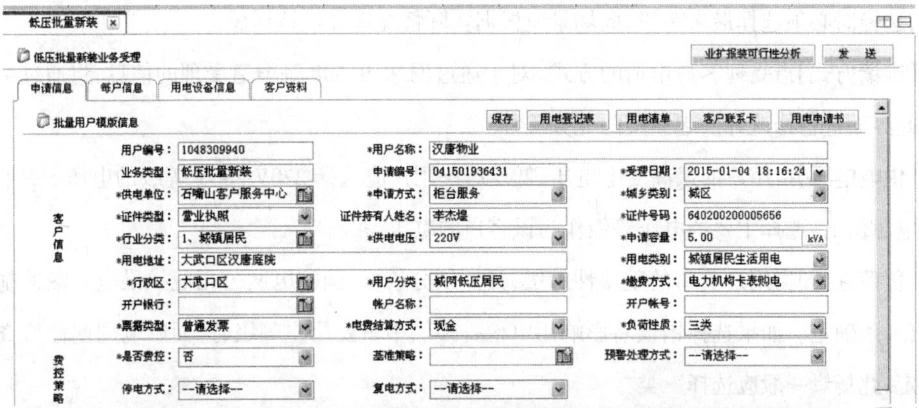

要项信息:

【申请编号】由系统自动生成,用来记录系统流程的唯一性编号,便于在办工单及历史工单的查询。

【客户编号】由系统自动生成,用来记录客户的唯一性编号。类似于居民的身份证号。生成规则:区域代码+序列,例如银川供电公司为101+序列、201+序列,固原供电公司为102+序列,吴忠供电公司为103+序列,石嘴山供电公司为104+序列,中卫供电公司为105+序列,宁东供电公司为106+序列。

【用户名称】新建用户的客户名称系统默认为用户名称,按照工商登记名称填写。

【供电单位】"供电单位"是指客户用电后的管理单位,默认为业务操作人员所属单位。

【行政区】是指该用户用电地址所在地,主要以县、区位单位。

【管理单位】客户管理单位为所在地为地市级供电公司。例如:该用户供电单位为石嘴山客户服务中心,实际管理单位应为石嘴山供电公司。

【受理日期】受理日期取系统当前日期(不允许修改),客户填单日期与受理日期必须要保持一致。

【证件类型】有营业执照时必须填写营业执照;无营业执照选择法人身份证。

【用电类别】用电类别指用户用电的分类。按现行电价类别分为八大类,即居民生活用电,非居民照明用电,商业用电,非工业用电,普通工业用电,大工业用电,农业生产用电,贫困县农业排灌用电和趸售用电。参考用电性质、容量来确定,此场景应根据实际情况选择商业用电。

【行业类别】指用户所属的国民经济行业分类。根据用户的营业执照及立项批文中的行业确定,选择时必须选择最末一级,此场景应根据实际情况选择城镇居民。

【申请方式】指受理客户申请的方式。对于通过网站、95598等渠道受理的信息,将通过系统带入此界面进行修改并发起完整的业务流程。

【供电电压】指用户的最高受电电压,低压居民用户应选择220V/380V等级的电压。如果是多路电源供电,选择主要的电压等级作为该客户的电压等级。

【负荷性质】指用户负荷的重要性等级,具体划分依据《国家电网公司业扩供电方案编制导则》第6条确定。如果选择错误将影响用电检查模块中重要用户等级,进而影响周期性检查计划制定,此场景一般应选择三类。

【用户分类】指按照电压等级、城农网标志及用电性质对用户的划分。对于公网用户的城、农网性质依据《关于宁夏电力公司10 kV城网与农网界限划分的通知》(宁电运检发〔2012〕869号)来确定。若选择错误,将影响城农网相关报表统计及电价的选择。如果是算费用户,不能选择所有考核项。如果用户分类选为考核,各项相关报表的行业类中将不统计该户电量、电费。

用户分类选择农网高压，在电价方案中必须选择农网电价，如果选择城网高压，则电价方案必须选择城网电价。

【用电地址】实际用电地址，具体按公安部门规定的标准街(路)、巷、号或楼号、单元、住房号以及乡(镇)村等。

【申请容量】所有受电设备的容量之和。建筑面积在50平方米及以下的住宅用电每户容量宜不小于4kW；大于50平方米的住宅用电每户容量宜不小于8kW。在业务受理环节准确填写，若在现场勘查环节发现错误，则必须退单到业务受理环节修改。

【电话】移动电话、办公电话、住宅电话必须填写其中一项，号码位数限制为11位数字。必须是企业负责人及企业电气联系人的手机号码，为今后短信通知业务做好准备。

【缴费方式】坐收，走收，卡表购电。每个用户只能选择一种缴费方式。

【是否费控】营销远程实时费控应用业务，针对电费回收进行实时控制。如果用户更改为远程费控用户，请务必将用户缴费方式更改为坐收。

【电费通知方式】指电费的具体通知方式。包括短信、通知单(人工送达)、通知单(邮寄)等多种方式，根据具体情况选择。

【电费结算方式】指电费的具体结算方式，包括现金等11种结算方式。默认为现金结算方式。

【临时缴费关系号】指集团户主户的客户编号，生成后建立集团户缴费关系。如果在受理界面选择了集团客户，相关信息将直接带入此处。若此处不维护，需要在【收费账务管理】—【缴费方式管理】—【缴费委托关系】中维护。

【缴费方式】指客户的电费缴纳方式。

【开户银行】客户开户行的营业网点名称。依据客户提供的开户银行许可证内容填写。

【账户名称】客户的开户账户名称。依据客户提供的开户银行许可证内容填写。

【票据类型】指用户缴纳费用后向客户出具的凭证，包括普通发票、增值税发票、收据以及其他等4类，默认为普通发票。若客户为一般纳税人，则选择增值税发票，同时，依据一般纳税人资格证书，填写增值税号、增值税名、增值税账号、增值税银行、注册地址。

【是否农网增值税用户】用于农网维管费相关电量电费统计的标示，在信息归档前必须要正确维护，如果未维护，需要在客户档案资料管理—档案信息管理中，先在农网用户信息维护中设置后，再在增值税用户信息的维护中进行维护。

注意事项：

三相和单项表要分开走流程，商业和居民要分开走流程，台区不同的要分开走流程。

4.1.2 每户信息

点击【每户信息】标签页，进入【客户自然信息】填写页面。

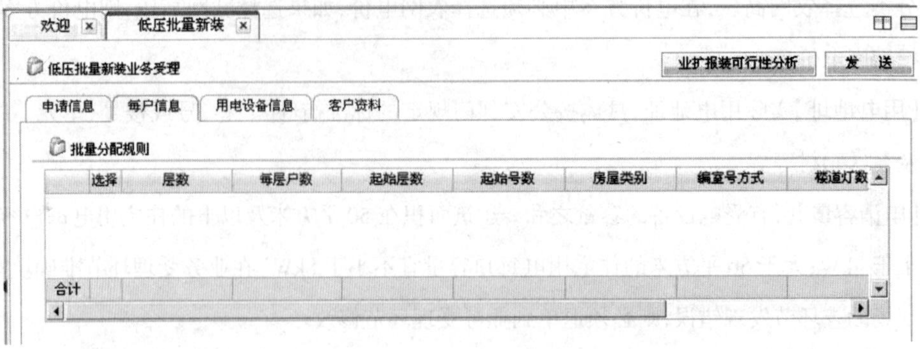

点击【每户信息】—【增加】。

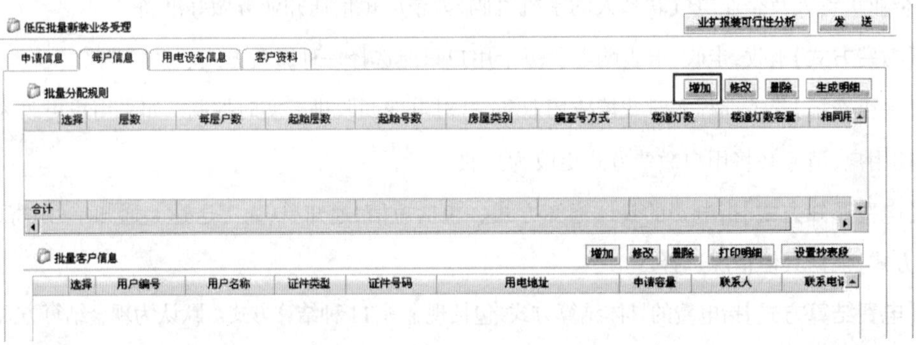

维护【批量分配规则】,如图所示:

依据客户实际情况,填写【楼名】、【单元号】、【层数】、【每层户数】等信息。本案例为单元楼楼道照明用电,且用电地址为1~2单元一户、3~4单元一户,所以第一户的分配规则如图所示:

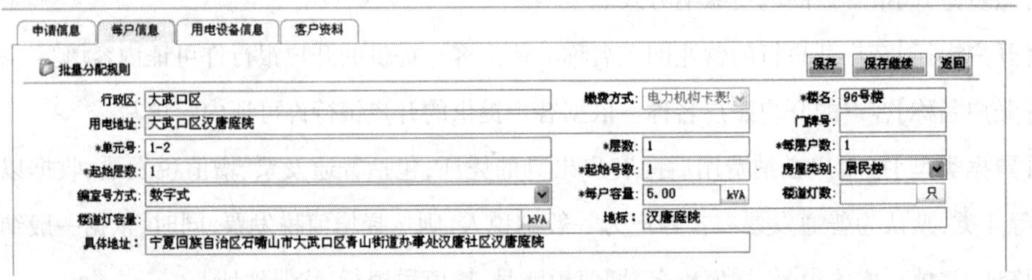

【房屋类别】选择居民楼,【层数】和【每层户数】均填写1。

点击【保存继续】再增加一个分配规则,分配规则如图所示:

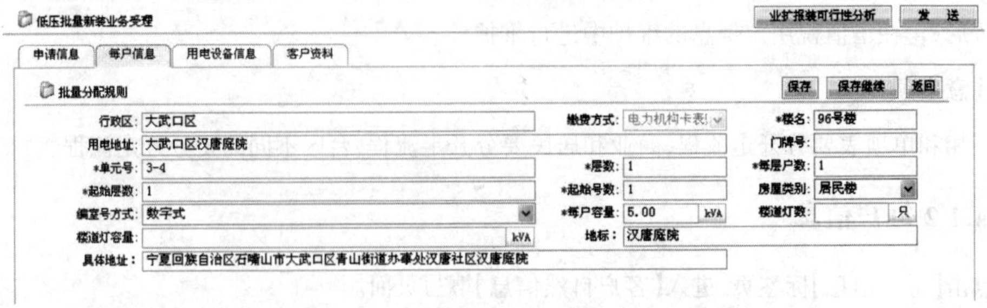

【房屋类别】选择居民楼,【层数】和【每层户数】均填写 1,点击【保存】。

在【批量分配规则】下点击【生成明细】,逐户维护信息。

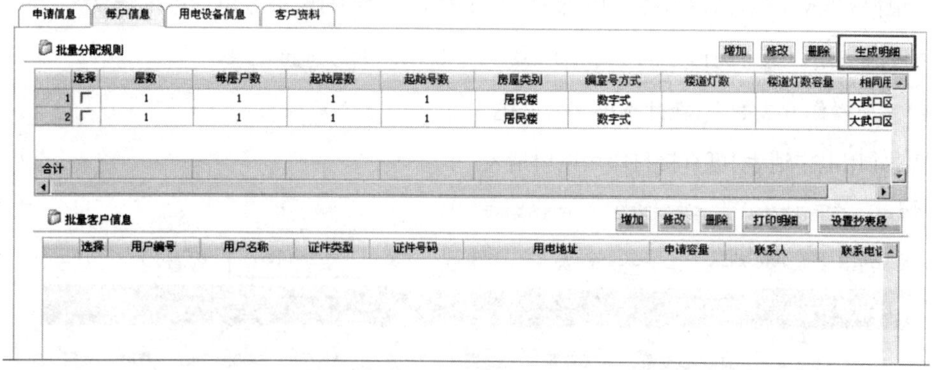

逐户进行修改,具体如图所示:

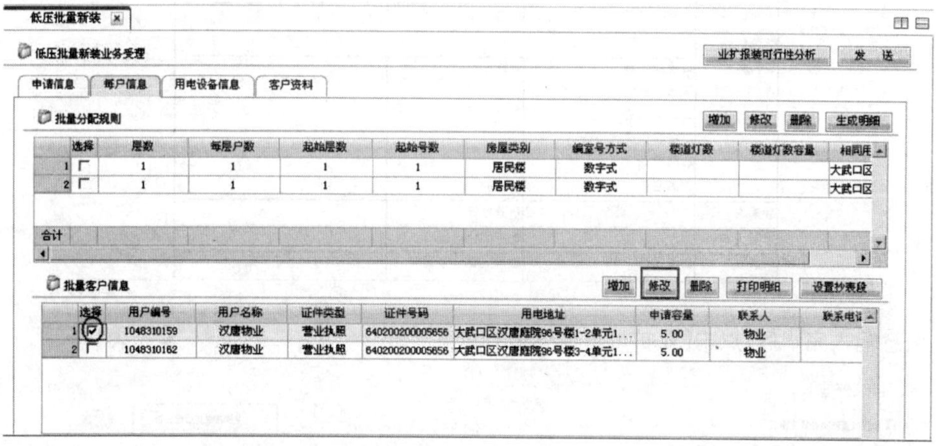

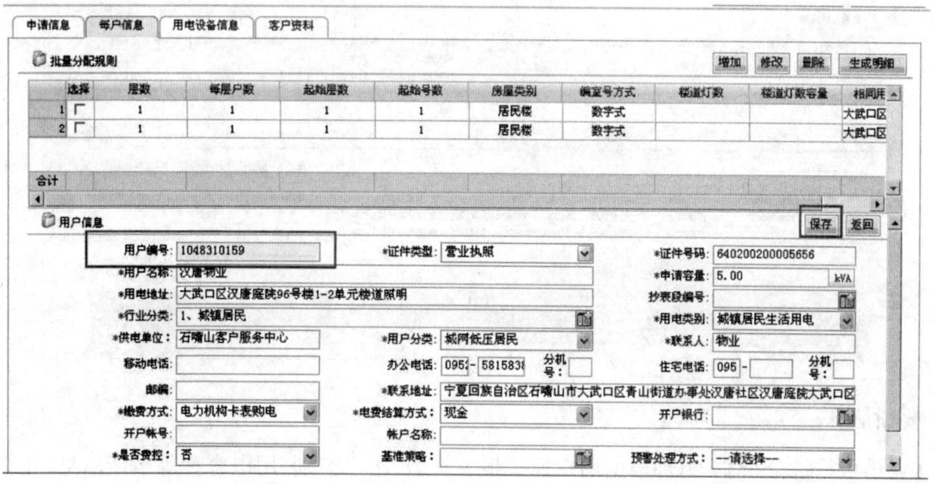

修改完毕后点击【保存】。

注意事项：

1.根据实际情况对用户名称、用电地址、证件类型、证件号码、联系电话进行修改。

2.此时的用户编号为该户的实际用户编号，应将用户编号进行记录。

第二户操作方式如上，在此不再一一赘述。

点击【用电申请表】可直接打印用电申请表。

信息输入完毕后，点击【业扩可行性分析】

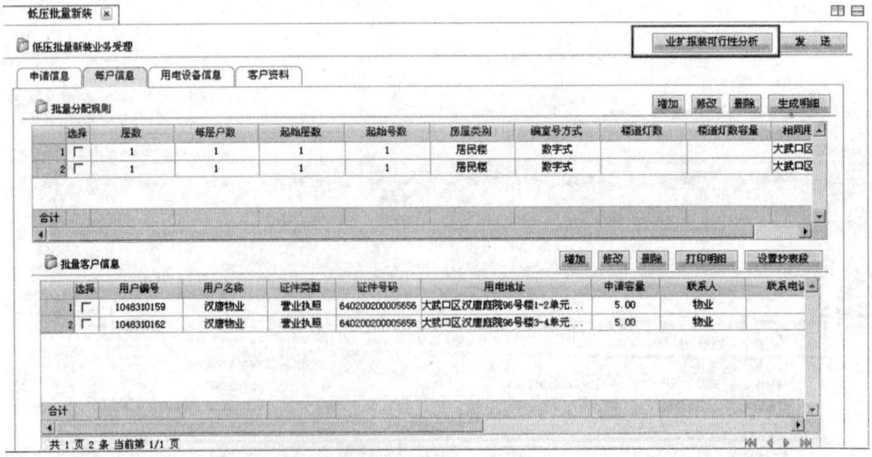

要项信息：

【业扩可行性分析】本组件根据用户业扩报装类型、用户类别、用电容量等申请信息，在 GIS 地图中自动或手工定位报装地址，分析报装地址周边供电电源设备（变电站、线路、配变）可开放负荷，为受理用户的业扩报装申请提出可行性的建议。

注意事项：

系统升级后增加营销GIS应用功能，该功能主要为营销业务深入开展提供支撑。营销GIS控件及操作手册下载位置：【帮助】—【帮助手册下载】—【营销GIS营销改造功能说明及控件】。

【业扩可行性分析】完毕后，点击【发送】，流程发送至下一环节。如图所示：

选择【派工】工单发送到【派工】环节，选择【不派工】工单发送到【现场勘查】环节，所有有权限处理【现场勘查】环节工作的人员都能签收处理此工单。

4.2 勘查派工【用电检查班班长】

在【待办工单】中找到工单签收处理。

点击【派工人员】，勾选相应人员后点击【确定】。

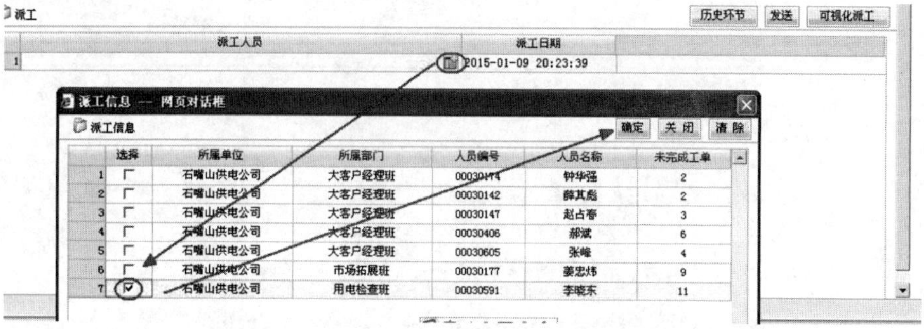

点击【发送】

在【派工人员】列表框中选择接收员，点击【确定】返回到主页面，点击【发送】，提示流程发送成功到下一个环节。

4.3 现场勘查【用电检查人员】

打印【现场勘查工作单(低压)】，预先了解和获取所要勘查地点的供电条件，提前和客户预约现场勘查的时间，确认勘查地点，准备好相应作业资料，在规定的期限内准时到达现场进行勘查。核实用电容量、用电类别等客户申请信息，根据客户的用电类别、用电规模以及现场供电条件，对供电可能性和合理性进行调查，完整翔实准确填写【现场勘查工作单(低压)】，初步提出供电、计量和计费方案。如发现客户现场情况不具备供电条件时，应列入勘查意见并向客户做好解释、提出合理的整改措施或建议，取得客户的理解。

4.3.1 现场勘查方案

在【待办工单】中找到工单，点击【签收处理】

点击【现场勘查方案】标签页，填写相关信息。

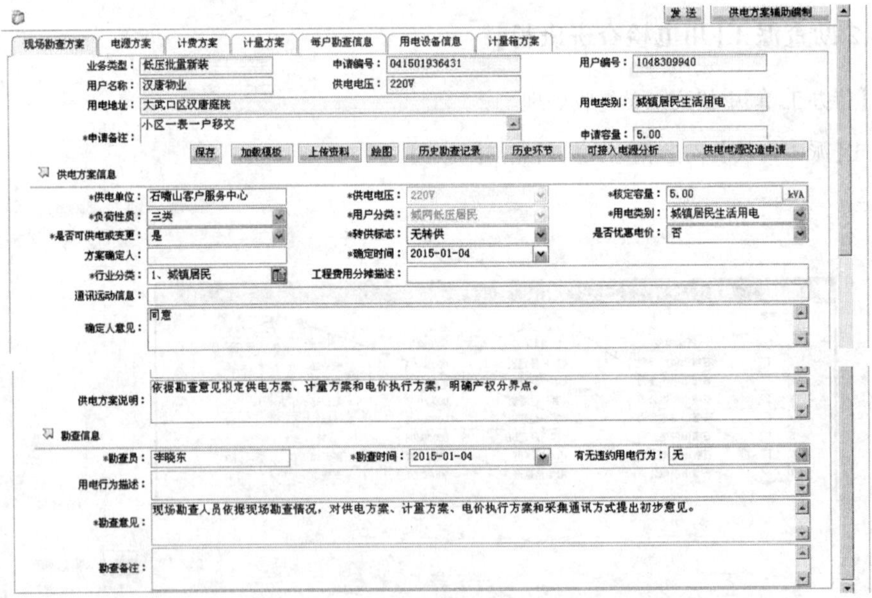

要项信息：

【是否可供电或变更】工作人员在现场勘查中发现不具备供电条件或转为低压供电，此处选择否，点击【保存】，发送，审批完成以后直接跳到信息归档环节，结束此工单。

【供电方案说明】必须填写变电站名称、线路双重编号、线路杆号(或电缆环网柜、分支箱编号)。

【转供标志】如果该户与其他用户存在转供或者被转供关系则选择此项，否则选择无转供，如果存在转供关系需在计量方案中添加计费关系。

此页面重点核实＊标内容与现场实际是否相符。

点击【上传资料】，将现场勘查工作单等资料扫描上传。

4.3.2 电源方案

点击【电源方案】标签页，进入客户电源信息填写页面。

点击【用户】右键弹出【受电点方案】。

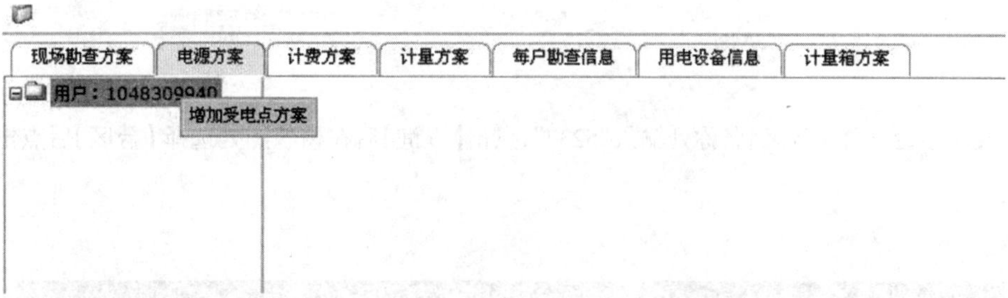

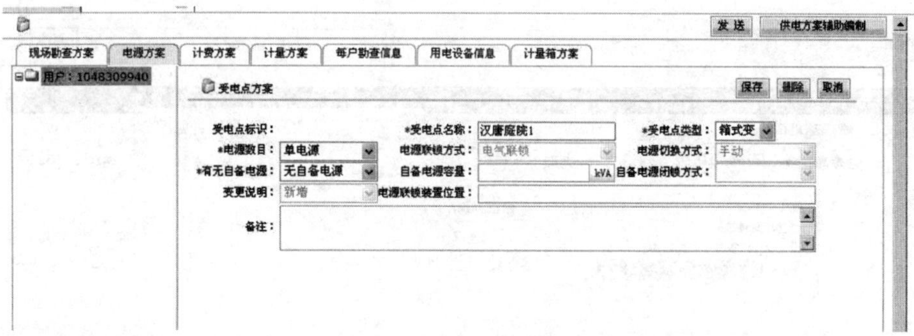

要项信息：

【受电点】用户接入电网的受电装置的所在位置，受电装置主要有变压器、高压电动机等，一个受电点可以有多个变压器、高压电机等；双电源供电用户通过母联接入时该受电点为一个受电点，对于厂区内多个电源供电且受电装置不同的电力用户一条供电线路视为一个受电点。

【受电点名称】一般为以受电点＋序号组合命名，例如：本处命名为用户名称＋序号。

【受电点类型】指用户受电装置的类型，一般分为变电站、配电室、箱式变、柱式变、地埋变、开关站及其他类型。

点击【（新增）受电点】右键弹出【电源点方案】

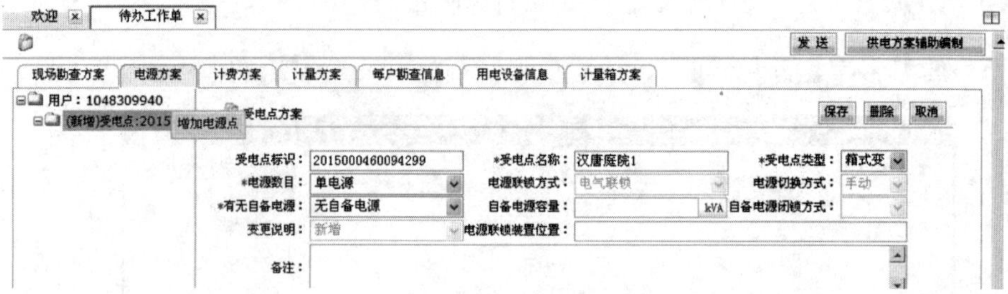

本场景电源类型选择公变，经现场勘查确定台区为5237汉唐庭院12#变，操作如下：

在类型处选择【台区】名称处输入“5237”，点击【查询】后在树状图处选择【台区】后点击【确认】。

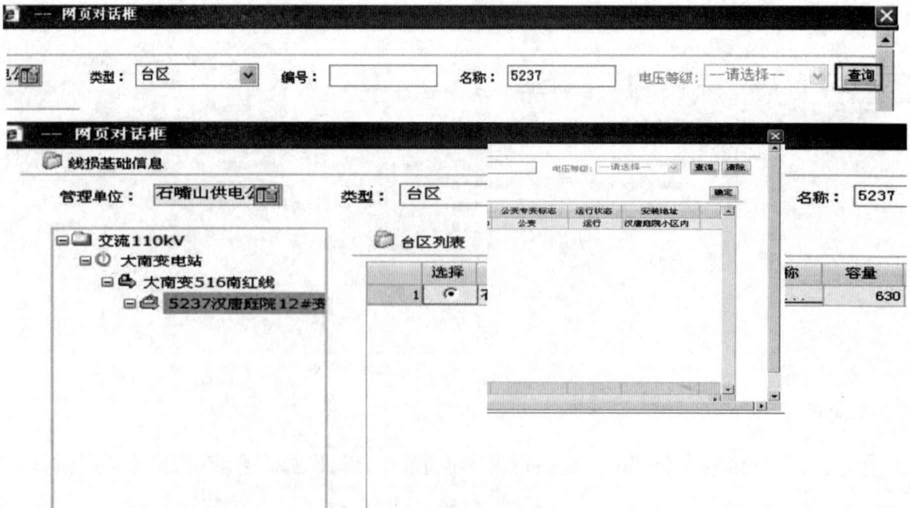

出现结果如图所示：

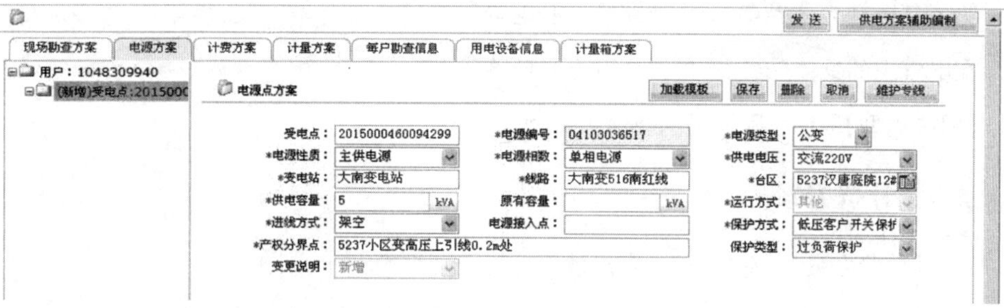

要项信息：

【电源类型】提供电能的装置，根据本业务场景选择公变（如果所带此用户的公变台区已建立，直接选择该台区；否则在线损管理—线损基础管理中建立新的公变台区）。

【电源性质】如果只有一个电源点，只能选择主供电源，如果是双电源或多电源的情况至少有一个电源点为主供电源。

【电源相数】根据场景此用户选择三相电源，如采用220V供电的，请注意选择为单相电源。

【供电容量】本电源提供的可供本用户使用的容量，即电源点容量，专变用户填写该变压器的铭牌容量，专线用户填写该专线变电所供出的容量，公网用户填写用户的合同约定容量。

【运行方式】运行方式只针对受电点方案中电源数目为双电源或多电源的情况选择冷备、热备、互为备用，如果只是单电源，默认为其他，此场景选择其他。

【电源接入点】填写变电站名称、线路双重编号，线路杆号（或电缆环网柜、分支箱编号）台区名称。

【进线方式】根据现场勘查的供电方案填写，该参数作为业务受理人员确定双电源用户收取高可靠性费用或临时用电收取临时接电费标准的依据（电缆进线按照架空进线的1.5倍收取）。

【保护方式】根据电压等级及现场实际勘查情况选择。

【产权分界点】根据《供电营业规则》第47条规定：供电设施的运行维护管理范围，按产权归属确定。责任分界点按下列各项确定：

1.公用低压线路供电的，以供电接户线用户端最后支持物为分界点，支持物属供电企业。

2.10kV及以下公用高压线路供电的，以用户厂界外或配电室前的第一断路器或第一支持物为分界点，第一断路器或第一支持物属供电企业。

3.35kV及以上公用高压线路供电的，以用户厂界外或用户变电站外第一基电杆为分界点，第一基电杆属供电企业。

4.采用电缆供电的，本着便于维护管理的原则，分界点由供电企业与用户协商确定。

5.产权属于用户且由用户运行维护的线路,以公用线路分支杆或专用线路接引的公用变电站外第一基电杆为分界点,专用线路第一基电杆属用户。

在电气上的具体分界点,由供用双方协商确定。

【保护类型】根据实际情况选择保护类型。

4.3.3 计费方案

点击【计费方案】标签页,进入客户计费信息填写页面。

要项信息:

【定价策略类型】根据用电类别是非大工业用电选择单一制。

【基本电费计算方式】定价策略类型若选择单一制,则选择不计算。

【功率因数考核方式】核定容量 100kVA 以下所有用户选择不考核,核定容量 100kVA 及以上所有用户选择标准考核。具体考核标准执行〔83〕水电财字 215 号文件《功率因数调整电费办法》、宁电营销〔2012〕168 号文件《关于下发部分政策执行的相关意见通知》、宁夏电力公司 2013 年下发的《关于规范功率因数调整电费计算的通知》。

点击【(新增)定价策略】右键弹出【增加电价方案】。

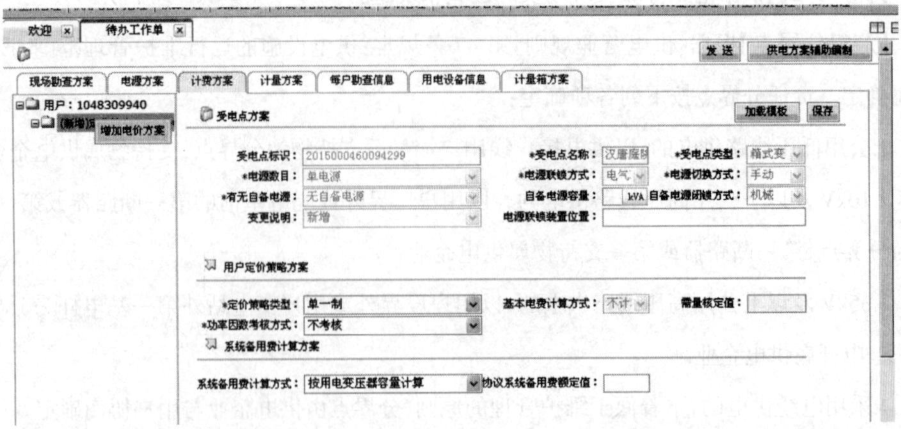

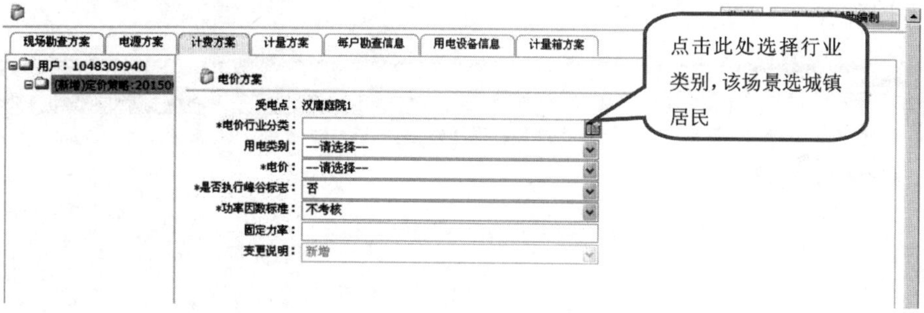

本场景应选择行业分类：城镇居民、用电类别：城镇居民生活用电，电价执行一表一户阶梯，不执行峰谷不考核功率因数。

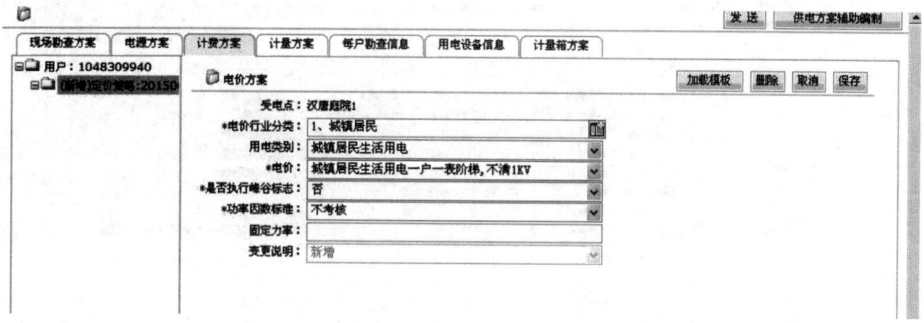

要项信息：

【电价行业分类】应与业务受理环节申请信息中的行业分类一致，如有多个电价方案，至少有一个电价行业分类与业务受理环节申请信息中的行业分类一致。

【用电类别】应与业务受理环节申请信息中的用电类别一致，如有多个电价方案，至少有一个用电类别与业务受理环节申请信息中的用电类别一致。

【电价】根据用电类别、电压等级、用户分类确定相应的电价，注意区分城镇居民与农村居民电价。

【是否执行峰谷标志】根据宁价重发〔1995〕92号文件《关于转发国家计委、电力工业部关于西北电网峰谷分时电价实施办法的批复的通知》执行，此场景应选择“是”。除城乡居民用电、农业排灌用电及党政机关、学校（不含生产企业）、部队（不含生产企业）、医院、无轨电车、自来水、煤气用电及个别特殊用户暂不实行峰谷电价外，其他所有用户均执行峰谷电价。

4.3.4 计量方案

点击【计量方案】标签页，展开计量方案配置界面，点击【（新增）受电点】右键弹出【增加计量点方案】标签页。

如图所示：

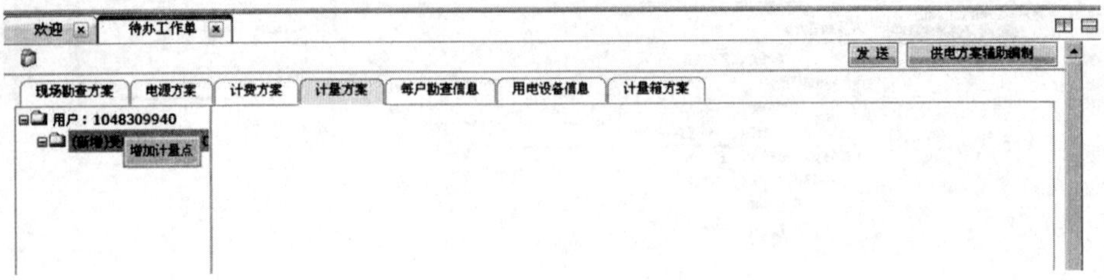

点击【计量方案】

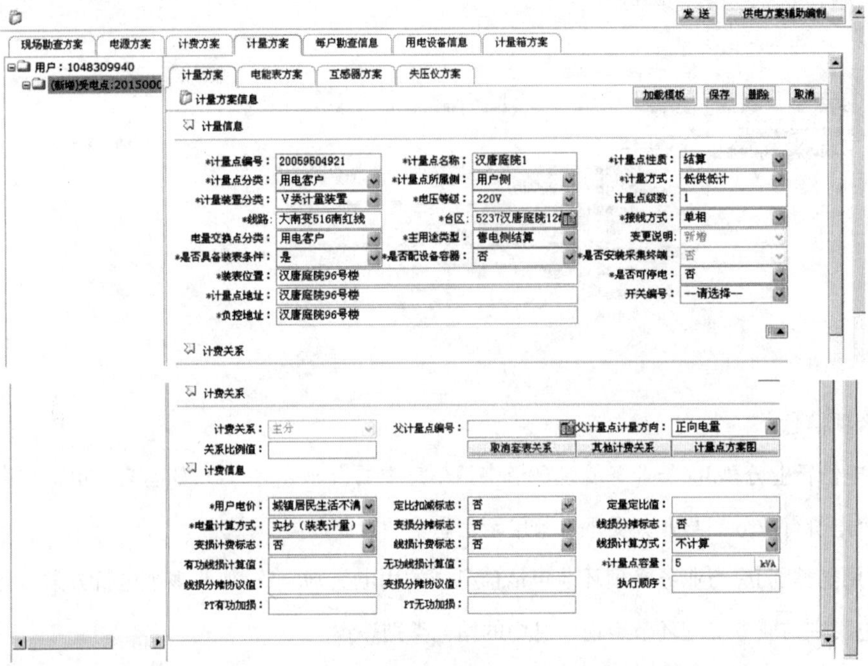

要项信息：

【计量点名称】按照计量点 + 序号（与供用电合同保持一致），例如：计量点 1。

【计量点性质】如果计量点是计费的计量点则选择结算，如果用于考核的计量点则选择考核。

【计量点分类】根据计量点性质若选择结算，则选择用电客户，计量点性质若选择考核，则选择关口，此场景选择结算。

【计量点所属侧】根据计量方式进行选择，若是高供高计则选择电网侧，若是高供低计或低供低计则选择用户侧，若是专线用户则选择变电站内，此场景选择用户侧。

【计量方式】根据电能计量的不同对象，此场景一般选择低供低计。

【计量装置分类】按下表进行选择，此场景 220V 电压等级选择 V 类计量装置，380V 电压等级选择Ⅳ类计量装置。

表1　电能表、互感器准确度等级

容量范围	电能计量装置类别	准确度等级			
		有功电能表	无功电能表	电压互感器	电流互感器
S≥10000kVA	Ⅰ	0.2S 或 0.5S	2.0	0.2	0.2S 或 0.2*）
10000kVA＞S≥2000kVA	Ⅱ	0.5S 或 0.5	2.0	0.2	0.2S 或 0.2*）
2000kVA＞S≥315kVA	Ⅲ	1.0	2.0	0.5	0.5S
S＜315kVA	Ⅳ	2.0	3.0	0.5	0.5S
单相供电（P＜10kW）	Ⅴ	2.0	—	—	0.5S

● 0.2*）级电流互感器仅指发电机出口电能计量装置中配用。

【电压等级】默认为供电电压。

【台区】若只有一个台区选择必须与电源方案保持一致，若有多个台区则根据现场勘查实际情况填写。

【线路】若只有一个线路选择必须与电源方案保持一致，若有多个线路则根据现场勘查实际情况填写。

【接线方式】根据现场勘查实际情况进行选择，220V 电压等级选择单相，380V 电压等级选择三相四线。

【电量交换点分类】计量点主用途类型为售电侧结算则选用电客户。计量点主用途类型为考核，根据现场勘查实际情况进行选择。

【主用途类型】根据现场勘查实际情况进行选择。

【是否具备装表条件】电量计算方式是实抄则选择【是】，电量计算方式是定量、定比、按日协定则选择【否】。

【是否安装采集终端】居民客户营销系统默认为【否】。

【是否可停电】根据具体情况，可以停电选择【是】，不可停电选择【否】。

【装表位置】详细填写表计安装的位置。

【计量点地址】详细填写计量点地址。

点击【电能表方案】，配置相应电能表。

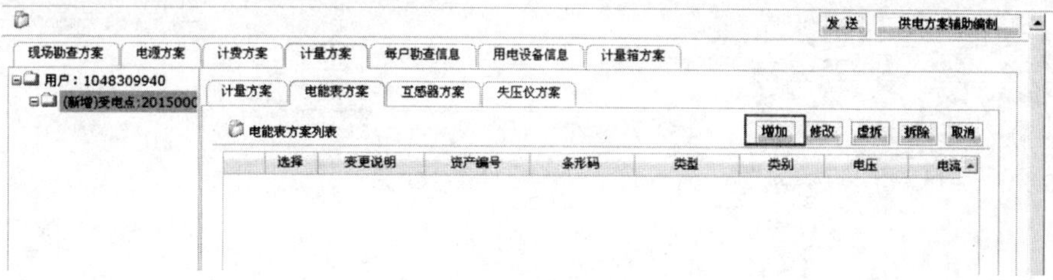

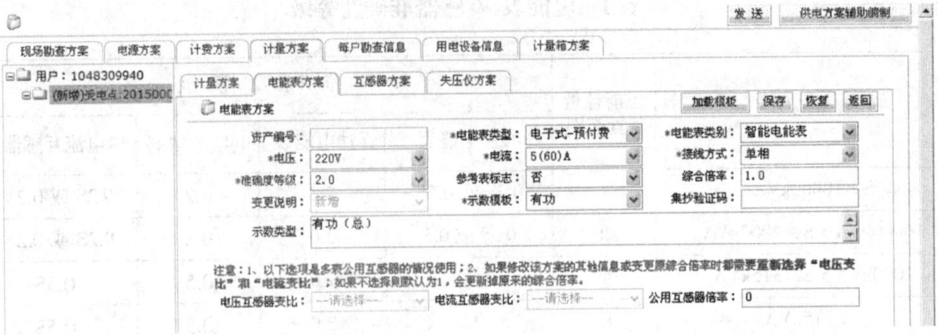

要项信息：

【接线方式】与计量方案中的接线方案一致。

【准确度等级】各类电能计量装置配置的电能表、互感器的准确度等级应不低于下表所示值。

表 2　电能表、互感器准确度等级

容量范围	电能计量装置类别	准确度等级			
		有功电能表	无功电能表	电压互感器	电流互感器
S≥10000kVA	Ⅰ	0.2S 或 0.5S	2.0	0.2	0.2S 或 0.2*）
10000kVA＞S≥2000kVA	Ⅱ	0.5S 或 0.5	2.0	0.2	0.2S 或 0.2*）
2000kVA＞S≥315kVA	Ⅲ	1.0	2.0	0.5	0.5S
S＜315kVA	Ⅳ	2.0	3.0	0.5	0.5S
单相供电（P＜10kW）	Ⅴ	2.0	—	—	0.5S

● 0.2*）级电流互感器仅指发电机出口电能计量装置中配用。

【示数模板】根据电费计算需要选择，但需要注意接线方式为单相时，不能选择需量、无功示数。

4.3.5 每户勘查信息

进入【每户勘查信息】标签页，点击【批量应用模板】，将上述已维护电源方案、计费方案和计量方案批量应用于批量用户。本案例应与于汉唐物业华两户。如图所示：

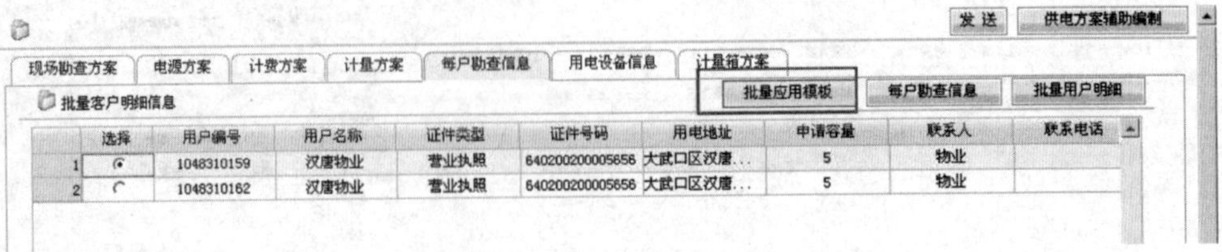

现场勘查人员,对用户计量方案进行核对无误后,点击【供电接入方案草图绘制】,绘制接入方案草图。具体操作方法参见"营销 GIS 应用功能操作手册 v1.1.doc"营销 GIS 控件及操作手册下载位置:【帮助】—【帮助手册下载】—【营销 GIS 营销改造功能说明及控件】。

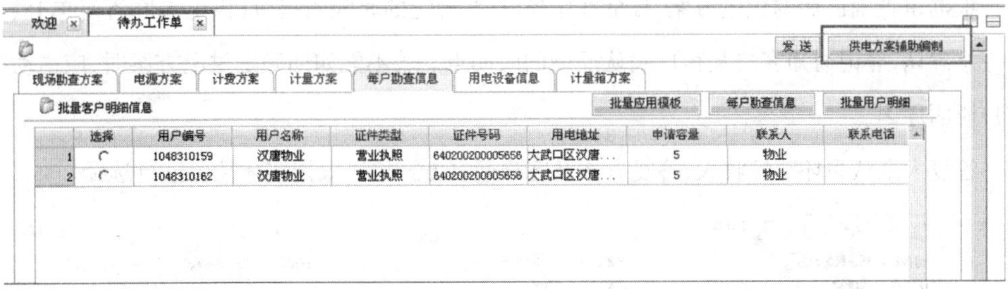

点击【发送】发送至下一环节,进行审批。

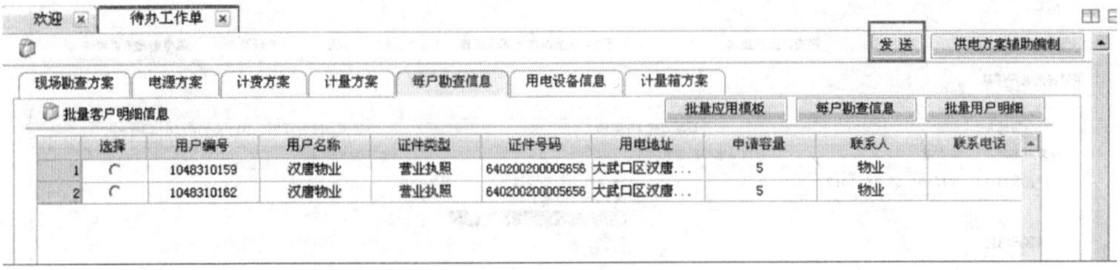

4.4 审批【客户服务中心主任】

方案拟订后,根据审批条件(按电压等级、变压器容量大小等)提交相关级别部门审批,签署审批意见。在规定的时限内完成对接入系统方案、受电系统方案、计量方案、计费方案的审批。对于审批不通过的,重新拟定供电方案,并重新审批。

审批通过则发送到下一环节,不通过则退到现场勘查。

要项信息：

【审批结论】不通过，返回到【现场勘查】。

4.5 答复供电方案【业务受理员】

根据审批确认后的供电方案，书面答复客户，在规定的时限内提供【供电方案答复单】供客户签字确认，登记通知客户及客户确认反馈的时间点。若不能如期确定供电方案时，应主动向客户说明原因。

答复人默认为环节签收人，答复方式及客户回复方式可以根据实际情况进行选择。

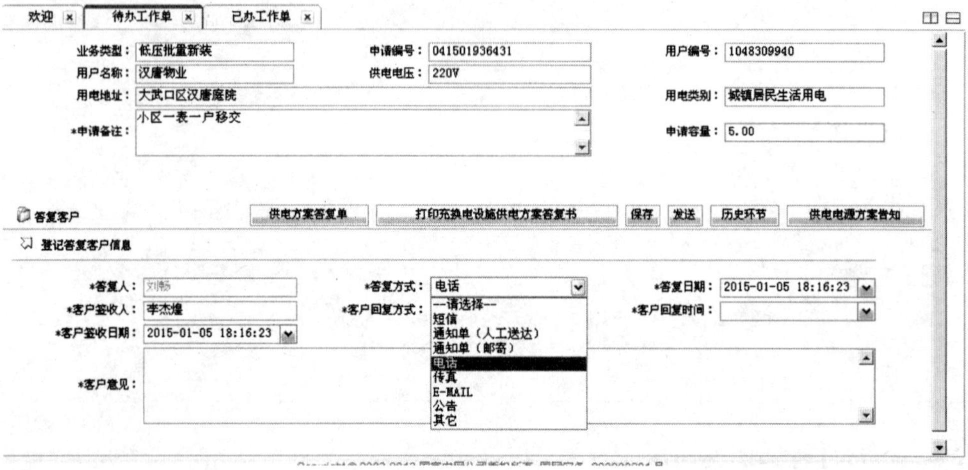

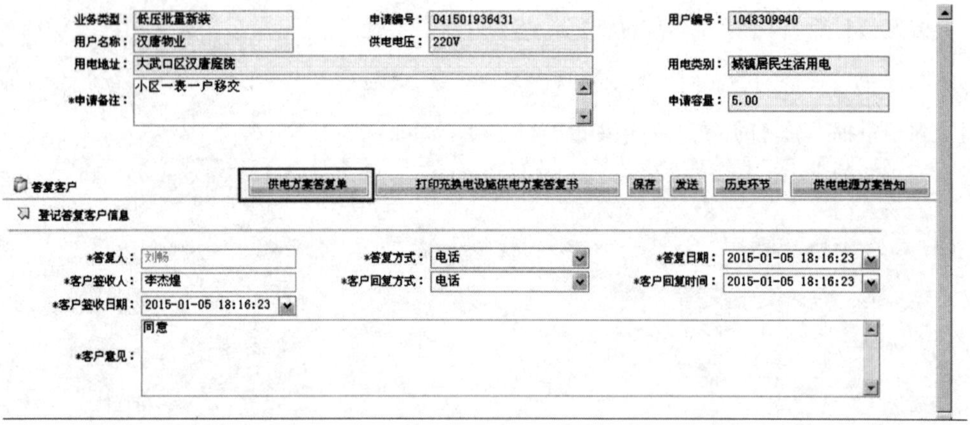

要项信息：

答复人默认为环节签收人。

答复方式和客户回复方式的下拉选项有【短信】、【通知单】、【电话】、【传真】、【E-MALL】、【公告】，按照相应的答复方式填写。

点击【供电方案答复单】可直接保存、打印供【电方案答复单】。

业扩报表　　打印　返回

国家电网 STATE GRID 你用电·我用心 Your Power Our Care　　95598

低压供电方案答复单

<table>
<tr><td colspan="5">客　户　基　本　信　息</td></tr>
<tr><td>户　号</td><td></td><td>申请编号</td><td></td><td rowspan="6"></td></tr>
<tr><td>户　名</td><td colspan="3"></td></tr>
<tr><td>用电地址</td><td colspan="3"></td></tr>
<tr><td>用电类别</td><td></td><td>行业分类</td><td></td></tr>
<tr><td>供电电压</td><td></td><td>供电容量</td><td></td></tr>
<tr><td>联 系 人</td><td></td><td>联系电话</td><td></td></tr>
</table>

<table>
<tr><td colspan="5">营　业　费　用</td></tr>
<tr><td>费用名称</td><td>单价</td><td>数量（容量）</td><td>应收金额（元）</td><td>收费依据</td></tr>
<tr><td></td><td></td><td></td><td></td><td></td></tr>
</table>

<table>
<tr><td colspan="5">供　电　方　案</td></tr>
<tr><td>电源编号</td><td>电源性质</td><td>供电电压</td><td>供电容量</td><td>电源点信息</td></tr>
<tr><td></td><td></td><td></td><td></td><td>供电变压器名称，接入点杆号（电缆分支箱号），产权分界点，进出线敷设方式建议</td></tr>
</table>

<table>
<tr><td rowspan="2">计量点组号</td><td rowspan="2">电价类别</td><td rowspan="2">定量定比</td><td colspan="2">电能表</td><td colspan="2">电流互感器</td></tr>
<tr><td>精度</td><td>规格及接线方式</td><td>精度</td><td>变比</td></tr>
<tr><td></td><td></td><td></td><td></td><td></td><td></td><td></td></tr>
<tr><td></td><td></td><td></td><td></td><td></td><td></td><td></td></tr>
<tr><td></td><td></td><td></td><td></td><td></td><td></td><td></td></tr>
<tr><td>备注</td><td colspan="6">1.表箱安装位置；2.需客户配合事项说明；3.其它事项</td></tr>
<tr><td>其他说明</td><td colspan="6">1.本供电方案自客户签收之日起三个月内有效。如遇有特殊情况，需延长供电方案有效期的，客户应在有效期到期之前十天向供电企业提出申请，供电企业时情况予以办理延长手续。
2.贵户如有受电工程，可委托有资质的电气设计、承装单位进行设计和施工。
3.贵户受电工程竣工并自验收合格后请及时联系供电企业进行竣工检验。</td></tr>
<tr><td colspan="3">客户签名（单位盖章）：　年　月　日</td><td colspan="4">供电企业（盖章）：2015年01月05日</td></tr>
</table>

营销项目

为全面贯彻落实《国家电网公司关于进一步简化业扩报装手续优化流程的意见》的要求，系统升级后将穿行改为并行，在点击【发送】后将触发【竣工报验】、【合同起草】两个环节。

1	┌	041501936431		低压批量新装	1048309940	汉唐物业	竣工报验	未签收	石嘴山供电公司	
2	┌	041501937547		合同新签	1048309940	汉唐物业	合同起草	未签收	石嘴山供电公司	041501

4.6 竣工报验【业务受理员】

点击【增加】。

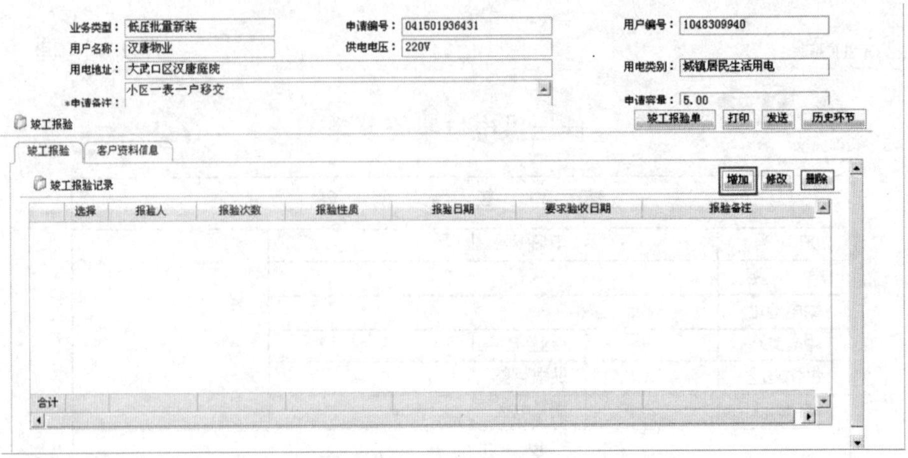

在报验性质下拉框选择竣工验收，并录入相关信息。

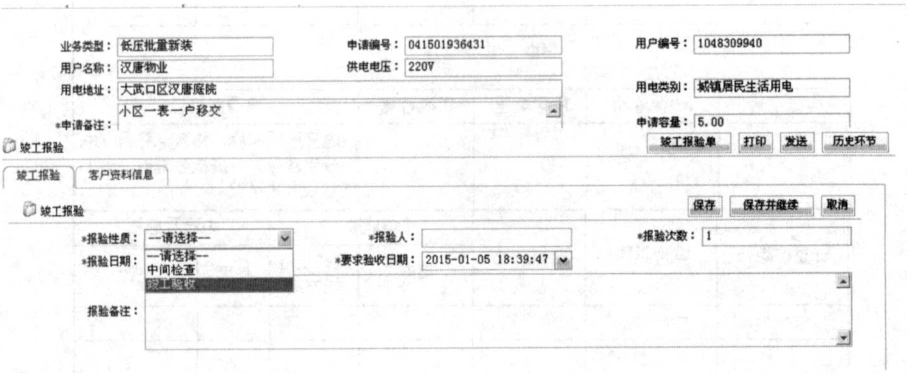

录入信息后点击【保存】。

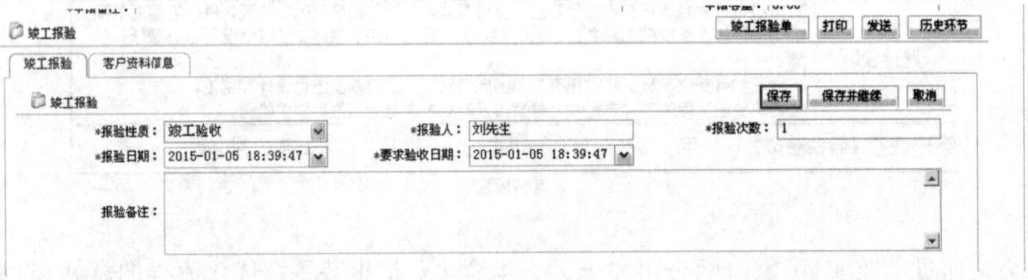

【报验性质】客户报验工程内容，一般可分为中间检查和竣工验收，此处应选择竣工检验。

【报验人】向供电企业提交竣工检验申请的人员，一般为客户电气工程负责人。

【报验次数】客户向供电企业提交竣工检验申请的次数。

【报验时间】客户向供电企业提交竣工检验申请的时间。

【要求验收日期】客户预约开展竣工检验的具体时间。

【报验备注】对客户的报验工作进行备注说明，若客户无特殊要求可以填写【无】。

点击【竣工报验单】可以将其打印。

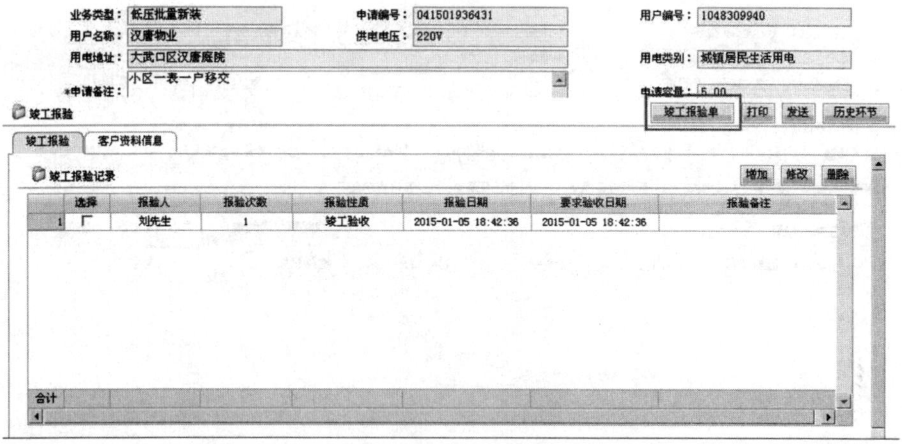
业务类型：低压批量新装
申请编号：041501936431
用户编号：1048309940
用户名称：汉唐物业
供电电压：220V
用电地址：大武口区汉唐庭院
用电类别：城镇居民生活用电
*申请备注：小区一表一户移交
申请容量：5.00
竣工报验
竣工报验单
打印
发送
历史环节
竣工报验
客户资料信息
竣工报验记录
增加
修改
删除
选择
报验人
报验次数
报验性质
报验日期
要求验收日期
报验备注
刘先生
1
竣工验收
2015-01-05 18:42:36
2015-01-05 18:42:36
合计

格式如下：

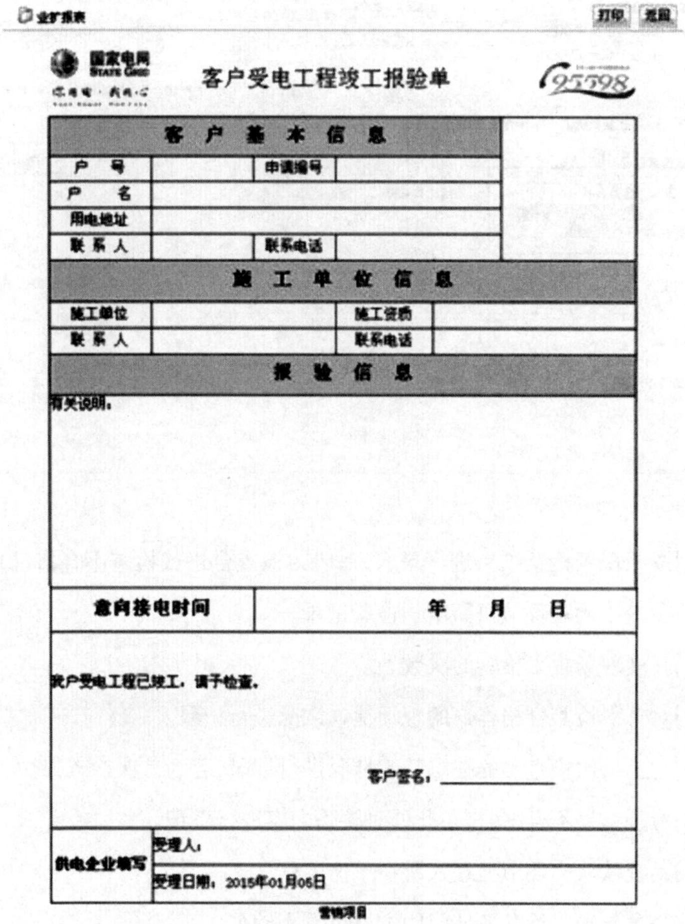
业扩报表
打印
返回
国家电网
STATE GRID
你用电·我用心
客户受电工程竣工报验单
95598
客户基本信息
户号
申请编号
户名
用电地址
联系人
联系电话
施工单位信息
施工单位
施工资质
联系人
联系电话
报验信息
有关说明：
意向接电时间
年　月　日
我户受电工程已竣工，请予检查。
客户签名：
供电企业填写
受理人：
受理日期：2015年01月05日
营销项目

4.7 竣工检验【用电检查人员】

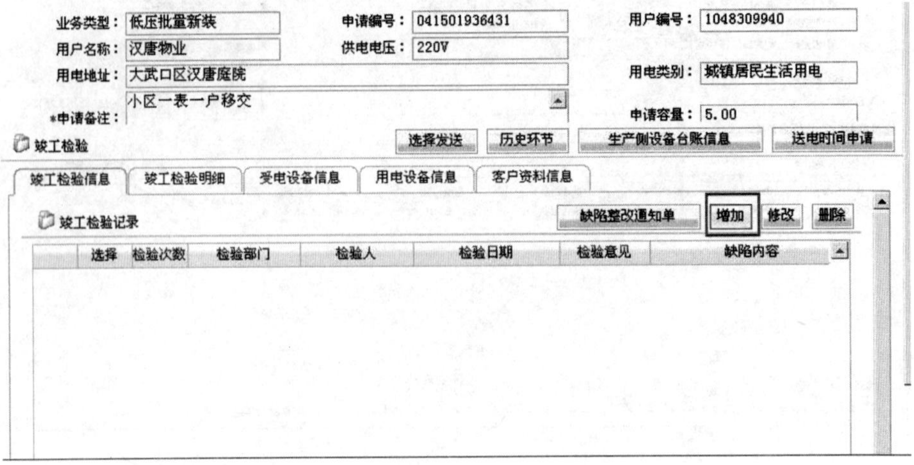

在竣工检验环节处理页面点击【增加】,对竣工检验综合信息进行录入。

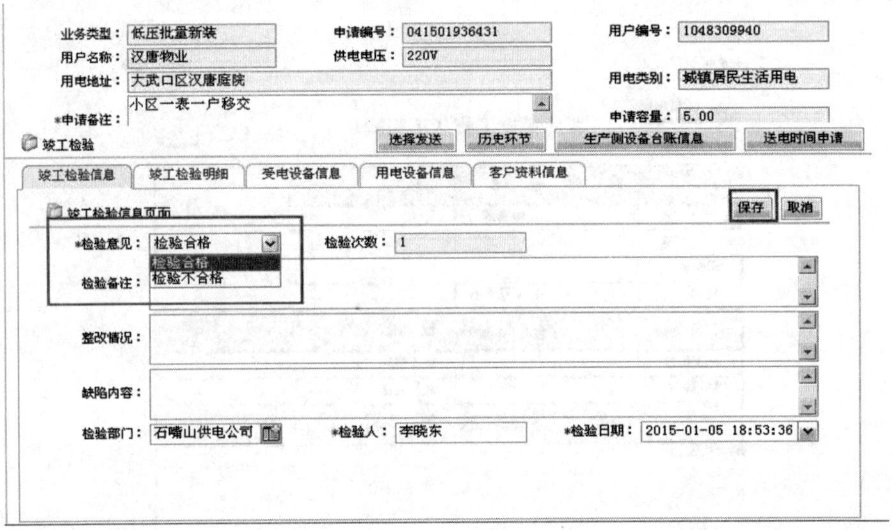

要项信息:

【检验意见】按照现场检查结果进行录入,一般为检查合格或检查不合格,检查不合格需要择日现场检查后在竣工检验环节重新增加检验记录。

【检验次数】开展现场竣工检验的次数。

【检验备注】对首次检验合格客户的现场检查情况进行记录。

【整改情况】对上一次检查出的缺陷整改情况进行记录,若为首次检查,此处填写【无】。

【缺陷内容】检查结果不合格时,在此处对缺陷内容进行登记。

【检验部门】系统默认为环节处理人所在单位名称。

【检验人】填写参与竣工检验各部门的主要负责人姓名。

【检验日期】系统默认为当前日期,但不应小于在竣工报验环节录入的客户要求验收日期。

4.8 配表【资产管理员】

点击【电能表方案】标签页,在出厂编号处输入表号后键入回车键。

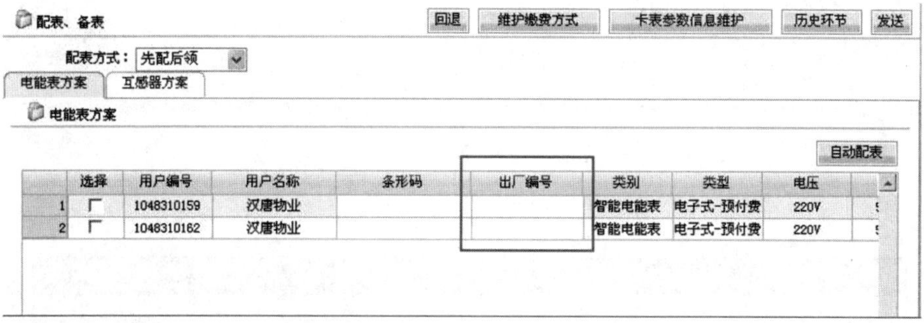

配表后全选,点击【维护缴费方式】。

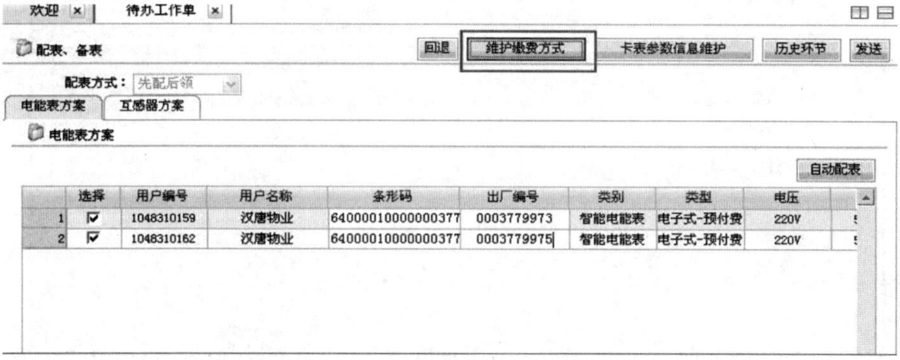

注意事项：

如果配错表可以点击【撤销】—【配表】—【重新】—【配表】。

选择【缴费方式】,点击【电力机构卡表购电】—【确定】。

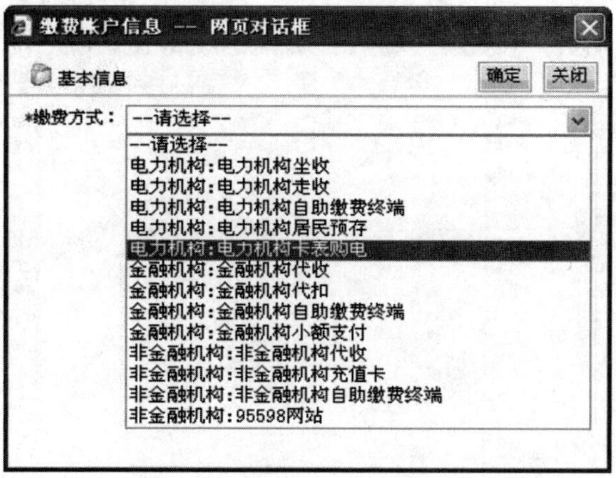

全选点击【卡表参数信息维护】，维护卡表参数信息。

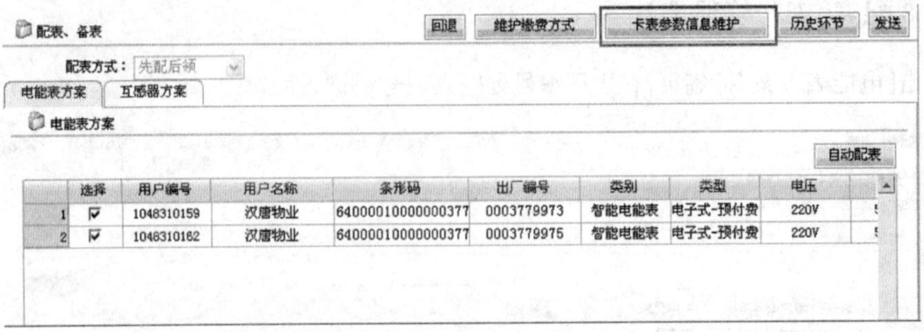

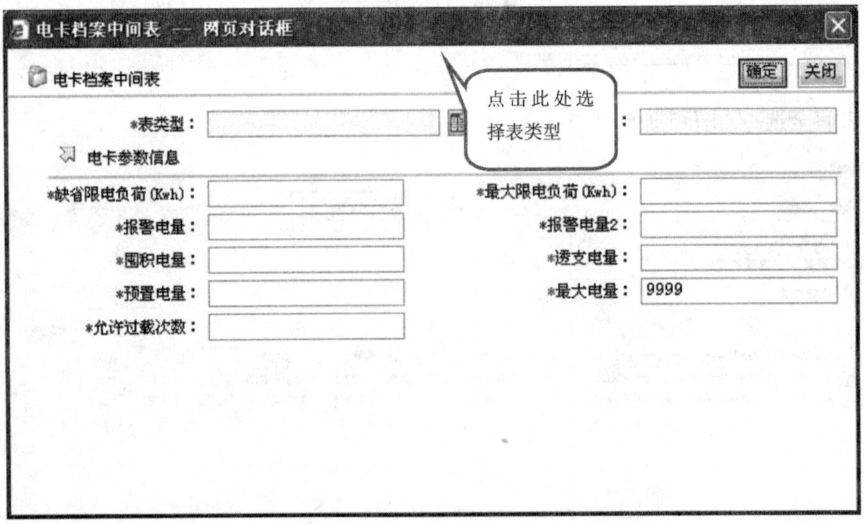

点击【表型号】后输入表型号，点击【查询】。

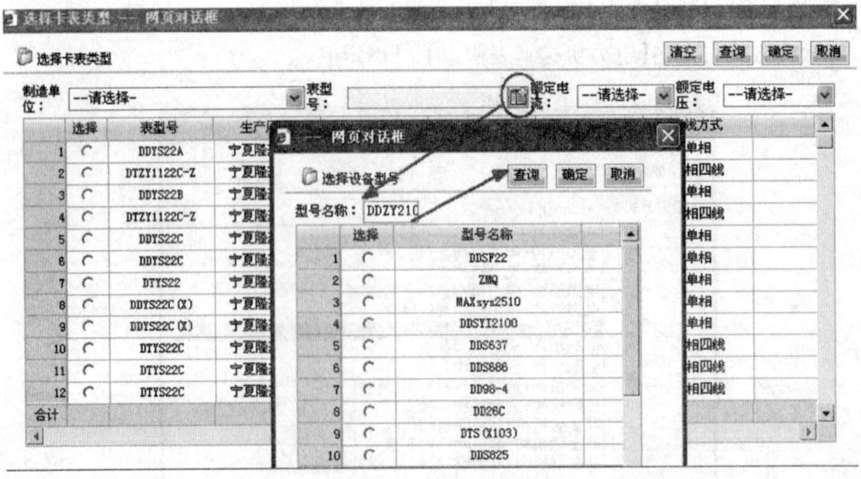

选择相应型号后点击【确定】。

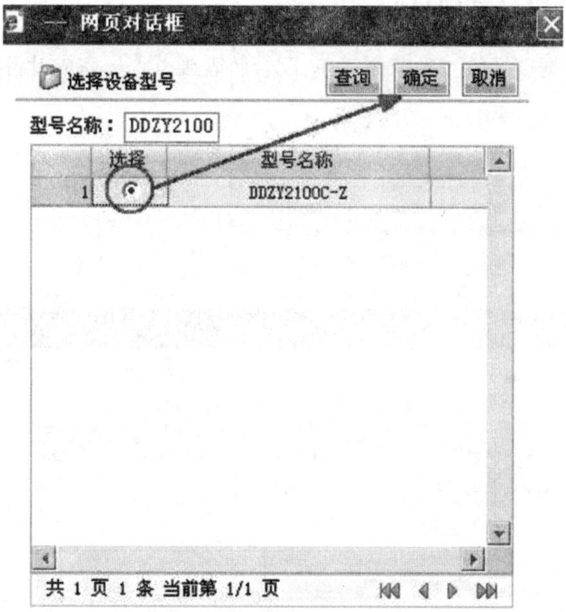

在返回的界面中再次点击【查询】,选择正确的信息点击【确定】。

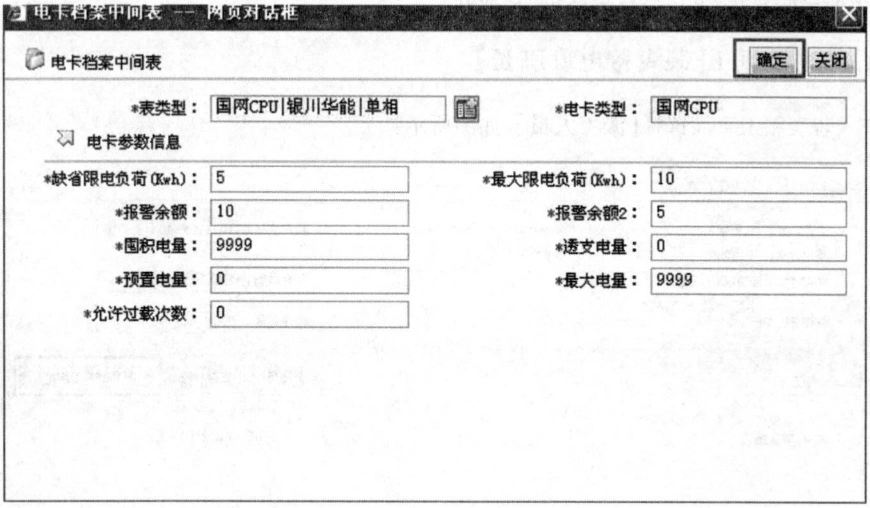

点击【发送】至下一环节。

4.9 设备出库【资产管理员】

资产管理人员依据现场勘查环节派工单,配合装表接电人员完成设备出库。

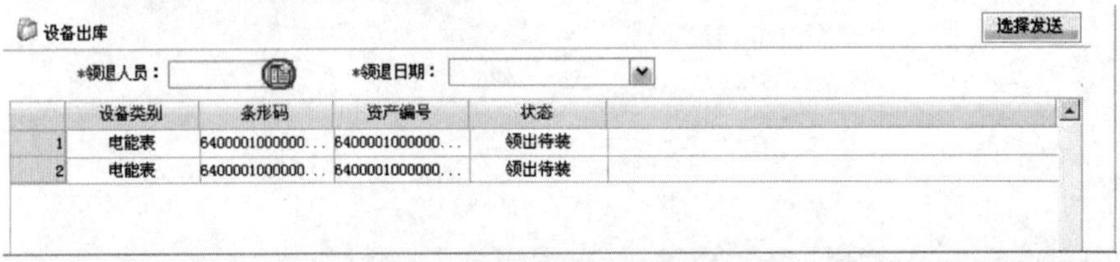

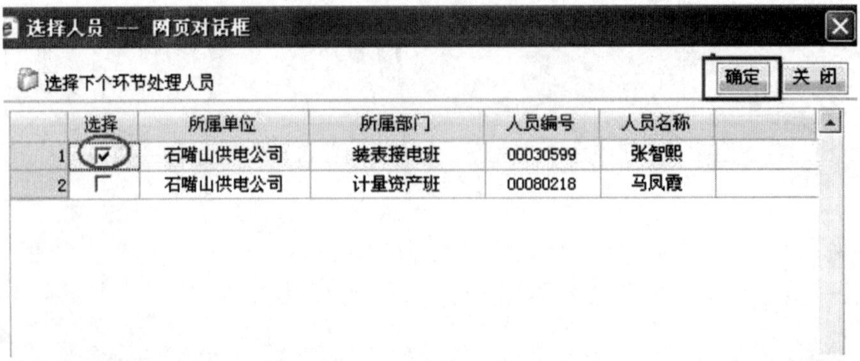

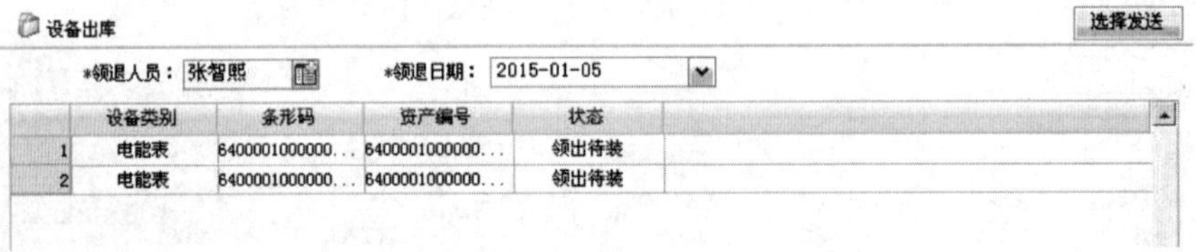

要项信息:

【领退人员】到库房领取计量设备的人员,一般为装表人员。

【领退日期】到库房领取计量设备的时间。

4.10 安装派工【装表接电班班长】

进入装表派工页面选择【派工人员】,如图所示:

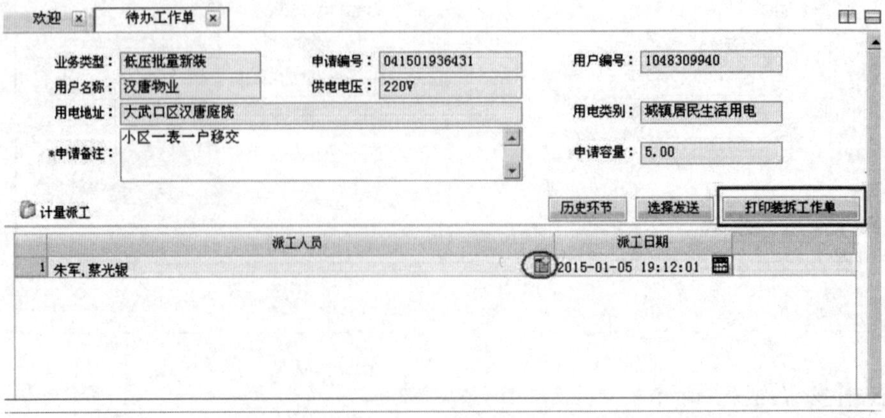

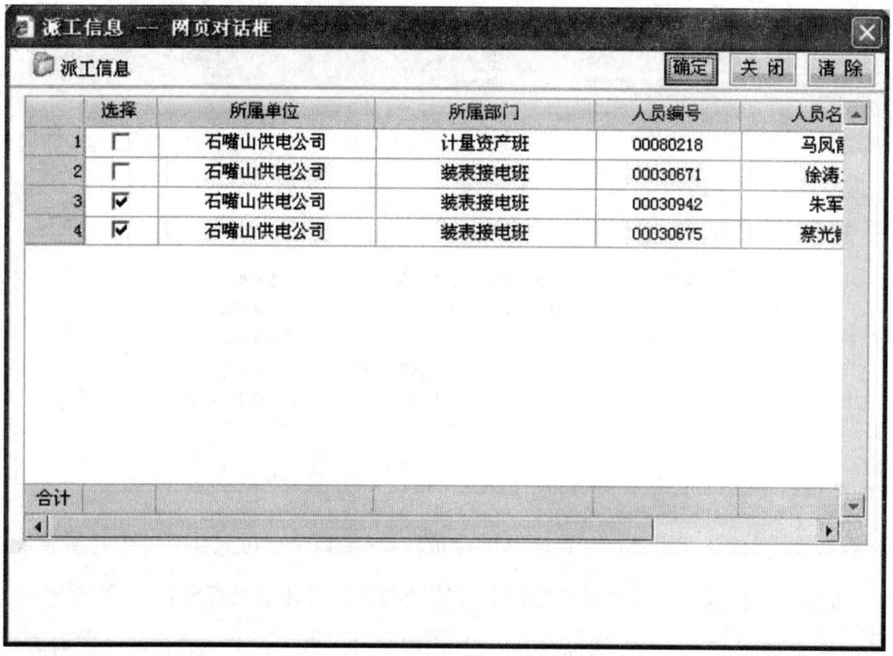

	选择	所属单位	所属部门	人员编号	人员名
1	□	石嘴山供电公司	计量资产班	00080218	马凤
2	□	石嘴山供电公司	装表接电班	00030671	徐涛
3	☑	石嘴山供电公司	装表接电班	00030942	朱军
4	☑	石嘴山供电公司	装表接电班	00030675	蔡光

要项信息：

【派工人员】选择具体到现场装表的人员，一般至少选择 2 人。

【派工日期】装拆工单派发的时间，系统默认为流程环节处理时间。

点击【打印装拆工作单】可直接打印【装拆工作单】。

选择对应的派工人员，点击【选择发送】流程流转至下一环节。

附【装拆工作单】。

批 量 装（拆）表 工 作 单

申请编号：041501936431　　　　申请日期：2015-01-04

小区（台变）名	汉唐物业	地址	大武口区汉唐庭院	申请类别	低压批量新装
联系地址	宁夏回族自治区石嘴山市大武口区青山街道办事处汉唐社区汉唐庭院大武口区汉唐庭院	联系人	物业	联系电话	

序号	客户编号	客户名称	用户地址	装拆类型	资产编号	出厂编号	型号	电流规格	表示数 有功总	表示数 预置/剩余
1	1048310159	汉唐物业	大武口区汉唐庭院96号楼1-2单元楼道照明	装	6400001000000037799736	0003779973	DDZY2100C-Z	5(60)A		
				拆						
2	1048310162	汉唐物业	大武口区汉唐庭院96号楼3-4单元楼道照明	装	6400001000000037799750	0003779975	DDZY2100C-Z	5(60)A		
				拆						
				装						
				拆						

装接班组：　　装接员：　　封表人：　　计量箱封印号：　　装拆日期：

4.11 装表【装表接电工】

【计量点】标签页点击一户页，选择【计量管理段】。

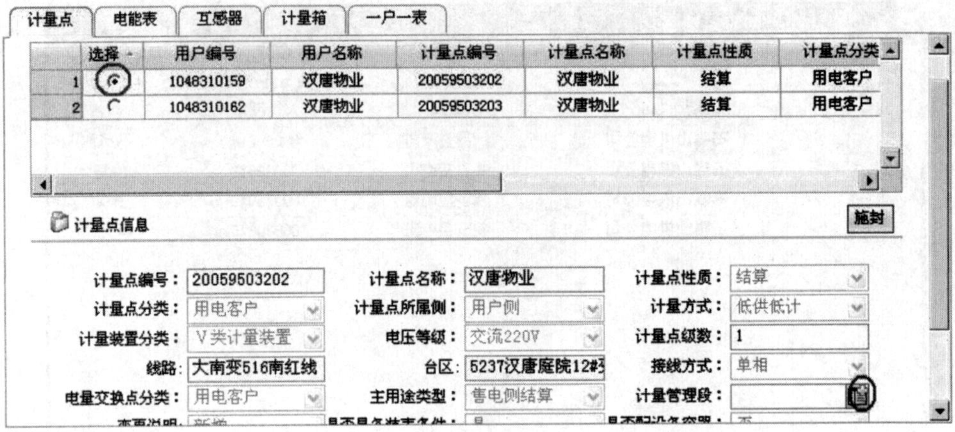

要项信息：

【计量管理段】指管理用户计量点所属的计量段，一般每个单位只建立一个计量管理段，如果需要增加计量管理段，需在【计量点管理】—【辅助功能】—【计量段管理】中维护增加。

在【电能表】页面里，点击【示数信息录入】，依据装(拆)表工作单的表计起止码对客户新表计表码进行系统录入并保存。

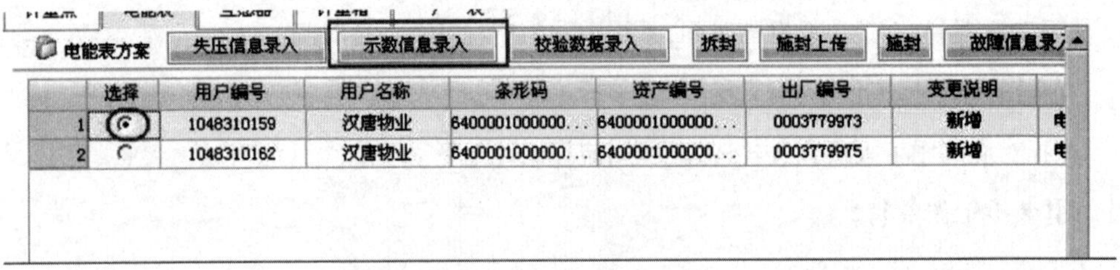

要项信息：

可以在本环节进行示数的添加修改，满足抄表算费的要求。

在现场勘查环节计费方案的执行功率因数考核方式如果选择标准考核，必须增加无功示数。

在现场勘查环节计费方案中的电价方案中是否执行峰谷标志选择【是】，则必须添加峰谷平总示数类型。

单相电能表不能添加无功及需量示数。

第二户处理方式如上，不再一一赘述。

点击【终端安装调试】后，点击【发送】，发送至下一环节。

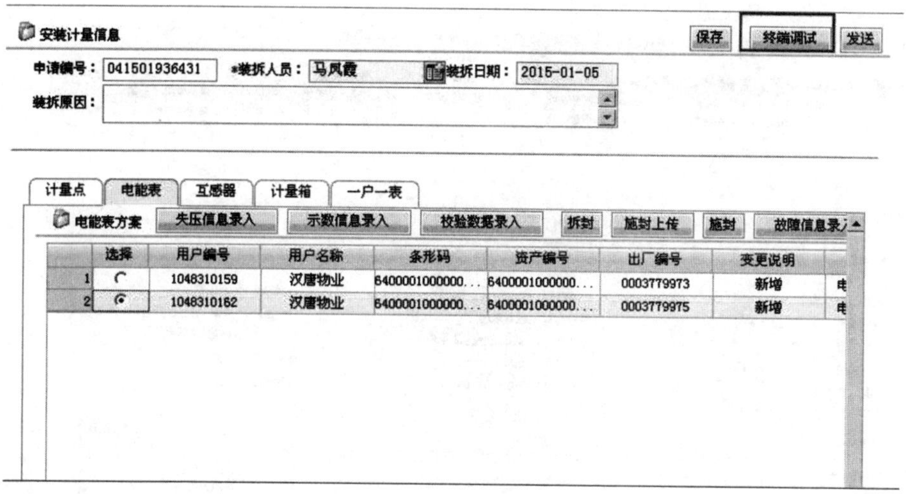

4.12 合同新签【合同管理人员】

4.12.1 合同起草

点击【批量起草】

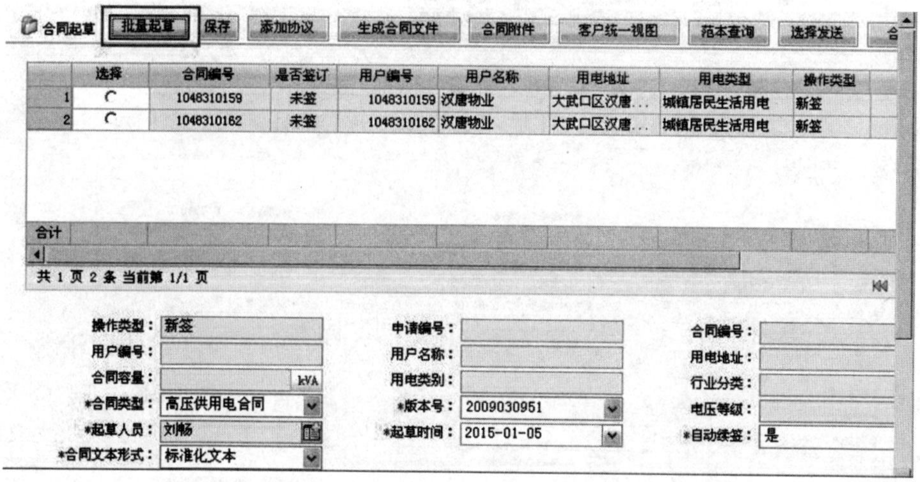

在合同类型下拉框选择【居民供用电合同】

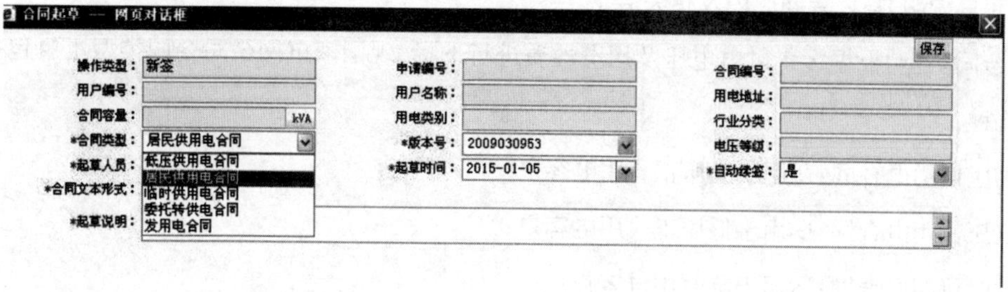

选择其中一户，点击【浏览】—【上传】

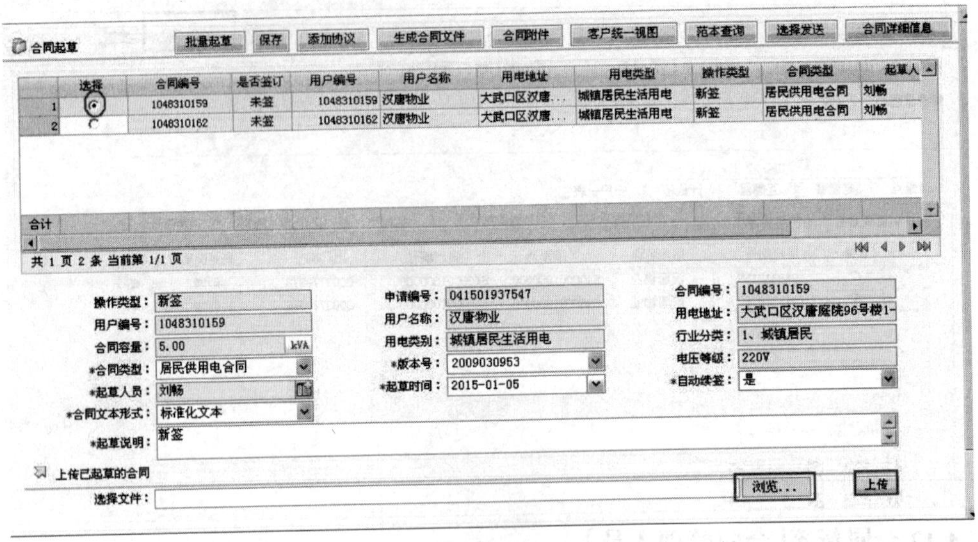

点击【保存】。

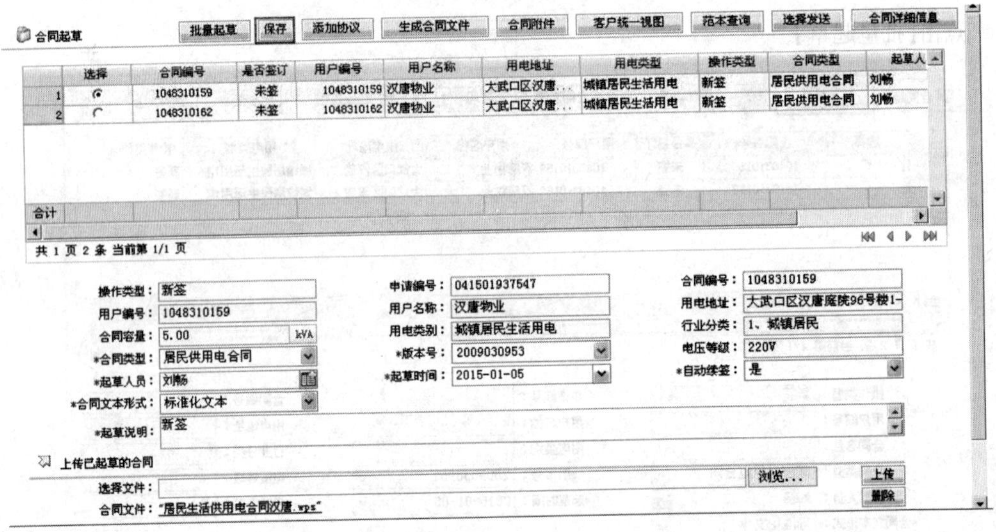

要项信息:

【起草说明】签订合同原因及相关信息。

【合同类型】根据客户供电电压及用电性质进行选择,现国家电网公司合同类型主要包括以下几种:

高压供用电合同:适用于高压正式用电客户;

低压供用电合同:适用于低压正式用电客户;

临时供用电合同:适用于临时用电客户;

委托转供电合同:适用于具有转供电关系的用电客户;

居民供用电合同:适用于居民客户。

4.12.2 合同审核

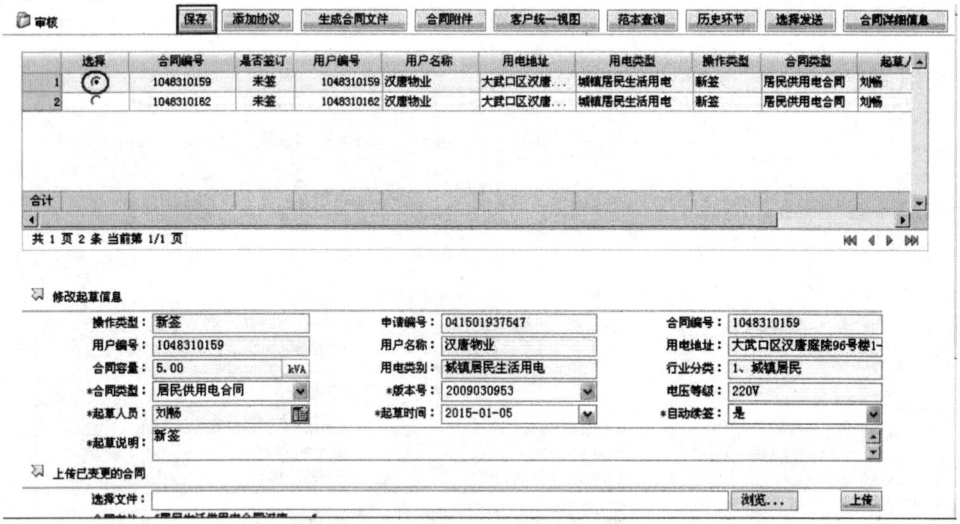

该环节主要针对合同起草人员起草的合同草本、合同附件及相关资料,进行审核。审核通过后,跳转至下环节,选择【不通过】,并填写审核意见,流程退回至合同起草环节,由合同起草人员按照审核意见对合同内容进行修改、补充、完善。

4.12.3 合同审批

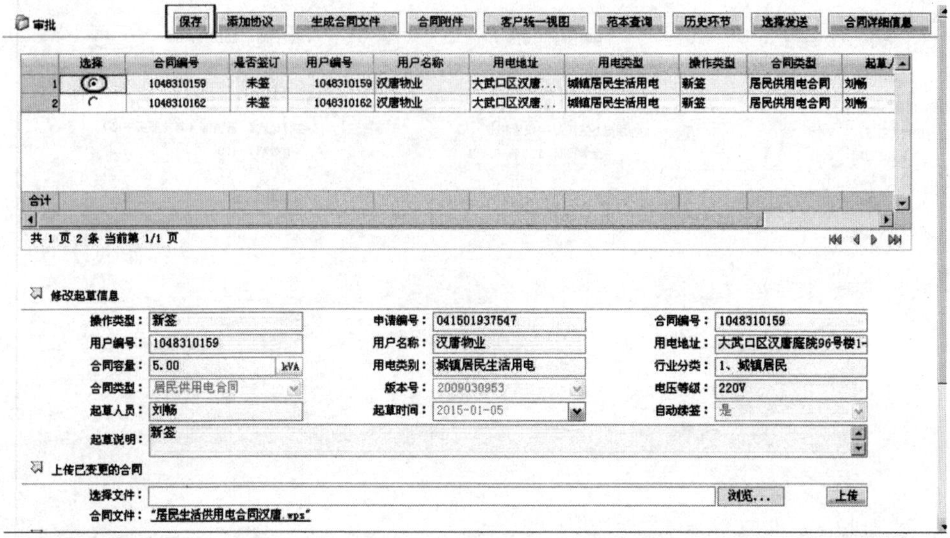

对通过合同审核的环节,由供用电合同审批人员进行审批,审批选择【不通过】后,流程退回合同起草环节,需要合同起草人员按照审批意见修改相关内容。

注意事项：

供用电合同起草人员、审核人员及审批人员不能为同一人。

4.12.4 合同签订

点击【批量签订】。

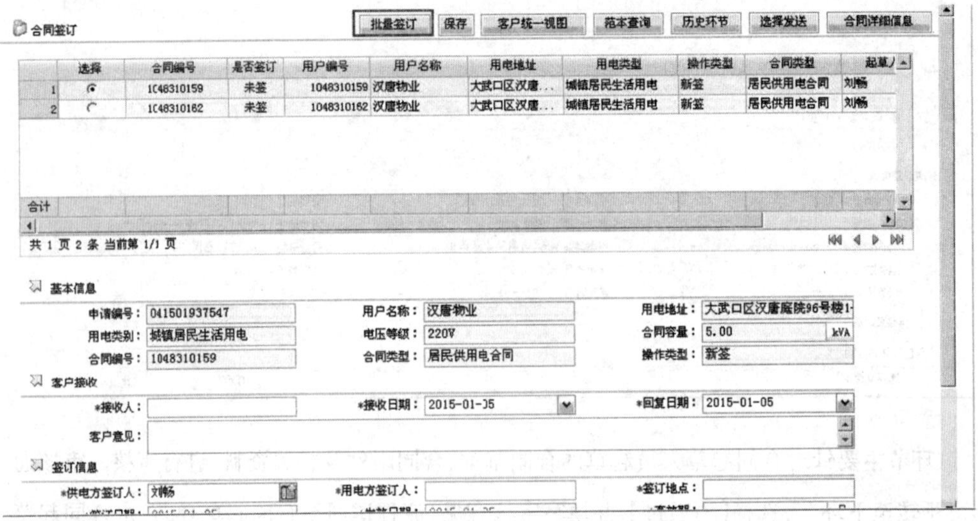

输入相关信息。

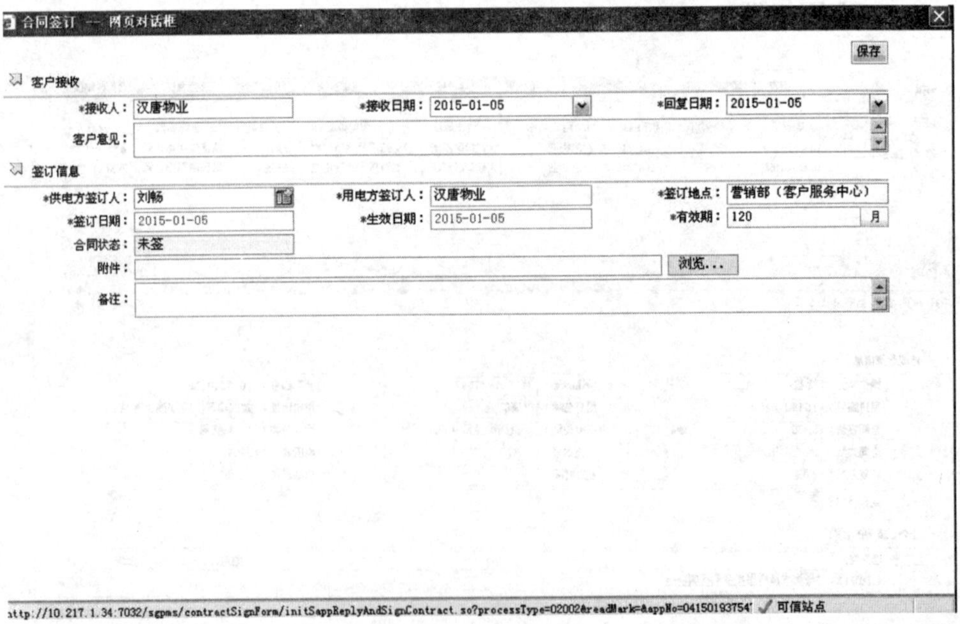

选择任意一户，点击【保存】—【发送】。

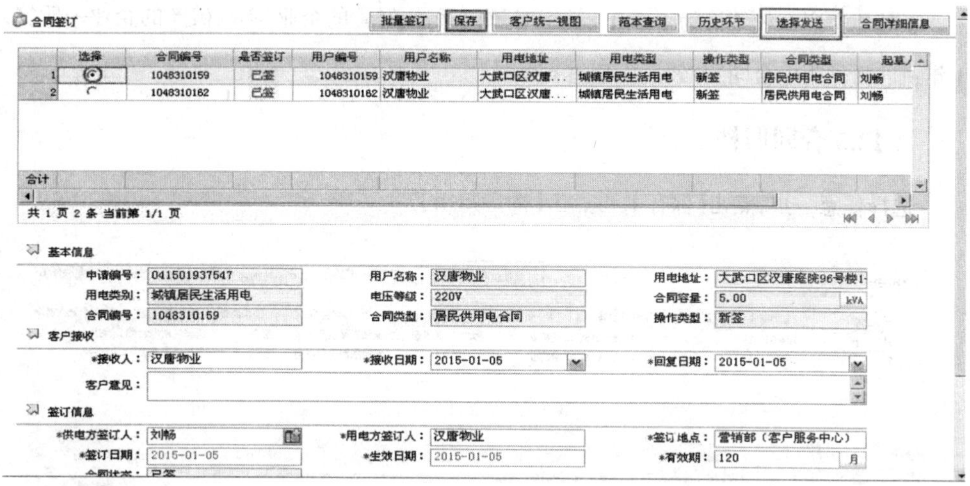

要项信息：

合同签订人员联系客户签订已审批通过的供用电合同，并将相关信息录入此界面。

名词解释及填写规范：

【接受人】供用电合同签订后，客户方接受人员。

【接受日期】指客户接受供用电合同的日期。

【回复日期】指客户对待签订供用电合同意见的反馈日期。

【客户意见】指客户对合同起草人员起草的供用电合同审核后的反馈的意见。

【供电方签订人】指供电企业供用电合同签订人员。一般是供电企业法人代表或负责人，其他人员签订供用电合同必须得到供电企业法人代表或负责人授权。

【用电方签订人】指用电人合同签订人员，用电人为自然人签订人为本人；用电人为法人，签订人员应为法人代表或企业负责人；其他人员签订供用电合同必须得到供电企业法人代表或负责人授权。

【签订地点】指合同双方当事人签字或者盖章的地点，涉及法院管辖权的问题，一般的合同纠纷如果双方没有明确约定签订地点的，按被告所在地的法院来管辖的。

【签订日期】取供用电合同双方签订的最大日期，如果合同中没有明确约定，这个日期也就是合同的生效日期。

【生效日期】指供用电合同实际生效的日期。若合同没有明确生效日期，则取双方签订的最大日期。

【有效期】指供用电合同的有效期限，宁夏电力公司对合同有效期规定如下：

1.居民客户一般签订为 5~10 年。

2.非居民客户、中小商户一般签订为 3~5 年。

3.其他客户一般签订为1~3年。其中对承包、租赁经营的企业、濒临破产的企业一般签订为1年；临时《供用电合同》有效期不超过6个月。

4.12.5 合同归档

选择任意一户，点击【保存】，再点击【批量归档】。

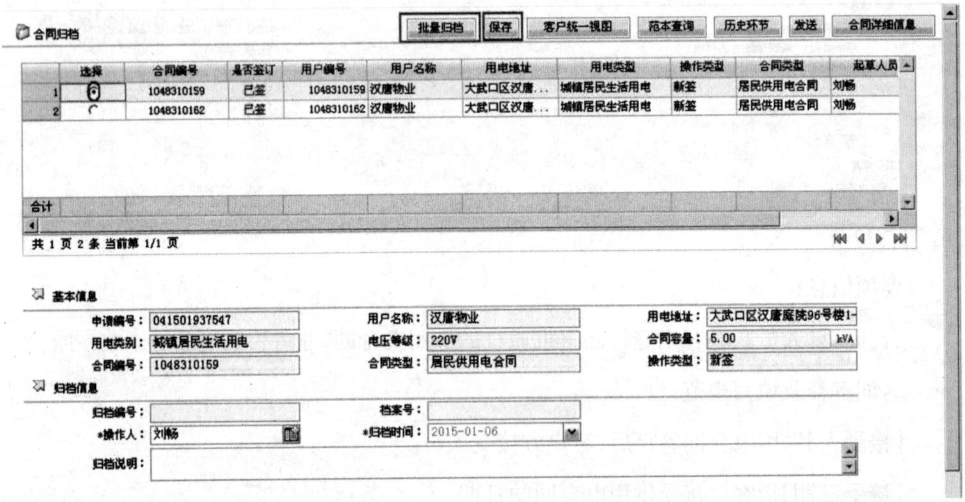

如图所示：

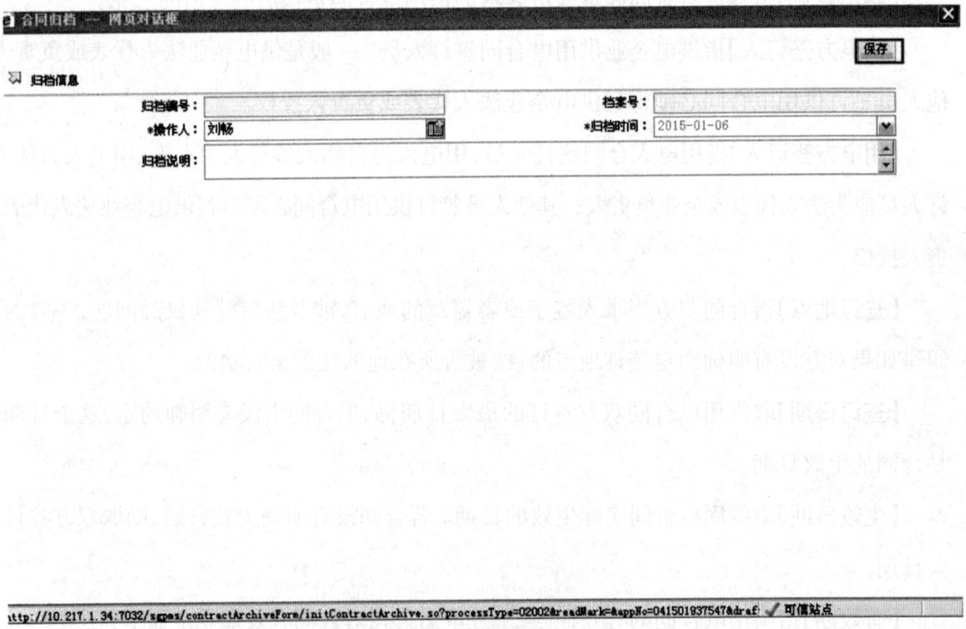

点击【保存】，如图所示，点击【发送】。

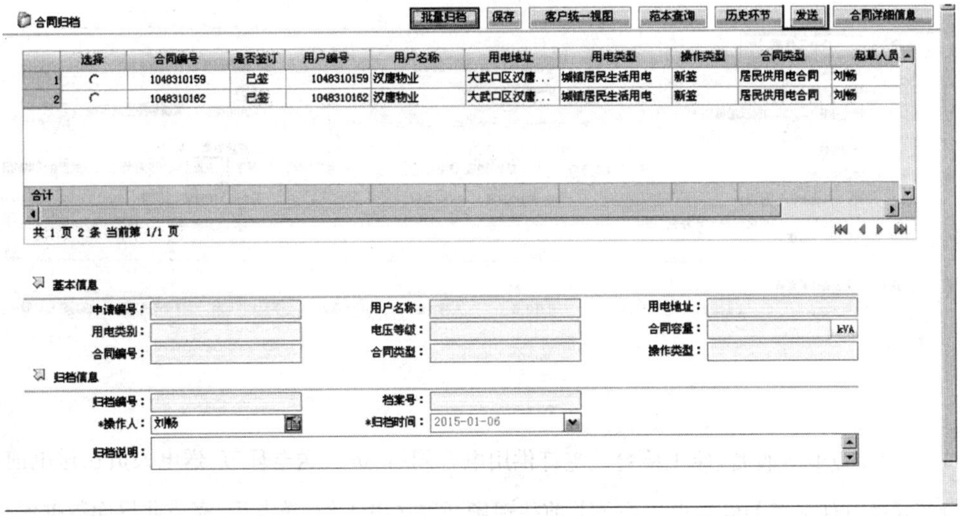

4.13 确定费用【业务受理员】

对于缴费方式为卡表购电的低压新装用户，无需收取预收电费，可以不录确定费用直接发送。

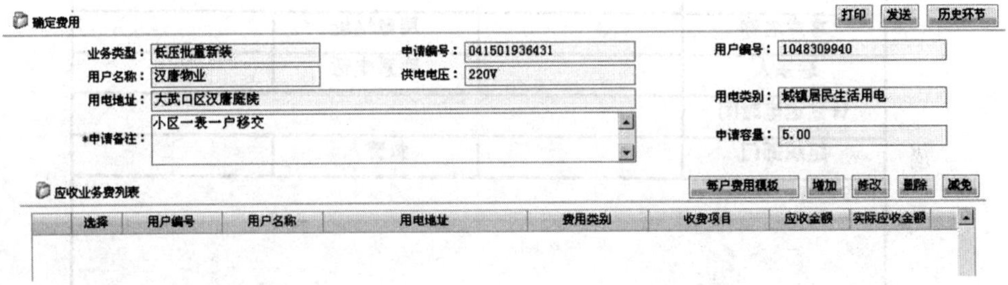

4.14 送电【装表接电员】

选择【送电日期】并填写【备注】。

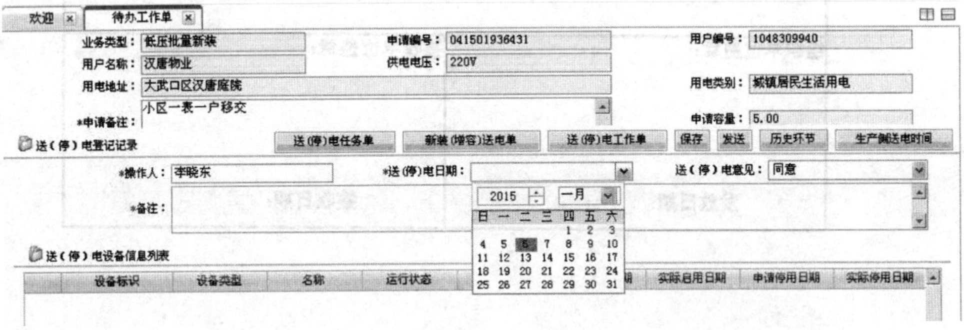

点击【保存】—【发送】。

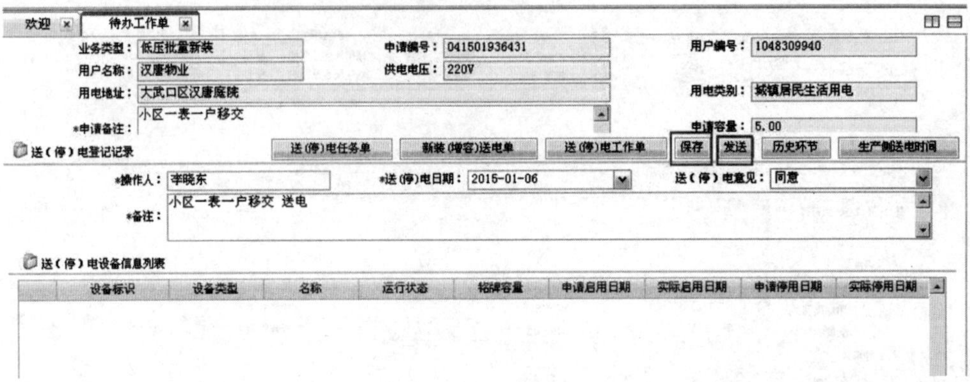

在完成业务收费、竣工检验及签订供用电合同后，进入送电环节，送电人员在送电前分别打印【送电任务单】和【送电工作单】，前往现场开展送电工作，送电后，完成此界面数据保存，完成送电系统流程任务。

第1页 共1页

送电工作任务单

申请编号		申请类别	
客户名称		用电地址	
联系人		联系电话	
计划送电时间			
组织部门		负责人	
工作内容：			
组织单位盖章： 发放日期：		签收单位盖章： 签收日期：	

营销项目

第1页 共1页

业扩报表　　打印　设置

国家电网 STATE GRID

新装（增容）送电单

95598

户　号		申请编号	
户　名			
用电地址			
联系人		联系电话	
申请容量		合计容量	

电源编号	电源性质	电源类型	供电电压	变电站	线路	杆号	变压器台数	变压器容量

送电结果和意见：

送电人　　　　送电日期　　　　年　月　日

客户意见：

客户签收：　　　　年　月　日

营销项目

送电任务现场工作单

申请编号			申请类别					申请日期	
客户名称								联系人	
用电地址								联系电话	
申请容量				原有容量			合计容量		
电源编号	电源性质	电源类型	供电电压	变电站	线路	杆号	变压器台数	变压器容量	供电容量

送电结果：

客户意见：

客户签字

日期

送电人签字 ：

日期：

营销项目

第1页 共1页

4.15 信息归档【业务受理员】

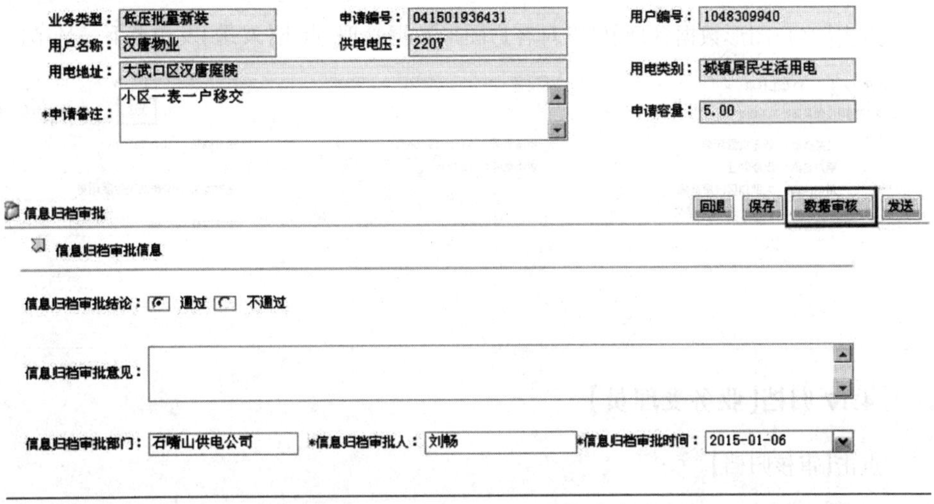

点击【数据审核】,对客户档案资料完整性和正确性进行审核,确认无误后,点击【保存】发送至下一环节。

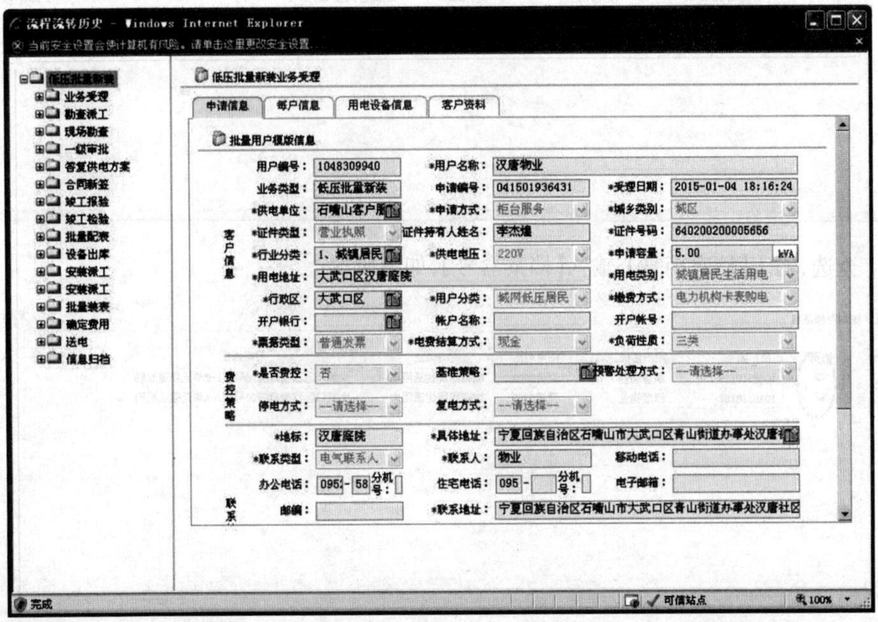

注意事项:

信息归档后，此流程在系统内已完成，不能通过退单或调度工单修改进行相关数据的修改,此客户可在客户档案中查询。

系统升级后,信息归档环节结束自动触发【客户空间位置及拓扑关系维护】及【新户分配抄表段】两个环节。

4.16 客户空间位置及拓扑关系维护【现场勘查人员】

点击【客户图形数据管理】可以对客户图形数据管理，点击【发送】发送至下一环节。

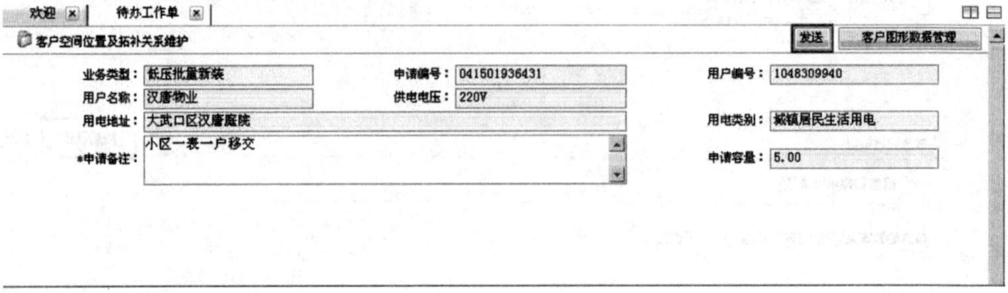

4.17 归档【业务受理员】

点击【审核归档】。

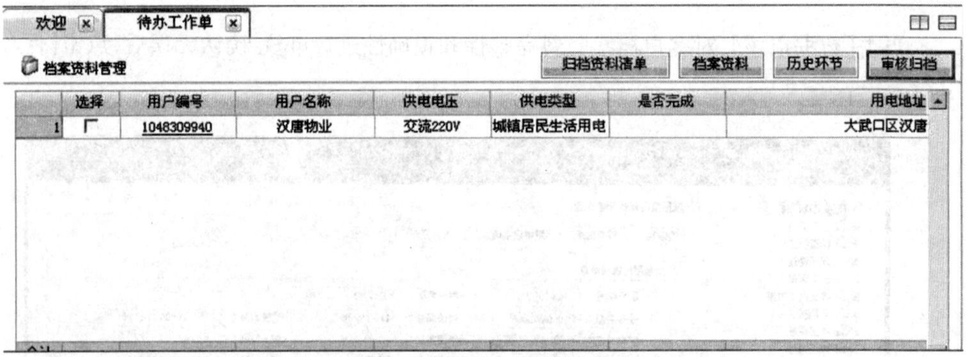

全选，输入【档案柜号】，输入【档案盒号】，如图所示：

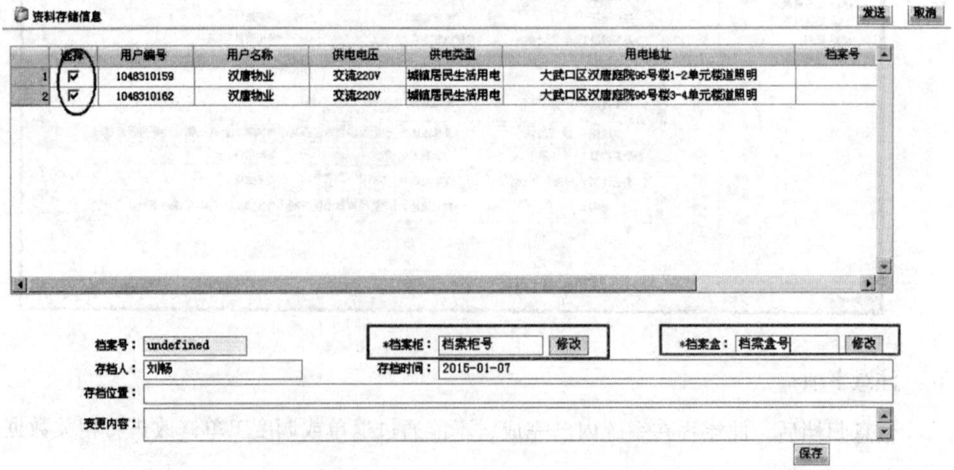

点击【保存】。

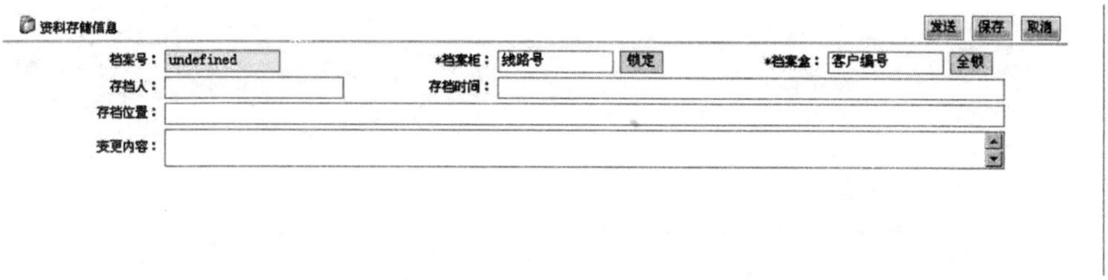
资料存储信息
发送 保存 取消
档案号：undefined
*档案柜：线路号
锁定
*档案盒：客户编号
全锁
存档人：
存档时间：
存档位置：
变更内容：

点击【发送】。

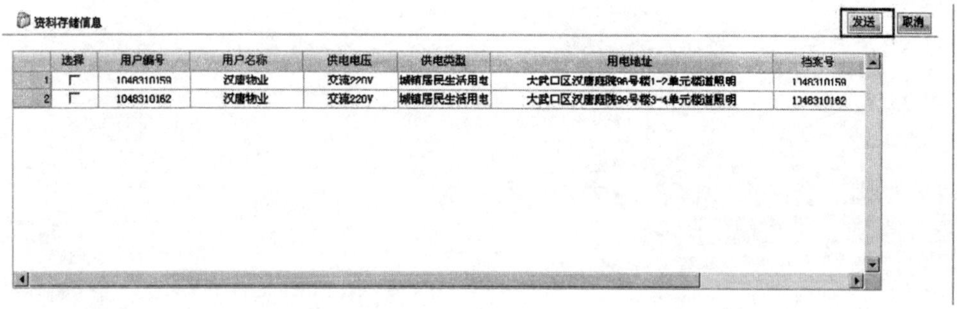
资料存储信息
发送 取消
选择 用户编号 用户名称 供电电压 供电类型 用电地址 档案号
1 1048310159 汉唐物业 交流220V 城镇居民生活用电 大武口区汉唐庭院96号楼1-2单元楼道照明 1048310159
2 1048310162 汉唐物业 交流220V 城镇居民生活用电 大武口区汉唐庭院96号楼3-4单元楼道照明 1048310162

点击【确定】。

发送已成功
低压批量新装 申请编号【041501936431】已发送成功
点击【确定】，返回到待办工作单列表